# 小博士百科全书

全日制义务教育阶段全国各版本教材通用

## 6大特点

XIAO BO SHI BAI KE QUAN SHU

# 知识宝库

◎ 主编／张艳

适用 1-6 年级

紧扣课标

编排科学

内容全面

实用高效

版本通用

学习备查

会说话的
百科全书

最新版

光明日报出版社

**图书在版编目（CIP）数据**

小博士百科全书／张艳主编. -- 北京：光明日报
出版社，2014.4

ISBN 978 7 - 5112 - 6268 - 4

Ⅰ. ①小… Ⅱ. ①张… Ⅲ. ①科学知识 - 少儿读物
Ⅳ. ①Z228.1

中国版本图书馆 CIP 数据核字（2014）第 065955 号

---

**小博士百科全书**

著　者：张艳

责任编辑：曹杨　刘景峰　　　　策　划：艾艺欣
封面设计：欣欣工作室　　　　　责任校对：傅泉泽
插　图：徐国良　　　　　　　　责任印制：曹净

出版发行：光明日报出版社
地　址：北京市东城区珠市口东大街 5 号，100062
电　话：010 - 67078258（咨询），67078870（发行），67078235（邮购）
传　真：010 - 67078227，67078255
网　址：http：//book. gmw. cn
E - mail：gmcbs@ gmw. cn caoyang@ gmw. cn
法律顾问：北京市天驰洪范律师事务所徐波律师

印　刷：北京市通州京华印刷制版厂
装　订：北京市通州京华印刷制版厂
本书如有破损、缺页、装订错误，请与本社联系调换

开　本：850×1168　1/32
字　数：540 千字　　　　　　　印　张：22
版　次：2015 年 5 月第 2 版　　印　次：2016 年 7 月第 2 次印刷
书　号：ISBN 978 7 - 5112 - 6268 - 4

定　价：63.00 元

# 前　言

　　针对当前小学辅导类图书种类繁多、内容大多分散而单一、知识信息量较窄的现状，我们组织一线名师精心编写了这套集语文、数学、英语、百科等知识于一体的实用辅导书。

　　本书以教育部最新颁布的新课程标准为依据，结合人教、苏教、语文、北师大等版本的小学各科教材，对小学阶段各学科的基础知识进行了全面、系统、科学的归纳和讲解，有针对性地对近年来考题的知识点进行了深入浅出的解析和梳理，旨在让学生们全面轻松掌握各学科知识的重点、要点和难点，并加以理解和灵活运用。

　　本书在系统梳理基础知识的同时，还汇总了大量实用知识，可供同学们进行拓展查阅与学习；是一套专门为小学生量身打造的各科辅导工具书，集实用、系统、全面于一体；真正做到了让学生"一册在手，各学科知识学习全程无忧"。

　　**语文基础知识：**包括汉语拼音、汉字、词语、句子、标点、修辞、阅读、口语交际、作文等，囊括了小学阶段语文学科的全部基础知识，并收录了一些精彩的语文素材，同时附有小学生必背古诗文、三字经、百家姓、千字文、弟子规，以便学生诵读。可以帮助学生们打好小学语文基础，快乐轻松学习语文。

　　**数学基础知识：**以《数学课程标准》为依据，力求贴近学生平时学习中的重点、难点和疑点。由易到难，包含了数与代数、空间与图形等板块，囊括了小学数学基础知识的全部内容，并对各知识点考题的解题方法和技巧进行了详尽的解析。

　　**英语基础知识：**帮助小学生系统、全面地掌握小学阶段的英语基础知识，提高学习能力和学习兴趣。内容从易到难，包含了字母、语音、词汇、语法、口语交际等板块，几乎涵盖了小学阶段英语基础知识的全部内容。

**文学文体知识：**将小学生需要掌握的文学体裁、作家作品、文学形象等文史知识进行归类梳理与解析，还有针对性地选择了几篇同学们耳熟能详的名著名篇。

**启迪感恩教育：**甄选适合小学生阅读的感恩故事，故事的主题全面丰富，故事内容或情深意切，或意蕴深刻、耐人回味；故事后面都附有专家撰写的感恩提示，是对故事主旨的升华，可帮助读者深入领会故事的内涵，更会有实际的感恩行动体现在日常生活中。

**励志青春梦想：**梦想在前，路在脚下。用励志生动的故事，从思想和行动两大方面指引孩子们走向成功之路。这些珍贵的小故事就像冬日里的阳光，能够温暖孩子们的心房。

**综合百科知识：**内容生动有趣，语言通俗易懂，选材涉及广泛。既满足了同学们汲取知识、获取信息、开发潜能的愿望和要求，同时解决了同学们一直以来的许多未解之谜。让我们在轻松愉快的阅读过程中，认识新事物，掌握新知识，发现新天地。

**学生安全知识：**涉及家庭、校园、社会等方面的常见安全知识。通过珍爱生命的安全教育，使广大同学们树立起自我保护意识，提高应变能力，减少和杜绝各种意外伤害。

本书适合不同层次学生的学习需求，既可供平时学习使用，亦可供考前复习参考，还是老师、家长辅导孩子学习的最佳范本之一。

由于编者水平有限，难免有疏漏之处，恳请广大读者批评指正，以便今后修订完善，更好地为广大读者服务。

编　者

## ·语文基础知识·

CONCENTS

目录

CONCENTS

目录

## ·数学基础知识·

CONCENTS

目录

CONCENTS

目录

· 英语基础知识 ·

CONCENTS

目录

## ·文学文体知识·

CONCENTS

目录

CONCENTS

目录

**作品文学形象**

CONCENTS

目录

## ·启迪感恩教育·

## ·励志青春梦想·

## ·综合百科知识·

## 生物王国

## 人体奥秘

CONCENTS

目录

## 营养健康

## 历史文化

## 自然科学

CONCENTS

目录

## ·学生安全知识·

模块一

# 语文基础知识

汉语拼音

认识汉字

词语天地

句子知识

标点符号

知识结构导航

修辞手法

阅读

口语交际

作文写作

附录

**第一章** **汉语拼音**

《全日制义务教育语文课程标准（实验稿）》对小学阶段拼音要求：学会汉语拼音；能读准声母、韵母、声调和整体认读音节；能准确地拼读音节，正确书写声母、韵母和音节；认识大写字母，熟记《汉语拼音字母表》。

汉语拼音是小学语文教学的重要内容，是帮助我们识字、阅读和写作的基础工具。

# 一、字母表

**1. 大小写顺序**

Aa　Bb　Cc　Dd　Ee　Ff　Gg
Hh　Ii　Jj　Kk　Ll　Mm　Nn

Oo　Pp　Qq　Rr　Ss　Tt
Uu　Vv　Ww　Xx　Yy　Zz

V 只用来拼写外来语、少数民族语言和方言。

字母的手写体依照拉丁字母的一般书写习惯。

（1）书写位置

占中格的有 13 个字母，它们是：a、c、e、m、n、o、r、s、u、v、w、x、z。

占中上格的有 8 个字母，它们是：b、d、f、h、i、k、l、t。

占中下格的有 4 个字母，它们是：g、p、q、y。

占上中下格的有 1 个，它是：j。

（2）书写注意

①这些字母无论占中上格还是占中下格，都不把上、下格占满。

②严格区分大小写形式。

③严格按顺序记忆 26 个字母。

**2. 大写字母的运用**

①每句话开头的第一个字母或每行诗开头的第一个字母要大写。

②姓的第一个字母和名的第一个字母要大写。

③地名、国名、专有名词要连写，第一个字母要大写。

> **学习小窍门**
> XUE XI XIAO QIAO MEN
>
> 四线三格记心间，
> 拼音字母住里边。
> 声调、圆点写上格，
> 胳膊长了住上格，
> 尾巴长了住下格，
> 其他部分在中格。
> 中格一定要饱满，
> 上格、下格空一点儿，
> 书写规则记心间，
> 拼音才能写规范。

> **学习小窍门**
> XUE XI XIAO QIAO MEN
>
> **音节的书写**
> ● 音节的几个字母要靠紧，写得紧凑、匀称。
> ● 按顺序写完一个音节的所有字母后再标调号。
> ● 不要看一个字母写一个字母，要看一个音节写一个音节。

## 二、声母表

| b | p | m | f | | d | t | n | l |
|---|---|---|---|---|---|---|---|---|
| 玻 | 坡 | 摸 | 佛 | | 得 | 特 | 讷 | 勒 |
| g | k | h | | | | j | q | x |
| 哥 | 科 | 喝 | | | | 基 | 欺 | 希 |
| zh | ch | sh | r | | | z | c | s |
| 知 | 蚩 | 诗 | 日 | | | 资 | 雌 | 思 |

### 声母发音部位和发音方法

| 发音部位＼发音方法 | | 塞音（清音） | | 塞擦音（清音） | | 擦音 | | 鼻音 | 边音 |
|---|---|---|---|---|---|---|---|---|---|
| | | 不送气 | 送气 | 不送气 | 送气 | 清音 | 浊音 | 浊音 | 浊音 |
| 唇音 | 双唇音 | b | p | | | | | m | |
| | 唇齿音 | | | | | f | | | |
| 舌尖中音 | | d | t | | | | | n | l |
| 舌根音 | | g | k | | | h | | | |
| 舌面音 | | | | j | q | x | | | |
| 舌尖后音 | | | | zh | ch | sh | r | | |
| 舌尖前音 | | | | z | c | s | | | |

**1. 23 个声母**

声母就是音节开头的辅音。《汉语拼音方案》中的声母有 23 个。

b p m f d t n l g

k h j q x

zh ch sh r z c s y w

**2. 分清 n 和 l**

普通话里，鼻音 n 和边音 l 分

得很清楚，但在有些方言中，n 和 l 是不分的。如何辨别呢？

（1）根据与韵母相拼的关系来记忆。

①和 ü 相拼的字除"女"（nǚ）外，其他字的声母都是 l，如娄、吕、驴、旅等。

②和 ou、un 相拼的音节声母都是 l，如楼、搂、漏、论、陋等。

③和 ang 相拼的音节用 l，如狼、朗、浪等，只有"囊"（náng）字例外。

④跟 iang 相拼的音节中只有"娘、酿"的声母是 n，除此之外的音节的声母都是 l，如良、亮、凉、两等。

⑤跟 in 相拼的字中只有"您"（nín）的声母是 n，其余的都以 l 开头。

（2）利用代表字类推帮助记忆。

①n 声母代表字：内（呐、纳等），那（哪、挪、娜），乃（奶），尼（呢、泥等），宁（咛、泞、拧等），你（您），等等。

②l 声母代表字：立（拉、笠等），兰（拦、栏、烂等）。

### 3. 分清 z c s 和 zh ch sh

受各地方言的影响，许多人说话时，常常把声母为平舌音 z、c、s 的字和声母为卷舌音 zh、ch、sh 的字读音相混淆，如把"重来"读成"从来"，"早到"和"找到"不分，"炒菜"念成"草菜"等。

下面介绍一些方法，帮助辨别记忆。

（1）利用普通话声韵的配合规律类推。

例如 ua、uai、uang 这三个韵母，决不和 z、c、s 相拼，因而有些字就可以放心地读卷舌音。如：

学习 小窍门 ▶▶▶
XUE XI XIAO QIAO MEN

四是四，十是十，十四是十四，四十是四十，谁能分得清，请你试一试。

爪、抓、拽、庄等。

再如普通话的 ong 韵母和 s 拼，不和 sh 拼，所以，"松、耸、送、宋、颂、诵"等字的声母只能是平舌音 s。

（2）利用形声字偏旁类推。

zh 声母代表字，如丈—杖、仗。常见的 zh 声母代表字有：长、支、中、正、主等。

ch 声母代表字，例如又—叉，杈，斥—拆（"诉"例外），等等。常见的 ch 声母代表字有：出、成、晨、场、呈等。

sh 声母代表字，如少—纱、沙、砂，申—伸、呻、绅、神、审、婶，等等。常见的 sh 声母代表字有：生、师、式、说等。

除了以上一些有规律可循的字外，还可以采用记单边字的方法来帮助辨别。

例如，a、e、o、u、en，eng、ang 等韵母，和平舌音 z，c，s 相拼的字很少，而和卷舌音 zh、ch、sh 相拼的字很多。如 ca 只有几个字，而 cha 却有三十多个字；又如 za 只有七八个字，而 zha 则有四十多个字；再如 sen 只有一个汉字"森"，而 shen 却有四十多个字。根据"记少不记多"的原则，就可以记住一大批字。

# 三、韵母表

韵母，就是一个音节中声母后面的部分。如 fa（发），f 是声母，它后面的 a 就是这个音节的韵母。

|  | i 衣 | u 乌 | ü 迂 |
|---|---|---|---|
| a 啊 | ia 呀 | ua 蛙 |  |
| o 喔 |  | uo 窝 |  |
| e 鹅 | ie 耶 |  | üe 约 |

| ai 哀 | | uai 歪 | |
| ei 欸 | | uei 威 | |
| ao 熬 | iao 腰 | | |
| ou 欧 | iou 忧 | | |
| an 安 | ian 烟 | uan 弯 | üan 冤 |
| en 恩 | in 因 | uen 温 | ün 晕 |
| ang 昂 | iang 央 | uang 汪 | |
| eng 亨的韵母 | ing 英 | ueng 翁 | |
| ong 轰的韵母 | iong 雍 | | |

**1．分类**

按结构，24 个韵母可分为 4 类。

单韵母（6 个）：a、o、e、i、u、ü

复韵母（8 个）：ai、ei、ui、ao、ou、iu、ie、ue

鼻韵母（9 个）：an、en、in、un、ün（以上为前鼻韵母），ang、eng、ing、ong（以上为后鼻韵母）

特殊韵母（1 个）：er

**2．拼写知识**

（1）"知、蚩、诗、日、资、雌、思"等七个音节的韵母用 i，即拼作 zhi，chi，shi，ri，zi，ci，si。

（2）韵母儿写成 er，用作韵

**学习 小窍门** XUE XI XIAO QIAO MEN

5 个单韵母，
a、e、i、u、ü，
见到声母 n，
赶紧站前边。
声母和韵母，
合成鼻韵母，
发音鼻前方，
an、en、in、un、ün。

**学习 小窍门** XUE XI XIAO QIAO MEN

复韵母真有趣，
两个单韵母在一起。
前重后轻连着发，
一口读出就是它。

尾的时候写成 r。例如："儿童"拼作 ertong，"花儿"拼作 huar。

（3）i 行的韵母，前面没有声母的时候，写成 yi（衣），ya（呀），ye（耶），yao（腰），you（忧），yan（烟），yin（因），yang（央），ying（英），yong（雍）。

u 行的韵母，前面没有声母的时候，写成 wu（乌），wa（蛙），wo（窝），wai（歪），wei（威），wan（弯），wen（温），wang（汪），weng（翁）。

ü 行的韵母，前面没有声母的时候，写成 yu（迂），yue（约），yuan（冤），yun（晕）；ü 上两点省略。

ü 行的韵母跟声母 j，q，x 拼的时候，写成 ju（居），qu（区），xu（虚），ü 上两点也省略；但是跟声母 n，l 拼的时候，仍然写成 nü（女），lü（吕）。

**拼写规律**

小 ü 有礼貌，见了 j q x，要脱帽。小 ü 见大 y，去掉两点还读 ü。ü 拼 n 和 l，两点省不得。

（4）iou，uei，uen 前面加声母的时候，写成 iu，ui，un，例如：niu（牛），gui（归），lun（论）。

（5）在给汉字注音的时候，为了使拼写简短，ng 可以省作 ŋ。

### 3. 分清鼻音韵尾 n 和 ng

普通话里鼻音韵尾 n 和 ng 分得很清楚，如 an 和 ang、en 和 eng、in 和 ing、uan 和 uang。但在有些方言中，对 n 和 ng 却分不清楚，读出来是一样的，如：

| | |
|---|---|
| 反问——访问 | 陈旧——成就 |
| 平凡——平房 | 人民——人名 |
| 深水——生水 | 开饭——开放 |
| 亲近——清静 | 金银——经营 |

其中尤其是 en—eng、in—ing 更难区别。有困难时，可参考以下几种方法，帮助记忆。

（1）利用形声字偏旁类推。

①en 代表字有：分、门、参、贞、辰、申、肯、温等。

②eng 代表字有：正、争、朋、蒙、风、登、更、成、生等。

③in 代表字有：斤、心、林、民、今、因、阴、金、禁、尽、辛、宾等。

④ing 代表字有：令、并、丙、丁、平、名、明、景、敬、竞、星、幸、英、婴、定、京、刑、应等。

⑤an 代表字有：占、半、曼、判、坦、南、番、单、干、安、盘、般、搬、产、斩、敢、贯、函等。

⑥ang 代表字有：旁、亡、荒、章、长、邦、方、苍、当、扛、广、王、康、羊、象、庄、壮等。

（2）利用声韵配合规律帮助记忆。

如普通话声母 d、t、n、l，除了"嫩（nèn）、扽（dèn）"以外，不与韵母 en 相拼；再如普通话声母 d、t、n 不与 in 相拼，只有"您"（nín）一个字例外。

> **学习小窍门** XUE XI XIAO QIAO MEN
>
> z c s（zh ch sh r）是声母，发音轻短要记住，zi ci si（zhi chi shi ri）是音节，汉字注音它帮忙。

## 四、整体认读音节

汉语拼音中有 16 个音节，不分声母和韵母，也不用拼读的方法，而是整个直接认读出来，这些音节就称为整体认读音节。

这 16 个整体认读音节是：zhi、chi、shi、ri、zi、ci、si、yi、wu、yu、ye、yue、yuan、yin、yun、ying。整体认读音节中的 zhi、chi、

> **学习小窍门** XUE XI XIAO QIAO MEN
>
> i u ü 是小弟弟，从来不能排第一，想成音节找 w、y。大 w 只能领小 u，大 y 能找 i 或 ü，i 上标调点省去，y ü 拉手点也去。

shi、ri、zi、ci、si的发音，同声母zh、ch、sh、r、z、c、s发音近似，只是读得稍长一些，后面的i不再读i（衣）的音。

yi、wu、yu、ye、yue、yuan、yin、yun、ying这9个音节的发音同韵母i、u、ü、ie、üe、üan、in、ün、ing的发音完全相同，但不能用y、w和后面的韵母相拼。

## 五、声调和标调

声调也叫字调，表示汉字读音的高低升降的变化。它是音节中不可缺少的组成部分，可以起到区别汉字意义的作用。

声调的变化情况，汉语里主要表现在音节的韵母上，一般与声母的关系不大。这是因为声母大多为清音，发音轻而且短，对音节声调不能产生影响。

**声调歌**
一声高高平又平，
二声就像上山坡，
三声下坡又上坡，
四声就像下山坡。

普通话语音里有四种声调，即阴平、阳平、上声、去声。也称作第一声、第二声、第三声、第四声，统称为"四声"。四声的读法是：一声平，二声扬，三声拐弯，四声降。如：

| 名称 | 调号 | 举例 |
| --- | --- | --- |
| 阴平（一声） | ˉ | 妈 mā　巴 bā　呀 yā |
| 阳平（二声） | ˊ | 麻 má　拔 bá　芽 yá |
| 上声（三声） | ˇ | 马 mǎ　把 bǎ　哑 yǎ |
| 去声（四声） | ˋ | 骂 mà　爸 bà　亚 yà |

标调就是按一定规则，给音节标上调号，表示这个音节读第几声。

汉语声调符号的标记位置有两种情况。一是声母和复韵母、鼻韵母相拼时，声调符号要标记在主要元音上。即那个发音最响亮，也是开口音最大的元音上。二是声母和韵母相拼时，声调符号应标记在元音上。i 标上调号后，上面一点就省去了。

# 六、隔音符号

a，o，e 开头的音节连接在其他音节后面的时候，如果音节的界限发生混淆，用隔音符号（'）隔开，例如：pí'ǎo（皮袄）。

隔音符号的使用口诀：

（1）两个音节连得紧，a，o，e 前要隔音。如：

xiān（先）——Xī'ān（西安）

（2）a，o，e 前无符号，一个音节无疑问。如：

piāo（飘）——pí'ǎo（皮袄）

（3）n，g 属后不必加，只有属前才隔音。如：

míngē（民歌）——míng'é（名额）

# 七、轻声

普通话的每一个音节通常都有一定的声调。但是，有些音节在词语或句子里常常失去原有的声调，读成一种较轻、较短的调子。这种又轻又短的调子，叫作轻声。轻声不标调。轻声有区别

词义的作用。如：

东西（dōng xī）指方向　　兄弟（xiōng dì）指哥哥和弟弟

东西（dōng xi）指物品　　兄弟（xiōng di）指弟弟

轻声常在以下情况中出现：

（1）重叠式名词的后一个音节读轻声，如妈妈、星星、娃娃等。

（2）重叠式动词的后一个音节读轻声，如看看、走走、问一问等。

（3）肯定、否定相叠的动词或形容词，后边两个音节念轻声，如行不行、好不好等。

（4）趋向动词念轻声，如跑出来、爬进去等。

（5）方位词念轻声，如床上、公园里等。

（6）名词后面的"子、儿、头、巴"等念轻声，如儿子、孙儿、石头、尾巴等。

（7）部分代词、副词的后缀读轻声，如他们、这么、那么等。

（8）助词"的、地、得、了、着、吗、吧、呀、哇、啦"一般都读轻声，如好的、吃了、看着、好吧等。

（9）人们语言中习惯读轻声的一些双音词，如大方、灯笼、本事、葡萄、骆驼、朋友、耳朵等。

还有一些轻声的使用情况必须在实践中去逐步掌握。

# 八、儿化

"儿"连在别的音节后面作词尾时，就失去独立性，和前面的音节融合成一个音节，使前一个音节的韵母带上一个卷舌动作的韵尾，成为卷舌韵母，即儿化韵。这种现象叫做"儿化"。带儿化的音节，一般用两个汉字表示，用汉语拼音字母拼写这些儿化音节，只需在原来的音节之后加上"r"（表示卷舌）就可以

了。例如：把儿（bàr）、叶儿（yèr）。

### 1. 儿化的读音

读儿化音，就是在前面一个音节的韵母末尾加个卷舌动作就行了，而不能把"儿"当成一个独立的音节来读。因此，读好儿化音的关键是要掌握卷音的发音要领：就是在念"儿"前面一个音节的同时，把舌尖轻轻向上一卷。增加这样一个卷舌动作，可以使我们的语言更丰富、更准确，同时，也使我们的语言更富有美感。

### 2. 儿化的书写规律

韵母或韵尾是 a、o、e、u 的，读时直接加卷舌动作。例如：唱歌儿（chàng gēr）、面条儿（miàn tiáor）。

韵尾是 i、n、ng 的，读时去掉韵尾加卷舌动作。例如：小孩儿（xiǎo hár）、帮忙儿（bāng már）。

单韵母是 i、ü 的，读时韵母加 e 并卷舌。例如：有趣儿（yǒu quèr）。

韵母是 i（指平、卷舌音），读时韵母变为 e 并卷舌。例如：有事儿（yǒu shèr）。

考题例析

例 1　巧判断，会补充音节。（北京东城）

| __à | __ù | __ō | __ō | __án | __án |
|-----|-----|-----|-----|------|------|
| 雾时 | 速度 | 水波 | 泼水 | 兰花 | 南方 |

**分析：**这道题是为了考查学生对汉语拼音中声母的掌握以及运用的情况。有些声母音和形很接近，易混淆，如："s"和"sh"是平翘舌的区分；"b、d、p、q"这几个声母形似，所以

在做题时都要严格区分。本题涉及了三个方面的问题：第一、二个是区别平舌音和翘舌音问题；第三、四个是区别"b"和"p"问题；第五、六个是读音易混淆的"l"和"n"的区分。

**答案：** 霎（shà） 速（sù） 波（bō）

波（pō） 兰（lán） 南（nán）

**例2** 读句子，完成练习。（广西南宁）

> 阿姨带我去中国银行存款。

1. 在汉字上面用拼音把句子写下来。
2. 用"○"把整体认读音节圈出来。
3. 把以上带点的字按音序排列应该是：_____。

**分析：** 这道题包括了汉语拼音的几方面知识：大写、连写，整体认读音节的认识，字母表的顺序，汉语拼音字母的书写。因此，要根据各知识点细心去作答。

**答案：** 1. Āyí dài wǒ qù Zhōngguó Yínháng cún kuǎn.

2. yí Yín 3. 阿 存 我 姨 中

**例3** 给下列带点的字加上声调。（北京西城）

| qi | chui | si | xiu | yuan | ai |
|----|------|----|----|------|----|
| 其实 | 炊烟 | 撕碎 | 害羞 | 怨言 | 哀求 |

| qun | ju | pao | Luo | lüe | zhen |
|-----|----|----|----|-----|------|
| 群众 | 聚集 | 炮声 | 洛阳 | 略写 | 真挚 |

**分析：** 这道题考查学生对汉字声调及标调位置的掌握情况。遵循标调规则：有 a 先找 a，无 a 找 o、e，o、e 不在家，就找 i 和 u，i、u 在一起，声调标在后，i 上标号先去帽。

**答案：** qí chuī sī xiū yuàn āi

qún jù pào Luò lüè zhēn

**例4** 下面的注音、标调全部正确的一组是（　　）（北京海淀）

A. 军旅（jūn lǚ）　　侮辱（wú rǔ）　　穴位（xué wèi）

B. 咏柳（yiǒng liǔ）　　一车（yì chē）　　骏马（jùn mǎ）

C. 寓意（yù yì）　　渲染（xuàn rǎn）　　不是（bú shì）

**分析**：这道题考查的是学生对声调和拼读规律的掌握情况。准确识记调号及拼读、变音规律是重点，所以完成此题关键是掌握调号的写法；牢记汉字的发音，掌握变音、轻声等。可以逐题逐词一一去拼读，利用排除法选择出正确的一项。例如：咏 yiǒng 柳错了，军 jǔn 旅错了，正确注音是：yǒng、jūn。

**答案**：C

**例5**　读下列词语的拼音，适当地填写隔音符号。（湖南邵阳）

1. 欧洲 ōu zhōu　　2. 安全 ān quán　　3. 海鸥 hǎi ōu

4. 平安 píng ān　　5. 彼岸 bǐ àn　　6. 激昂 jī áng

**分析**：4、5、6 词语的第二个音节"安"、"岸"、"昂"是"a"开头，易与前面的"g"、"i"混淆连读，所以用隔音符号分开。3 中"i"易与"ou"连读，也用隔音符号分开。

**答案**：hǎi'ōu　　píng'ān　　bǐ'àn　　jī'áng

第二章　认识汉字

课标解读

《语文新课程标准》对小学阶段识字的要求：要累计认识常用汉字3500个左右。掌握汉字的基本笔画和常用的偏旁部首，对学习汉字有浓厚的兴趣，养成主动识字的习惯，形成较强的独立识字能力。有条件的地方，可学习使用键盘输入汉字。

知识梳理

## 一、汉字的特点

1. 汉字是表意体系的文字。世界上的文字基本上可以分为两大类，一类是表音文字，一类是表意文字。汉字是表意文字，也就是说汉字是由不同的笔画构成的，由大量表意符号来记录汉语的单音节语素，从而代表了语素的声音，它同表音文字有本质的区别。汉字，尤其是古代汉字的形、音、义之间原本存在着一定的联系。传统上认为汉字是表意文字，是形、音、义统一的，汉字有见形知义的特点。

2. 汉字是方块字，不连写。汉字记录汉语不实行分词连写。汉字是由笔画构成的方块字。表音文字在书写时一般是由几个音节符号连写才能表示一个意义，而一个汉字就是一个语素，因而在汉语的书面语中分别语素是较为容易的，分别词就较为困难些。从书写形式看，汉字是平面型方块体，汉字的笔画有秩序地分布在一个平面性的方框里，这是汉字从外观上看最明显的特点；音素文字的字母在构词时是呈鱼贯式线性排列的。

3. 汉字记录的语音单位是汉语的音节。汉字和音节之间并不是一一对应的，一个音节往往对应多个汉字（同音字），有的汉字也可能对应多个音节（多音字），可见汉字从文字体制上不同于音节文字，而这一点就保证了汉字长期稳定的发展。

4. 汉字一般是表示单音节的语素。汉语里的一个音节可能由多个汉字来表示。

5. 汉字是记录汉语的书写符号系统。汉字跟语音的关系并不密切，跟意义的关系较为密切，这就使得汉字具有一定的超时空性。汉字的这一特点，就时间来说，对于继承和传播中国古代文化遗产是有利的；就空间来说，汉字在一定程度上具有了超方言的特点。

# 二、汉字的造字法（六书）

东汉许慎在《说文解字》中，全面系统地分析了小篆字系，并且对六书作出了明确的解释。他在《说文解字》序中对六书是这样解释的："一曰指事。指事者，视而可识，察而见意，上下是也。二曰象形。象形者，画成其物，随体诘诎，日月是也。三曰形声。形声者，以事为名，取譬相成，江河是也。四曰会意。会意者，比类合谊，以见指伪，武信是也。五曰转注。转注者，建类一首，同意相受，考老是也。六曰假借。假借者，本无其字，依声托事，令长是也。"一般认为六书中，象形、指事、会意、形声是造字法，转注和假借是用字法。

**1. 象形**

象形就是描绘事物形状的造字法。象形字是独体字，不能再拆开分析。它在汉字中占的数量不多，却是构成汉字的基础。例如：

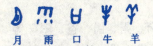

月　雨　口　牛　羊

车　舟　泉　瓜

**2. 指事**

指事就是用象征性符号或在象形字上加提示符号来表示某个词的造字法。用这种方法造的字就是指事字。指事字同象形字一样，也是独体字。例如：

上　下　三　木

末　朱　甘　刃

**3. 会意**

用两个或几个偏旁合成一个字，把这些偏旁的意义合成新字的意义，这种造字法叫会意。用会意法造的字，就是会意字。会意字是合体字，至少要两个字组成。例如：

武　休　取　明

涉　益　从　森

**4. 形声**

由表示字义类属的偏旁和表示字音的偏旁组成新字，这种造字法叫形声。用形声法造的字叫形声字。现行汉字大部分是形声字。

形声字中形旁和声旁的部分有一定的规律，大致来说，有8种类型：

①左形右声　这类数量最多。如“河、梧、锡、堆、挑、谈、惜、肝、租、耕、冻、睛、帐、町、弦、购、酝、牦、灯、矿、跑、躺、豺”等。

②右形左声　如“都、切、劲、攻、战、瓴、群、雌、视、期”等。

③上形下声　如“芳、竿、宇、窍、露、崮、爸、翠”等。

④下形上声　如“勇、型、货、贷、袋、姿、架、璧、劈、警”等。

⑤外形内声　如“圃、阁、匣、裹”等。

⑥内形外声　这类形声字最少。如“问、闻、瓣、辩”等。

⑦形占一角　如“栽、越、飓、颖”等。

⑧声占一角　如“厅、旗、腾、疆”等。

**5. 转注**

指同一部首内读音相近而且字义基本相同的字互相解释、互相借用。如“老”和“考”“颇”和“顶”。

**6. 假借**

指本来没有这个字，按它的读音，借用一个同音字来代替。如“反”和“返”“莫”和“暮”。

## 三、汉字构造单位与书写顺序

**1. 笔画**

笔画是构成汉字字形的最小连笔单位。从落笔到起笔所写的点和线叫一笔或一画。笔画的具体形状称笔形。《现代汉语通用字表》规定了5种基本笔画，即：

一（横）、丨（竖）、丿（撇）、丶（点）、㇊（折）

复合笔画是两种或两种以上笔画的连接。

### 汉字笔画名称表

| 笔画 | 名　称 | 例字 | 笔画 | 名　称 | 例字 |
|---|---|---|---|---|---|
| 丶 | 点 | 广 | 一 | 横钩 | 写 |
| 一 | 横 | 王 | ㇆ | 横折钩 | 月 |
| 丨 | 竖 | 巾 | ㇈ | 横折弯钩 | 九 |
| 丿 | 撇 | 白 | ㇌ | 横撇弯钩 | 阳 |
| 乀 | 捺 | 八 | ㇋ | 横折折折钩 | 奶 |
| ㇀ | 提 | 打 | ㇙ | 竖折折钩 | 鸟 |
| ㇆ | 撇点 | 女 | ㇄ | 竖弯 | 四 |
| ㇗ | 竖提 | 切 | ㇊ | 横折弯 | 没 |
| ㇊ | 横提 | 说 | ㇕ | 横折 | 口 |
| ㇂ | 弯钩 | 手 | ㇑ | 竖折 | 山 |
| ㇚ | 竖钩 | 小 | ㇞ | 撇折 | 云 |
| ㇃ | 竖弯钩 | 儿 | ㇅ | 横撇 | 水 |
| ㇁ | 斜钩 | 找 | ㇈ | 横折折撇 | 及 |
| ㇉ | 卧钩 | 心 | ㇍ | 竖折撇 | 专 |

### 2. 偏旁与部首

（1）偏旁

又叫部件或构件，是由笔画组成的具有组配汉字功能的基本结构单位。汉字可以分为独体字和合体字两大类。独体字是完整的一个字，拆不开，大都是象形字和指事字（见"造字法"），如"人"、"中"、"土"等。合体字一般由两个或两个以上的偏旁构成。偏旁是由笔画构成的，一个偏旁一般由两画或更多的笔画构成。

（2）部首

部首是汉字中具有字形归类作用的表意偏旁，它按照汉字的形体结构取其相同部分排列在一起，以供检字之用，因部首放在一部开头，为一部之首，所以叫"部首"，如"一"部、"十"

部、"刀"部、"土"部等。

（3）偏旁与部首的关系

部首是偏旁，但偏旁不一定是部首。这是因为部首所选取的偏旁都是表意的，而偏旁除部分表意外，更多的是表声的。如"扛"、"法"中的"扌"、"工"、"氵"、"去"都是偏旁，"扌"、"氵"是部首，而"工"、"去"只是表音的偏旁而不是部首。所以，偏旁的数目比部首多，不能把两者等同起来。（以下附汉字部首名称表）

### 常用汉字部首名称表

| 部首 | 名称 | 例　字 | 部首 | 名称 | 例　字 |
|---|---|---|---|---|---|
| 十 | 十字旁 | 午支华协 | 厂 | 厂字头 | 厅压 |
| 匚 | 区字框 | 医匠匹 | 冂 | 同字框 | 再丹内同 |
| 凵 | 凶字框 | 出画凶 | 刂 | 立刀旁 | 刘制 |
| 亻 | 单人旁 | 他代 | 八 | 八字旁 | 具弟 |
| 人 | 人字旁 | 众舒丛 | 勹 | 包字框 | 旬够匍 |
| 儿 | 儿字底 | 先光党 | 几 | 风字框 | 凤秃 |
| 亠 | 六字头 | 高亢就 | 冫 | 两点水 | 冰冻凌 |
| 冖 | 秃宝盖 | 军写 | 讠 | 言字旁 | 计语 |
| 卩 | 单耳刀 | 却卸即 | 阝 | 双耳刀 | 院那都 |
| 刀 | 刀字旁 | 分召切 | 力 | 力字旁 | 劝男办 |
| 厶 | 厶字旁 | 去台 | 又 | 又字旁 | 受竖难叔 |
| 廴 | 建字底 | 廷延 | 士 | 士字旁 | 声壮鼓 |
| 土 | 提土旁 | 寺尘在坏 | 工 | 工字旁 | 巧式贡巫差 |
| 扌 | 提手旁 | 指挡 | 艹 | 草字头 | 苹劳草 |
| 寸 | 寸字旁 | 对寻 | 廾 | 开字底 | 异弃戒 |
| ナ | 右字头 | 右左 | 夫 | 春字头 | 春泰 |

| 部首 | 名称 | 例　字 | 部首 | 名称 | 例　字 |
|---|---|---|---|---|---|
| 二 | 二字头 | 云示 | 小 | 小字头 | 光劣辉尖 |
| 大 | 大字旁 | 央夺尖买 | 囗 | 方框儿 | 回国 |
| 口 | 口字旁 | 吃知各向另 | 巾 | 巾字旁 | 市帅帜 |
| 丬 | 将字旁 | 妆将壮 | 彡 | 三撇儿 | 形参须 |
| 山 | 山字旁 | 岁岔岛岭 | 夂 | 折文旁 | 处务复 |
| 彳 | 双人旁 | 征往 | 广 | 广字头 | 麻库 |
| 犭 | 反犬旁 | 猫猎 | 氵 | 三点水 | 泪江 |
| 饣 | 食字旁 | 饭饺 | 宀 | 宝盖头 | 字宙 |
| 门 | 门字框 | 问闻 | 彐 | 雪字旁 | 寻雪归 |
| 忄 | 竖心旁 | 忆恨 | 己 | 己字旁 | 己忌改 |
| 辶 | 走之旁 | 进运 | 子 | 子字旁 | 存孙孝 |
| 尸 | 尸字旁 | 尽局昼 | 马 | 马字旁 | 驶冯腾 |
| 弓 | 弓字旁 | 引弗弟 | 王 | 王字旁 | 主全弄环 |
| 女 | 女字旁 | 妇妆妄 | 歹 | 歹字旁 | 死列歼 |
| 纟 | 绞丝旁 | 红线 | 戈 | 戈字旁 | 划战成盏 |
| 木 | 木字旁 | 本末朵机 | 车 | 车字旁 | 军轰轻 |
| 日 | 日字旁 | 早旮旬旧 | 止 | 止字旁 | 正此步武耻 |
| 贝 | 贝字旁 | 员财 | 曰 | 曰字旁 | 最沓更曲 |
| 见 | 见字旁 | 览视 | 水 | 水字旁 | 永沓泰 |
| 攵 | 反文旁 | 收敌 | 牛 | 牛字旁 | 犁物 |
| 月 | 月字旁 | 有肝期 | 爪 | 爪字旁 | 受爬采 |
| 殳 | 殳字旁 | 段殿 | 欠 | 欠字旁 | 次欣 |
| 火 | 火字旁 | 灯灾 | 方 | 方字旁 | 房放旁 |
| 礻 | 示字旁 | 社视神 | 灬 | 四点底 | 杰热 |

| 部首 | 名称 | 例　字 | 部首 | 名称 | 例　字 |
|---|---|---|---|---|---|
| 石 | 石字旁 | 岩泵研 | 心 | 心字底 | 思必 |
| 田 | 田字旁 | 甸甲亩男畔 | 目 | 目字旁 | 看盼 |
| 钅 | 金字旁 | 钉钟 | 皿 | 皿字底 | 孟益 |
| 白 | 白字旁 | 泉皆皎 | 禾 | 禾木旁 | 秀秋秦 |
| 疒 | 病字头 | 疗疼 | 鸟 | 鸟字旁 | 鸡鸣莺 |
| 穴 | 穴字头 | 穷突 | 立 | 立字旁 | 亲竖站 |
| 耒 | 耒字旁 | 耙耗 | 衤 | 衣字旁 | 衬衫 |
| 页 | 页字旁 | 顶领 | 耳 | 耳字旁 | 取闻耷 |
| 竹 | 竹字头 | 笔笑 | 虫 | 虫字旁 | 虽蚂 |
| 衣 | 衣字底 | 袋哀 | 舟 | 舟字旁 | 般船盘 |
| 米 | 米字旁 | 类屡料 | 羊 | 羊字旁 | 着盖翔群 |
| 走 | 走字旁 | 赶超 | 羽 | 羽字旁 | 翁翅翻 |
| 足 | 足字旁 | 跑跳 | 酉 | 酉字旁 | 配酒 |
| 豸 | 豸字旁 | 貌豹 | 身 | 身字旁 | 躲射 |
| 隹 | 隹字旁 | 雀难集雁 | 雨 | 雨字头 | 雪雷 |
| 革 | 革字旁 | 鞋靶 | 鱼 | 鱼字旁 | 鲁鲤 |
| 鬼 | 鬼字旁 | 魂魁魔 | 骨 | 骨字旁 | 骸髓 |
| 麻 | 麻字头 | 磨摩 | 食 | 食字旁 | 餐飨 |
| 鼻 | 鼻字旁 | 鼾劓 | 黑 | 黑字旁 | 墨黛默 |

### 3. 笔顺

笔顺是书写汉字时安排笔画的先后顺序。一个字先写哪一笔后写哪一笔，都要按照一定的规则，这就是汉字的笔顺规则。汉字笔顺规则是：先横后竖，先撇后捺，从上到下，从左到右，从外到内，先里头后封口，先中间后两边。不同书写体汉字的笔顺

可能有所差异。笔顺的基本规则见下表：

| 规　则 | 例　字 | 笔　顺 |
|---|---|---|
| 先 横 后 竖 | 十 | 一 十 |
| | 下 | 一 丁 下 |
| 先 撇 后 捺 | 八 | 丿 八 |
| | 天 | 干 天 |
| 从 上 到 下 | 三 | 一 二 三 |
| | 京 | 、 亠 亠 京 |
| 从 左 到 右 | 地 | 土 地 |
| | 做 | 亻 估 做 |
| 从 外 到 内 | 月 | 刀 月 |
| | 向 | 门 向 |
| 先 里 头 后 封 口 | 日 | 冂 日 日 |
| | 国 | 冂 国 国 |
| 先 中 间 后 两 边 | 小 | 亅 小 小 |
| | 水 | 亅 扌 水 |

## 容易写错笔顺的字

| 汉字 | 易错笔画说明 |
|---|---|
| 互 | 第二笔为撇折，非竖折；第三笔为横撇，非横折 |
| 牙 | 第二笔为撇折，非竖折 |
| 火 | 首笔为左点，非（右）点 |
| 内 | 末笔为点，非捺 |
| 写 | 首笔为左点，非撇 |
| 发 | 首笔为撇折，非竖折 |
| 州 | 首笔为左点，非（右）点 |
| 直 | 第二笔为竖，非撇 |

| 汉字 | 易错笔画说明 |
|---|---|
| 降 | 倒数第二笔是撇折，非竖折 |
| 凯 | 第六笔为竖提，非竖弯钩 |
| 虎 | 第三笔为横撇（横钩），非横折 |
| 学 | 前三笔为点、点、撇，第四笔为左点，非撇 |
| 尝 | 前三笔为竖、点、撇，第四笔为左点，非撇 |
| 骨 | 第六笔为竖，非撇 |
| 羿 | 第一笔和第四笔均为横折，非横折钩 |
| 南 | 第二笔为竖，非撇 |
| 盈 | 第四笔为点，非捺 |
| 既 | 倒数第三笔为撇折，非竖折 |
| 班 | 第五笔为左点，非（右）点 |
| 凌 | 第七笔为点，非捺 |
| 颂 | 第二笔为点，非捺 |
| 雪 | 第五到第八笔为点，非横 |
| 添 | 倒数第三笔为左点，非（右）点 |
| 敢 | 首笔为横撇，非横折 |
| 葵 | 六、七两笔均为撇，非左点 |
| 奥 | 第三笔为横折，非横折钩 |
| 博 | 第五笔为横折，非横折钩 |

# 四、形声字

　　形声是造字的一种方法。形声字由两部分组成，一部分表达这个字的意义叫形旁，一部分表示这个字的读音叫声旁。

同一个形旁和不同的声旁结合，可以构成许多意义相关的字。例如：用"木"做形旁，可以组成"桃、梅、梨、枝"等与树木有关的形声字。同一个声旁和不同的形旁结合，又可以构成许多声音相同或相近而意义不同的字。例如用"冈"做声旁，可以组成"刚、钢、纲"等读 gāng 的形声字。因此，我们可以利用形声字的声旁和形旁来识记汉字，理解字义。

形声字的形旁和声旁结合的方式是多种多样的，可分为：

左形右声：骑 偏　　　　右形左声：鸦 剧

上形下声：管 霜　　　　下形上声：想 梨

内形外声：闷 闻　　　　外形内声：围 圆

## 【小学生易读错的字】

### ● 易读错的汉字

**腌臜** 读 ā，不读 yān，指肮脏，不干净。

**哀伤** 读 āi，不读 zhōng，指悲哀伤心。

**皑皑** 读 ái，不读 kǎi，形容（霜雪）洁白。

**狭隘** 读 ài，不读 yì，指狭窄，狭小。

**谙熟** 读 ān，不读 àn，指十分熟悉。

**凹陷** 读 āo，不读 wā，指低下去的地方。

**老媪** 读 ǎo，不读 wēn，指年老的妇女。

**捭阖** 读 bǎi，不读 běi。指开与合，特指运用手段使联合或分化。

**颁布** 读 bān，不读 fēn，指公布或发布（法令、条例等）。

**同胞** 读 bāo，不读 pāo，指同父母所生的，同一国家或民族的人。

**悖逆** 读 bèi，不读 bó，指违反正常的道德秩序，犯上作乱。

**焙干** 读 bèi，不读 péi，指用微火烘烤干。

蓓蕾　读 bèi，不读 péi，指含苞未放的花。

迸裂　读 bèng，不读 bìng，指突然破裂并向外飞溅。

包庇　读 bì，不读 pǐ，指公开或暗中保护。

麻痹　读 bì，不读 pí，指思想上放松警惕、轻视。

裨益　读 bì，不读 bēi，指好处，益处。

针砭　读 biān，不读 fàn，古代中医指用石针扎进皮肉治病，也比喻深刻批评。

濒危　读 bīn，不读 pín，临近死亡或有灭亡的危险。

波浪　读 bō，不读 pō，指起伏不平的水面。

哺育　读 bǔ，不读 pǔ，指培养教育。

粗糙　读 cāo，不读 zào，指表面毛糙，不精细。

古刹　读 chà，不读 shā，指建筑年代久远的寺庙。

诧异　读 chà，不读 zhái，觉得十分奇怪、惊讶。

金钗　读 chāi，不读 chā，指古代妇女的发饰。

谄媚　读 chǎn，不读 xiàn，指用卑贱的态度和言行讨好别人。

阐明　读 chǎn，不读 shàn，把道理说清楚。

忏悔　读 chàn，不读 qiàn，指十分懊悔、有意改过。

徜徉　读 cháng，不读 tǎng，指闲游，安闲自在地行走。

敞开　读 chǎng，不读 bì，指没有遮拦，打开。

惆怅　读 chàng，不读 cháng，指失意；伤感。

嗔怒　读 chēn，不读 zhěn，指恼怒、生气。

瞠目　读 chēng，不读 táng，因吃惊或发窘而呆呆地瞪着。

惩罚　读 chéng，不读 chěng，指严厉地处罚。

驰骋　读 chěng，不读 pìn，指飞快地跑；常比喻在某个领域发挥才干。

鞭笞　读 chī，不读 tái，指用鞭子或板子打。

奢侈　读 chǐ，不读 yí，指花费大量钱财追求过分享受。

豆豉　读 chǐ，不读 gǔ，指一种用豆子制成的调味品。

炽热　读 chì，不读 zhǐ，指非常热。

憧憬　读 chōng，不读 tōng，指向往美好的境界。

怆然　读 chuàng，不读 cāng，指十分悲伤的样子。

阔绰　读 chuò，不读 zhuó，指非常富有、阔气。

辍学　读 chuò，不读 zhuì，指学业未完而停止上学。

疵点　读 cī，不读 bǐ，指缺点、毛病。

簇拥　读 cù，不读 zú，指紧紧围着。

攒动　读 cuán，不读 zàn，指拥挤在一起晃动。

皲裂　读 cūn，不读 jùn，指皮肤因风吹或受冻而裂开。

磋商　读 cuō，不读 chā，指反复商量，仔细讨论。

傣族　读 dǎi，不读 tài，我国少数民族之一，分布在我国云南省。

贷款　读 dài，不读 huò，指金融机构借钱给用钱的单位或个人。

怠慢　读 dài，不读 tài，指特别冷淡。

档案　读 dàng，不读 dǎng，指分类保存以备查考的文件和材料。

洗涤　读 dí，不读 tiáo，指洗。

嫡系　读 dí，不读 zhāi，指亲信的派系。

缔造　读 dì，不读 tí，指创立、建立。

玷污　读 diàn，不读 zhān，指弄脏、辱没。

靛蓝　读 diàn，不读 dìng，指深蓝色。

恫吓　读 dòng，不读 tóng，指威吓、恐吓。

句读　读 dòu，不读 dú，指古文中语句间的停顿。

拾掇　读 duo，不读 zhuī，指整理；修理。

踱步　读 duó，不读 dù，指慢步行走。

婀娜　读 ē，不读 ā，指柔软而美好，姿态优雅。

沸腾　读 fèi，不读 fú，比喻情绪高涨，人声喧闹。

敷衍　读 fū，不读 fù，指勉强维持或表面应付。

凫水　读 fú，不读 jǐ，指游泳。

讣告　读 fù，不读 pǔ，指报丧
　　　的通知、公告。

束缚　读 fù，不读 fó，指捆绑、
　　　约束。

尴尬　读 gà，不读 jiè，指处境
　　　困难，左右为难。

矸石　读 gān，不读 jiān，指煤
　　　里含的不易燃烧的石块。

佝偻　读 gōu，不读 jù，指脊背
　　　向前弯曲。

诟骂　读 gòu，不读 hòu，泛指
　　　辱骂。

汩汩　读 gǔ，不读 mì，指水
　　　流动的声音或样子。

桎梏　读 gù，不读 gào，指古
　　　代一种木制的刑具，也
　　　用来比喻束缚人或阻碍
　　　事物发展的东西。

粗犷　读 guǎng，不读 kuàng，
　　　指粗野，强悍。

皈依　读 guī，不读 fān，泛指
　　　信奉佛教或参加其他宗
　　　教组织。

诡计　读 guǐ，不读 wēi，指狡
　　　诈的计谋。

聒噪　读 guō，不读 guā，指
　　　声音尽可能乱、吵闹。

骇然　读 hài，不读 hái，指吃
　　　惊，害怕。

憨厚　读 hān，不读 gān，指
　　　老实厚道。

薅草　读 hāo，不读 nuò，指
　　　用手拔去农作物周围的
　　　杂草。

皓月　读 hào，不读 gào，指
　　　明亮的月亮。

呵护　读 hē，不读 ā，指保护。

弹劾　读 hé，不读 hài，指揭发
　　　罪状，并追究其法律
　　　责任。

干涸　读 hé，不读 gù，指干枯。

沟壑　读 hè，不读 yōng，指
　　　山沟或大水坑。

亨通　读 hēng，不读 xiǎng，
　　　指顺利、顺达。

弧度　读 hú，不读 gū，量角
　　　的一种单位。

徘徊　读 huái，不读 huí，指来
　　　回地走或来回起伏、
　　　浮动。

踝骨　读 huái，不读 luǒ，指小
　　　腿与脚之间部位的左右
　　　两侧的突起的圆骨。

浣纱　读 huàn，不读 wán，古
　　　时指洗涤衣纱。

**豢养** 读 huàn，不读 juàn，指喂养，也比喻收买培植（帮凶）。

**忌讳** 读 huì，不读 wěi，指因有所顾忌而不敢说或不愿说，也指力求避免或不希望出现。

**即使** 读 jí，不读 jì，连词，表示假设的让步。

**舟楫** 读 jí，不读 yī，指船桨。

**给付** 读 jǐ，不读 gěi，指付给应付的款项。

**觊觎** 读 jì，不读 jiàn 或 kǎi，指希望得到不应得的东西。

**歼灭** 读 jiān，不读 qiān，指消灭。

**信笺** 读 jiān，不读 qiān，指写信用的纸。

**缄默** 读 jiān，不读 jiǎn，指闭口不说话。

**眼睑** 读 jiǎn，不读 liǎn，指眼皮。

**僭越** 读 jiàn，不读 qiàn，指冒用比自己地位高的人的名义或物品。

**双桨** 读 jiǎng，不读 jiāng，指划船的用具。

**地窖** 读 jiào，不读 gào，指储藏物品的地洞或地下建筑。

**发酵** 读 jiào，不读 xiào，指利用酵母使酒、酱、面等引起化学变化的过程。

**攻讦** 读 jié，不读 gān，指斥责别人的过错，揭发别人的隐私。

**粳米** 读 jīng，不读 gēng，指粳稻碾出的米。

**炯炯** 读 jiǒng，不读 tóng，形容明亮，多指目光。

**窘境** 读 jiǒng，不读 jūn，指十分为难的处境。

**抓阄** 读 jiū，不读 guī，指从预先做好的记号的纸团中每人取出一个，以决定谁先谁后或谁不谁无。

**艾灸** 读 jiǔ 不读 zhì，指中医的一种治疗方法。

**内疚** 读 jiù，不读 jiǔ，指对于自己的错误感到惭愧。

**狙击** 读 jū，不读 zǔ，指埋伏在隐藏地点伺机袭击或阻击敌人。

**沮丧** 读 jǔ，不读 zǔ，指灰心失望。

鸟瞰　读 kàn，不读 gǎn，指从高处往下看。

炕头　读 kàng，不读 kēng，指炕靠近灶的一头。

窠臼　读 kē，不读 cháo，指老套子，现成模式。

恪守　读 kè，不读 gé，指谨慎而恭敬地遵守。

市侩　读 kuài，不读 huì，指以拉拢买卖从中牟利为职业的人。

岿然　读 kuī，不读 guī，指高大独立的样子。

窥探　读 kuī，不读 guī，指暗中察看。

喟然　读 kuì，不读 wěi，指叹气的样子。

邋遢　读 lā，不读 liè，指不整洁，不利落。

奶酪　读 lào，不读 lù，指用牛、羊、马的乳法做成的半凝固食品。

撂荒　读 liào，不读 lüè，指不继续耕种，任其荒芜。

贿赂　读 lù，不读 luò，指赠送财物给他人以谋取私利。

摞起　读 luò，不读 lǘ，把东西重叠往上放。

埋怨　读 mán，不读 mái，指因不如意而表示不满。

联袂　读 mèi，不读 jué，指联合、联手。

分娩　读 miǎn，不读 wǎn，指生孩子或生幼畜。

谬论　读 miù，不读 niù，指荒谬的错误言论。

赧然　读 nǎn，不读 shè，形容难为情的样子。

气馁　读 něi，不读 ruǐ，指失掉勇气。

隐匿　读 nì，不读 nuò，指隐藏、隐蔽，或躲起来。

凤辇　读 niǎn，不读 bèi，古时皇后坐的饰有凤凰的车子。

啮噬　读 niè，不读 chǐ，比喻折磨。

虐待　读 nüè，不读 nì，指用残暴狠毒的手段待人。

懦弱　读 nuò，不读 rú，指胆怯、软弱，不坚强。

讴歌　读 ōu，不读 qū，指歌颂。

瓯江　读 ōu，不读 wǎ，地名，在浙江省境内。

怄气　读 òu，不读 qū，指生闷气，闹别扭。

**奇葩** 读 pā，不读 bā，指奇特而美丽的花朵。

**琵琶** 读 pá，不读 bā，一种木制的弹拨乐器。

**湖畔** 读 pàn，不读 bàn，指湖边。

**滂沱** 读 pāng，不读 bàng，形容雨下得很大。

**抨击** 读 pēng，不读 pīng，指用评论来攻击。

**媲美** 读 pì，不读 bǐ，指比美或美好的程度差不多。

**蹁跹** 读 pián，不读 biān，形容旋转舞动。

**骈文** 读 pián，不读 bìng，指用骈体形式写的文章。

**苗圃** 读 pǔ，不读 fǔ，指培植花苗的园地。

**蹊跷** 读 qī，不读 xī，指奇怪。

**菜畦** 读 qí，不读 xí，指有土埂围着的整齐的菜田。

**修葺** 读 qì，不读 róng，特指修理建筑物。

**洽谈** 读 qià，不读 xià，指接洽、商谈。

**悭吝** 读 qiān，不读 jiān，指十分小气、吝啬。

**荨麻** 读 qián，不读 xún，一种多年生草木植物。

**天堑** 读 qiàn，不读 zǎn，指隔断交通的河或沟。

**踉跄** 读 qiàng，不读 cāng，指走路不稳，摇晃。

**憔悴** 读 qiáo，不读 jiāo，指人瘦弱，面色不好看。

**惬意** 读 qiè，不读 xiá，指称心、满意、舒服。

**侵占** 读 qīn，不读 qǐn，指以强力占有别国的领土或非法占有别人的财产。

**引擎** 读 qíng，不读 jìng，指发动机或内燃机等热机。

**亲家** 读 qìng，不读 qīn，指两家儿女相婚配的亲戚关系。

**酋长** 读 qiú，不读 yǒu，指部落的首领。

**龋齿** 读 qǔ，不读 yǔ，指由于口腔不洁，造成牙齿空洞，齿龈肿胀的病牙。

**蜷曲** 读 quán，不读 juǎn，指弯曲。

**冗长** 读 rǒng，不读 chén，指文章讲话等废话多。

**害臊** 读 sào，不读 cāo，指害羞。

潸然　读 shān，不读 qián，指流泪的样子。

讪笑　读 shàn，不读 shān，指讥笑。

受禅　读 shàn，不读 chán，指禅让、继位。

赡养　读 shàn，不读 zhān，特指子女对父母在物质和生活上进行帮助。

折耗　读 shé，不读 zhé，指物品在制造、运输、保管等过程中所造成的损失。

摄影　读 shè，不读 niè，指照相、拍电影。

慑服　读 shè，不读 niè，指因恐惧而顺从或使之恐惧而屈服。

哂笑　读 shěn，不读 shài，指讥笑。

侍奉　读 shì，不读 dài，指侍候、奉养长辈。

舐犊　读 shì，不读 dǐ，比喻对子女的关爱、呵护。

枢纽　读 shū，不读 qū，指事物的关键部分或事物相互联系的中心环节。

宽恕　读 shù，不读 nù，宽恕饶恕。

涮洗　读 shuàn，不读 shuā，指把水放在器物里摇晃着洗。

吮吸　读 shǔn，不读 yǔn，指用嘴吸取东西，也比喻贪婪的剥削。

硕大　读 shuò，不读 shǎo，指非常大，巨大。

悚然　读 sǒng，不读 shù，指害怕的样子。

粟米　读 sù，不读 lì，指玉米。

作祟　读 suì，不读 chóng，指不正当的行为。

趿拉　读 tā，不读 jí，指把鞋后帮踩在脚后跟下。

鞭挞　读 tà，不读 dá，指用鞭子、棍子等打人。

坍塌　读 tān，不读 dān，指倒下来。

湍急　读 tuān，不读 chuān，指水势急。

蜕变　读 tuì，不读 tuō，指人或事物发生质变。

逶迤　读 wēi，不读 wěi，形容山脉道路河流等弯弯曲曲延续不断的样子。

毋宁　读 wú，不读 mǔ，副词，表示"不如"。

妩媚　读 wǔ，不读 wǔ，形容
女子、花木等姿态美好。

膝盖　读 xī，不读 qī，指大腿
和小腿相连关节的前部。

迁徙　读 xǐ，不读 tú，指迁移。

骁勇　读 xiāo，不读 yáo，指
勇猛。

混淆　读 xiáo，不读 yáo，指
混杂。

挟持　读 xié，不读 xiá，指用
威力强迫对方服从。

携手　读 xié，不读 xǐ，指手拉
着手。

自诩　读 xǔ，不读 yǔ，指自我
夸耀。

酗酒　读 xù，不读 xiōng，指没
有节制地喝酒，并借酒
撒酒疯。

绚丽　读 xuàn，不读 xún，灿
烂美丽。

踅回　读 xué，不读 zhé，指中
途折回或来回走。

戏谑　读 xuè，不读 nüè，指开
玩笑。

汛情　读 xùn，不读 xìn，指汛
期水位涨落时的情况。

殷红　读 yān，不读 yīn，带黑
的红色。

赝品　读 yàn，不读 yīng，指
伪造的东西。

钥匙　读 yào，不读 yuè，指
开锁用的东西。

摇曳　读 yè，不读 yì，指摇
动、摇晃。

拜谒　读 yè，不读 jiè，指拜见
或瞻仰。

笑靥　读 yè，不读 miàn，指
笑脸。

造诣　读 yì，不读 zhǐ，指学
业、技术等达到一定
程度。

轶事　读 yì，不读 shì，指世人
不大知道的关于某人的
事情。

肄业　读 yì，不读 sì，指没有
毕业或尚未毕业。

熠熠　读 yì，不读 xí，形容闪
光发亮。

喑哑　读 yīn，不读 àn，指嗓
子哑，不能出声。

须臾　读 yú，不读 jǐ，指在极
短的时间。

栅栏　读 zhà，不读 shān，指
用铁条、木条等做成的
类似篱笆而且比较坚固
的东西。

摘录　读 zhāi，不读 zhē，指从文件、书刊里选择一部分写下来。

破绽　读 zhàn，不读 dìng，指漏洞，暴露的部分。

谪居　读 zhé，不读 zhāi，指被贬谪后住的某个地方。

赈灾　读 zhèn，不读 chén，指赈济灾民。

恣情　读 zì，不读 cì，指纵情、任意。

编纂　读 zuǎn，不读 cuàn，指撰写、编辑。

## ● 易读错的姓氏

| 姓氏 | 应读 | 误读 | 姓氏 | 应读 | 误读 | 姓氏 | 应读 | 误读 |
|---|---|---|---|---|---|---|---|---|
| 柏 | Bǎi | bái | 鲍 | Bào | bāo | 贲 | Bēn | pēn |
| 秘 | Bì | mì | 薄 | Bó | báo | 卜 | Bǔ | pǔ |
| 岑 | Cén | cēn | 晁 | Cháo | zhào | 车 | Chē | jū |
| 谌 | Chén | shèn | 乘 | Chéng | shèng | 褚 | Chǔ | zhū |
| 都 | Dū | dōu | 符 | Fú | pú | 甫 | Fǔ | pǔ |
| 盖 | Gě | gài | 葛 | Gě | gé | 句 | Gōu | jù |
| 妫 | Guī | wéi | 郝 | Hǎo | hè | 华 | Huà | huá |
| 稽 | Jī | jì | 纪 | Jǐ | jì | 蹇 | Jiǎn | qiān |
| 靳 | Jìn | lìn | 隽 | Juàn | juān | 阚 | Kàn | gǎn |
| 蒯 | Kuǎi | péng | 隗 | Kuí | guǐ | 宁 | Níng | nìng |
| 区 | Ōu | qū | 朴 | Piáo | pǔ | 覃 | Qín | tán |
| 仇 | Qiú | chóu | 曲 | Qū | qǔ | 瞿 | Qú | chú |
| 冉 | Rǎn | zài | 任 | Rén | rèn | 阮 | Ruǎn | yuán |
| 芮 | Ruì | nèi | 单 | Shàn | dān | 召 | Shào | zhào |
| 佘 | Shé | shē | 厍 | Shè | chē | 莘 | Shēn | xīn |
| 仝 | Tóng | gōng | 韦 | Wéi | wěi | 冼 | Xiǎn | xǐ |

| 姓氏 | 应读 | 误读 | 姓氏 | 应读 | 误读 | 姓氏 | 应读 | 误读 |
|---|---|---|---|---|---|---|---|---|
| 洗 | Xiǎn | xǐ | 解 | Xiè | jiě | 燕 | Yān | yàn |
| 幺 | Yāo | mó | 要 | Yāo | yào | 庾 | Yǔ | yú |
| 尉迟 | Yù | wèi | 乐 | Yuè | lè | 郧 | Yún | yuán |
| 员 | Yùn | yuán | 恽 | Yùn | jūn | 郓 | Yùn | hún |
| 臧 | Zāng | zàng | 曾 | Zēng | chéng | 查 | Zhā | chá |
| 祭 | Zhài | jì | 砦 | Zhài | chái | 竺 | Zhú | èr |
| 翟 | zhái | dí | 笮 | zé | zuó | 訾 | Zī | zǐ |

# 五、形近字

　　形近字就是指在形体、结构、部件等方面很相近的字。汉字的结构很复杂，所以这种字很多。

　　**1. 形近字的搭配**

　　形近字的搭配有一定的规律，并有各自的特点。

　　（1）笔画相同，位置不同，如"人"和"入"。

　　（2）字形相近，笔形不同，如"己"、"已"、"巳"。

　　（3）字形相近，偏旁不同，如"读"和"续"。

　　（4）字形相近，笔画不同，如"木"和"本"。

　　（5）字形相近，读音相同，如"眯"和"咪"。

　　（6）字形相近，读音不同，如"胶"和"狡"。

　　（7）部首相同，位置不同，如"晃"和"杳"。

　　**2. 辨析形近字**

　　极易混淆的形近字大致可分为五种情况：一是读音相同相近，如"食不果腹"误为"食不裹腹"，"粗犷"误为"粗旷"；二是字形相似，如"气概"误为"气慨"，"辐射"误为"幅射"；三

是意义混淆，如"凑合"误为"凑和"，"针砭"误为"针贬"；四是不明典故，如"墨守成规"误为"默守成规"，不知道"墨"指战国时的墨翟，"黄粱美梦"误为"黄粱美梦"，不知道"黄粱"指的是做饭的小米；五是忽视语文法规，如"重叠"误为"重迭"，"天翻地覆"误为"天翻地复"，其实早在 1986 年重新公布《简化字总表》时，"叠"、"覆"二字已经恢复使用。又比如"大拇指"错成"大姆指"，这是过去考试中出错率最高的字。

## 【小学生易写错的字】

### （括号里为正确字）

| | | | | |
|---|---|---|---|---|
| 爱带（戴） | 白晰（皙） | 爆乱（暴） | 报筹（酬） | 暴炸（爆） |
| 辩析（辨） | 恶耗（噩） | 材华（才） | 喝采（彩） | 翱游（遨） |
| 娘两（俩） | 雕彻（砌） | 陷井（阱） | 明片（名） | 吉详（祥） |
| 肖象（像） | 开消（销） | 贮立（伫） | 绉纹（皱） | 躁热（燥） |
| 肿涨（胀） | 振撼（震） | 渲泄（宣） | 宣染（渲） | 延申（伸） |
| 欧打（殴） | 座落（坐） | 拥带（戴） | 煤碳（炭） | 按磨（摩） |
| 百练成钢（炼） | 和霭可亲（蔼） | 爱不失手（释） | 百战不贻（殆） | |
| 爱屋及屋（乌） | 安份守己（分） | 按居乐业（安） | 暗然泪下（黯） | |
| 黯无天日（暗） | 绝不罢休（决） | 岂人忧天（杞） | 半途而费（废） | |
| 变换莫测（幻） | 别出心才（裁） | 兵慌马乱（荒） | 彬彬有理（礼） | |
| 涣然一新（焕） | 摒息凝神（屏） | 病入膏盲（肓） | 不记其数（计） | |
| 不加思索（假） | 不可思异（议） | 不求深解（甚） | 宁死不曲（屈） | |
| 兴高彩烈（采） | 张灯结采（彩） | 出奇不意（其） | 出奇致胜（制） | |
| 出人投地（头） | 走头无路（投） | 装潢门面（璜） | 众口烁金（铄） | |
| 中流抵柱（砥） | 直接了当（截） | 自曝自弃（暴） | 置若惘闻（罔） | |
| 再接再励（厉） | 运筹帷握（幄） | 欲盖弥张（彰） | 营私舞敝（弊） | |
| 杳无音信（杳） | 同仇敌慨（忾） | 投机捣把（倒） | 图穷匕现（见） | |

退化变质（蜕）　文过是非（饰）　无耻滥言（谰）　相形见拙（绌）

消声匿迹（销）　心浮气燥（躁）　形消骨立（销）　修茸一新（葺）

修养生息（休）　宣宾夺主（喧）　诩诩如生（栩）　暇思迩想（遐）

一张一驰（弛）　一愁莫展（筹）　言简意该（赅）　挺而走险（铤）

叹为观只（止）　世外桃园（源）　如法泡制（炮）　罄竹难书（罄）

轻歌漫舞（曼）　前踞后恭（倨）　迫不急待（及）　破斧沉舟（釜）

披星带月（戴）　披肝历胆（沥）　篷荜生辉（蓬）　沤心沥血（呕）

奴颜卑膝（婢）　弄巧成绌（拙）　暗然失色（黯）　按步就班（部）

白壁无暇（瑕）　别出新裁（心）　肝脑途地（涂）　感人肺腑（腑）

继往不咎（既）　草管人命（菅）　层峦迭嶂（叠）　缠绵悱测（恻）

陈词烂调（滥）　穿流不息（川）　惮精竭虑（殚）　耳儒目染（濡）

飞扬拔扈（跋）　愤发图强（奋）　蜂涌而至（拥）　斧底抽薪（釜）

功亏一匮（篑）　鬼计多端（诡）　海角天崖（涯）　汗流夹背（浃）

好高鹜远（骛）　轰堂大笑（哄）　变本加力（厉）　积毁消骨（销）

急流勇退（激）　坚如盘石（磐）　惩前必后（毖）　发聋震聩（振）

金榜提名（题）　金壁辉煌（碧）　精神焕散（涣）　苦心孤旨（诣）

口干舌躁（燥）　烂竽充数（滥）　离经判道（叛）　礼上往来（尚）

历兵秣马（厉）　历精图治（励）　缭原烈火（燎）　留芳百世（流）

流言非语（蜚）　龙盘虎据（踞）　录录无为（碌）　落英宾纷（缤）

貌和神离（合）　明辩是非（辨）　名列前矛（茅）　吊以轻心（掉）

明火直仗（执）　名记不忘（铭）　摸糊不清（模）　莫不关心（漠）

默守成规（墨）　坐地分脏（赃）　脑羞成怒（恼）　占了上峰（风）

振人心魄（震）　劳役结合（逸）　事得其反（适）　坐想其成（享）

前扑后继（仆）　融汇贯通（会）　巾国英雄（帼）　日新月益（异）

背景离乡（井）　如洪气势（虹）　空空如野（也）　淋漓尽至（致）

蛋丸之地（弹）　怨天由人（尤）　无可非异（议）　洁然一身（孑）

直言不诲（讳）　锋芒必露（毕）　故名思义（顾）　包罗万项（象）

轻而一举（易）　　不可名壮（状）　　道貌暗然（岸）　　无精打彩（采）

浮想联篇（翩）　　物及必反（极）　　无可质疑（置）　　及及可危（岌）

人才倍出（辈）　　养尊处悠（优）　　受益非浅（匪）　　出类拔粹（萃）

自立更生（力）　　不可就药（救）　　致关重要（至）　　应辨能力（变）

功不可抹（没）　　人至义尽（仁）　　义气用事（意）　　腆不知耻（恬）

永保青春（葆）　　举旗不定（棋）　　无则加免（勉）　　冒然行动（贸）

针贬时弊（砭）　　当物之急（务）　　苇编三绝（韦）　　千窗百孔（疮）

炉火纯清（青）　　自名得意（鸣）　　胜气凌人（盛）　　一本万历（利）

势均利敌（力）　　悬梁刺骨（股）　　名思苦想（冥）　　珠丝马迹（蛛）

全宜之计（权）　　老声常谈（生）　　乌和之众（合）　　立杆见影（竿）

大气晚成（器）　　精兵减政（简）　　委屈求全（曲）　　棉里藏针（绵）

合盘托出（和）　　举止安祥（详）　　以老卖老（依）　　口蜜腹箭（剑）

山青水秀（清）　　一泄千里（泻）　　滥芋充数（竽）　　卑躬曲膝（屈）

# 六、多音字

　　多音字是指不止一个读音的字。它的产生是由于这类字分别被组合在不同的词和词组里，是所属词和词组不可分割的一部分，所以辨别多音字，关键在于据词定音，据音辨义。

　　1. 词性不同、词义不同，读音也不同。读音有区别词性和词义的作用。例如：

　　数 shǔ（动词）　数数　数落
　　　　shù（名词）　数据　数量
　　　　shuò（副词）　数见不鲜
　　降 jiàng（动词）　降落　降雨
　　　　xiáng（动词）　投降　降伏

在六百多个多音字中，这种类型的多音字约有五百个，掌握了这种类型的多音多义字，就意味着掌握了大多数的多音字。这类多音字的数量虽大，但由于读音有区别词性和词义的作用，只要认真加以比较，它不同的读音还是比较容易掌握的。

2. 普通用法和人名、地名等用法不同而造成多音。例如：

单 dān 单位　简单　菜单　单纯

　　shàn 姓单　单县（地名）

这种类型在文言文中叫做"古音异读"。这类字的读音自古代沿袭下来，大多没有改变，因为专有名词具有固定性。

3. 使用情况不同，读音也不同。读音有区别用法的作用。例如：

剥 bāo （限于单用）剥花生　剥玉米

　　bō 　（用于合成词）剥夺　剥削　剥离

薄 báo （限于单用）薄纸　薄薄的一层

　　bó 　（用于合成词）薄弱　刻薄　轻薄

这类多音字数量很小，之所以把它列为一类，是因为这类字的使用频率很高，读错率也高，而且不太容易从字义上辨别。明白了应该从用法上去区别，掌握起来就容易了。

4. 语体不同，读音不同。读音有区别语体的作用。例如：

血 xuè （读书音）血海深仇　血压　血脉

　　xiě （口语音）流血了　吐了两口血

核 hé 　（读书音）核桃　核心　细胞核

　　hú 　（口语音）杏核儿　煤核儿

5. 方言词汇的存在而造成多音。

忒 tè 　差忒（忒：差错）

　　tuī （方言）风忒大　房子忒小（忒：太）

以上两类多音字中，口语音和方言在阅读时一般只出现于文学作品中，尤其是方言词汇，由于具有地方性，使用的频率是很

低的，况且它与普通话没有紧密的联系，一般不会搞混。

实际上，许多字的读音同时还是兼有几种类型的，但只要我们掌握了辨析的方法，便可以举一反三，事半功倍，比较容易地掌握多音字。

## 【小学生常见的多音字】

### A

| 阿 | ā | 阿爸 | 阿姨 |
| | ē | 阿附 | 阿胶 |
| 挨 | āi | 挨着 | 挨近 |
| | ái | 挨打 | 挨骂 |
| 拗 | ào | 拗口 | 违拗 |
| | niù | 执拗 | |

### B

| 扒 | bā | 扒开 | 扒皮 |
| | pá | 扒手 | 扒草 |
| 把 | bǎ | 把握 | 把持 |
| | bà | 刀把儿 | |
| 耙 | bà | 耙地 | 齿耙 |
| | pá | 耙草 | 耙子 |
| 剥 | bāo | 剥皮 | 剥壳 |
| | bō | 剥离 | 剥削 |
| 薄 | báo | 薄片 | 薄地 |
| | bó | 单薄 | 鄙薄 |
| 刨 | bào | 刨平 | 刨床 |
| | páo | 刨土 | 刨草 |
| 背 | bèi | 背诵 | 后背 |
| | bēi | 背包 | 背柴 |
| 奔 | bēn | 奔跑 | 奔波 |
| | bèn | 投奔 | 奔命 |
| 辟 | bì | 复辟 | |
| | pì | 辟谣 | 精辟 |
| 扁 | biǎn | 扁平 | 扁担 |
| | piān | 扁舟 | |
| 便 | biàn | 便利 | 顺便 |
| | pián | 便宜 | |
| 别 | bié | 别人 | 性别 |
| | biè | 别扭 | |
| 泊 | bó | 漂泊 | 停泊 |
| | pō | 湖泊 | 血泊 |

### C

| 藏 | cáng | 收藏 | 储藏 |
| | zàng | 藏族 | 宝藏 |
| 曾 | céng | 曾经 | 未曾 |
| | zēng | 曾孙 | |

| 禅 | chán | 禅师 | 坐禅 |
| | shàn | 禅让 | 封禅 |
| 颤 | chàn | 颤动 | 颤抖 |
| | zhàn | 颤栗 | 打颤 |
| 长 | cháng | 长途 | 长处 |
| | zhǎng | 长辈 | 校长 |
| 称 | chēng | 称呼 | 称道 |
| | chèn | 称心 | 称职 |
| 冲 | chōng | 冲锋 | 冲击 |
| | chòng | 冲劲 | 很冲 |
| 重 | chóng | 重复 | 重新 |
| | zhòng | 重量 | 举重 |
| 臭 | chòu | 臭味 | 臭气 |
| | xiù | 乳臭 | 铜臭 |
| 处 | chǔ | 处罚 | 处置 |
| | chù | 处所 | 妙处 |
| 传 | chuán | 传播 | 传递 |
| | zhuàn | 传记 | 经传 |
| 畜 | chù | 畜牲 | 畜力 |
| | xù | 畜养 | 畜牧 |
| 攒 | cuán | 攒动 | 攒射 |
| | zǎn | 攒钱 | 积攒 |

### D

| 单 | dān | 单独 | 孤单 |
| | shàn | 单县 | 单姓 |
| 当 | dāng | 当面 | 充当 |
| | dàng | 当铺 | 上当 |

| 倒 | dǎo | 倒闭 | 倒下 |
| | dào | 倒影 | 倒茶 |
| 提 | dī | 提防 | 提溜 |
| | tí | 提高 | 提取 |
| 调 | diào | 调查 | 抽调 |
| | tiáo | 调解 | 调戏 |
| 斗 | dǒu | 漏斗 | 北斗 |
| | dòu | 头智 | 博斗 |
| 度 | dù | 程度 | 温度 |
| | duó | 揣度 | 猜度 |
| 囤 | dùn | 粮囤 | 谷囤 |
| | tún | 囤积 | 囤米 |
| 垛 | duǒ | 垛子 | 垛口 |
| | duò | 草垛 | 麦垛 |

### F

| 发 | fā | 发言 | 发芽 |
| | fà | 理发 | 染发 |
| 坊 | fāng | 牌坊 | 坊巷 |
| | fáng | 粉坊 | 染坊 |
| 分 | fēn | 区分 | 分数 |
| | fèn | 缘分 | 本分 |
| 缝 | féng | 缝合 | 缝补 |
| | fèng | 墙缝 | 裂缝 |

### G

| 干 | gān | 干净 | 干扰 |
| | gàn | 干部 | 才干 |

| 杆 | gān | 旗杆 | 栏杆 |
| | gǎn | 枪杆 | 烟杆 |
| 给 | gěi | 给以 | 给我 |
| | jǐ | 补给 | 配给 |
| 更 | gēng | 更换 | 更名 |
| | gèng | 更加 | 更好 |
| 供 | gōng | 供养 | 提供 |
| | gòng | 口供 | 上供 |
| 观 | guān | 观看 | 观察 |
| | guàn | 寺观 | |
| 冠 | guān | 皇冠 | 鸡冠 |
| | guàn | 冠军 | 冠名 |

## H

| 还 | hái | 还好 | 还是 |
| | huán | 还原 | 还乡 |
| 汗 | hán | 可汗 | 大汗 |
| | hàn | 汗水 | 汗颜 |
| 号 | háo | 呼号 | 号叫 |
| | hào | 称号 | 号召 |
| 好 | hǎo | 好事 | 美好 |
| | hào | 好学 | 好客 |
| 和 | hé | 和睦 | 和谐 |
| | huó | 和面 | 和泥 |
| 喝 | hē | 喝水 | 渴酒 |
| | hè | 喝彩 | 喝令 |
| 横 | héng | 横行 | 纵横 |
| | hèng | 蛮横 | 横祸 |

| 划 | huá | 划船 | 划算 |
| | huà | 筹划 | 计划 |
| 会 | huì | 会面 | 会见 |
| | kuài | 会计 | 财会 |
| 混 | hún | 混浊 | 混蛋 |
| | hùn | 混合 | 鬼混 |

## J

| 奇 | jī | 奇偶 | 奇数 |
| | qí | 奇怪 | 奇异 |
| 几 | jī | 茶几 | 几案 |
| | jǐ | 几何 | 几个 |
| 济 | jǐ | 济宁 | 济济 |
| | jì | 救济 | 共济 |
| 夹 | jiā | 夹攻 | 夹杂 |
| | jiá | 夹裤 | 夹袄 |
| 假 | jiǎ | 真假 | 假借 |
| | jià | 假期 | 假日 |
| 间 | jiān | 中间 | 晚间 |
| | jiàn | 间断 | 间谍 |
| 将 | jiāng | 将军 | 将来 |
| | jiàng | 将校 | 将领 |
| 角 | jiǎo | 角落 | 号角 |
| | jué | 角色 | 角斗 |
| 教 | jiāo | 教书 | 教给 |
| | jiào | 教导 | 教派 |
| 结 | jiē | 结果 | 结巴 |
| | jié | 结晶 | 结束 |

| 解 | jiě | 解除 | 解剖 |
| | jiè | 押解 | 起解 |

**K**

| 卡 | kǎ | 卡车 | 卡片 |
| | qiǎ | 关卡 | 卡子 |
| 看 | kān | 看守 | 看管 |
| | kàn | 看待 | 看茶 |
| 壳 | ké | 贝壳 | 脑壳 |
| | qiào | 地壳 | 甲壳 |
| 可 | kě | 可恨 | 可以 |
| | kè | 可汗 | |
| 空 | kōng | 领空 | 空洞 |
| | kòng | 空白 | 空闲 |
| 拉 | lā | 拉车 | 拉货 |
| | lá | 拉开 | 拉破 |

**L**

| 乐 | lè | 快乐 | 取乐 |
| | yuè | 乐器 | 乐曲 |
| 勒 | lè | 勒令 | 勒索 |
| | lēi | 勒紧 | |
| 累 | lèi | 劳累 | 累乏 |
| | lěi | 积累 | 累及 |
| 量 | liáng | 丈量 | 计量 |
| | liàng | 酒量 | 产量 |
| 笼 | lóng | 笼子 | 牢笼 |
| | lǒng | 笼络 | 笼统 |

| 落 | luò | 落魄 | 降落 |
| | lào | 落枕 | 落色 |
| | là | 落下 | |
| 露 | lù | 露水 | 暴露 |
| | lòu | 露馅 | 露面 |

**M**

| 脉 | mài | 动脉 | 山脉 |
| | mò | 脉脉含情 | |
| 埋 | mái | 埋伏 | 埋藏 |
| | mán | 埋怨 | |
| 蔓 | màn | 蔓延 | 枝蔓 |
| | wàn | 瓜蔓 | 压蔓 |
| 蒙 | mēng | 蒙骗 | 瞎蒙 |
| | méng | 蒙蔽 | 蒙难 |
| | měng | 蒙古族 | |
| 秘 | mì | 秘密 | 秘诀 |
| | bì | 秘鲁 | |
| 模 | mó | 模范 | 模型 |
| | mú | 模具 | 模样 |
| 磨 | mó | 磨灭 | 折磨 |
| | mò | 磨面 | 石磨 |

**N**

| 难 | nán | 困难 | 难办 |
| | nàn | 遇难 | 责难 |
| 宁 | níng | 安宁 | 宁静 |
| | nìng | 宁可 | |

| 弄 | nòng | 玩弄 | 捉弄 |
| | lòng | 弄堂 | 里弄 |

**P**

| 片 | piàn | 片刻 | 名片 |
| | piān | 唱片 | 相片 |
| 漂 | piāo | 漂流 | 漂浮 |
| | piǎo | 漂染 | 漂洗 |
| | piào | 漂亮 | |
| 撇 | piē | 撇开 | 撇油 |
| | piě | 撇嘴 | 撇捺 |
| 屏 | píng | 屏蔽 | 屏障 |
| | bǐng | 屏除 | 屏弃 |
| 迫 | pò | 压迫 | 迫害 |
| | pǎi | 迫击炮 | |

**Q**

| 期 | qī | 假期 | 学期 |
| | jī | 期年 | 期月 |
| 纤 | qiàn | 拉纤 | 纤绳 |
| | xiān | 纤巧 | 化纤 |
| 强 | qiáng | 强渡 | 强取 |
| | qiǎng | 勉强 | 强迫 |
| | jiàng | 倔强 | |
| 翘 | qiáo | 翘首 | 翘望 |
| | qiào | 翘尾巴 | |
| 切 | qiē | 切磋 | 切割 |
| | qiè | 急切 | 切记 |

| 亲 | qīn | 亲近 | 亲密 |
| | qìng | 亲家 | |
| 曲 | qū | 曲线 | 弯曲 |
| | qǔ | 曲调 | 曲艺 |

**S**

| 散 | sǎn | 散漫 | 零散 |
| | sàn | 散发 | 散伙 |
| 丧 | sāng | 丧事 | 丧服 |
| | sàng | 丧命 | 沮丧 |
| 色 | sè | 色彩 | 色泽 |
| | shǎi | 掉色 | 色子 |
| 塞 | sè | 堵塞 | 阻塞 |
| | sāi | 活塞 | 塞子 |
| | sài | 边塞 | 要塞 |
| 煞 | shā | 煞尾 | 收煞 |
| | shà | 恶煞 | 煞白 |
| 厦 | shà | 广厦 | 大厦 |
| | xià | 厦门 | |
| 少 | shǎo | 少量 | 很少 |
| | shào | 少女 | 少年 |
| 舍 | shě | 舍弃 | 抛舍 |
| | shè | 校舍 | 宿舍 |
| 什 | shén | 什么 | |
| | shí | 什物 | 什锦 |
| 数 | shǔ | 数落 | 数说 |
| | shù | 数字 | 数目 |

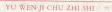

## T

| 挑 | tiāo | 挑水 | 挑错 |
|---|---|---|---|
|  | tiǎo | 挑拨 | 挑衅 |
| 帖 | tiē | 妥帖 | 服帖 |
|  | tiě | 请帖 | 喜帖 |

## X

| 吓 | xià | 吓唬 | 吓人 |
|---|---|---|---|
|  | hè | 威吓 | 恐吓 |
| 鲜 | xiān | 鲜美 | 鲜明 |
|  | xiǎn | 鲜见 |  |
| 校 | xiào | 学校 | 院校 |
|  | jiào | 校场 | 校对 |
| 行 | xíng | 举行 | 发行 |
|  | háng | 行家 | 外行 |
| 省 | xǐng | 反省 | 省亲 |
|  | shěng | 省略 | 省掉 |
| 削 | xuē | 削弱 | 瘦削 |
|  | xiāo | 削皮 | 削职 |
| 旋 | xuán | 盘旋 | 凯旋 |
|  | xuàn | 旋风 | 旋床 |

## Y

| 咽 | yān | 咽喉 | 咽炎 |
|---|---|---|---|
|  | yè | 哽咽 | 呜咽 |
| 要 | yāo | 要求 | 要挟 |
|  | yào | 纲要 | 要事 |

| 殷 | yīn | 殷实 | 殷切 |
|---|---|---|---|
|  | yān | 殷红 | 朱殷 |
| 应 | yīng | 应届 | 应许 |
|  | yìng | 应付 | 应承 |
| 佣 | yōng | 雇佣 | 佣工 |
|  | yòng | 佣金 | 佣钱 |
| 晕 | yūn | 晕迷 | 头晕 |
|  | yùn | 日晕 | 晕车 |

## Z

| 载 | zǎi | 转载 | 记载 |
|---|---|---|---|
|  | zài | 装载 | 载重 |
| 轧 | zhá | 轧钢 | 轧辊 |
|  | yà | 倾轧 | 轧花 |
| 粘 | zhān | 粘贴 | 粘连 |
|  | nián | 粘稠 | 粘土 |
| 着 | zháo | 着急 | 着迷 |
|  | zhuó | 着落 | 着重 |
|  | zhāo | 支着 | 着数 |
| 中 | zhōng | 中国 | 中间 |
|  | zhòng | 中奖 | 中靶 |
| 种 | zhǒng | 种类 | 种族 |
|  | zhòng | 耕种 | 种植 |
| 轴 | zhóu | 画轴 | 轮轴 |
|  | zhòu | 轴子 | 压轴 |
| 转 | zhuǎn | 转运 | 转折 |
|  | zhuàn | 转动 | 转速 |

## 七、同音字

同音字就是现代汉语里语音相同但字形、意义不同的字。所谓语音相同，一般是指声母、韵母和声调完全相同，如"江、姜、僵、疆"等，就是同音字。汉字中同音字很多。

同音字的存在，给我们学习和使用汉字带来困难，因此我们要学会辨别同音字。

首先，对于同音的形声字，可以通过不同的形旁来判定它们所表示的意义。比如"驱"、"岖"、"躯"都读 qū，如果说"qū车""崎 qū""身 qū"，应该立刻能想到它们分别是"驱"、"岖"、"躯"三个字。因为古代都是用马拉车，所以"qū 车"应该是与马有关的"驱"；"崎 qū"是形容山路不平的，必须选择与山有关的"岖"；"身 qū"则与身体相关，只能用"躯"。这几个字的意义都由形旁标识得清清楚楚，辨别起来并不难。

其次，对于常用的同音字，要随时留意它们经常和什么字在一起搭配使用，表示什么意思。常常有同学把"部署"写成"布署"，"布置"写成"部置"，把"刻苦"写成"克苦"，"克服"写成"刻服"，主要是由于没注意到每个字的不同搭配习惯。其实，像这类同音字，有时从意义上分辨起来比较困难，只要随时注意到它们的搭配习惯，就能运用自如了。

## 八、多义字

"多义字"也就是一个汉字在不同的词语或句子中因不同的读音而有不同的意义。准确地说，就是指在不同的意义时（在不同的词语或句子中），亦有不同的读音的汉字。

如："给"字主要具有以下几个意义：

gěi

①交付，送与。（送~）

②替，为。（~他帮忙）

③被。（~火烧了）

④把。（~门关上）

jǐ

①供应。（供~，补~）

②富裕，充足。（家~人足）

学习 小窍门 >>>
XUE XI XIAO QIAO MEN

一字多义很重要，
辨别字义有诀窍。
查查字典是一招，
没有字典看语境。
找它和谁在一起，
联系前后解字义。
做到字不离词语，
而词语不离句子。

一字多义给我们的学习带来了不少困难，常常是查到了字典中的字，却因为字义太多而不知道取哪个字。所以在查字典时，千万不要单独对着一个字去找字义，要把字放在具体的词语环境中，看几种解释哪一个最合乎当时的语言环境，哪一个就是最恰当的解释。

# 九、查字典

## 1. 部首检字法

部首检字法是按汉字的部首编排顺序查字的方法。这是常用的一种检字方法。如使用音序排列的字典，按部首检字的步骤是：确定所查的字属于什么部首；在"部首目录"中查出这个字在"检字表"中的页码；在"检字表"该页码中找到部首，并按所查字（除部首）的笔画数，找到这个字在字典正文中的页码；按页码在字典中查这个字。如使用《新华字典》查"熊"字：取"灬"部，从部首目录四画中查出"灬"部在检字表64页；再数出"能"是十画，在64页"灬"部十画中查出"熊"的页码是

501 页；最后在正文 501 页中查到"熊"字。部首检字法的优点是可查找已知字形但不知音义的字，缺点是不易确定某些字的部首，查找费时。

### 2．笔画笔顺检字法

所谓笔画法，是按汉字的笔画数多少排列，少笔数排前，多笔数排后的检字法。所谓笔顺法，是按汉字笔形顺序，确定排列先后的检字法。如按"、"、"一"、"丨"、"丿"、"乙"为序。使用时，二者往往相结合，成为先按画数多少排，同画数的字再按笔顺次序排列的笔画笔顺法。如图书馆书名目录、著者目录均用该法排检。此法的优点是排检原理简单，易学，易检，使用方便；其缺点是笔画多少不均，最多的 52 画，最少为 1 画，而各画的字数分布不平衡，如一、二、三画的字数很少，四、五、六画字数很多，同时，由于汉字笔顺复杂，人们书写起落笔的习惯不同，加之各种工具书对笔画、笔形、笔顺的规定不一，因此给查找工作带来一定困难。

### 3．音序检字法

按音序编排的字典主要有两种：一种用注音字母，另一种用汉语拼音字母。按注音字母编次的字典是按照 1918 年颁行的注音字母ㄅ、ㄆ、ㄇ、ㄈ、ㄉ、ㄊ、ㄎ、ㄌ的次序排列的，有类于英文字典的形式：如"爸"（ㄅㄚ）在ㄅ部，"妈"（ㄇㄚ）在ㄇ部，一查ㄅ、ㄇ这两部就可以找到这两个字。汉语拼音字典则是按照国务院 1958 年颁行的《汉语拼音方案》中的拼音字母次序编排。如"爸"的拼音是 bà，"妈"的拼音是 mā，"爸"在 b 部，"妈"在 m 部。这两种编排方式都分别按同音字的阴平、阳平、上声、去声、轻声的次序排列：如"妈"是阴平声，"麻"是阳平声，"马"是上声，"骂"是去声，"吗"是轻声，所以它们的次序是"妈"、"麻"、"马"、"骂"、"吗"。如果熟悉字母而又懂得所查字的读音，就可以直接在字典正文里翻到该字，不必借助于其他索引了。

**4. 四角号码检字法**

四角号码检字法，是汉语词典常用检字方法之一，用最多 5 个阿拉伯数字来对汉字进行归类。

四角号码检字法用数字 0 到 9 表示一个汉字四角的十种笔形，有时在最后增加一位补码。

四角号码检字法歌谣：

横一垂二三点捺，又四插五方框六；七角八八九是小，点下有横变零头。

例1 判断下面的说法是否正确，对的打"√"，错的打"×"。（北京东城）

1．"延"字的第五画是"横折撇"。（　　）

2．"荷"是上下结构，部首是"艹"。（　　）

3．"方"的笔顺是：`一 亠 方 方。（　　）

**分析：**这道题涉及面广，要针对每道题的不同情况，认真回忆学过的相关知识，仔细核对，逐题完成。第 1 小题考查笔画名称。第 2 小题考查汉字的间架结构。第 3 小题考查汉字的笔顺。

**答案：**1．× 2．√ 3．√

**例2** 按要求填空。（山东青岛）

在"折磨"、"磨平"、"磨盘"这三个词语中"磨"的读音依次是_____、_____、_____。

**分析**：完成此题，首先了解该字的不同读音所表示的不同意义，然后根据语言环境来选择读音。

**答案**：mó mó mò

**例3** 给加点字选择正确的解释。（北京西城）

顾：A. 回头看，看； B. 拜访； C. 照管，注意；

　　　D. 商店或服务行业指人前来购买东西或要求服务。

1. 刘备三顾茅庐，终于请出了诸葛亮。　　　　　（　）
2. 热烈欢迎各位新老顾客光临本店。　　　　　　（　）
3. 考试时不能左顾右盼。　　　　　　　　　　　（　）
4. 为了救落水儿童，他奋不顾身地跳下了河。　　（　）

**分析**：完成此题，关键应联系具体的语言环境来理解字义。把句子通读一遍后，想想带有这个字的词语在句中的意思，然后根据词语的意思来选择字义。

**答案**：1. B　2. D　3. A　4. C

**例4** 选字填空。（湖北武汉）

　　　　　辫　辩　辨　瓣

分（　）　　花（　）　　争（　）　　（　）子

　　　　　峥　狰　睁　筝

（　）嵘　　（　）狞　　风（　）　　（　）眼

**分析**：本题属于辨析形近字的训练。题中的形近字不仅字形相近，而且读音也相同或相近，属于形声字。因此，我们可以借助形声字形旁表意的特点来辨析；还可以根据汉字的偏旁来判断字义，然后根据字义组词选择。

**答案**：辨　瓣　辩　辫　　峥　狰　筝　睁

**例5** 下面词语中没有错别字的一项是（　　）。（北京西城）

A. 张冠李带　理直气壮　千钧一发

B. 心惊肉跳　音容笑貌　画蛇添足

C. 一言九鼎　赞叹不以　举世闻名

**分析**：这道题的词语较多。完成此题时，我们要根据词语意思来辨别词语中哪个字是不正确的，然后选择完全正确的一组填在括号里。

**答案**：B

**例6** 查字典填空。（广州海珠）

1.“乘”的部首是＿＿＿，去掉部首还有＿＿＿画。

2.“快”用部首查字法，先查＿＿＿部，再查＿＿＿画。

3.“荡”用音序查字法，先查大写字母＿＿＿，再查音节＿＿＿。

**分析**：本题主要考查学生运用三种方法查字典的能力。完成此题，不仅要求大家熟练掌握三种查字典的方法，还涉及对汉字的偏旁部首、笔画笔顺、汉语拼音知识的掌握及运用能力。

**答案**：1. 丿 9　　2. 忄 4　　3. D àng

# 第三章 词语园地

  《语文新课程标准》规定小学阶段对词语的要求是：能正确地读出和书写学过的词语，懂得词语的意思；能从词义的轻重、范围大小、感情色彩、词语搭配等方面辨析词义；学会联系上下文和在具体的语言环境中理解词语的意思，注意认真辨析近义词、反义词。

## 一、词的构成

### （一）单纯词

  由一个语素构成的词叫做单纯词。根据音节的多少，单纯词又分为单音节单纯词和多音节单纯词。单音节单纯词如"天"、"江"等。多音节单纯词有以下几类：

**1. 连绵词**

  指两个音节连缀成义而不能拆开的词。其中有双声的，有叠韵的，有非双声、非叠韵的。

①双声词。指两个音节的声母相同的连绵词。例如：

参差　仿佛　伶俐　崎岖　玲珑

②叠韵词。指两个音节的"韵"相同的连绵词。例如：

彷徨　叮咛　窈窕　烂漫　从容　蟑螂　哆嗦

③其他。例如：蝴蝶　芙蓉　蝙蝠　蛤蚧

**2．叠音词**

由两个相同的音节相叠构成。例如：

皑皑　瑟瑟　猩猩　姥姥

**3．音译的外来词**

例如：咖啡　沙发　巧克力　尼龙

## （二）合成词

合成词是由两个或两个以上的语素按照一定的结构方式和语义关系组合而成的词。

合成词中有的语素有实在意义，能体现词义的主要意思，这种语素叫词根，如"管理"中的"管"和"理"。有的语素意义不那么实在，只能附在词根上，表示某种附加意义，这种语素叫词缀（也称"语缀"），如"老鹰"的"老"，"乱子"的"子"。

合成词可以分为复合式合成词和附加式合成词两大类。

**1．复合式**

由两个或几个词根组合而成的词叫复合式合成词，也叫复合词。按照结构关系的不同，可以把复合词分为以下几类：

①联合式（又称并列式）

语素之间的关系不分主次，平等地联合在一起。例如：

贸易　语言　首尾　异同　笔墨　书本　互相　动静

②偏正式

语素之间的关系是修饰和被修饰、限制和被限制的关系。前

一个语素是修饰性或限制性的，是"偏"的部分；后一个语素是被修饰或被限制的，是"正"的部分。例如：

汽车　象牙　皮包　金黄　冰凉　瓜分　飞快

③补充式

语素之间有补充说明的关系。前一个语素是被补充或被说明的，后一个语素是补充说明前一个语素的。例如：

损伤　申明　提高　改进　加紧　减弱　推迟　说服

④动宾式

语素之间有支配或关涉关系。前一个语素表示某种动作行为，后一个语素表示动作行为所支配、关涉的对象。例如：

理事　司机　点睛　打杂　围腰　管家　破产　动员

⑤主谓式

语素之间是陈述和被陈述的关系。前一个语素是被陈述的对象，后一个语素起陈述的作用。例如：

地震　霜降　自修　风流　年轻　胆大　心细

**2. 重叠式**

由两个相同语素重叠而成。这是一类结构方式比较特殊的复合词。例如：

爸爸　姐姐　叔叔　娃娃　星星　刚刚　稍稍

**3. 附加式**

由词根和词缀构成。加在词根前面的叫前缀，加在词根后面的叫后缀。附加式合成词可以分为前加式和后加式两类。例如：

老乡　阿姨　第三　小姐　可观　骗子　盖儿　想头

# 二、词义

词义即词的含义。有的词有几个意思，在不同的句子中有不同的解释。词义又分为本义、引申义、比喻义。

本义：是指词原来的、最初的意义。比如"兵"本义指"武器"，一般来说它是这个词几个意义中最常用的一种意义。在字典、词典里，词的本义一般都列在最前面。

引申义是由词的本义直接发展出来的意义，如：①他打了人；②打掩护；③打理公司。①为本义，②③为引申义。

比喻义是通过比喻而产生的引申义。如"尾巴"一词本义指动物身体末端突出的部分，但在下面两句中就产生了比喻义。①当天的作业当天要做完，不能留下尾巴；②他甩掉了尾巴。①中指残留部分；②中指跟踪或尾随别人的人。

比喻义与比喻修辞中的词语的区别：词的比喻义是通过修辞上的比喻用法逐渐形成的，它已成为词义的一部分，是固定的意义了。而比喻修辞中的词语只是一个临时的打比方，还不能成为词的一个固定意义。如："饭碗"的比喻义指"职业"、"工作"等。而在"这个坑的形状像一个饭碗"中，"饭碗"只是一个临时的打比方，不是词的固定意义。

# 三、词性

词性指作为划分词类的根据的词的特点。现代汉语的词可以分为12类。实词：名词、动词、形容词、数词、量词和代词。虚词：副词、介词、连词、助词、拟声词和叹词。

## （一）名词

表示人和事物的名称叫名词。如"西瓜、山芋、白菜、电话、电视机、桌子"。

1. 表示专用名称的叫做"专用名词"，如"西藏、北京、李白、白居易、中国"。

2. 表示抽象事物的名称的叫做"抽象名词"，如"真理、思

想、质量、品德、友谊、技巧"。

3. 表示方位的叫做"方位名词"，如"上"、"下"、"左"、"右"、"前"、"后"、"南"、"北"、"前面"、"后边"、"中间"等。

## （二）动词

动词表示人或事物的动作、行为、发展、变化。

1. 有的动词表示一般的动作，如"喊、去、说、走、跑、吼、叫、学习"等。

2. 有的动词表示心理活动，如"想、重视、注重、尊敬、了解、相信、佩服、挂念"等，这样的动词前面往往可以加上"很、特别、十分"。

3. 有的动词表示能够、愿意这些意思，叫做"能愿动词"，它们是"能、要、应、肯、敢、得（děi）、能够、应该、应当、愿意、可以、可能、必须"，这些能愿动词常常用在一般的动词前面，如"得去、能够做、可以考虑、愿意学习、应该说明、可能发展"。

4. 还有一些动词表示趋向，叫做"趋向动词"，如"来、去、上、下、进、出、上来、上去、下来、下去、过来、过去"，它们往往用在一般动词后面表示趋向，如"跳起来、走下去、抬上来、跑过去"。

5. "是"、"有"也是动词，跟动词的用法一样，"是"也称为判断动词。

## （三）形容词

形容词表示事物的形状、性质、颜色、状态等，如"多、少、高、矮、胖、瘦、死板、奢侈、胆小、丑恶、美丽、红色"。

状态形容词"通红、雪白、红通通、黑不溜秋"等前面不能加"很"。

### （四）数词

数词是表示事物数目的词。如"一、二、两、三、七、十、百、千、万、亿、半"。

①基数：一、二、百、千、万、亿

②序数：第一、第二、第三

③分数：十分之一、百分之二十

④倍数：一倍、十倍、百倍

⑤概数：几（个）、十来（个）、一百上下

### （五）量词

量词是表示事物或动作单位的词。汉语的量词分为名量词和动量词。

名量词表示事物的数量，又可以分为单位量词和度量量词。

单位量词表示事物的单位，如"个、张、只、支、本、台、架、辆、颗、株、头、间、把、扇"等。

度量量词表示事物的度量，如"寸、尺、丈、斤、两、吨、升、斗、加仑、伏特、欧姆、立方米"等。

动量词表示动作的数量，用在动词前后表示动作的单位，如"次、下、回、趟、场"。

### （六）代词

代词能代替实词和短语。表示指称时，有定指和不定指的区别。不定指往往是指不确定的人、物或某种性状、数量、程度、动作等。它不常指某一定的人物，也就不可能有一定意义，介乎虚实之间。

1. 人称代词：代替人或事物的名称。

2. 疑问代词：用来提出问题。

3. 指示代词：用来区别人或事物。

代词一般不受别的词类的修饰。代词同它所代替的或指示的

实词或短语的用法相当，它所代替的词能充当什么句子成分，它就能充当什么句子成分。

## （七）副词

副词总是用在动词、形容词前面做状语，如"很、颇、极、十分、就、都、马上、立刻、曾经、居然、重新、不断"等。

副词通常用在动词、形容词前面。如"就来、马上走、十分好、重新开始"，只有"很"、"极"可以用在动词、形容词后面做补语，如"高兴得很、喜欢极了"。

## （八）介词

介词总是同其他的词组合在一起，构成介词短语，做定语、状语和补语。如"把、从、向、朝、为、为了、往、于、比、被、在、对、以、通过、随着、作为"。

## （九）连词

连词可以连接词、短语、句子乃至段落。如"和、及、或者、或、又、既"。

关联词语可以看成连词，如"因为……所以、不但……而且、虽然……但是"。

## （十）助词

助词是附加在词、短语、句子上起辅助作用的词。助词可以分为三类。

一类是结构助词，它们是"的、地、得、所、似的"。

一类是动态助词，它们是"着、了、过"。

一类是语气助词，如"啊、吗、呢、吧、呀、了、哇"。

## （十一）叹词

表示感叹、呼唤、应答的词叫做叹词。如"喂、哟、嗨、哼、哦、哎呀"。叹词总是独立成句。

## （十二）拟声词

这是模拟声音的词。如"呜、汪汪、轰隆、咯咯、沙沙沙、哗啦啦、呼啦啦"。

# 四、组词和搭配

## （一）怎样组词

用字组词，是一项重要的语文基本功。经常用字组词，可以加深对字的理解和记忆，丰富词汇，对说话、作文都有很大帮助。那么，如何用字组词呢？一般说来，可以从以下几方面入手。

1. 联系生活实际。如用"电"组词，可以想一想日常生活中哪些东西需要电，很快就会想到电灯、电视机、电冰箱、电风扇、电饭煲等词语。

2. 查字典，弄懂字义。如"初"字，通过查字典知道是"开始"的意思。那么，太阳刚出来便是初升；每个季节刚开始便是初春、初夏、初秋、初冬。

3. 观察周围的事物。如用"色"组词，可以通过观察周围人穿的衣服以及桌椅、书本有哪些颜色，就会组出桃红色、墨绿色、银灰色等词语。

4. 根据事物的形状、作用来修饰、限制或补充说明这个事物。如"桌"字，根据形状可以组成圆桌、方桌；根据它的作用可以组成饭桌、课桌、办公桌等词语。

5. 根据事物的不同部位组词。如"树"字，根据树的不同部位，可以组成树根、树干、树枝、树叶等词语。

6. 找出与之意思相同、相近或相反、相对的字组成词语，如"美"与"丽"的意思相同，可组成"美丽"；"保"与"卫"的意思相近，可组成"保卫"；"开"与"关"的意思相反，可组成

"开关";"东"和"西"的意思相对,可组成"东西"。

7:把字重叠起来,表示某种复合意义。如"家"组成家家,"人"组成人人(表示"所有的人"的意思),"慢"组成慢慢,"轻"组成轻轻(表示程度轻重)。

应注意的是:组词时不可组人名,因为人名只是一个代号,并不表示一定的意义,不具有普遍性。

有些字组不出词来怎么办?

遇到这种情况,要针对不同的原因去找出行之有效的方法,组出词语。

1.类推法。根据一个字已组出的词,依照意思,仿照这个词的构成形式,组出与它差不多的词,这也就是通常所说的举一反三。例如:我们学了"吃",且知道"吃饭"这个词,那么依照它的意思,仿照这个词的构成形式,就可以组出"吃面"、"吃瓜"等词。

2.变换字序。有时遇到难以组词的字,我们可以试着变换字序,先考虑把这个字放在前面组词,再考虑一下把这个字放在后面组词。例如:用"列"组词,我们先把"列"放在前面,这时只能组成"列车"、"列举"等几个词语,然后再把"列"放在后面,这时可组出"行列"、"队列"等词。

3.有些字没有实在意义,根本组不出词,就不能勉强去组词了。如:"嘻"、"呗"等。

## (二) 词语搭配

词语搭配指词与词之间的组合。词与词之间搭配得当,就能准确、生动、具体地表情达意;如搭配不当,就会使意思表达含混不清,甚至造成理解上的错误。

词语搭配关系主要有以下五种情况:

1.说明关系:是指前面是被说明的对象,后边说明它"怎么样"。例如：天气晴朗、听课认真、肌肉结实。

2．联合关系：是指两个或多个词语按地位平等的关系联合使用。这有两种情况，一是词语顺序可以前后互换，如干净整洁；二是词语顺序不能变动的，如艰苦朴素。

3．支配关系：指前面表示动作或行为，后面表示动作或行为的对象。如：打扫教室、锻炼身体。

4．偏正关系：指搭配使用的词语前边是偏，用来修饰或限制后边的中心词语，一般中间可以用"的"或"地"字连接。如：热烈欢迎、密切配合。

5．补充关系：指后面的词语补充说明前面的词语，有时用"得"连接，有时不用"得"。如：急得团团转、高兴极了。

# 五、词语的感情色彩

### 1．褒义词

凡是有肯定、赞许、喜爱、尊敬等感情色彩的词叫褒义词。

如：优秀、可爱、勤劳、智慧、勇敢。

### 2．贬义词

带有贬斥、否定、憎恨、厌恶等感情色彩的词叫贬义词。

如：糟糕、讨厌、投降、残酷、危险、狡猾。

### 3．中性词

有的词既不带赞美的感情，也不带憎恶的感情，这样的词叫中性词。

如：犹豫、恐惧、调皮、寂寞、错误。

正确理解词语的感情色彩，是为了说话作文时准确地表达对事物的态度。值得注意的是：在特定的语言环境中，褒义可变成贬义，贬义也可变成褒义。用这种说反话的方法，可以起到特殊的作用。如：那个小孩真狡猾，一转眼就跑没影了。

# 六、关联词语和助词的运用

## （一）关联词语

在句中起关联作用的词语叫关联词语。它使前后句意思联系更加密切，层次更清楚明了，使表达更富有逻辑性。在现阶段，我们要认识和学会使用以下几种关系的关联词语：

| 类型 | 常用关联词语 |
| --- | --- |
| 并列关系 | 一边……一边…… 一方面……一方面…… 既……又…… 一会儿……一会儿…… 不是……而是…… |
| 选择关系 | 是……还是…… 不是……就是…… 要么……要么…… 或者……或者…… |
| 转折关系 | 虽然……但是…… 尽管……还是…… ……可是…… ……然而…… |
| 条件关系 | 只有……才…… 只要……就…… 不管……总…… 无论……都…… |
| 递进关系 | 不但……而且…… 不仅……还…… ……甚至…… |
| 因果关系 | 因为……所以…… ……因此…… 既然……就…… ……因而…… |
| 取舍关系 | 宁可……也不…… 与其……不如…… |
| 假设关系 | 如果……就…… 即使……也…… 要是……就…… 倘若……便…… |

## （二）助词的运用

助词是用在词语和句子后面，对整个句子或词语表示某种作用但本身无实际含义的词。

助词有三类：

一是结构助词，有"的"、"地"、"得"三个。如：①这是我的东西。②他轻轻地拍打着。③汽车开得又快又稳。"的"用在名词前，"地"用在动词前，"得"用在动词后。

二是时态助词，有"着"、"了"、"过"三个。如：①他正睡着觉呢。②北京奥运会开始了。③我去过长城。

三是语气助词，如呢、吗、啊、么、哩、吧、嘛等。语气助词都是用在句子后面表示语态或情感的。如：①你好吗？②黄山真雄伟啊！

正确使用结构助词可以使句子更紧凑、严密。正确使用时态助词可以使句子表达的意思更明确。正确使用语气助词可以使语句更清楚地表达自己的情感。

# 七、同义词和反义词

## （一）同义词

同义词就是意义相同或相近的词。有的同义词表示的意义完全相同，只不过在风格、色彩方面存在差异。

大多数同义词只是意义相近或者有某种关联，一般不能任意替代。因此，学习同义词，不仅要弄清这些词之间的相同点，更要弄清它们之间的不同点，以便正确使用。

同义词可以分为两大类：一类是意义相同的词；一类是意义相近的词。

1. 意义相同的词也叫等义词。如：

爸爸——父亲　　生日——诞辰　　大夫——医生

互相——相互　　肥皂——胰子

2. 意义相近的也叫近义词。如：

消灭——歼灭　　优良——优秀　　关心——关怀

破除——解除　　迎合——阿谀

同义词的意思基本相同，但又有些细微差别，用法也各有不同。我们可以从以下几方面来辨析：

（1）词义的轻重。

如"请求"和"恳求"，前者是一般的要求，含有尊重的意思；后者是恳切的要求，含有诚恳和迫切的意思，可见"恳求"的词义比"请求"重。如"破坏"与"摧毁"，前者程度较浅，后者程度较深。

（2）范围的大小。

### 如何找同义词？

①从有共同词素的词语中去找。如：找"艰难"的近义词，可以抓住任何一个词素组词：艰辛、困难。

②从词的意义上去找。如：找"轻视"的近义词，先弄清"轻视"是看不起的意思，然后找到"轻蔑""蔑视"。

如"时代"和"时期"，前者指一个较长的时期，所指的时间范围大，后者是一段时间，所指的时间范围小。如"战争"与"战斗"，前者范围大，后者范围小。

（3）搭配的习惯。

如"坚定"和"坚强"，前者常和"立场、方向"等词语配合，后者常和"性格、意志"等词语配合。如"沉重"与"繁重"，都有分量重的意思，但"沉重"指精神或思想负担重，而"繁重"则指工作、任务的数量重。

（4）感情的褒贬。

如"顽强"与"顽固"，前者表示赞许，后者则表示憎恨。

（5）从具体与概括的不同进行辨析。

如"衣服"与"衬衫","衣服"是概括性的，指所有衣服，而"衬衫"是具体的，可以指长袖衬衫或短袖衬衫，男式衬衫或女式衬衫等。

（6）从语体色彩来辨别。

如"讨饭"与"乞丐"，分别是口头语与书面语；"爸爸"与"父亲"，分别是旧词与新词；如"薪水"与"工资"，分别是外来语与本民族词；如"盐"和"氯化钠"，分别是常用语和专门术语。

现代汉语中有大量的同义词。同一事物、同一现象，有时可以有几个、十几个，甚至几十个同义词。如表示看的动作，就有"看、瞧、瞅、盯、瞟、瞪、瞥、窥、望、观察、观光、观摩、观看、看望、看见、眺望、仰视、俯视、平视、斜视、鸟瞰、东张西望"等等许多意义相近的词。

## （二）反义词

意义相反或相对的词叫反义词。反义词可以分为两类：一类是绝对反义词，一类是相对反义词。

### 1. 绝对反义词

在两个意义相反的词之间没有第三种意义，肯定一方，必须否定另一方；否定一方，必须肯定另一方。如：

生——死　　公——私

反——正　　有——无

团结——分裂　战争——和平

### 2. 相对反义词

有的反义词表示的意义不是相反，而是相对。在两个意义相反的

学习 小窍门 >>>
XUE XI XIAO QIAO MEN

**如何找反义词？**

①抓词素的反义。如：前进—后退。

②对原词加以否定，然后找反义词。如：生疏—熟悉。

③从具体语境中，找反义词。如：老—少。

词之间有第三种、第四种意义存在，肯定了甲，可以否定乙，但否定了乙，不一定就肯定了甲，因为还有丙、丁等意义。如：

白——黑　　高——低　　冷——热　　大——小

伟大——渺小　　前进——后退　　快乐——痛苦

恰当使用反义词，可以形成鲜明的对比，把事物的特点表达得更充分，给人留下深刻的印象。如：

"欢歌"与"悲叹"，"笑脸"与"哭脸"，"富裕"与"贫穷"，"康健"与"疾苦"，"智慧"与"愚昧"，"友爱"与"仇杀"，"生"与"死"，"快乐"与"悲哀"，"明媚"与"凄凉"等词语，孤立地看，有些词并不是反义词，但用在特定的语境中，它们却构成一组组反义词。

## 【小学课本中常见的同义词】

| | | |
|---|---|---|
| 来回——往返 | 立刻——马上 | 赶快——赶紧 |
| 突然——忽然 | 寒冷——严寒 | 坚决——果断 |
| 惊恐——恐惧 | 暗香——幽香 | 荒芜——荒凉 |
| 得意——自得 | 慈祥——慈爱 | 飞翔——翱翔 |
| 详细——具体 | 每天——天天 | 赛过——胜过 |
| 好像——似乎 | 闻名——著名 | 满意——满足 |
| 新居——新房 | 捕获——捕捉 | 海疆——海域 |
| 天涯——天边 | 结实——坚固 | 遇到——碰到 |
| 轻巧——轻便 | 整齐——整洁 | 证明——证实 |
| 评比——评选 | 注意——注重 | 供应——供给 |
| 辛苦——辛劳 | 认识——熟悉 | 预报——预告 |
| 舒畅——愉快 | 立刻——连忙 | 淘气——调皮 |
| 四周——四面 | 精彩——出色 | 笨重——粗笨 |
| 直立——竖立 | 听从——服从 | 绝技——特技 |

| | | |
|---|---|---|
| 附近——四周 | 惊叹——赞叹 | 柔美——优美 |
| 洒脱——潇洒 | 疾驰——奔驰 | 奇丽——秀丽 |
| 预测——猜测 | 特殊——特别 | 相宜——适宜 |
| 毕竟——究竟 | 陶醉——沉醉 | 苏醒——清醒 |
| 恬静——舒适 | 寄居——借居 | 恐惧——惧怕 |
| 轻微——稍微 | 仍旧——仍然 | 清晰——清楚 |
| 哀求——请求 | 贵重——珍贵 | 震惊——震动 |
| 抚摸——抚摩 | 特别——特殊 | 依赖——依靠 |
| 纯熟——熟练 | 幽静——清幽 | 陌生——生疏 |
| 安顿——安置 | 挽救——拯救 | 天涯——天际 |
| 颤动——颤抖 | 自在——安闲 | 打扮——妆扮 |
| 管理——治理 | 判断——判定 | 惊奇——惊异 |
| 增援——支援 | 关键——要害 | 疲劳——疲惫 |
| 简朴——简单 | 审视——审阅 | 愣住——呆住 |
| 眺望——远望 | 防备——防御 | 抵挡——抵抗 |
| 挖苦——讥讽 | 疑惑——迷惑 | 夸耀——炫耀 |
| 轻蔑——轻视 | 强盛——强大 | 侮辱——欺侮 |
| 严肃——严厉 | 清澈——清亮 | 打扰——打搅 |
| 形状——外形 | 悄悄——静静 | 温和——温顺 |
| 暴躁——急躁 | 灌溉——浇灌 | 淹没——沉没 |
| 冲毁——冲垮 | 灾害——灾难 | 胜负——胜败 |
| 气愤——生气 | 告别——离别 | 如果——假如 |
| 准备——预备 | 耀眼——刺眼 | 光芒——光线 |
| 美丽——漂亮 | 洁白——雪白 | 稀奇——稀罕 |
| 中央——中心 | 宽阔——宽广 | 矗立——耸立 |
| 优美——美丽 | 新颖——新奇 | 庄严——庄重 |
| 挣脱——摆脱 | 常常——经常 | 敏捷——灵敏 |
| 摇晃——摇摆 | 立刻——立即 | 抵抗——反抗 |

周围——四周　　舒服——舒适　　笑容——笑脸

茂盛——繁茂　　长处——优点　　诚实——老实

注意——留意　　高兴——兴奋　　打碎——打坏

用心——专心　　著名——有名　　准确——正确

训练——练习　　严肃——严厉　　容易——轻易

智慧——聪明　　气魄——气势　　雄伟——宏伟

凝结——凝聚　　偶尔——偶然　　舒展——伸展

生机——生气　　掠过——擦过　　奇特——奇异

安谧——静谧　　温暖——暖和　　战役——战争

情谊——友谊　　刚强——坚强　　侦探——侦察

看守——看管　　焦急——焦虑　　崎岖——坎坷

温和——温顺　　劫难——灾难　　防备——预防

无端——无故　　祭祀——祭奠　　允许——答应

思索——思考　　镇定——镇静　　严峻——严肃

糟蹋——糟践　　家景——家境　　掌握——把握

犹如——如同　　徐徐——渐渐　　凝视——注视

环游——周游　　模仿——模拟　　吓唬——恐吓

疲倦——倦怠　　惬意——舒服　　兴趣——爱好

痛快——愉快　　继承——继续　　赏给——赐给

挚友——好友　　感触——感慨　　寻常——平常

信奉——信仰　　宣布——公布　　相称——相当

违背——违反　　惊讶——惊奇　　赠送——赠予

充满——布满　　特殊——非凡　　海内——国内

## 【小学课本中常见的反义词】

正常——异常　　非凡——平凡　　特别——一般

扫兴——高兴　　轻蔑——敬重　　开心——苦闷

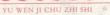
| | | |
|---|---|---|
| 寻常——异常 | 违背——遵循 | 怀疑——相信 |
| 强盛——衰败 | 尊重——侮辱 | 激烈——平静 |
| 嘈杂——寂静 | 美丽——丑陋 | 信奉——背弃 |
| 失信——守信 | 率领——追随 | 退化——进化 |
| 凝结——溶解 | 伟大——渺小 | 聚拢——分散 |
| 增添——减少 | 活泼——呆板 | 鲜艳——暗淡 |
| 严寒——酷暑 | 安谧——嘈杂 | 温暖——凉爽 |
| 柔和——严厉 | 拒绝——同意 | 清醒——糊涂 |
| 荒芜——耕种 | 坚强——软弱 | 笨重——轻便 |
| 微云——浓云 | 纯熟——生疏 | 陌生——熟悉 |
| 平坦——崎岖 | 光滑——粗糙 | 慎重——随便 |
| 喜欢——厌恶 | 痛快——难受 | 幽静——喧闹 |
| 崎岖——平坦 | 刚强——软弱 | 慌忙——镇定 |
| 熟识——生疏 | 伶俐——笨拙 | 怕羞——大方 |
| 镇定——慌张 | 团结——分裂 | 羞涩——大方 |
| 严寒——炎热 | 洒脱——拘谨 | 明朗——阴沉 |
| 沉重——轻盈 | 迂回——径直 | 清澈——浑浊 |
| 脆弱——坚强 | 饱满——干瘪 | 衰弱——强健 |
| 犹豫——坚定 | 丰收——歉收 | 复杂——简单 |
| 淡妆——浓抹 | 相宜——不宜 | 自在——拘束 |
| 平常——奇特 | 勤劳——懒惰 | 喜欢——讨厌 |
| 密集——稀疏 | 胜利——失败 | 挺进——撤退 |
| 宽敞——狭窄 | 倾斜——竖直 | 闻名——无名 |
| 认识——陌生 | 有趣——乏味 | 舒畅——苦闷 |
| 结束——开始 | 紧张——轻松 | 整齐——纷乱 |
| 安全——危险 | 撒谎——诚实 | 慈祥——凶恶 |
| 可爱——可恶 | 紧张——轻松 | 仔细——粗心 |

附近——远方　　　赞许——反对　　　淡水——咸水
高兴——难过　　　飞快——缓慢　　　精彩——平淡
听从——违抗　　　诚实——虚伪　　　承认——否认
高兴——伤心　　　起劲——没劲　　　简单——复杂
容易——困难　　　熟练——生疏　　　准确——错误
温和——严厉　　　暴躁——温和　　　近处——远处
气愤——欢喜　　　粗心——细心　　　美丽——丑陋
洁白——乌黑　　　高兴——痛苦　　　宽阔——狭窄
新款——陈旧　　　兴旺——衰败　　　团结——分裂
敏捷——迟钝　　　危险——安全　　　常常——偶尔
幼稚——老练　　　含糊——清楚　　　严重——轻微
茂密——稀疏　　　光明——黑暗　　　微弱——强大
杰出——平庸　　　恶劣——良好　　　灿烂——暗淡
特殊——普通　　　异常——平常　　　简陋——豪华
诚意——假意　　　理屈——理直　　　拒绝——接受
惩罚——奖励　　　迟延——提前　　　示弱——逞强
好心——恶意　　　破碎——完整　　　酥软——坚硬
炎热——寒冷　　　紧张——松弛　　　仔细——马虎
聪明——愚笨　　　空虚——充实　　　伶俐——笨拙
狭窄——宽阔　　　晦暗——明亮　　　勇敢——懦弱
宽容——严格　　　表扬——批评　　　一向——偶尔
善良——凶恶　　　寂静——热闹　　　奴隶——主人
穷苦——富裕　　　精致——粗糙　　　健康——虚弱
忧虑——放心　　　糟糕——精彩　　　潮湿——干燥
喜欢——讨厌　　　危险——安全　　　寂寞——喧闹
统一——分裂　　　繁荣——衰败　　　权利——义务

# 八、熟语

熟语主要包括成语、谚语、歇后语。

## （一）成语

成语是语言中经过长期使用、锤炼而形成的固定短语。它是比词的含义更丰富而语法功能又相当于词的语言单位，而且富有深刻的思想内涵，简短精辟易记易用，并常常附带感情色彩，包括贬义和褒义。成语多数为 4 个字，也有 3 字的以及 4 字以上的成语；有的成语甚至是分成两部分，中间有逗号隔开。

成语的特点是结构比较固定，一般情况下，不能随便变换字序、增减字数，也不能随意换字。如"南腔北调"，不能说成"北腔南调"。但也有极少数的成语是可以变换个别词的顺序的，如"自不量力"可以说成"不自量力"。也有少数的词可以换字，如"揠苗助长"可以说成"拔苗助长"，"望尘莫及"可以说成"望尘不及"。

## （二）谚语

谚语是流传在人们口头上的一种通俗而含义深刻的定型化的语句。谚语反映了人们在生产劳动中，在同自然的斗争中，形成的社会生活中的经验，是人们智慧的结晶。谚语一般都能揭示一个客观规律或反映一个事理，使人从中受到启示。谚语通俗易懂，生动形象，结构整齐，音节匀称，音调和谐。

## （三）歇后语

歇后语是我国人民在生活实践中创造的一种特殊语言形式。它一般由两个部分构成，前半截是形象的比喻，像谜面；后半截是解释、说明，像谜底，十分自然贴切。在一定的语言环境中，

通常说出前半截，"歇"去后半截，就可以领会和猜想出它的本意，所以称它为歇后语。

## 【小学生常用成语归类】

### 【描写自然景物的成语】

| | | | | |
|---|---|---|---|---|
| 春光明媚 | 春雨如油 | 生机勃勃 | 春色满园 | 春意盎然 |
| 春暖花开 | 百花齐放 | 和风细雨 | 万紫千红 | 姹紫嫣红 |
| 花红柳绿 | 春花秋月 | 花团锦簇 | 花枝招展 | 崇山峻岭 |
| 山明水秀 | 山穷水尽 | 天昏地暗 | 地动山摇 | 悬崖峭壁 |
| 江山如画 | 锦绣山河 | 地广人稀 | 光怪陆离 | 风起云涌 |
| 风卷残云 | 浮云蔽日 | 烟消云散 | 大雨倾盆 | 风清月白 |
| 风调雨顺 | 风光旖旎 | 风雨交加 | 狂风暴雨 | 朗月清风 |
| 青山绿水 | 莺歌燕舞 | 骄阳似火 | 枝繁叶茂 | 秋高气爽 |
| 五谷丰登 | 天寒地冻 | 滴水成冰 | 旭日东升 | 艳阳高照 |
| 残阳如血 | 夜深人静 | 月朗星稀 | 绿草如茵 | 苍翠挺拔 |
| 郁郁葱葱 | 枯木逢春 | 青翠欲滴 | 牛毛细雨 | 风和日丽 |
| 大雨滂沱 | 暴风骤雨 | 碧空如洗 | 奔腾不息 | 一泻千里 |

### 【与动物有关的成语】

| | | | | |
|---|---|---|---|---|
| 抱头鼠窜 | 鸡鸣狗盗 | 亡羊补牢 | 杯弓蛇影 | 对牛弹琴 |
| 如鱼得水 | 为虎作伥 | 黔驴技穷 | 虎背熊腰 | 守株待兔 |
| 狗急跳墙 | 鼠目寸光 | 盲人摸象 | 画蛇添足 | 车水马龙 |
| 千军万马 | 马到成功 | 走马观花 | 龙马精神 | 心猿意马 |
| 指鹿为马 | 画龙点睛 | 蛛丝马迹 | 龙争虎斗 | 龙飞凤舞 |
| 龙腾虎跃 | 龙骧虎步 | 龙潭虎穴 | 蚕食鲸吞 | 兔死狐悲 |
| 鸡犬不宁 | 狼吞虎咽 | 生龙活虎 | 鸦雀无声 | 欢呼雀跃 |
| 金蝉脱壳 | 一箭双雕 | 鹤立鸡群 | 鹤发童颜 | 风声鹤唳 |

**【描写人的品质】**

平易近人　宽宏大度　冰清玉洁　持之以恒　锲而不舍
鞠躬尽瘁　大义凛然　临危不惧　光明磊落　不屈不挠

**【描写人的智慧】**

料事如神　足智多谋　融会贯通　学贯中西　博古通今
才华横溢　出类拔萃　博大精深　集思广益　举一反三

**【描写人物仪态】**

憨态可掬　文质彬彬　风度翩翩　相貌堂堂　落落大方
斗志昂扬　意气风发　威风凛凛　容光焕发　神采奕奕

**【描写人物神情、情绪】**

悠然自得　眉飞色舞　喜笑颜开　神采奕奕　欣喜若狂
呆若木鸡　喜出望外　垂头丧气　无动于衷　勃然大怒

**【描写人的口才】**

能说会道　巧舌如簧　能言善辩　滔滔不绝　伶牙俐齿
出口成章　语惊四座　娓娓而谈　妙语连珠　口若悬河

**【描写人间情谊】**

恩重如山　深情厚谊　手足情深　形影不离　血浓于水
志同道合　风雨同舟　赤诚相待　肝胆相照　生死相依

**【说明知事晓理方面】**

循序渐进　日积月累　温故知新　勤能补拙　笨鸟先飞
学无止境　学海无涯　滴水穿石　发奋图强　开卷有益

**【描写事物的气势】**

无懈可击　锐不可当　雷厉风行　震耳欲聋　惊心动魄
铺天盖地　势如破竹　气贯长虹　万马奔腾　如履平地

**【形容繁荣兴盛景象】**

济济一堂　热火朝天　门庭若市　万人空巷　座无虚席
高朋满座　如火如荼　蒸蒸日上　欣欣向荣　川流不息

## 【来自历史故事的成语】

| | | | | |
|---|---|---|---|---|
| 三顾茅庐 | 铁杵成针 | 望梅止渴 | 完璧归赵 | 四面楚歌 |
| 负荆请罪 | 精忠报国 | 手不释卷 | 悬梁刺股 | 凿壁偷光 |

## 【来自寓言故事的成语】

| | | | | |
|---|---|---|---|---|
| 自相矛盾 | 滥竽充数 | 画龙点睛 | 刻舟求剑 | 守株待兔 |
| 叶公好龙 | 亡羊补牢 | 画蛇添足 | 掩耳盗铃 | 买椟还珠 |

## 【带有近义词的成语】

| | | | | |
|---|---|---|---|---|
| 见多识广 | 察言观色 | 高瞻远瞩 | 调兵遣将 | 左顾右盼 |
| 粉身碎骨 | 狂风暴雨 | 旁敲侧击 | 甜言蜜语 | 眼疾手快 |
| 思前想后 | 胡言乱语 | 道听途说 | 翻山越岭 | 丢盔弃甲 |

## 【带有反义词的成语】

| | | | | |
|---|---|---|---|---|
| 前呼后拥 | 东倒西歪 | 眼高手低 | 口是心非 | 头重脚轻 |
| 有头无尾 | 前倨后恭 | 由此及彼 | 南辕北辙 | 左邻右舍 |
| 积少成多 | 同甘共苦 | 天经地义 | 弄假成真 | 举重若轻 |
| 南腔北调 | 声东击西 | 转危为安 | 大材小用 | 反败为胜 |

## 【带有数字的成语】

| | | | | |
|---|---|---|---|---|
| 一唱一和 | 一呼百应 | 一干二净 | 一举两得 | 一落千丈 |
| 一模一样 | 一曝十寒 | 一日千里 | 一五一十 | 一心一意 |
| 两面三刀 | 三长两短 | 三番五次 | 三三两两 | 三头六臂 |
| 三心二意 | 三言两语 | 四分五裂 | 四面八方 | 四通八达 |
| 四平八稳 | 五光十色 | 五湖四海 | 五花八门 | 五颜六色 |
| 六神无主 | 七零八落 | 七拼八凑 | 七上八下 | 七手八脚 |
| 七嘴八舌 | 八面玲珑 | 九死一生 | 九牛一毛 | 十拿九稳 |
| 十全十美 | 百发百中 | 百战百胜 | 百依百顺 | 千变万化 |
| 千差万别 | 千军万马 | 千山万水 | 千丝万缕 | 千辛万苦 |
| 千言万语 | 千锤百炼 | 千疮百孔 | 千方百计 | 千奇百怪 |
| 千姿百态 | 千钧一发 | 千篇一律 | 万无一失 | 万众一心 |

## 【小学生常见谚语】

### 理想志气

留得青山在，不怕没柴烧。

有山必有路，有水必有渡。

人老心不老，身穷志不穷。

不怕学不成，就怕心不诚。

不怕学问浅，就怕志气短。

不担三分险，难练一身胆。

无志山压头，有志人搬山。

天下无难事，只怕有心人。

天无一月雨，人无一世穷。

宁可身骨苦，不叫面皮羞。

树老根子深，人老骨头硬。

有志不在年高，无志空长百岁。

宁打金钟一下，不打破鼓千声。

只给君子看门，不给小人当家。

宁愿折断骨头，不愿低头受辱。

宁给好汉拉马，不给懒汉作爷。

宁给穷人一斗，不给富人一口。

胆大走遍天下，胆小寸步难行。

好鼓一打就响，好灯一拨就亮。

### 团结友爱

千树连根，十指连心。

有福同享，有难同当。

兵不离队，鸟不离群。

平时肯帮人，急时有人帮。

团结一条心，黄土变成金。

助人要及时，帮人要诚心。

单丝不成线，独木不成林。

砖连砖成墙，瓦连瓦成房。

独柴难引火，蓬柴火焰高。

独木不成林，单弦不成音。

远亲不如近邻，近邻不如对门。

一只脚难走路，一个人难成户。

### 实践经验

不经冬寒，不知春暖。

头回上当，二回心亮。

树老根多，人老识多。

耳听为虚，眼见为实。

人行千里路，胜读十年书。

要知父母恩，怀里抱儿孙。

经一番挫折，长一番见识。

口说不如身到，耳闻不如目睹。

千学不如一看，千看不如一练。

三天不念口生，三年不做手生。

百闻不如一见，百见不如一干。

### 交际礼节

小心不怕多，有礼不在迟。

打人不打脸，吃饭不夺碗。
行路能开口，天下随便走。
好饭不怕晚，好话不嫌慢。
病好不谢医，下次无人医。
爱徒如爱子，尊师如尊父。
交友分厚薄，穿衣看寒暑。

## 为人处世

过头话少说，过头事少做。
自夸没人爱，残花没人戴。
逢人莫乱讲，逢事莫乱闯。
千金难买心，万金不卖道。
不怕人不敬，就怕己不正。
谎话讲不得，庄稼荒不得。
欺山莫欺水，欺人莫欺心。
宁叫心受苦，不叫脸受热。
劝人终有益，挑唆害无穷。
人心换人心，八两换半斤。
豆腐莫烧老了，大话莫说早了。
前留三步好走，后留三步好退。
柴经不起百斧，人经不起百语。
脚正不怕鞋歪，心正不怕雷打。
有话说在当面，有事摆在眼前。
明人不做暗事，真人不说假话。
只可劝人家圆，不可劝人家离。

## 公平正义

好人争理，坏人争嘴。

无理心慌，有理胆壮。
路有千条，理只一条。
以势服人口，以理服人心。
有理不可丢，无理不可争。
灯不拨不亮，理不辩不明。
走路怕暴雨，说话怕输理。
菜没盐无味，话没理无力。
做事循天理，出言顺人心。
煮饭要放米，讲话要讲理。
隔行如隔山，隔行不隔理。
有理的想着说，没理的抢着说。
有理摆到事上，好钢使到刃上。
有理走遍天下，无理寸步难行。
船稳不怕风大，有理通行天下。

## 技艺学业

一艺不精，误了终身。
文戏靠嘴，武戏靠腿。
身在戏中，戏在心中。
三分靠教，七分靠学。
边学边问，才有学问。
老要常讲，少要常问。
树靠人修，学靠自修。
修树趁早，教子趁小。
学好三年，学坏三天。
不怕人不请，就怕艺不精。
木不凿不通，人不学不懂。
只要功夫深，铁杵磨成针。

多从一家师，多懂一家艺。
学在苦中求，艺在勤中练。
男怕入错行，女怕嫁错郎。
只要唱得好，不在开场迟早。
一身戏在脸上，一脸戏在眼上。
好戏不唱三台，好曲不唱三遍。
一天学会一招，十天学会一套。
一日不读口生，一日不写手生。
比赛必有一胜，苦学必有一成。
东西越用越少，学问越学越多。

## 人间情谊

人有人情，戏有戏味。
人急投亲，鸟急投林。
长兄如父，老嫂比母。
行要好伴，居要好邻。
衣不如新，人不如故。
儿子疼小的，媳妇疼巧的。
子不嫌母丑，狗不嫌家贫。
打铁不惜炭，养儿不惜饭。
在家靠父母，出门靠朋友。
近邻不可断，远友不可疏。
岁寒知松柏，患难见交情。
儿多不如儿少，儿少不如儿好。
马好坏骑着看，友好坏交着看。
水大不能漫船，职大不能欺亲。
买马要看口齿，交友要摸心底。

## 农业气象

十成收粮，九成靠秧。
牛要满饱，马要夜草。
牛怕晨霜，马怕夜雨。
六月不热，五谷不结。
生口的要吃，长根的要肥。
早晨地罩雾，尽管晒稻谷。
早怕东南黑，晚怕北云推。
早上朵朵云，下午晒死人。
蚊子聚堂中，来日雨盈盈。
河里鱼打花，天天有雨下。
久晴大雾必阴，久雨大雾必晴。
先雷后雨雨必小，先雨后雷雨必大。
先下牛毛没大雨，后下牛毛不晴天。
早阴阴，晚阴晴，半夜阴天不到明。
早刮东南不下雨，涝刮东南不晴天。
鸡早宿窝天必晴，鸡晚进笼天必雨。
八月十五云遮月，正月十五雪打灯。

## 社会民俗

南甜北咸，东辣西酸。
南方吃雁，北方吃蛋。
上有天堂，下有苏杭。
三里不同乡，五里不同俗。
百里不同俗，十里改规矩。
五月初五过端阳，吃完粽子忙插秧。
秦岭山脉一条线，南吃大米北吃面。

## 【小学生常见歇后语】

矮子上高房——搭不上檐　　　丑媳妇见公婆——总有一次难看

矮子里面拔将军——短中取长　船头上跑马——走投无路

矮子骑大马——上下为难　　　窗户纸——一点就破

按老方子吃药——还是老一套　从门缝里看人——把人看扁了

按牛头喝水——办不到　　　　搭在弦上的箭——一触即发

案板底下放风筝——飞不起来　打灯笼做事——照办

案板上的肉——任人宰割　　　大海里撑篙子——点不到底

八十岁的阿婆——老掉牙了　　大路朝天——各走一边

八月的柿子——越老越红　　　大年初一吃饺子——只等下锅

八月十五吃粽子——不是时候　刀切豆腐——两面光

拔了萝卜窟窿在——有根有据　电线杆上晾衣服——好大的架子

扒了墙的庙——慌了神　　　　掉进了死胡同——钻不出来

白天照电筒——多此一举　　　东郭先生救狼——善恶不辨

百丈高竿挂红灯——红到顶　　冻豆腐——难拌(办)

半斤对八两——不相上下　　　对牛弹琴——一窍不通

半天云里踩钢丝——提心吊胆　恶人先告状——反咬一口

半夜下饭馆——有什么算什么　耳朵里塞棉花——装聋

抱着柴禾救火——帮倒忙　　　二八月的天气——一冷一热

笨鸭子——上不了架　　　　　二八月的庄稼——青黄不接

裁缝的尺子——量人不量己　　二月的闷雷——响(想)得早

蚕儿吐丝——作茧自缚　　　　翻穿皮袄——装羊(样)

朝天放箭——有的无矢　　　　放虎归山——后患无穷

程咬金上阵——三板斧　　　　飞机的尾巴——翘到天上去了

吃笋子剥皮——一层层来　　　粉团滚芝麻——多少沾一点儿

痴人说梦话——胡言乱语　　　风吹墙头草——两边倒

风浪中行船——摇摆不定

风中鹅毛——无影无踪

缸里的金鱼——中看不中吃

隔年的黄历——不管用

公鸡下蛋——没指望

瓜地里挑瓜——挑得眼花

挂羊头卖狗肉——有其名无其实

关公面前耍大刀——自不量力

关羽败走麦城——吃亏全在大意上

过河拆桥——不留后路

过河的卒子——没法退

过河遇上摆渡人——太巧了

喝盐开水聊天——净讲咸（闲）话

和尚头上的虱子——明摆着的

和尚不吃荤——心里有素（数）

核桃里的肉——不敲不出来

红糖拌辣椒——不是滋味

猴子耍把戏——假积极

后半夜做美梦——好景不长

狐狸骑老虎——狐驾（假）虎威

虎嘴上拔毛——危险

火烧芭蕉——不死心

火烧房子还瞧唱本——沉得住气

鸡飞蛋打——一场空

鸡给黄鼠狼拜年——自投罗网

江边上洗萝卜——一个个来

姜太公钓鱼——愿者上钩

脚踩两只船——三心二意

叫花子唱山歌——穷快活

铁公鸡下蛋——异想天开

金刚打罗汉——硬碰硬

九牛一毛——微不足道

久旱无雨——水落石出

韭菜拌豆腐——一青（清）二白

开封府的包公——铁面无私

看见外公叫爷爷——不识相

看《三国》掉泪——替古人担忧

空中踩钢丝——左右摇摆

孔夫子搬家——净是书（输）

孔明夸诸葛——自夸

口袋里装钉子——个个想露头

快刀切萝卜——干脆

快刀斩乱麻——一刀两断

浪子回头——金不换

老和尚敲钟——一个点儿

老虎打架——劝不得

老鼠进风箱——两头受气

老太太吃豆腐——一物降一物

锣鼓对着街上敲——叫人听的

锣齐鼓不齐——高潮不在点上

落地的山梨——熟透了

麻布袋上绣花——底子太差

卖肉的切豆腐——不在话下

盲人过河——先试试看

毛猴子捞月亮——白忙活一场

眉毛胡须一把抓——不分青红皂白

棉花掉进水——弹（谈）不成

摸着石头过河——求稳当

母猪上杆——不爬（怕）

木匠拉大锯——有来有去

拿了鸡毛当令箭——自己吓自己

泥菩萨过河——自身难保

泥菩萨洗澡——越洗越脏

泥鳅掉在石板上——无隙可钻

泥水匠的瓦刀——光涂（图）表面

年三十看皇历——好日子过完了

螃蟹过河——七手八脚

骑驴看唱本——走着瞧

千里送鹅毛——礼轻情义重

清水河里捞鱼——看得一清二楚

秋后的蚂蚱——蹦达不了几天

热锅上的蚂蚁——坐立不安

热脸挨冷屁股——没面子

热油糕扔进冰箱里——凉透啦

肉包子打狗——一去不回

三十晚上盼月亮——没有指望

沙滩上行船——进退两难

十五个吊桶打水——七上八下

水缸里的葫芦瓢——沉不下去

随口唱山歌——心里早有谱

孙悟空碰着如来佛——毫无办法

太阳底下走路——形影不离

躺在扁担上睡觉——心宽

天狗吃太阳——没法子下口

天下乌鸦——一般黑

通天的深井——摸不着底

脱了毛的牙刷——有板有眼

玩具店的娃娃——有口无心

王八吃秤砣——铁心了

王婆卖瓜——自卖自夸

瓮中捉鳖——十拿九稳

秀才碰着兵——有理讲不清

西瓜落地——滚瓜烂熟

瞎猫逮住死老鼠——碰上的

瞎子捉鬼——没影的事

下雨天背稻草——越背越重

雪地里照脸——没影儿

雪地里走路——一步一个脚印

鸭子出水——不湿羽毛

牙齿咬嘴唇——话不好出口

一根筷子吃面条——单挑

月亮上的肉——吃不上

眼皮上打针——危险极了

人在屋檐下——不得不低头

纸团里的火——包不住

煮熟的鸭子——肉烂嘴不烂

张飞卖酒——拿手好戏

照着镜子作揖——自己恭维自己

竹筒倒豆子——全抖出来

**例1** 下列词语是单纯词的是（　　）。（北京东城）

①劳动　②土地　③沙发　④葡萄　⑤伟大

**分析：** 这道题考查的是词的构成。首先要明确词语的构成分单纯词和合成词，很明显，其中①②⑤是由两个语素构成的，而③④是外来词的音译。

**答案：** ③④

**例2** 给带点的字选择正确的解释，把序号填在括号里。（河北石家庄）

闻：①听见　②听见的事情　③出名、有名望　④名声

　　⑤用鼻子嗅气味

1. 新闻（　　）　　　　　2. 举世闻名（　　）

3. 百闻不如一见（　　）　　4. 闻一闻（　　）

**分析：** 此题考查的是词义。"闻"是表动作的词语，与耳朵有关，是听的意思。"用鼻子嗅气味"是后来的意思。"闻"的使用意义在不同的语境中各不相同，应注意区别。

**答案：** 1. ②　2. ③　3. ①　4. ⑤

**例3** 下列词语搭配有误的一组是（　　）。（河南驻马店）

A. 交流——思想、经验、文化、物资

B. 交换——礼物、意见、资料、产品

C. 发挥——积极性、题意、力量、作用

D. 发扬——传统、作风、民主、威力

**分析：** 此题是有关词语搭配的试题。采用支配关系先给出动词，再分别在后面给出动作的承受对象。"交流"与"交换"意

义接近，"发挥"与"发扬"意义接近，这要求我们仔细揣摩这些动词的细微差别，分别与后面给出的词组合，看哪一项不符合语言规范。做此类题需仔细推敲，认真比较得出答案。

**答案：**D

**例4** 选词填空。（辽宁本溪）

A. 顽强　B. 顽固　C. 顽抗　D. 结果　E. 成果　F. 后果

1. 这个人很（　　），从来不接受别人的意见。

2. 这个人很（　　），从来不怕什么困难。

3. 你再这样下去，（　　）将不堪设想。

4. 通过多年的努力，他终于得出了实验（　　）。

**分析：**此题考查感情色彩不同的词语在不同语境中的运用。做好此种类型题关键是要把握住词语的感情色彩，联系具体的语言环境，准确地选出答案。

**答案：**1. B　2. A　3. F　4. D

**例5** 根据这段文字的意思，从备选的词语中选出恰当的词语填入括号。（北京西城）

儿时，在故乡那条小河里的小伙伴们戏水时的（　　）声和抓鱼时的（　　）声，常常钻入我的心里，让我一直享受着当时的（　　）。直到现在，我仍然希望能永远和儿时的伙伴（　　）在那条小河边。

①欢呼　②欢聚　③欢笑　④欢乐　⑤欢唱　⑥欢悦

A. ③⑤④②　　　　　B. ①③④②

C. ③①②⑥　　　　　D. ③①④②

**分析：**解答此题的关键是对备选词语的正确理解。而要准确选词，又必须认真分析语言环境，根据语境判断备选词语的使用位置。欢笑着戏水，抓到鱼时的欢呼，带给伙伴们的是无限的欢乐，因此，"我"才渴望能再次欢聚在小河边。

**答案：D**

例6 选择恰当的词语，填入括号内。（江苏徐州）

　　　爱抚　　　　　爱戴

1. 王老师，我们衷心（　　）您！

2. 爷爷（　　）地摸着我的头，说："明明，继续努力。"

**分析：** 这是一道近义词选择填空题。近义词往往意思相差不大，区别起来有一定困难。对于这类题，我们首先要读通句子，了解大意，然后根据实际情况，从分辨词义范围、语义轻重、感情色彩、使用方法等方面入手，进行对比区别。"爱戴"只适用于上级和长辈，"爱抚"则适用于晚辈。有了对比区别，答案自然就得出了。

**答案：** 1. 爱戴　2. 爱抚

例7 填反义词，构成对偶句。（北京西城）

1. 懒惰的结果是痛苦，（　　）的结果是（　　）。

2. 宁为玉（　　），不为瓦全。

3. 宁可站着死，也不跪着（　　）。

**分析：** 本题是对于反义词知识的检测。反义词有时会随着词义的变化、语言环境的不同而发生变化。因此，做题时一定要结合句子的语言环境先理解原词的意思，再根据意思去判断它的反义词。另外，本题关键还在于根据"对偶句"的特点判断原词是什么，之后才能完成填空。如1中根据对偶句的特点我们要填的词语分别是"懒惰"和"痛苦"的反义词；2中考查"全"的反义词；3中考查"死"的反义词。

**答案：** 1. 勤劳　幸福　2. 碎　3. 生

例8 选择恰当的关联词语填空，使下面的话语通顺。（北京海淀）

　　既然……就……　　即使……也……　　只要……就……

不仅……还……　　虽然……可是……　　因为……所以……

爸爸（　　）技术高明，（　　）积极苦干，再难的活儿，（　　）一到爸爸手里，（　　）能化难为易。（　　）是别人不愿干的活儿，他（　　）从不推辞。他觉得做难度大的活，（　　）人累一点，（　　）能提高自己的技术。

**分析**：这是一道关联词填空题。这类题一般给出一小段文字，句与句之间存在一定的逻辑关系。遇到这类题首先要平心静气地通读一遍全文，然后弄清句子之间的关系。如："技术高明"与"积极苦干"可以是递进关系或并列关系，细一分析，应是递进关系；后两句"人累一点"和"能提高自己的技术"应该是转折关系。弄清了这些关系之后，此题便迎刃而解了。

**答案**：不仅……还……　　　只要……就……
　　　　　即使……也……　　　虽然……可是……

**例9** 把下面成语补充完整，并按感情色彩的不同分为两类，写在横线上。（辽宁营口）

好高（　　）远　　斗志（　　）扬　　持之以（　　）

盛气（　　）人　　横行无（　　）　　高瞻远（　　）

**分析**：解答此类题，首先要根据平时的积累将词语补充完整，并尽量不写错别字。

**答案**：骛　昂　恒　凌　忌　瞩

第四章　句子知识

《语文新课程标准》对小学阶段句子的要求：结合上下文和实际生活了解句子的内容，体会句子所表达的思想感情；能用正确、流利的普通话与别人交谈，并能清楚、明白、有感情地表达自己的意思，根据需要把话说得简单明了。书面表达时，能做到语意清楚、语句连贯。

一个完整的句子，一般由前后两部分组成。前面一部分说明"谁"或"什么"（主语部分），后面一部分说明"做什么"、"怎么样"或"是什么"（谓语部分）。

## 一、常见句式类型

按不同的作用，句子可以分为几种基本类型：陈述句、疑问句、祈使句、感叹句、肯定句、否定句、设问句、反问句、"把"

字句和"被"字句。

| 类型 | 说　明 | 举　例 |
|------|--------|--------|
| 陈述句 | 简单告诉别人一件事情，陈述一个事实。 | ①他昨天生病了，没有来上课。②这件事你不能不管。 |
| 疑问句 | 向别人提出一个问题、询问一件事情或表示疑问。 | ①你今天为什么没有去学校？②一块钱，你打算用它做什么？ |
| 祈使句 | 表示请求、命令、商量或向别人提出要求。 | ①你来一下！②你应该用功读书。 |
| 感叹句 | 表示用来抒发强烈的感情。 | ①多么大胆而富有诗意的想象啊！②这里的风景真是太美了！ |
| 肯定句 | 根据环境和氛围的需要，直接表明是非的句子。 | ①今天他的心情很好。②下课了，同学们都朝操场跑去。 |
| 否定句 | 根据环境和氛围的需要，间接表明是非的句子。 | ①今天他的心情不错。②下课了，没有一个同学不朝操场跑。 |
| 设问句 | 先提出一个问题，然后紧跟着把自己的看法说出来。 | 是谁创造了人类世界？是我们劳动群众。 |

| 类型 | 说　明 | 举　例 |
|---|---|---|
| 反问句 | 用疑问的句式来表达确定意思的句子。 | 万里长城难道不是劳动人民智慧和汗水的结晶吗？ |
| "把"字句 | 指由介词"把"（或"将"）将动词支配或关涉的对象置于动词之前的句子。 | ①弟弟把水喝了。②你把玻璃擦擦。③他把门一关。④我们把车往路边推。⑤我把门上了锁。 |
| "被"字句 | 指谓语中带有"被"字或把"被"直接附着在动词前以表示被动关系的句子。 | ①太阳被乌云遮住了。②树叶被风吹落了。③碗被弟弟摔坏了。④那件事被他知道了。 |

# 二、句式的变换

　　改变句式就是在保持原来内容不变的前提下，把句子的表达形式按一定的要求从一种形式改变为另一种形式。常见的有以下几种：

　　**1．陈述句与反问句的互换。**

　　陈述句直接陈述所要表达的意思，语调比较平稳。反问句则是通过反问的语气，把原来陈述的意思进一步强调，更加肯定，感情强烈，语调更高。如：

　　作为一个市民，应该遵守公共道德。

　　作为一个市民，难道不应该遵守公共道德吗？

　　**2．陈述句与感叹句的互换。**

　　陈述句变为感叹句，要加表示强烈感情的副词和表示感叹的语气助词，并将句号变为感叹号。反之，感叹句变为陈述句，就

要去掉句子中表示强烈感情的副词和句尾的语气助词，并将感叹号改为句号。例如：

> 黄山的景色很美。
> 黄山的景色真美啊！

**3. 肯定句与否定句的互换。**

对事物作出肯定判断的句子，我们称为肯定句。反之，对事物作出否定判断的句子，称为否定句。否定句一般都带有"不、没（没有）"等表示否定的词语。

有时同一个意思的句子既可以用肯定句来表示，也可以用否定句来表示。如：

肯定句：王芳是个好孩子。

否定句：王芳不是个坏孩子。

这两句话的意思相同，但句式不同，只是肯定句的语气比较强烈，否定句的语气比较委婉平和。

有时，还可以通过加上两个否定词来表达肯定的语气，即双重否定句，语气比肯定句表达得更为强烈。例如：

肯定句：外国人承认中国人了不起。

双重否定句：外国人不得不承认中国人了不起。

**4."把"字句与"被"字句的互换。**

就是把"把"字句改成"被"字句和把"被"字句改成"把"字句。

例①：董存瑞把敌人的暗堡炸毁了。

　　　敌人的暗堡被董存瑞炸毁了。

例②：小树被狂风吹得东倒西歪。

　　　狂风把小树吹得东倒西歪。

"把"字句和"被"字句互换，关键是互换主语（即动作发出者）和宾语（动作接受者）的位置，同时互换"把"字和"被"字。

# 三、扩句与缩句

## 1. 扩句

扩句就是在句子主要成分的前后添上适当的附加成分，如同在句子的"主干"上"添枝加叶"，加以修饰、限制或补充，使句子的意思表达得更加完整、具体、生动。例如：

原句：太阳升起。

扩句：金色的太阳从东方地平线上缓缓升起。

可以看出，前一个句子的意思是完整的，但是不具体、不明确。后一个句子在前一个句子上加上了"金色的"、"从东方地平线上"、"缓缓"几个修饰、限制的词语，使句子的意思更明确、更具体。

## 2. 缩句

缩句与扩句正好相反，删去句子中的"枝"和"叶"，即删去附加成分，使句子表达得更加简洁。缩句能帮助我们准确理解句子的意思。如：

"嘴角嫩黄，头上长着绒毛的小麻雀无可奈何地拍打着翅膀。"

经过缩句，抓住句子的主干"小麻雀拍打着翅膀"，就知道这句话写小麻雀。缩句还可以帮助我们判断句子是否正确。如：

"宁宁同学光荣地被评为'三好学生'的称号。"

一经缩句成为"宁宁被评为称号"，我们就会发现这句话是病句，词语搭配不当。

# 四、复杂句式

## 1. 并列关系

几个分句分别说明、描写几种事物，或者从几个方面说明、描写同一事物，各分句之间意义上可以是相关的，也可以是相对

或相反的。常用的表示并列关系的关联词有："……也……"、"……还……"、"一边……一边……"等。

### 2．承接关系

几个分句按一定的顺序，相承相连地说下去，表示连续的动作或连续发生的一系列事件。常用的表示承接关系的关联词有："……又……"、"……就……"、"……便……"等。

### 3．递进关系

后面的分句比前面的分句向更重或更大、更深、更难的方向推进一层，分句之间的关系是递进的。常用的表示递进关系的关联词有："不仅……而且……"、"不但……甚至……"等。

### 4．因果关系

一个分句表示原因或根据，另一个分句表示结果或推论，根据原因和结果顺序的变化，可分为因果关系和倒因果关系。所谓倒因果关系，就是先说出结果，再说出原因，常常用"……因为……"或"之所以……是因为……"来连接分句。常用的表示因果关系的关联词有："既然……就……"、"因为……所以……"等。

### 5．选择关系

两个或两个以上的分句说出两件或两件以上的事情或情况，并表示要从中选择一种。常用的表示选择关系的关联词有："是……还是……"、"不是……就是……"、"要么……要么……"等。

### 6．转折关系

前后分句的意思相反、相对，后面的分句不是顺着前面分句的意思向下说，而是拐了个弯，意思上作了一个转折。常用的表示转折关系的关联词有："虽然……但是……"、"尽管……还……"等。

### 7．假设关系

一个或几个分句提出假设的情况，另一个或几个分句说明这种假设的情况实现后会有什么结果。常用的表示假设关系的关联词有："如果……就……"、"即使……也……"等。

**8. 条件关系**

前一个分句提出条件，后面的分句表示在这种条件下所产生的结果。常用的表示条件关系的关联词语有："只要……就……"、"只有……才……"、"除非……才……"等。

# 五、病句修改

病句是指结构不完整，意思表达得不明确、不清楚，甚至是错误的句子。修改病句就是针对病因，用增、删、调、换等方法，把病句改成正确的句子的练习。

**1. 常见的病句类型**

（1）词义混淆。因对词义概念理解模糊而用词不当的语病。如："爱迪生发现了电灯。"把"发现"和"发明"两词混淆。

（2）词类误用。因分不清词类而造成用词不当的语病。如："今天气候晴朗。"把"气候"与"天气"混淆了。

（3）成份残缺。句子缺少不应该省略的主要成分（主、谓、宾），造成句子结构不完整的语病。如："在老师的教育下，进步得很快。"（缺少主语）

（4）搭配不当。因句子中相关的成分之间互相不能搭配而造成的病句。如："我的家乡是宁波人。"缩句变成"家乡是人"。（主谓搭配不当）

（5）重复累赘。过多地使用修饰词语反而显得多余，结果成了病句。如："在班队会上，张军首先第一个发言。""首先"与"第一个"重复了。

（6）词序颠倒。因词语排列次序颠倒而造成病句。如："老师的办公桌上放着一叠厚厚的考卷。"应该说"厚厚的一叠考卷。"

**2. 怎样修改病句**

修改病句要记住：遵原意，少改动。

具体步骤和方法是：

（1）读。读懂原句，揣摩说话人本来想说的是什么意思，然后找准病因，辨清病句的类别，是用词不当、成分残缺、搭配不当、重复累赘、词序颠倒、自相矛盾，还是分类不当。

（2）画。用铅笔在病句上画出需要修改的部位，以便针对病因，进行分析、修改。

（3）改。运用修改符号，进行删、补、换、移。即删去多余及错误的词语，使句子简明。补上句子残缺成分，使句子完整。替换有关词语，使用词恰当。移前挪后，调整词语位置，使语序正确。

（4）对。把修改后的句子进行复查性质的校对阅读，看看是否通顺，有无新的语病产生，是否把说话人原先想说的意思表达清楚了。如果发现有问题，还得重改。

考题例析

**例1** 判断下列句子是否完整，完整的打"√"。（辽宁大连）

1. 下雨了。（　　）　　　2. 这件事是你做的？（　　）

3. 禁止攀登！（　　）　　　4. 听了报告，深受教育。（　　）

5. 美丽的香山。（　　）　　　6. 我们不去公园玩。（　　）

7. 荷花真美呀！（　　）　　　8. 我看见一个同学在。（　　）

**分析**：这道题既考查了对句子完整性的理解，又对句子的四种类型进行了复习。1句是肯定陈述句；2句是疑问句；3句是祈使句；4句缺少主语；5句话没有说完，它是一个短语，不是句

子；6句是一个否定陈述句；7句是感叹句；8句也没有说完。

答案：1、2、3、6、7是完整的句子。

**例2** "答应别人的事就要守信用。"与这句话意思不一样的是（　　）（江苏扬州）

A. 答应别人的事不能守信用。

B. 答应别人的事非守信用不可。

C. 答应别人的事非守信用不可吗？是的。

D. 答应别人的事不能不守信用。

**分析**：A句表达了否定的意思；B句以"非……不可……"的双重否定形式，表达了肯定的意思；C句以设问的形式也表达了肯定的意思；D句也是以双重否定的形式表达了肯定的意思。

答案：A

**例3** 在与其他句子意思表达不一致的句子后面打"×"。（安徽安庆）

1. 猛烈的狂风刮断了树枝。（　　　）

2. 猛烈的狂风把树枝刮断了。（　　　）

3. 猛烈的狂风被树枝刮断了。（　　　）

4. 树枝被猛烈的狂风刮断了。（　　　）

**分析**：这道题是考查对主动句、被动句、"把"字句和"被"字句的掌握情况。

答案：3（×）

**例4** 按要求写句子。（吉林四平）

西湖的美景让我陶醉。

（1）"把"字句：＿＿＿＿＿＿＿＿＿＿＿＿＿＿

（2）"被"字句：＿＿＿＿＿＿＿＿＿＿＿＿＿＿

（3）感叹句：＿＿＿＿＿＿＿＿＿＿＿＿＿＿＿

（4）反问句：＿＿＿＿＿＿＿＿＿＿＿＿＿＿＿

（5）双重否定句：＿＿＿＿＿＿＿＿

**分析**：这是一道综合性很强的句式变换题，考查了学生对不同句式进行灵活变换的能力。在解答的时候要认真读原句，弄清谁是动作的发出者，谁是动作的承受者。不管怎样变换都不能改变句子的原意。

**答案**：（1）西湖的美景把我陶醉了。（2）我被西湖的美景陶醉了。（3）西湖的美景真让我陶醉啊！（4）西湖的美景怎能不让我陶醉？（5）西湖的美景不能不让我陶醉。

**例5** 添枝加叶。（按局部扩句法的要求扩句）

爷爷钓鱼。

A. ＿＿＿＿＿＿＿＿＿

B. ＿＿＿＿＿＿＿＿＿

**分析**：要求采用局部扩句法扩写句子。把句子分成两部分，先扩前面部分，再扩后面部分。前半部分是"爷爷"，先补充"爷爷"是谁，与"我"的关系是什么，这样可扩充为"我的爷爷"；后半部分可补充"在什么地方"、"怎样钓鱼"，即"在小河边聚精会神地钓鱼"。

**答案**：A. 我的爷爷在钓鱼。B. 爷爷在小河边聚精会神地钓鱼。

**例6** 修枝剪叶。（缩句）

1. 他高兴得跳起来。＿＿＿＿＿＿＿＿

2. 今年学校不举行秋季运动会了。＿＿＿＿＿＿

3. 三十万人的目光一齐投向主席台。＿＿＿＿＿

4. 受惊吓的刺猬在镇外的葡萄园里像个仙人球一样紧紧地缩成一团。＿＿＿＿＿＿＿＿＿＿

5. 托塔李天王和哪吒三太子气势汹汹地来捉拿"齐天大圣"孙悟空。＿＿＿＿＿＿＿＿＿＿

**分析**：缩句是练习精练表达能力的一种形式。缩句前，先判断句子是写人的还是写事物的，然后采用提问"谁是什么"、"谁干什么"、"谁怎样"、"什么是什么"、"什么干什么"、"什么怎么样"，来找出句子的主要部分。

**答案**：1. 他高兴。2. 学校不举行运动会了。3. 目光投向主席台。4. 刺猬缩成一团。5. 李天王和哪吒来捉拿孙悟空。

**例 7** 用修改符号改病句。（北京海淀）

1. 盲姑娘和他说着话，看见有人进屋，连忙站起来让座。
2. 暑假快到了，我们已经结束了小学的学习生活。
3. 纷纷为地震灾区献爱心。
4. 今年的庄稼丰收在望，长势喜人。
5. 他那锐利的眼睛投向了人群。

**分析**：1 句存在的毛病是不合情理，"盲"是"看"不到的；2 句中"快到"与"已经"前后矛盾；3 句中病因是成分残缺，缺主语"谁"；4 句中，按照庄稼的生长规律，应该是"长势喜人"在前，"丰收在望"在后，错误在于词序颠倒；5 句属于搭配不当，应该是"目光"搭配"投向"。

**答案**：1. 盲姑娘和他说着话，听见有人进屋，连忙站起来让座。2. 暑假快到了，我们即将结束小学的学习生活。3. 同学们纷纷为地震灾区献爱心。4. 今年的庄稼长势喜人，丰收在望。5. 他那锐利的目光投向了人群。

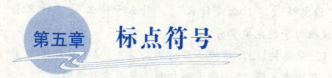

# 第五章 标点符号

课标解读

《语文新课程标准》对小学阶段标点符号的要求：在阅读中体会句号、问号、感叹号所表达的不同语气及逗号、顿号、分号与句号的不同用法。写作时能根据表达需要，正确使用标点符号。

知识梳理

标点符号是辅助文字记录语言的符号，是书面语的重要部分。

## 一、标点符号的使用方法

| 名称 | 符号 | 用法说明 | 举 例 |
|------|------|---------|-------|
| 逗号 | ， | 表示一句话中间的一般性停顿。 | 我不得不承认，他的实力比我强得多。 |
| 句号 | 。 | 表示一句话说完之后的停顿。 | 江面很平静，在雨后的阳光下，笼罩着一层蒙蒙的薄雾。 |

| 名称 | 符号 | 用法说明 | 举　例 |
|------|------|----------|--------|
| 顿号 | 、 | 表示句子内部并列词语之间的停顿。 | 公园里的花开了，有红的、黄的、白的、紫的和绿的，美丽极了。 |
| 分号 | ； | 表示一句话中并列分句之间的停顿。 | 这次班会的任务是：选举班委会成员；制定班级条约；拟订学习计划。 |
| 问号 | ？ | 表示一句问话结束之后的停顿。 | 现在的问题是下一步怎么办？他对此没有明确的答案。 |
| 叹号 | ！ | 表示感情强烈的句子完了之后的停顿和语气。 | 妈妈！你瞧，玻璃窗上开花了。 |
| 冒号 | ： | 表示提示性话语之后的停顿。 | 我们常见的动物有：牛、羊、猪、马等。 |
| 引号 | "" '' | 1. 标明文章引用的部分。 | 人们说："桂林山水甲天下。" |
| | | 2. 表示否定、反义、借用或讽刺的词语。 | 我问，父亲，为什么高粱下边长了这么多"爪子"？ |
| | | 3. 引用成语、俗语、歇后语等。 | 俗话说"瑞雪兆丰年"，这并不是迷信，而是有着充分的科学根据的。 |
| | | 4. 表示特定称谓。 | 这位地质学家脚上穿的鞋是一把"量天尺"。 |
| | | 5. 表示节日、纪念日的数字部分和重大历史事件。 | "一·二八"事变发生在上海。 |

| 名称 | 符号 | 用法说明 | 举　例 |
|---|---|---|---|
| 省略号 | …… | 1. 表示引文中的省略。 | 妹妹用那稚嫩的歌声打破了屋里的寂静："世上只有妈妈好，有妈的孩子像块宝……" |
| | | 2. 表示列举的省略。 | 古老的钟发哑地敲了十下，十一下……始终不见丈夫回来。 |
| | | 3. 表示说话的断断续续。 | 他直指着正北方向，"好，好同志……你……你把他带给……" |
| | | 4. 表示话未说完。 | 听鸟叫的人说："如果我们出了什么事，你们可不要忘了小夜莺……" |
| | | 5. 表示重复词语的省略。 | 孔乙己低声说道：　"跌断，跌，跌……" |
| 括号 | （　） | 表示文中注释的部分。 | 朱熹，字元晦，南宋徽州婺源（现江西省婺源县）人。 |
| 书名号 | 《　》〈　〉 | 表示书名、篇名、报刊名、文件名及戏曲、歌曲、图画等名称的符号。 | ①过生日那天，妈妈送给小明一本《安徒生童话选》。②今天，我们来学习老舍先生的《养花》一文。③《读〈小英雄雨来〉有感》。 |
| 着重号 | . | 表示文中特别重要、需要强调的词语的标号。 | 发达的科学技术改变了人类的生活方式。 |

| 名称 | 符号 | 用法说明 | 举　例 |
|---|---|---|---|
| 破折号 | —— | 1. 表示下面是解释或说明的部分。 | 飞机在太平洋上空飞行，不久，我便看见了中国第二大岛——海南岛。 |
| | | 2. 表示意思的递进。 | 我们殷切地希望——希望你们胜利归来。 |
| | | 3. 表示意思的转折。 | 他不喜欢游公园——除非为了去炫耀一下他的新衣服。 |
| | | 4. 表示声音的停顿或延续。 | "我们——是——中国人，我们——爱——祖国。" |
| | | 5. 表示话题的突然转变。 | "今天好冷啊！——你什么候去上海？"李红对小王说。 |
| | | 6. 表示提示或总结全文。 | 这次运动会提出的口号是——团结、友谊、进步。 |
| 间隔号 | · | 1. 表示月份和日期之间的分界。 | 3·15 消费者权益保护日 |
| | | 2. 表示书名和篇名的分界。 | 《西游记·三打白骨精》 |
| | | 3. 表示朝代与人名之间的分界。 | 唐·白居易　宋·苏轼 |
| | | 4. 表示有些民族人名中的音界。 | 埃莉诺·罗斯福　爱新觉罗·努尔哈赤 |

| 名称 | 符号 | 用法说明 | 举 例 |
|------|------|----------|-------|
| 连接号 | — | 1. 表示时间、地点、数目等的起止。 | 詹天佑（1861—1919），铁路工程专家。 |
| | | 2. 表示相关的人或事物的联系。 | 下一场篮球比赛：美国—中国。 |

# 二、标点符号的书写格式

**1. 横行书写时标点符号的格式**

（1）句号、问号、叹号、逗号、顿号、分号和冒号都占一个字的位置，放在句末的右下角。这七种符号通常不能放在一行的开头，因为这些符号表示语气的停顿，应该紧跟在一句话的末尾。

（2）引号、括号、书名号的前一半和后一半都各占一个字的位置，它们的前一半可以放在一行的开头，但不出现在一行的末尾，后一半不出现在一行的开头。

（3）破折号和省略号都占两个字的位置，可以放在一行的开头，也可以放在一行的末尾，但不可以把一个符号分成两段。连接号和间隔号一般占一个字的位置。这

学习 **小窍门** ▶▶▶
XUE XI XIAO QIAO MEN

**标点使用小歌诀**

意思未完用逗号，
一句完了用句号。
喜怒哀乐感叹号，
提出问题用问号。
并列词语用顿号，
并列分句用分号。
提示下文用冒号，
对话引用加引号。
书文名称要标明，
前后加上书名号。
有些意思要省掉，
可以加个省略号。
转折解释破折号，
表示注释加括号。
标点符号用准确，
文章清楚都称好。

四种符号的位置都写在行次中间。

（4）着重号标在字的下边。

**2．直行书写时标点符号的格式**

（1）句号、问号、叹号、逗号、顿号、分号和冒号放在字的下方偏右，也占一个字的位置。

（2）破折号、省略号、连接号和间隔号放在字下居中。

（3）引号改用『』和「」。引号的两部分分别放在被标明词语的上下。

（4）着重号标在字的右侧。

例1　指出下列句子中省略号的作用。（安徽合肥）

1．妹妹用那稚嫩的歌声打破了夜晚的沉寂："我是草原小骑手，拉满弓儿显身手……"　　　　　　　　　　（　　）

2．他指着正北方向，"好，好同志……你……你把这封信交给……"　　　　　　　　　　　　　　　　　（　　）

3．古老的钟发哑地敲了七下，八下，九下，十下……始终看不见一个人影。　　　　　　　　　　　　　（　　）

**分析：**这种题型考查同学们对省略号的作用的掌握程度。应先理解句子意思，然后确定省略号在句中的作用。

**答案：**1．表示引文的省略　2．表示声音的断断续续　3．表示列举的省略

例2　下列句中破折号有什么作用？把序号填入括号中。（黑龙江哈尔滨）

A．解释说明　B．声音的延长　C．意思转折或递进

1．他不喜欢乘马车游公园——除非为了去炫耀一下他的新衣服。（　　）

2．远远地望见了一条明如玻璃的带子——河。（　　）

3．"我们——是——中国人，我们——爱——自己的——祖国。"（　　）

**分析**：这道题要求能正确区分破折号的作用。做题时先要准确理解句子含义，熟练掌握破折号作用，然后对号入座。

**答案**：1．C　2．A　3．B

**例3**　给下面一句话加上不同标点，使它们表示不同的意思。（辽宁沈阳）

亮亮　姐姐　叫　你　快去

**分析**：同样的句子，由于标点不同，句子表达的意思也不同。完成这类题我们不能把这个句子只当做一个句子或两个句子来看，而是要从句意上思考怎样断句，怎样加标点。

**答案**：1．亮亮姐姐叫你快去。（强调是谁叫你快去）

2．亮亮姐姐叫你，快去。（强调姐姐叫"你"快去）

3．亮亮，姐姐叫你。快去！（强调亮亮要快去）

4．亮亮，姐姐叫你快去。（强调姐姐叫亮亮去）

第六章　修辞手法

《语文新课程标准》对小学阶段修辞的要求：掌握比喻、拟人、夸张、排比、反问等几种常用的修辞手法，会在具体的语言环境中恰当运用修辞手法，从而使句子表达更准确、生动。

修辞，就是对词句进行修饰加工，从而提高语言表达效果的一种手段。

# 一、常见修辞方法及特点

| 分类 | | 释义 | 特点 | 举例 |
|---|---|---|---|---|
| 比喻 | 明喻 | 指用比喻连接本体和喻体，用形象代替抽象。 | 告诉读者把什么比作什么。常用"像"、"好像"、"仿佛"等。 | ①长城像一条长龙。②太阳像一个熊熊燃烧的大火球。③她笑得像花儿一样灿烂。 |

| 分类 | | 释　义 | 特　点 | 举　例 |
|---|---|---|---|---|
| | 暗喻 | 暗喻又称"隐喻"，是不明显的打比方。 | 常用"是"、"变成"、"成了"等词把本体和喻体连接起来。 | ①儿童是祖国的花朵。②黄河是我们民族的摇篮。③山间的云雾构成了一幅精妙的山水画。 |
| | 借喻 | 借用喻体代替本体，只出现喻体的比喻。 | 用喻体代替本体，只有比得恰当才能被准确理解。 | ①落光叶子的椰树上挂满了亮晶晶的银条。②对着死亡我放声大笑，魔鬼的宫殿在笑声中动摇。 |
| 比拟 | 拟人 | 把物当人来描写，使物具有人的语言、动作、行为和思想感情。 | 使无生命的东西活跃起来，增强表达的形象性，使语言更有说服力。 | ①兴安岭多么会打扮自己呀：青松作衫，白桦为裙，还穿着绣花鞋。②每天清晨，啄木鸟医生就开始给老树看病了。 |
| | 拟物 | 把人当做物来描写，使人具有物的形态、动作和思想感情。 | 使有生命的东西和抽象的事物用更有常识性的固定事物表现出来，使语言更有说服力。 | ①风在吼，马在叫，黄河在咆哮。②你说话要小心点，别把话说得走了火。 |
| 对比 | | 把两种不同的事物或者同一事物的两个方面，放在一起相互比较。 | 突出事物的矛盾，使好的显得更好，坏的显得更坏。 | ①有缺点的战士终究是战士，完美的苍蝇也终究不过是苍蝇。②对人民，他像春风，融化冰雪；对敌人，他像步枪，弹雨无情。 |

| 分类 | | 释　义 | 特　点 | 举　例 |
|---|---|---|---|---|
| 夸张 | 扩大夸张 | 以事实为依据，通过想象，有意扩大。 | 根据表达的需要，表现强烈的想象结果，以示伟大。 | ①飞流直下三千尺，疑是银河落九天。②红军翻越万水千山，终于到达陕北根据地。 |
| | 缩小夸张 | 以事实为依据，通过想象，有意缩小。 | 根据表达的需要，表现强烈的想象结果，以示微不足道。 | ①五岭逶迤腾细浪，乌蒙磅礴走泥丸。②这点钱，对于我的困难来说只是九牛一毛。 |
| 对偶 | 正对 | 从两个角度和侧面来说明同一个事理。 | 相互补充、相互衬托。 | ①两个黄鹂鸣翠柳，一行白鹭上青天。②墙上芦苇，头重脚轻根底浅；山间竹笋，嘴尖皮厚腹中空。 |
| | 反对 | 从事物对立的两方面表达鲜明的对照。 | 相互对照，相辅相成。 | ①横眉冷对千夫指，俯首甘为孺子牛。②愚昧就是黑暗，智慧就是光明。 |
| 排比 | | 用三个或三个以上结构相同或相似、意思相近的句子成串排列，加强气势，表达丰富的感情。 | 由平行的句式构成，句子之间多数有共同的或相似的词语，有一定的内在联系。 | 长征是历史记录上的第一次，长征是宣言书，长征是宣传队，长征是播种机。 |

| 分类 | 释　义 | 特　点 | 举　例 |
|---|---|---|---|
| 设问 | 先摆出问题，然后紧跟着把自己的看法说出来。 | 自问自答，引起注意，启发思考，使所要强调的意思更加突出。 | ①是谁创造了人类世界？是我们广大的劳动群众。②难道您担心我会忘了你？不，永远不会。 |
| 反问 | 用疑问的形式来表达确定的意思的一种修辞手法。 | 问而不答，答案其实就在句子中。 | ①海上日出不是伟大的奇观吗？②这比山还高，比海还深的情谊，我们怎么会忘记？ |

# 二、常见修辞手法运用的区别

### 1. 比喻和拟人的区别。

拟人是把物当做人来写，具有人的思想、动作、神态等。拟人的特点是本体事物和人，二者完全融为一体，具有相融关系，"人"并不出现。当然也不可能出现比喻词"像、如"等。而比喻是本体与喻体的相似关系，不论何种比喻，喻体必须出现。因而，拟人句不能有"人"的出现，也不能有比喻词。反过来，凡有"人"出现，有比喻词出现，拟人句就成了比喻等。

**比喻句的逻辑思维方法**

从本体到喻义，应该概括出此现象（本体）的特点或特征，并让这一特点或特征具有一般性的意义；从喻义到喻体，应该充分考虑到这一特点或特征是否彼现象（喻体）也同样具有，否则，这个比喻句是不成功的。

**2. 对比与对偶的区别。**

对比主要是意义内容的相反或相对，而不管结构形式如何。

对偶主要是结构形式上的相对，要求字数相等、结构相同或相似。

有的对比也是对偶（即反对），就意义内容说是对比，就结构形式说是对偶。

**3. 反问与设问的区别。**

设问不表示肯定什么或否定什么；反问则明确表示肯定和否定的内容。

反问的作用主要是加强语气；设问的作用主要是提出问题，引起注意，启发思想。

考题例析

例1　判断下列各句所用的修辞手法，将正确答案的字母用"√"标出。（北京海淀）

1．黄河像慈爱的母亲抚育着中华儿女。

2．树上的小鸟在唧唧喳喳唱个不停。

3．春天像小姑娘，花枝招展的，笑着，走着。

4．电线上的小燕子似一群刚下课的孩子叫个不停。

A. 比喻：1、2　　　拟人：3、4

B. 比喻：2、3　　　拟人：1、4

C. 比喻：3、4　　　拟人：1、2

D. 比喻：1、3、4　　拟人：2

**分析：**这是一道选择题，考查对拟人和比喻两种修辞手法的掌握情况。区别比喻和拟人有一个窍门：拟人是把物当做人来写，

但又不提到人，只是暗地里把它说成人，做人能做的事。如：2句将小鸟当人来写，说到人的特征"唱"，所以是拟人句。而1、3、4句虽然把物比做人，但不是拟人句，因为提到了人，所以正确答案是D。

**答案：D**

**例2** 思维表达。（山东青岛）

1. ①为了学生一切 ②一切为了学生 ③为了一切学生

如果把这三句按照"倡导宗旨、面向全体、立足发展"三个意思依次排列，那么正确顺序应该是（ ）。（填序号）

2. 如果你是鱼儿，那么快乐就是清清的泉水；如果你是小草，那么快乐就是一束暖暖的阳光；如果你是_____，那么快乐就是_____；如果你是_____，那么快乐就是_____……

**分析**：这是一种关于句子、修辞的新题型。此类题难在它同时对语言的表达能力、联想能力、语言积累量以及修辞知识进行检测。因此，在做题时，思路要灵活，要多方面、多角度去考虑，了解事物间存在的联系。

**答案：**1. ②③① 2. 小鸟 蔚蓝的天空 婴儿 母亲温暖的怀抱

第七章　阅　读

《语文新课程标准》对小学阶段阅读的学习要求：

①学习用普通话正确、流利、有感情地朗读课文。

②学会默读，并且有一定的速度。能初步把握文章的主要内容，体会文章表达的思想感情。

③阅读中揣摩文章的表达顺序，领悟文章基本的表达方法。

④初步掌握阅读说明性文章、叙事性作品、诗歌的基本方法，形成一定的阅读能力。

⑤学习浏览知识，扩大知识面，根据需要搜集信息。课外阅读量不少于145万字。

## 一、怎样阅读记人文章

写人的文章就是通过生动形象的语言，描写人物的肖像、言行、心理，表现人物的精神世界。阅读写人的文章时，要从以下

五方面入手：

**1．分析人物的外貌**

外貌描写又叫肖像描写。就是对人物的容貌、衣着、神情、姿态的描写。只有细致地描写人物外貌，读者才能得到鲜明具体的印象。阅读时要认真体会作者是如何通过外貌描写来表现人物性格、展示人物精神世界的。

**2．读懂人物的语言**

人物的语言是各有特点的。人们的性格、年龄、生活经历、文化教养等都是通过语言表现出来的。阅读时要想一想：不同身份的人是如何说不同身份的话的？语言是怎样表达人物心灵的？

**3．分析人物的动作**

人物的心情变化可以通过人物动作表现出来。看作者是如何精心选用准确、生动、鲜明的动词来进行动作描写的。要抓住最能表现人物个性的动作来分析人物思想性格的变化。

**4．分析人物的心理**

人物心理是指人物在特定环境中的内心活动。人物的语言、动作都源于心灵，成功的心理描写能把人物的心情用文字表现出来，使人物丰满，具有独特的性格。阅读时要用心体会。

**5．抓文章的主要情节**

人物总是活动的，而人物的一系列活动就构成了情节。阅读写人的文章，要抓住文中的主要情节，分析人物在具体事件中的表现。情节是人物性格成长的历史，了解人物在情节中的语言行为和感情态度，就能把握住人物不同的性格。

当然，阅读一篇写人的文章，不可能以上几方面都兼顾，而是要抓住文章中最具特色的地方加以分析理解，总结出人物的特点。

## 二、怎样阅读记事文章

记事，就是用语言文字将事情发生、发展、结果全过程记下来，让更多的人去重新感受这些事情，从中领悟生活的道理。

阅读记事类文章，要从以下几个方面入手：

### 1. 了解记叙的"六要素"

侧重于记事的文章，一般都具有时间、地点、人物、起因、经过、结果这"六要素"。我们在开始阅读这类文章时，就要初步了解这件事发生在什么时间、什么地点，涉及哪些人物，主要人物是谁，事情是怎样发生的，又是怎样发展的，进入高潮时的情况怎样，事情结果如何。找到这些问题的答案，我们就可以很快感知文章的内容，为进一步阅读打好基础。

### 2. 理清文章记事的顺序

一般的记事文章都是按照一定的顺序来写的，通常有三种：①顺叙，就是按事情发生的经过来叙述，这是记事的最基本的方式；②倒叙，就是把事情的结局或某个最突出的片段先写出来，然后再写事情的发生、经过等；③插叙，在叙述某一事件的过程中，对所要叙述的某一事件进行必要的交代而插入的叙述。了解了事情的发展顺序，可以更好地把握文章的结构思路。

### 3. 抓住文章的重点

在记事文章中，起因、经过和结果是构成情节的主要环节，而事情的经过，则是记事文章的主体。抓住这一部分，有助于我们理解整篇文章，从而更好地把握住文章所表现的中心思想。另外，在叙述描写时作者有时会表达自己的感想、认识，也就是说，直接表达对人物、事件的评价。这往往是文章的"点睛之笔"，阅读时要加以注意。

**4．注意事物之间的相互联系**

事物都是互相联系的，事情也都是在事物之间的联系和变化中发生、发展、结束的。阅读时，抓住了事物之间的联系，就能帮助你理清文章的脉络，加深对文章思想内容的理解。

# 三、怎样阅读写景文章

写景，也就是描写景物，通过作者有条理的描写，让我们看到一幅优美的风景画。阅读此类文章要从以下几个方面进行：

**1．了解写景文章的类别**

写景的文章一般有以下三类：一类是游记，写的是在游览过程中所见的景物；一类是描写生活中所见到的自然景象；一类是写人们生活处所周围的景物。我们如果了解了写景文章的类别，阅读中就可以根据不同的特点，采取不同的阅读方法。

**2．明确写景的描写顺序**

写景必须按照一定的观察顺序来写，因此明确作者的描写顺序对理解全文内容有相当大的帮助。写景文章一般有这样的几种顺序。第一，按空间顺序写。如从上到下或从下到上，从左到右或从右到左，从远到近或从近到远，从四周到中间或从中间到四周等。第二，按观察的先后顺序写。这类文章一般是以参观游览的进行顺序落笔写景，条理清楚。第三，按时间推移的顺序写。随着时间的变化，描写的景物也发生了变化。第四，按景物的不同类型来写。

**3．理解写景文的层次**

写景类文章在结构上一般有这样两种情况：一种是总分结构。这种结构的表现形式或先总后分，或先分后总，或先总后分再总。二是移位换景的结构。这种结构的表现形式是按观察点的转移来写的。确定了结构，才能更好地理解文章内容。

### 4. 体会感情

写景文章，作者一般是通过对景物的描写，用比喻、夸张、拟人等写作手法抒发自己的情感，阅读时要仔细体会。借景抒情，寓情于景，是我们阅读写景类文章应该把握的重点。

无论是哪类写景的文章，都不是单纯地为写景而写景，而是借助景物的描写，通过比喻、夸张、拟人等手法来抒发自己的思想感情，或对大自然的赞美，或对生活的热爱，或对祖国秀丽山川的赞叹，感染读者，文章字里行间所流露的作者的思想感情往往就是这篇文章的中心。

# 四、怎样阅读状物文章

状物，就是把事物的形状、颜色、性能等特点用生动形象的语言描述出来。这里说的状物文指的是侧重于状物的文章，一般分为"状静物文"、"状动物文"、"状植物文"。如课文《我爱故乡的杨梅》描写了杨梅的形状、颜色和味道，属状植物文。课文《长城》介绍了长城的位置和构造特点，属状静物文。课文《燕子》讲的就是燕子的外形特点、飞行特点和停歇特点，属状动物文。阅读这类文章，我们要弄清它们在结构上有哪些突出的特点。

### 1. 弄清描写顺序，把握整体印象

"状物"要言之有物，还要言之有序。状物文的写作顺序，或者是按从概括到具体的顺序写，或者是按从整体到部分的顺序写，或者是按总分总的顺序写。写静物一般按形状、结构、用途的顺序；写动物一般按外形、动态、习性的顺序；写植物一般按形状、颜色、滋味的顺序，如《我爱故乡的杨梅》就是如此。弄清了写作顺序，就可以很快地把握文章的内容，加深理解。

### 2. 抓住事物特点，理解写作目的

状物的文章，总是通过对具体形象的描述，突出物体的特点，表达作者的思想感情，达到写作的目的。这就是常说的托物寄情、托物寓理或托物言志。我们阅读时，就要透过表面现象去分析作者的写作意图，体味作者寓什么理，寄什么情。如《落花生》一课中，作者描写了花生的各种好处，并将花生的生长特点与苹果、石榴进行比较，突出了花生最大的特点——虽然不好看，可是很有用，进而联系到做人的道理：要做有用的人，不要做只讲体面而没有实用的人。这样，作者对花生的喜爱赞美之情就自然而然地流露出来了。

**3．分析文章结构，理清文章层次**

在文章结构方面，这类文章通常采用按事物不同方面的特点来安排材料的方法。例如《高大的皂荚树》一课就描写了皂荚树在一年四季中的四个不同方面的特点，我们可按这些不同的特点给文章分段。这类文章还经常采用总分、分总、总分总的结构方式安排内容。

总而言之，我们在阅读这类文章时，要根据事物的特点展开联想，体会作者借这个物体所表达的感情。

# 五、怎样阅读说明文

说明文是客观地说明事物的一种文体，或说明事物的状态、性质、功能和特征，或阐述事理，目的在于给人以知识。说明文的范围比较广泛，如科普读物、知识小品、解说词、说明书等都属于说明文。

说明文包括的范围很广，类型很多，所以分类也不尽相同。根据说明对象的不同，可分为事理说明文和事物说明文。事理说明文旨在说明事因、物因；事物说明文旨在介绍某一事物的形体特征。根据表达方式和写作目的，可以把说明文分为三大类：

①实用性说明文，如家电产品说明书之类；②文艺性说明文，也称科学小品，这类说明文最大的特点是寓科学性、知识性于趣味性、娱乐性之中；③阐述性说明文，主要以介绍科学技术知识为内容。

阅读说明文，应理解文章说明的内容，把握说明对象的特征，分析文章各部分之间的联系；了解说明的顺序，理清说明的条理；了解说明方法，体会运用说明方法的作用；体会说明文语言的准确性。阅读说明文不能脱离阅读现代语体文的一般规律与方法，同时又要根据说明文的文体特点进行。

**1. 理解说明的内容，把握说明对象的特征或本质**

理解文章说明的内容，首先应在整体感知文章的基础上，经过局部解析，即逐层逐段读懂文意，理解各层各段之间的联系，从而把握全文说明的内容。还可以从分析文章如何安排和组织材料入手，把握说明对象的特征。说明文与其他文章一样，选材和组材要围绕中心进行，而说明的中心常常是说明对象的本质特征。在理解全文的基础上，要善于抓住关键语句，把握说明事物的特征或本质。

真正读懂一篇文章，要注意和强调阅读过程，整体感知，而不是孤立地去抓特征。上面提示的几点，是相互联系、相互渗透的，只有经过分析和综合的思维，才能准确理解内容，把握说明对象的特征。

**2. 理清文章思路，了解说明顺序**

文章选择怎样的说明顺序，是根据事物的特点和作者的认识规律决定的。作者对事物的认识规律反映在文章中，就是我们常说的思路。理清文章的思路，了解文章说明的顺序，对我们正确理解文章内容十分重要。说明的内容往往直接制约着文章的结构安排和说明顺序，比如说明事物的形状和构造的文章，多是按事物的构成部分或所占空间位置的次序，即空间顺序来写的；说明

事物的建造过程、演变发展过程，往往以时间为序；介绍事物的性质、功用、原理、特点等事理的文章，多按照事物的内部联系及人们认识事物的规律安排说明顺序，即逻辑顺序，用这种顺序说明文章内容，一般前后不易颠倒，这是由事物本身的内在联系决定的。根据不同的文章说明顺序可作具体分析，常用的有从概括到具体，从整体到部分，从主要到次要，从现象到本质，从原因到结果，从特点到用途等。

**3. 了解说明的方法，体会运用说明方法的作用**

了解说明的方法，有利于理解文章的内容。方法是为内容服务的，说明文常用的说明方法有下定义、作诠释、分类别、作比较、举事例、列数字、画图表等。分析说明方法时，既要能准确了解文章在说明事物或事理的特征时，用了哪些说明方法，又要能体会运用这些说明方法的作用。

**4. 在分析、比较中，领会语言的准确性**

阅读说明文跟阅读其他文章一样，必须从语言入手，只有深入理解文章的语言，才能准确掌握文章所说明的内容。说明文所要说明的内容要求其语言的准确性，主要说明的内容必须符合客观事物的实际，揭示客观事物的本质特征。

# 六、怎样阅读儿歌、寓言和童话故事

**1. 儿歌的阅读**

儿歌是以低幼儿童为主要接受对象的具有民歌风味的简短诗歌。它是儿童文学最古老也是最基本的体裁形式之一。儿歌按其功用，大致可分为三类：游戏儿歌、教诲儿歌、训练语言能力的绕口令等。一般比较短小，句式多样，富有变化，节奏鲜明，朗朗上口，易念易记易传。表现手法有拟人、反复、重叠、对答、排叙、比喻、夸张、联想等，其中运用较多的是拟人。

阅读儿歌应注意以下几个方面：

（1）加强朗读吟诵

诗的语言是最精练的，而且由于它的押韵和分行，读起来节奏感特别强，具有音乐之美。因此，在阅读时，首先要通过反复朗读，读到朗朗上口，熟读吟诵，才能体会出诗的感情，从而进入到诗的意境。

（2）展开丰富的想象

阅读儿歌要展开想象的翅膀，使诗歌中描绘的形象在头脑中形成一幅幅色彩鲜明的图画，这样一方面可加强对儿歌的理解，另一方面可以提高和发展自己的想象力。

（3）领会儿歌表达的思想感情

诗歌是诗人感情的凝聚和结晶。因此读儿歌，一定要体会作者抒发的思想感情。

**2．寓言的阅读**

寓言是一种重要的文学样式，它最显著的特点是借助故事说道理，也就是通过一个具体形象的小故事，运用比喻、比拟、象征等艺术方法，来阐发一种深刻的哲理，这种哲理就是寓言的寓意——从生活中总结出来的有益的经验或教训。

阅读寓言应掌握以下几个问题：

（1）先了解寓言讲了什么故事

因为寓言要说明的道理是要读者通过故事来领会的，不能靠主观判断，必须在故事提供的内容之内。

（2）了解寓言告诉我们什么道理

寓言的故事一般很容易读懂，也比较含蓄，从结构来看，大部分寓言分故事和教训两个部分，教训就是寓言要告诉我们的道理。

（3）了解寓言采用了什么表现方法

寓言故事的情节一般都非常新奇，往往借助夸张、比喻、拟

人等修辞手法来叙述，读的时候不要忽视对其表现手法的理解，要联系我们的生活实际去深入体会它给我们的教育意义。

**3．童话的阅读**

童话是儿童文学的一种。它用想象、夸张、拟人、象征等手法，把心中最美好的东西聚积起来，汇聚成另一个奇幻世界。它具有奇妙的幻想、曲折的情节、优美的语言、有趣的内容，深受儿童乃至成人的喜爱。

阅读童话时应注意以下几个问题：

（1）弄清童话中塑造的形象是什么

作者根据童话故事在编写上较自由的特点，选择能反映主题思想的事物来塑造形象，可能是人，可能是动植物，也可能是机器等其他东西，但无论是什么事物，进入了童话，就成为具有其本身特点的活生生的人了。阅读此类文章时要明确这一点。

（2）了解童话的基本情节

阅读童话故事，还要了解其情节，尤其是对曲折生动、富有夸张和幻想特色的情节要熟记，这样才能开拓你的想象空间，激发你的灵感。

（3）欣赏童话的离奇，理解其现实意义

童话由于体裁自由，作者在童话中会经常运用夸张、拟人、想象等多种手法进行描写，这样才会给童话增添新奇、神秘的色彩。在阅读童话时，如果善于分辨、把握，既可以使你对故事情节充满向往，加深印象，又可调动你的想象力，激发写作兴趣。

# 七、怎样阅读现代诗歌

中国现代诗歌是五四运动以来的诗歌。中国现代诗歌主要指新体诗。其特点是用白话语言写作，表现科学、民主的新的时代内容，打破旧诗词格律的束缚，形式上灵活自由。

阅读现代诗歌要依据以下几个方面：

**1. 了解作家流派和创作背景**

了解作者的生平、思想和流派，以及作品的时代背景、写作背景，是我们理解和鉴赏诗作的钥匙。对作者、背景有了较明确的认识，能够使我们从整体上感知、领悟全诗的内容，对作品给予客观而又全面的评价。

**2. 咀嚼诗歌语言，把握诗歌形象**

诗歌是通过具体感人的形象来表情达意的，只有把握了诗歌的形象，才能更深一层地理解诗的意境和诗人的思想情感，而诗的形象必须是通过咀嚼诗的语言来把握。咀嚼"看似平常却奇崛的诗歌语言"，把握住诗歌的形象，才能分析出诗歌所创造的意境和所要表达的感情。

**3. 体味诗的意境，领悟思想感情**

阅读诗歌的关键和着眼点在于体会出诗的意境，领悟作者的思想感情。诗歌的意境是诗中"意"与"境"两个因素的和谐统一，指作者在诗作中所描绘的生活图景和所抒发的思想感情融合而成的一种艺术境界，它包括作者的主观情态和客观风物两个方面。阅读诗歌，不仅要着眼于所描写的客观物象（如山川草木等），还应透过它们的外表，看到其中注入的意念和感情，注意主客观两个方面的融合的程度，只有抓住诗歌的意象，以及意象所包含的旨趣、意象所体现的情调、意象的社会意义和感染作用，才能真正地欣赏诗歌。体味意境的主要方法是抓住诗的画面和氛围，去感受此时、此地、此景中人的情感世界。

**4. 分析诗的艺术表现手法**

欣赏诗歌时，既要领会作者浓烈的情感，又要揣摩作者抒发情感的艺术手段，从而在思想和艺术两方面都获得美的享受。诗歌的形象性、抒情性很强，因此，诗歌中的表现手法也很丰富，如托物言志、情景交融、直抒胸臆、象征暗示，还有比兴、比喻、

拟人、夸张、排比、反复等修辞手法，不了解这些，就不可能对诗歌进行深层次的分析。

# 八、怎样阅读古代诗歌

古代诗歌是我国古代文学宝库中的一笔宝贵财富，学习和掌握一定数量的古代诗歌，不但可以开阔视野，增加知识，陶冶情操，丰富想象，同时还能丰富语言，提高文学素养。在小学阶段学习的古代诗歌绝大多数属唐、宋诗人的作品，内容大多以叙事、咏物、绘景、抒情为主。

**1. 古代诗歌的种类**

（1）按音律分，可分为古体诗和近体诗两类。

古体诗和近体诗是唐代形成的概念，是从诗的音律角度来划分的。古体诗包括古诗（唐以前的诗歌）、楚辞、乐府诗。近体诗是与古体诗相对的诗，又称今体诗，是唐代形成的一种格律体诗。分为两种，一种称"绝句"，每首四句，五言的简称五绝，七言的简称七绝；一种称"律诗"，每首八句，五言的简称五律，七言的简称七律，超过八句的称为排律（或长律）。在我们小学的范围涉及的多为绝句，如：《早发白帝城》《登鹳雀楼》等，有五言和七言之分，而《春夜喜雨》和《闻官军收河南河北》则为律诗。

（2）从诗歌的题材可分为以下几类：

写景抒情诗（如李白的《望庐山瀑布》）、咏物言志诗（如王安石的《梅花》）、即事感怀诗（如陆游的《示儿》）、怀古咏史诗（如刘禹锡的《乌衣巷》）、山水田园诗（如范成大的《四时田园杂兴》）、边塞征战诗（如卢纶的《塞下曲》）等。

**2. 唐诗**

唐诗是我国优秀的文化遗产之一，也是世界文化中的一颗灿烂的明珠。尽管离现在已有一千多年了，但许多诗篇还是广为流传。

（1）唐诗有四项基本要求

一是句数、字数有规定；二是按规定的韵部押韵；三是上句和下句各字之间要求平仄对立和相粘；四是规定某些句子之间用词要对仗，即名词对名词，动词对动词，形容词对形容词等。

如：王之涣的《登鹳雀楼》：

白日依山尽，黄河入海流。

欲穷千里目，更上一层楼。

这是五言绝句，它必须是四句20字。其次它必须依照用韵要选一个韵部的字做韵脚，这首诗的"流""楼"两字就属"iu"韵。再次，它用的字必须合乎规定的平仄格式，这样读起来才抑扬顿挫，和谐动听。这首诗的平仄格式是：

仄仄平平仄，平平仄仄平。

平平平仄仄，仄仄仄平平。

平——指的是古汉语中的平声字；仄——指的是古汉语中的上声、去声、入声字。这首绝句全首对仗，后两句"欲穷"对"更上"，"千里"对"一层"，"目"对"楼"。

（2）唐诗朗读节奏

总体概括五言诗节奏：①"二/二/一"（三拍）；②"二/一/二"（三拍）；③"三/二"（两拍）。

七言诗节奏：①"二/二/二/一"（四拍）；②"二/二/一/二"（四拍）；③"四/三"（两拍）。

**3. 宋词**

宋词是继唐诗之后的又一种文学体裁，基本分为婉约派、豪放派两大类。词最早起源于民间，后来，文人依照乐谱声律节拍而写新词，叫做"填词"或"依声"。从此，词与音乐分离，形成一种句子长短不齐的格律诗。五、七言诗句匀称对偶，表现出

整齐美；而词以长短句为主，呈现出参差美。

（1）词牌

词有词牌，即曲调。所谓词牌，就是词的格式的名称，有的词调又因字数或句式的不同有不同的"体"。比较常用的词牌约100个。如：渔歌子、水调歌头、菩萨蛮、沁园春、忆江南等。

（2）韵脚

词的韵脚，是音乐上停顿的地方。一般不换韵。有的句句押，有的隔句押，还有的几句押。像五、七言诗一样，词讲究平仄。而仄声又要分上、去、入。可以叠字。

（3）词的分类

对词的分类，有两种方法。

第一，从词的字数方面，可以分为小令、中调和长调三类。字数在五十八字及其以下的词称为小令，字数在五十九至九十字的词称为中调，字数在九十一字及其以上的词称为长调。

第二，从词的段落数方面，可以分为单调、双调、三叠和四叠四类。词的一段称为"一阕"。只有一阕的词称为单调，两阕的词称为双调，三阕和四阕的词分别称为三叠和四叠。

# 九、文言文阅读

文言文是我国灿烂文化中的一颗璀璨明珠，与古诗并称。文言文又是一座巨大的宝库，这座宝库浓缩着中华文明的景观，记录着中华民族的历史，反映着历朝历代的生活，透视着中国人的文化心态、思维方式……

## 1. 文言文翻译的方法

具体方法：留、删、补、换、调、变。

"留"，就是保留。凡是古今意义相同的词，以及古代的人名、地名、物名、官名、国号、年号、度量衡单位等，翻译时可保留不变。

"删"，就是删除。删掉无须译出的文言虚词。比如"沛公之参乘樊哙者也"——沛公的侍卫樊哙。"者也"是语尾助词，不译。

"补"，就是增补。（1）变单音词为双音词；（2）补出省略句中的省略成分；（3）补出省略了的语句。

"换"，就是替换。用现代词汇替换古代词汇。如把"吾、余、予"等换成"我"，把"尔、汝"等换成"你"。

"调"，就是调整。把古汉语倒装句调整为现代汉语句式。主谓倒装句、宾语前置句、介宾后置句、定语后置句等翻译时一般应调整语序，以便符合现代汉语的表达习惯。

"变"，就是变通。在忠实于原文的基础上，活译有关文字。如"波澜不惊"，可活译成"（湖面）风平浪静"。

**2. 文言文朗读停顿的技巧**

我们读古文，在读一些长一点的句子时，往往要在一句之中表达一个概念或意思的地方，有一些小的停顿，这个停顿正确不正确，直接关系到对句意的理解正确与否。

区别停顿的办法是通读全文，通过对词义的理解和文言文中词与词之间结构关系的分析，读懂每一句话。

（1）读准字音

①注意生僻字的读音。这类字的读音可以借助课本注解或查阅工具书，加深记忆。

②注意文言文的通假异读现象。所谓"异读"，是指一个字有两种以上的读音。

（2）读清句读

诵读文言文时要注意句中的停顿，虽然教材中的文句都已经加了标点，但仍需注意句子内部的停顿，不能读破句。

（3）读出语气

读文言文时一定要放声朗读，不宜压低声音轻读或默读。响亮而又富有表情的诵读不仅可以判断读音是否准确，停顿是否得当，还有助于体会句子的语气，理解文章的思想内容，把握文章的感情基调，分析人物的性格特点。

朗读文言文时一定要前后连贯，一气呵成，不要随意停顿，应该给人一种完美流畅的感觉。做到这一点，主要靠平时多朗读，在充分熟悉文章内容的基础上进行富有表情的朗读。

### 3. 小学文言文种类

小学阶段学习的文言文主要有两种形式，一是记叙性故事，如《学弈》、《两小儿辩日》、《郑人买履》、《关尹子教射》、《买椟还珠》等；一是寓言成语故事，如《自相矛盾》、《狐假虎威》、《画蛇添足》等。这两种形式从不同角度为我们阐述不同的道理，让我们通过学习古文明白很多易懂的人生哲理。

考题例析

**例1** 阅读短文，回答问题。（山东青岛）

### 爱即是职责

去年的一天，我陪母亲去医院量血压。

我们在急诊室旁边的医疗室里刚刚坐下，就听见救护车鸣笛而来。急诊科的几个大夫小跑迎上去，从车里抬下一个重症病人。

他们把病人放在抢救室的病床上，主治大夫问清病人的情况后，一边吩咐其他大夫为病人量血压、输液、输氧，一边亲自用双手按压病人的胸部。

病人没有丝毫反应。

病人家属（焦虑　焦急）地盯着主治大夫，眼里充满了（哀

求　哀叹）。

　　主治大夫翻开病人的眼睑看了看，急忙拔掉病人嘴上的氧气罩，不顾病人满口黏液，俯下身去，用嘴对着病人的嘴开始人工呼吸。

　　所有的大夫都愣了，因为病人的血压已降为零，心跳也已停止，主治大夫完全可以对病人的家属（告诉　宣告）病人死亡了。

　　过了一会儿，主治大夫站起身，走到病人的家属面前，摇了摇头轻声说："他走得很（安静　安详）……准备后事吧。"

　　走出抢救室，一位实习生小心地问："老师，那个人明明已经死了……你对一个死人做人工呼吸，岂不是徒劳无功吗？"

　　那位主治大夫看了看实习生，（认真　严肃）地说："在我这儿，只有病人，没有死人。病人哪怕还有万分之一的希望，作为医生，我们也要做百分之百的努力，如果你热爱你的工作，那就热爱每一个病人，每一个生命，这是一个医生最起码的职责。"

1. 给下列加点的字选择正确的读音。

　　黏（zhān　nián）液　　眼睑（jiǎn　liǎn）

2. 解释词语：

　　徒劳无功——＿＿＿＿＿＿＿＿＿＿＿＿＿＿＿＿＿＿

3. 联系上下文，用"／"画去文中括号内不恰当的词语。

4. 主治大夫崇高的医德表现在什么地方？从文中找出相关句子概括回答，并说明它用的是什么描写方法。

　　（1）＿＿＿＿＿＿＿＿＿＿＿＿＿＿＿＿　（　　　　）

　　（2）＿＿＿＿＿＿＿＿＿＿＿＿＿＿＿＿　（　　　　）

　　（3）＿＿＿＿＿＿＿＿＿＿＿＿＿＿＿＿　（　　　　）

5. 请说说你对文中的画线句是怎样理解的。

　　＿＿＿＿＿＿＿＿＿＿＿＿＿＿＿＿＿＿＿＿＿＿＿＿＿

　　**分析**：这是一道写人的阅读题，通过写这位医生给病人看病

的事，表现这位医生的高尚的医德。这道题共设有5个问题。第1~2题是基础知识的考查题；第3题要结合这句话以及短文的内容来选择正确的词语；第4题既考查描写人物的表现方法，又考查对文章的概括能力，回答此题要抓住文章的中心，找出相关的句子进行概括整理，然后标出描写方法。第5题是主观题，考查的是对文章主题的理解，要在熟读短文、把握文章主旨的基础上说出自己的理解。

**答案：** 1. nián jiǎn　2. 白费精力，收不到功效。　3. 不恰当的：焦虑　哀叹　告诉　安静　认真　4.①主治大夫问清病人的情况后，一边吩咐其他大夫为病人量血压、输液、输氧，一边亲自用双手按压病人的胸部。（动作描写）　②主治大夫翻开病人的眼睑看了看，急忙拔掉病人嘴上的氧气罩，不顾病人满口黏液，俯下身去，用嘴对着病人的嘴开始人工呼吸。（动作描写）③"在我这儿，只有病人，没有死人……最起码的职责。"（语言描写）　5. 要点：医生的职责是竭尽全力抢救病人的生命。病人哪怕只有万分之一的希望，医生也要做百分之百的努力。

**例2**　阅读短文，完成下列各题。（北京海淀）

### 北风乍起时

看完电视以后，老王一整夜都没睡好。第二天一大早就往武汉打电话，直到9点，那端才响起儿子的声音："爸，什么事？"他连忙问："昨晚的天气预报看了没有？寒流快到武汉了，厚衣服准备好了吗？要不然，叫你妈给寄……"

儿子漫不经心："不要紧的，还很暖和呢，到真冷了再说。"老王絮絮叨叨，儿子不耐烦了："知道了，知道了。"搁了电话。

他刚准备再拨过去，铃声突响，是他住在哈尔滨的老母亲，声音发颤："天气预报说，北京今天要变天，你加衣服了没有？"疾风阵阵，穿过窗户缝隙乘虚而入，他还不及答语，已经结结实实打了个大喷嚏。

老母亲急了："已经感冒了不是？怎么这么不听话？从小就不爱加衣服……"絮絮叨叨，从他 7 岁时的"劣迹"一直说起，他赶紧截住："妈，你那边天气怎么样？"老人答："雪还在下呢。"

他不由自主地愣住了。

在寒潮初袭的清晨，他深深牵挂的，是北风尚未抵达的武汉，却忘了匀一些，给北风起处的故乡和已经年过七旬的母亲。

人间最温暖的亲情，为什么竟是这样的？老王自己都有点发蒙。

1. 指出上文所叙事情发生的时间、地点，文中的主要人物。

   _____

   _____

2. 用文中词语填空。
   ①老王对儿子的关爱，老母亲对老王的关爱，同样表现为他们说话时的_____。
   ②对于父亲的叮嘱，儿子的态度是_____；对于老母亲的叮嘱，老王的表现是_____。

3. 老王为什么"不由自主地愣住了"？

   _____

   _____

4. "人间最温暖的亲情，为什么竟是这样的"含义是什么？表现了老王怎样的心理？

   _____

5. 老王对儿子和对母亲的不同态度，主要是用什么写法来表现的？

   _____

   **分析**：本篇记事文章的阅读题，共有六道试题，均为主观题，测试的知识面较为广泛，有词语、记叙的要素、句子的含义、写

作方法、文章内容等。应答时，先要了解测试的综合性特点，不能简单地孤立地去做某道试题，要有一个总体的梳理。然后要一题一题确定测试的知识类别和应答角度，抓住题干的关键词语，将试题与阅读材料结合起来一并考虑。同时，还要注意试题间的联系和互相间的启示意义。

**答案：** 1. 时间：某天上午 9 点左右或一个寒潮初袭的清晨。地点：北京，老王家中。人物：老王。 2. ①絮絮叨叨 ②漫不经心、不耐烦 赶紧截住 ③没有想到故乡已经下雪了；寒潮初袭时，竟对七旬老母少有牵挂。 ④含义：父母对儿女以及儿女对父母的感情应是人间最温暖的，生活中往往是父母对儿女牵肠挂肚，而儿女对父母少有牵挂。心理：表现了老王的困惑，内疚，有所醒悟。 5. 对比的写法。

**例3** 阅读短文，回答问题。（辽宁本溪）

### 白蚁的破坏作用

常言说："千里之堤，溃于蚁穴。" 1998 年长江流域遭遇特大洪水，一些堤坝出现"管涌"就是蚁害所致。当然，这里所说的"蚁"不是普通的蚂蚁，而是土白蚁。土白蚁行踪诡秘，为害隐蔽。一些外表看来完好无损的河堤土坝很可能已经遭受严重破坏。荆江大堤上飞驰的小吉普竟然全车陷落在土坝中，至于行人、水牛跌入坝中"陷阱"的情形就更是屡见不鲜了。那么，小小的白蚁为什么能掏空千里之堤，使之毁于一旦呢？

①科学研究的结果告诉我们，我国的白蚁大体上可分为三类：木栖性白蚁、土栖性白蚁和土木两栖性白蚁。②破坏堤坝的白蚁主要是土栖性白蚁，即专在土中筑巢的一类白蚁。③一个成年蚁巢内的几百万只白蚁在一起过着"有组织、有纪律"的群体生活。④白蚁的社会有严格的分工：蚁王、蚁后专门繁殖后代；兵蚁负责安全保卫；工蚁数量最多，从事筑巢、觅食等基本劳动。⑤土白蚁的巢穴在地下可深达两米，主巢大约 1～2 立方米，主巢

周围的副巢多达百余个，巢穴之间有四通八达的蚁道相连。⑥由于土白蚁不断在堤坝内分群、蚕食、筑巢，使得堤坝中蚁巢星罗棋布。⑦一旦汛期来临，水位高涨，水流溢入蚁道、蚁穴，就会出现堤坝管涌、渗漏和滑坡等险情；如果不及时排除，则会堤崩坝垮，出现灾难性后果。

　　<u>土白蚁对人类而言</u>是一种有害昆虫。土白蚁蚁群庞大，繁殖迅速，习性隐蔽，破坏力强，要彻底消除它的危害并非易事。近年来，科学工作者已在这个领域取得了多项研究成果，"千里之堤，固若金汤"的远景必将成为现实。

1. 第 1 自然段中画线的句子使用了 _____ 的说明方法，第 2 自然段第⑤句使用了 _____ 的说明方法。

2. 本文的说明顺序是下列哪一项？选择正确答案，将它的字母写在括号内（　　　　）

　　A. 由整体到部分　　　B. 由主要到次要

　　C. 由概括到具体　　　D. 由结果到原因

3. 从文中找出能恰当、准确表达下列语意的词语，分别写在横线上。

　　　土白蚁的行踪怪异，出乎寻常，且不为人知。所用词语：（行踪）_____。堤坝内蚁巢数量众多，散布的范围很广。所用词语：_____。

4. 文中画线短语"对人类而言"能否去掉？为什么？

　　_____

　　_____

　　**分析**：本文是一篇介绍土白蚁的破坏作用的说明文。共设有五道小题。第 1 题考查的是对说明方法的掌握情况，读句子然后作出判断即可。第 2 题涉及本文说明顺序的问题，本文的说明顺序很显然是逻辑顺序，开头就指出了土白蚁掏空千里之堤，使之毁于一旦的结果，然后又具体说明了造成这种后果的原因。第 3

题是词语的练习，重要的是先理解题中所给的语意，根据这些语意再去找相应的词语就简单得多了。第4题考查的是分析说明文语言特点的能力。本文的语言以平实为主，题中要分析的"对人类而言"在文中起到的是限制作用，限制了土白蚁危害的对象，使文章的语言更准确，说明内容更科学。

**答案**：1. 举例子　列数字　2. D　3. 诡秘　星罗棋布　4. "对人类而言"在文中起到的是限制作用，限制了土白蚁危害的对象，使文章的语言更准确，说明内容更科学，如果去掉的话，则只是笼统地说土白蚁是害虫，并且与本文所说明的内容也不能完全统一起来，所以去掉它就不够准确了。

**例4**　阅读短文，回答问题。（北京西城）

### 蜜蜂和蚂蚁

人们喜爱蜜蜂，赞美蜜蜂的辛勤劳动。画家画了不少采蜜图，诗人写了不少赞蜂诗，甚至刚学会说话的孩子也唱着"我们的生活比蜜甜……"

蚂蚁很忌妒蜜蜂，心里一直搁着个疑团：蜜蜂一早出工，我们也一早出工；蜜蜂天黑回窝，我们也天黑回窝。我们干的活不比蜜蜂少，也不比蜜蜂慢，可人们只夸蜜蜂，不称赞我们，这不是太偏心了吗？蚂蚁想来想去想不通。

有一天，蚂蚁爬到花枝上觅食，见到一只小蜜蜂"嗡嗡"地飞来采蜜，就抬头气呼呼地说："喂，小蜜蜂，我问你一个问题。"

"啥问题？你说吧！"小蜜蜂回答说。

"你说我们蚂蚁勤劳不勤劳？"

"你和我们一样，整天忙个不停，当然勤劳啊！"

"那人们为什么只夸奖你们，从来不称赞我们呢？"

小蜜蜂想了一会儿，笑着说："这个问题嘛，我觉得不难回答。因为你们的勤劳是为了自己，我们的勤劳却是为了人们……"

蚂蚁听了，心服口服，因此再也不忌妒蜜蜂了。

1. 填空。

蚂蚁忌妒蜜蜂的是_____，蜜蜂勤劳为的是_____，蚂蚁勤劳为的是_____。

2. 文中两个省略号，第一个表示_____，第二个表示_____。

3. 从文中找出三个意思相同的词，写在横线上。

_____

_____

4. 看了这个故事，你懂得了什么？

_____

_____

**分析**：本文是一篇寓言故事，通过蜜蜂和蚂蚁的对话告诉我们只有多为别人做些有益的事，才能受到人们的尊敬。本文共设有四道题，第1题是根据短文内容填空，做这道题先要读熟短文，弄懂短文的大概意思，然后再填空；第2题是考查省略号的作用，要在理解句子的基础上进行；第3题的考查点是近义词，通读全文，再找出意思相同的三个词语；第4题是回答从这篇寓言中懂得的道理，能写出主要意思，把语言组织通顺就可以。

**答案**：1. 受到人们的赞美　为人们酿蜜　自己　2. 引文中的省略　话未说完　3. 赞美　夸奖　称赞　4. 只有多为别人着想，多为别人做事，才能受到大家的称赞。

**例5**　阅读下面的古诗，完成后面的练习。（北京西城）

### 咏　柳

碧玉妆成一树高，万条垂下绿丝绦。

不知细叶谁裁出，二月春风似剪刀。

1. 这首诗是_____代诗人_____写的，通过赞美_____，表达了作者对_____之情。

2. 解释下列词语的意思。

碧玉：_____

一树：_____

妆：_____

丝绦：_____

3. 填一填。

"万条垂下绿丝绦"这句用了_____的修辞手法，把__
_____比做绿丝绦。这样比喻的原因是：（1）它们的颜色相
似：绿丝绦是绿色的，_____也是绿色的。（2）它们的形
状相似：都是_____的。

"二月春风似剪刀"这句同样也运用了_____的修辞手
法，把_____比做_____。

4. 任选诗中的语句，说说全句的意思。

_____

_____

**分析：**四道题目从不同的角度对古诗的掌握情况进行了考查。
解答这几道题，首先要弄清题目要求回答的是哪方面的内容，然
后带着问题去阅读诗文，找出回答问题所需要的词句，然后仔细
体会、推敲，找准问题的答案，至于用原文回答还是需要自己概
括来回答要根据题目的要求来决定。

**答案：**1. 唐　贺知章　柳树　春天的无限热爱　2. 绿色的
宝石　全树或满树　打扮或装饰　丝线编成的带子，这里形容随
风飘拂的柳枝　3. 比喻　柳条　柳条　细长　比喻　春风　剪刀
4. 略

**例6**　阅读下面的古文，完成后面的问题。（河南郑州）

### 郑人买履

郑人有且置履者，先自度其足而置之其坐，至之市，而忘操

之。已得履，乃曰："吾忘持度。"反归取之。及反，市罢，遂不得履。

人曰："何不试之以足？"

曰："宁信度，无自信也。"

1. 给下列带点的字词选择合适的解释。

①郑人——（　　）

A. 姓郑的人　　　B. 郑国人

②置之其坐——（　　）

A. 座位　　　　　B. 坐下

③无自信也——（　　）

A. 虚无，没有　　B. 不能，不可

2. 这则寓言写的是_____的事，告诉我们_____。

**分析：**题目中的两道题各有侧重。第1题重点考查我们对文中重点字词的掌握，理解文言文中的关键字词，一定要结合上下文以及字词出现的具体位置来推断。在理解或翻译句子的过程中要做到"字字落实"。只有这样才能理清文章内容，实现理解感悟的目的。第2题重点考查对全文内容的整体把握，应该在正确理解句意，翻译文章内容的基础上实现这一目标，因此完成题目时要认真读文，联系上下文理解句子的意思，弄清故事内容，体会其中的道理。

**答案：**1.①B　②A　③B　2.有个郑国人去买鞋，到集市上不相信自己的脚而相信尺码，最终没有买到鞋　具体情况下应采取具体的办法。即遇事要学会变通，不要犯教条主义的错误。

第八章　口语交际

《语文新课程标准》对小学阶段口语交际的要求：使学生具有日常口语交际的基本能力，在各种交际活动中，学会倾听、表达与交流，初步学会文明地进行人际沟通和社会交往。

## 一、听的训练

### 1. 口语交际

　　语文能力包括识字、写字、阅读、习作、口语交际等。《语文课程标准》提出学生应"具有日常口语交际的基本能力，在各种交际活动中，学会倾听、表达与交流，初步学会文明地进行人际沟通和社会交往，发展合作精神"。这是口语交际的基本含义。

　　口语交际是人们运用口头语言进行交谈、演讲、辩论等的一种言语交际活动，具备直接、简便、迅速的特点，使用最多最广，是最基本的语言信息交流手段。

生活中进行口语交际，首先要准确朗读，做到认字正确，读音准确，吐字清晰。根据标点符号做到句读分明，处理好停顿和重读，以及语气语调。

口语交际要能领会言外之意，说话用语要文明、得体，听人说话要耐心，有礼貌。用语文明，就是要称呼适当，口气平和，态度诚恳，内容健康，用词不粗俗；用语得体，就是要注意听话的对象和说话的场合。陈述不同意见，要注意语气委婉。虚心倾听别人的讲话，不随便打断别人的讲话。

**2. "听记"和"听辨"**

"听"别人说是人类特有的智力活动，是一种重要的认识途径。听别人说话是信息的输入，是吸收，是内化。"听"是说、读、写的基础。"听记"指在仔细听的过程中要边听边记忆；"听辨"指的是要理解、分析所"听"的内容，辨别是非，然后积累形成自己的知识体系。

**3. "听"的注意事项**

听别人说话的时候首先要注意力集中，姿势正确，态度谦虚，要目视对方，不左顾右盼。注意讲话人的语速、重音及反复强调的内容。

其次，细心听，边听边想，注意说话人的暗示性的语言，从而抓住重点，快速、准确地做记录，掌握边听边记的技巧。如：记关键词语，抓内容衔接，用字母代替，用单音节词代替等方法。如："雷锋"可用"L"来代替，"青蛙"可用"Q"来代替，等等。

最后，听后能够复述听到的内容，提高记忆力。常用的复述方法有：听一段话，复述该段的内容，讲述大意；听读一篇短文，复述主要内容；听一个问题，复述问题并回答。

## 二、说的训练

### 1. 关于"说"

说是听的延续，是发展口头语言、培养表达能力的重要途径，是发展书面语言的基础，它贯穿于语文教学的全过程。"说"包括很多方面，看图说话、听后复述都是最常见的"说"的练习。

### 2. 口语交际和听说的比较

口语交际不等于听说训练，它们之间有交叉、相同的成分，又有不同的地方。虽然两者的根本方式都是用语言来传递信息。但口语交际强调的是交际互动，对人家的观点、立场、情感等除了要听懂以外，还要作出评价，表明自己的观点、立场、情感、态度等；而后者注重的是"听"与"说"。对"说"方来说，只要把自己的观点、意思、情感表达清楚了，目的就达到了。对"听"方来说，只要能听懂对方的意思，领会对方的情感、态度、要求就可以了。听说训练注重的是"听"与"说"。

### 3. "说"的注意事项

（1）说话要讲究文明礼貌，要尊重对方，注意说话对象和说话场合，还要根据说话对象的年龄、地位、身份、职业、教养、心态及与说话人的亲疏关系等，考虑说什么合适，说什么不合适，还应考虑用什么样的言辞、语气、态度来说才比较得体。

（2）说话要了解对方的意思，准确地领会他的意图，抓住重点和要点。

（3）说话要语句连贯，条理分明，能够正确地表达自己的想法和心情，使别人理解。

"说话连贯"是指说话的意思要前后衔接，句子排列有合理的顺序。不可颠倒错乱，更不能语无伦次，要一句接一句顺畅地表达所讲的内容。

"条理分明"是指说话要围绕一定的中心话题，确定合理的思路，注意必要的过渡和照应。

（4）讨论发言要围绕话题，简洁明了，做到中心突出，观点明确，有理有据，使听话人容易接受。

（5）复述和转述时，说话要力图完整准确，意思清楚。

（6）说话要讲究方式，使听话人能够接受。有些话不便直说，这就要用委婉的言辞把话说得缓和一些，含蓄一些，使听话人容易听得进去。

（7）另外，有些以"看图"形式出现的口语交际的练习，要注意观察图中的内容，按照一定的顺序进行叙述，同时联系自己的生活实际，展开合理的想象。

**考题例析**

**例1** 下午放学后，同学们商量一起到医院去看望生病的同学李明，可是王涛因为要参加学校足球队的训练不能去，要你替他向李明问候，并送去鲜花，你打算怎样说呢？（吉林长春）

**分析**：这道题考查的是说话的技巧。首先，应该问候生病的病人身体的状况，安慰病人的心情，还要注意你要替王涛转达问候，所以，要说明白王涛的问候的意思。

**答案**："李明，你的身体好点了吗？祝你早日康复！王涛因为有训练的任务，不能来，很抱歉，希望你能谅解。他祝你早日出院，好和他一起回球场，这是他送你的鲜花。"

**例2** 如果你是小组长，在下面的情境中，你将怎样做呢？（北京海淀）

下自习了，小组长李童检查作业，发现他的好朋友王丹没写

作业，王丹拉着他的手，小声说："反正只有你知道，就不要告诉老师啦！"李童应该怎样说，既不影响朋友的关系，又能教育好朋友呢？

**分析：** 这道题考查的是说话的技巧。如果李童很直接地批评王丹，只能使二人产生矛盾，所以，他应该注意说话的技巧，缓和气氛，化解矛盾。

**答案：** "作为好朋友，我相信你没有完成作业一定有原因，所以，你应该主动地找老师说出来，请老师原谅。我相信，老师会原谅你的。放学后，我再陪你一起补上。"

**例3** 六一儿童节，学校要召开'金星少年'的评比活动，作为获奖的成员，少先队让你做代表发表获奖感言，你将怎样说呢？（江苏扬州）

**分析：** 实际上这是一道即兴的演讲题，但对于小学生来说，不用说得过于有文采，语句通顺，意思清楚，中心突出就可以。要说出自己的心情，怎样的努力，感谢的人等。

**答案：** "今天，我和在座的少先队员一起迎来了自己的节日——六一儿童节，同时，作为'金星少年'的代表，我的心情十分激动，在这里，我要感谢我的老师，感谢他对我的培养和教育；我要感谢我的同学，感谢你们给我的帮助和鼓励；感谢所有关心我的朋友们，今后，我一定更加努力地学习，乐于助人，关心集体，争取更大的进步！"

第九章　作文写作

课标解读

　　《语文新课程标准》对小学阶段写作文的要求：能在观察的基础上写简单的纪实作文、想象作文，以及常见的应用文等；能根据习作内容表达的需要，分段表述；行文时要能做到语句通顺、行款正确、书写规范、整洁。

## 第一节
## 练好作文基本功

　　要写好作文不是容易的事，需要长期多方面的努力，平时要加强阅读，上好每一堂课。对课文内容及表达技巧要深刻理解，还要大量阅读古今中外优秀的作品，从中汲取知识的营养和学习写作的技巧；多看，留心观察周围的事物，做生活的有心人，注意积累丰富的写作素材；多写，就是要多练笔，做到"熟能生巧"。那么，怎样才能练好作文基本功呢？

# 一、练好口头语言

口头语言是书面文字的先导和基础。在我们的学习和生活中，能把句子说完整、说通顺、说规范了，以后写起来就没问题。培养说话能力既是日常生活的需要，又能促进读写能力的提高。要坚持多形式、多角度、经常性地进行说话训练，严格用好字词句，把话说完整、说通顺，说具体，说形象，为今后的写作打下良好的基础。在此基础上，再学好写作方法、写作技巧，多看多练多写，相信"作文难"这个问题定能迎刃而解。

# 二、学会遣词造句

词连成句，句组成段和篇，要写好作文，就得讲究词和句。锤炼语言是作文最基础的功夫，是写好文章十分重要的一环。而优美生动的语言又都是由一连串准确生动的词语组织起来的。即用词准确、生动了，语言才准确、生动。可见，锤炼语言的一个重要方面就是推敲词语，使词语运用得准确、生动。用词准确、生动，不仅能把作者想要写的人、事、景、物逼真地描述下来，而且还可以把细微的感情生动地表达出来。词不达意则言不达意，言不达意则不能准确地表达中心思想。

## 1. 遣词的方法

一要准确。区分词义，像近义词、贬义和褒义词等，要根据语言环境力求准确。

二要丰富灵活。同一个意思，在文中可用多个词表达，避免

类同。

三要生动。如写"夕阳的光辉在湖面'跳跃'着"一句，用"跳跃"来表达，那金光闪亮、波光粼粼的景象就会浮现脑海，比"照"就动人得多。

**2. 造句的方法**

一要明确、清楚地表达意思。

二要通顺。要做到没有病句，前后连贯，内容首尾一致。

三要具体。善于从多角度写细致写形象，能用字词把事物描绘出来。

四要活泼。句子应有长有短，长句给人表达完整充分的感觉，短句给人轻快简洁的感受。语气应丰富多腔，用好顿号、逗号、句号、感叹号、省略号等，能使情感丰富，气势不断变换。

五要美化，增强句子的表达效果。可用比喻、拟人、设问、反问、对比、排比等常用修辞手法来修饰。

词要积累，句要模仿，多阅课外书，这方面会有更多的体会和收获。

# 三、养成观察习惯

观察是写作的基础，思维是写作的钥匙。要留心观察身边的人、事、景、物，从中猎取你作文时所需要的材料：你要对一些看似不大实则很有意义的事情产生兴趣，注意观察起因、过程和结果；你要留意校园花坛里的植物一年四季如何变化它的颜色，学会刨根问底，弄清这些变化的来龙去脉；你要走向社会，同更多的人接触，观察他们的一言一行，要思索一些东西，随时将它们汇入自己思想的长河。

**1. 几种常见的观察方法**

（1）瞬间观察法

对于那些稍纵即逝的景色和事物，凭借自己的观察力，在瞬间注意到和观察到它们的方法，就是瞬间观察法。

（2）静态观察法

静态，也就是静止状态，它是事物一种常见的状态。对处在静止状态中的事物、景物进行观察的方法就是静态观察法。这种方法是一种最基本的观察方法，它可以帮助同学们更加直观地表现事物的状态和外观等特征。

（3）动态观察法

动态，也就是事物在运动状态。动态观察，就是观察事物在运动状态下的特点。

（4）移步观察法

也叫做换位观察法、移步换景法，这种方法适合同学们来写作游记和参观记。

（5）顺序观察法

观察任何事物，我们都要遵循一定的顺序，对静态的事物要按照一定的方位次序进行仔细观察，对动态的事物要按照事物的发展变化的阶段有层次地了解其过程。常见的顺序观察法有：时间顺序、空间顺序、逻辑顺序（按照事件发展的顺序），这几种方法如果运用得当，都将有助于我们写作的条理性和周密性。

（6）融情观察法

同学们在进行观察时，一定会有对观察对象的独特的感情和认知，这种情感体验渗透到你的文章中，会使你的文章情景交融、真实感人。将自己的思想感情倾注到观察对象中，带着情感体验去进行观察的方法就是融情观察法。

（7）整体观察法

事物总是由许多局部和多个部分组合成的整体，因而同学们在观察时不能顾此失彼，而应了解事物对象的全貌，把握它的总体。这种对事物对象进行全局整体的观察方法叫做整体观察法。

**2. 观察事物的一般顺序**

（1）观察人物时要抓住人物的特征。如五官相貌（眉毛、眼睛、鼻子、嘴、脸等），身材身高，表情神态，穿着打扮，动作姿态，兴趣爱好，脾气秉性，思想品质，言语谈吐，音容笑貌，待人接物，等等，这些都要认真观察、深入体会。

（2）观察动物要抓住特点，按一定的顺序进行。观察动物的一般顺序是，从头到躯干到尾再到四肢，回过头来再观察它的耳、鼻、眼睛、嘴等。对动物的生活习性的观察也是抓住特点的一个重要方面。

（3）观察景物要从前到后、从里到外，或由主到次、由浅入深、由表及里，有顺序、有层次地进行观察。观察中还要注意不要忘了观察景物变化的全过程，从开始到最后，凡是有变化的都要细致入微地观察，这就容易抓住景物的特征，呈现景物的不同姿态。到行文时，就能按照观察的顺序，条理清晰地描写具体。

（4）观察活动最好能把握全过程，先了解开头、经过和结果；再了解参加者有哪些集体性的主要活动，活动场景是怎样的，对具有代表性的个人活动也不能放过，一般写活动的文章，也要写一点个人的活动。

总之，我们观察任何事物的顺序都要根据具体情况来确定。不同事物有不同的观察顺序，同一事物也可以有不同的观察顺序。世间的事物纷繁复杂，各具形态，尽管有时会使人眼花缭乱，但总是有序可循的。只要我们开动脑筋，按照一定的顺序观察，就能克服杂乱性，从而全面、细致地了解事物的特点。

# 四、积累写作素材

"读书破万卷，下笔如有神"，"巧妇难为无米之炊"古人这些总结，从正反两方面说明了"积累"在写作中的重要性。

**1．语言方面要建立"语汇库"。**

广义的语汇，不仅指词、短语的总汇，还包括句子、句群。建立"语汇库"途径有二。第一是阅读。平时要广泛阅读书籍、报刊，并做好读书笔记，把一些优美的词语、句子、语段摘录在特定的本子上，也可以制作读书卡片。第二是生活。平时要捕捉大众口语中鲜活的语言，并把这些语言记在随身携带的小本子或卡片上，这样日积月累，说话就能出口成章，作文就会妙笔生花。

**2．要加强材料方面的积累。**

材料是文章的血肉。许多学生由于平时不注意积累素材，每到作文时就去搜肠刮肚，或者胡编或者抄袭。解决这一问题的方法是积累素材。平时有条件的可带着摄像机、录音机、深入观察生活、积极参与生活，并以写日记、写观察笔记等形式，及时记录家庭生活、校园生活、社会生活中的见闻。记录时要抓住细节，把握人、事、物、景的特征。这样，写出的文章就有血有肉。

**3．要加强思想方面的积累。**

观点是文章的灵魂。文章中心不明确，或立意不深刻，往往说明作者思想肤浅。因此，有必要建立"思想库"。方法有二。第一要善思。"多一分思考，多一分收获。"平时要深入思考，遇事多问问"为什么""是什么""怎么样"。这样就能透过现象看本质。还要随时把思维的"火花"、思索的结论记录下来。第二要辑录，也就是要摘录名人名言，格言警句等。

总之，作文要加强积累，建立好"语汇库""素材库""思想库"这三大写作仓库，并要定期盘点、整理、分门别类，且要不断充实、扩容。

# 五、准确审清题意

审题，即分析题目，理解题意。就是对文章题目进行认真审查，全面准确地理解题目的含义，掌握题目的各个要素——写作重点、写作范围、写作要求等，以便在题目规定的范围内写好作文。审题是学习作文的第一步，是写好一篇文章的关键。

**1. 审题的内涵**

（1）弄清题目的意思，特别要注意题中难懂的词语的意思。如：《课余生活的乐趣》，先要弄清"乐趣"是使人感到快乐，有趣味，题目是说课余生活带来的欢乐，趣味，此文要着重写课余生活给自己带来了什么快乐。

（2）弄清题目要写的重点，即找出题眼，即题目上的关键词，写作特点。《有趣的小实验》，"有趣"是题眼。《我爱家乡的大白菜》，"爱"是题眼。有两个以上要求的题目，主要的要求是题眼。《记一个勇于实践的人》，数量是一个，对象是人，勇于实践是主要的要求，是题眼，重点是写勇于实践。有的题眼是暗示的，需要学生认真思考，把暗示的题眼补充出来。如：《一个夏天的晚上》，只在季节、时间上做了限定，题眼没在题目上，在题目的延伸位置上，即，一个夏天的晚上发生了有意义的事。再如，《傍晚的农贸市场》，题目只交代了时间、地点，题眼没有写出来，也在题目延伸的位置上，即，傍晚的农贸市场真热闹，题眼真热闹是暗示的，使学生写出傍晚时分农贸市场热闹繁忙的景象，以显示农贸市场的重要作用。

（3）弄清题目要求的写作范围。

有的题目要注意时间范围。如，《暑假多愉快》，暑假这个时间范围不能不注意。

有的题目要注意地点范围。如，《发生在校园里的一件事》，题中的校园里是个重要的地点范围，可写教室可写操场，但《操场见闻》只能写操场。

有的题目要注意数量范围，如，《一件感人的事》只能写一件事，写两件事就离题了。《小学生二三事》写一件事就不行。

（4）弄清题型。

有的题目是补充型的，即半命题的，给了一定的限制，又留有选择的余地，要注意先补充完整再写。有的需要补充前头的，如，《＿＿＿真有趣》；有的需要补充后面的，如《我学会了＿＿＿》；有的需要补充中间的，如《一个＿＿＿的同学》；有的需要补充两头的，如《＿＿＿教我＿＿＿》。

有的题目是组合型的，即把作文与阅读结合起来的，如，先阅读《月夜》一文，分段，总结中心思想，然后写《读〈月夜〉后想到的一个人》，或是写一篇读书笔记。也有把作文知识与作文结合起来的，如，先学习有关书信的知识，再给贫困地区失学儿童写一封信。

（5）弄清提示。

即认真分析题目下面的附加条件，（以提示或要求或注意的方式写在题目下面）。如果只看题目，不看下边的说明，往往要弄错的，如《关怀》，提示要求：写你的长辈在校外对你关怀的事。如果不看题目的说明，写老师在学校关怀自己的事，那就离开了题目的要求。

**2．审题的方法**

（1）总体认知法

这是审题活动中最常用的一种技法，这种方法要求对题目中的每一个字、每一个词的含义及其相互之间的关系都要认真地推敲、揣摩、辨析、然后综合起来，从总体上把握文章的题目。

在题目中的每个词语，在具体的语言环境中都有其特定的意义，因此，在审题时要弄清词语的具体含义及其与其他词语之间的相互关系，例如"父辈"这个题目就是写与父亲一个辈分的人，而且父辈不是一个人，而是代表一批人，如果弄不清父辈这个词的含义，那作文就走题了。

（2）捕捉题眼法

所谓"题眼"就是作文题目的关键之处。审题抓住了题眼，就抓住了题目的核心与重点。在大多数情况下，题眼往往是由题目中的定语或状语来充当的，如"我们的新班长"，"新"是题眼，但是有时也有中心词作题眼的，如"妈妈笑了"中"笑"是题眼，在进行写作时，要根据具体语言环境来捕捉题眼。

（3）题意引申法

有些作文题目的词语除了具有表面意义之外，还具有某种象征含义，对于这类文题要仔细寻找其字面意义的背后隐含的某种深刻意义或象征意义，这类题目往往是以某种自然景物作为题目，如《路》、《小草》、《雪花》、《春天》、《牵牛花》、《落叶》等，这类自然景物往往与人的某种主观感觉相契合，形成某种对应关系。

# 六、明确中心思想

立意就是根据题目的要求来确定文章的中心思想。我们写作文就是想让别人知道自己的思想认识和感情倾向，这种思想认识和感情倾向就是文章的主题，即中心思想。"意"是文章的灵魂，也是作文成败的关键所在，因此写作文时立意是至关重要的一个环节。

作文立意要做到以下四点：

**1. 立意要正确健康**

首先作文所确立的中心思想要符合文题的要求。其次，文章所确立的中心思想要是正确的、健康的、积极向上的，要有正确的立场、观点，应给读者树立一个榜样，确定一个目标，或者让读者从中吸取某种经验教训，使读者受到启发，受到感染，给读者以巨大的鼓舞。

**2. 立意要明确集中**

一篇文章只能有一个主题，你赞成什么、反对什么都要有明

确的态度。确立文章的主题时不能贪多求全，不能搞"多主题"，如果这也想说、那也想说，就不能突出重点，文章的主题就会不集中。在确立了中心之后，应选择不同层次的材料，从不同角度来表现中心，对所选择的材料一定要精心设计、巧妙安排，不能随心所欲，想到哪儿说哪儿。

**3. 立意要新颖别致**

立意新颖别致是指确立的中心要有时代性，要有新意，要与众不同。我们在确立文章的中心时，要充分理解、挖掘材料所包含的思想意义；要多侧面、多角度、全方位地观察认识事物，写出新意，给读者以启示；还要以独特的视角进行构思，见他人所未见，发他人所未发，善于从平凡的人和事中提炼出不平凡的主题思想，例如鲁迅的《一件小事》就是通过平凡的小事表现出不同寻常的主题，让人感到新颖别致。

**4. 立意要深刻真挚**

"深刻"是指文章的中心要有一定的深刻性，不能过于肤浅，应当对生活中的真、善、美进行歌颂，对假、恶、丑进行鞭挞。"真挚"是指确立的中心要能抒发自己的真情实感，要结合自己的体验，写真话，抒真情，不能写虚话、为文造情。莫怀戚的《散步》就是依靠真挚的情感来打动读者的。

# 七、精选合适材料

写一篇作文，在审清题意、定好中心之后，就要按照中心思想的需要选择合适的材料。凡是与中心关系密切的材料要抓住，凡是与中心无关的材料要舍弃，凡是能够深刻表现中心的材料是我们选择的重点。

选取作文材料，还要注意几点：

**1. 选材要真实**

我们写作文要尽量写自己亲眼所见、亲耳所闻、亲身经历的事情，这样方能写出有真情实感的好文章。当然，要求内容真实，并不排斥文章中合理的想象和联想。

**2. 选材要典型**

有时候可以选用的材料很多，我们就要通过比较进行分析，从这些都可用的材料中挑选出最能反映中心思想的材料来写，这样的材料一般都是十分典型的材料。

**3. 选材要具体**

写作文时，一定要把所写的人（抓住人物的语言、动作、神态、心理活动写）、事（把事情的起因、经过、结果写清楚）、物、景等写具体写生动。因此，我们所选的材料内容一定要具体、丰富、周详，这样写文章时才能达到写具体写生动的目的。

**4. 选材要新颖**

一个题目可以找到许多材料，但是要选择那些有特色的材料，能表现出新的认识、新的感受的。对于同一事物，提出不同的认识，也是另辟蹊径的一种方法。还有一些文章，利用联想，从事物的纵横联系上发掘材料的新意。可以运用"纵向联系"——就是事物的前后联系；也可以运用"横向联系"——就是同一事物不同方面或不同事物之间的联系；还可以将以上两种联系在文章里综合运用。

# 八、列好文章提纲

确定好中心，选择好材料以后，还应该对材料精心组织、合理安排先写什么，后写什么，哪些详写，哪些略写，怎样开头、结尾和过渡，都需要认真构思，进行整体设计，这就是布局谋篇。为了防止写作时疏漏、零乱，我们就需要把构思的内容编写出写

作提纲，然后按照写作提纲一段段地写。

写作提纲一般包括以下几部分：作文题目、中心思想、重点、段落层次等。

编写提纲的方式有很多，如：图表提纲、文字提纲等，并有详纲和略纲之分。

常见的作文提纲有三种：

（1）审题提纲。它是对文题的分析和研究的结果的整理。如文章的题材、写作的重点、中心思想、选材范围、读者对象等。

（2）内容提纲。根据文题要求，列出文章的主要内容，涉及的材料，对主次以及先后、详略作出合理安排。

（3）结构提纲。也叫段落提纲。主要是列出文章段落层次要点，材料分配，写法标记等。

我们在具体的作文中，往往是三种方法综合运用。

编写提纲的步骤：

（1）审题目，明确体裁。

（2）选角度，提炼中心。

（3）选材料，梳理标号。

（4）设计段落，扩充内容。

（5）填内容，标示写法。

（6）修提纲，完善充实。

编写作提纲一般要注意以下三点：

①要始终围绕文章的中心。②要有一条合理的思路、线索，可以是时间线索，事情发展线索，物体线索或人物线索等。③要抓住要点，考虑周到。哪些详写，哪些略写，怎样开头、结尾等都要考虑到。

# 九、写好开头结尾

## 1. 开头

万事开头难，作文也是如此。起好头，能为顺利地展开文章打下基础。古人写文章把好的开头比作"凤头"，是很有道理的。一个引人入胜的开头，往往能激发读者的兴趣，并为文章增添色彩。作文开头的方法很多，在此谈谈写好开头常见的六种方法。

（1）开门见山。写事，清清楚楚、简明扼要地交代人、地、时和一件什么事，或什么时间、什么地点和什么人参加一次什么活动。写人，就介绍什么人，与自己是什么关系。状物写景，就直截了当地写什么物，什么时间，什么景。

（2）提出问题。通过提出问题引起读者兴趣，然后再娓娓道来。

（3）倒叙。先交代事情的结局，再写事情的起因、发展。

（4）渲染气氛。未见其人，先闻其声。让人一见这情势、这氛围，就会猜想将要出场的人物、将会发生的事情。

（5）描写环境。环境是人物的舞台，是事情发生的背景，开头写好环境会令人宛如身临其境。

（6）说明情况。这样开头会让读者对下面发生的事情，出现的人物、景色，心中有个准备，便于更好地了解你写的内容。

## 2. 结尾

俗话说"编织箩筐，全在收口"。文章也是这样，有了引人的开头，充实的主体，还要有精彩的结尾，才能给人完美的印象。

结尾没有固定的模式。一篇文章如何结尾，要根据文章的中心、内容、结构和体裁决定。常用的结尾方式有以下几种：

（1）水到渠成，自然结尾。作文记叙完毕，文章也就结尾，不要再额外添加小尾巴。这样让人感觉到自然、利落。

（2）开头和结尾遥相呼应。这样的结尾在文章结束时自然而

然地呼应了开头，使文章浑然一体，完整紧凑。

（3）借景抒情式结尾。作者受到美好的人或事物的感染，结尾由衷地抒发内心的情感。这种抒情式结尾，能引起读者感情的共鸣。

（4）议论式结尾。这样的结尾一般用来总结全文，升华文章的主题，即我们常说的画龙点睛。

（5）联想象征式结尾。结尾要意味深长，引人深思，这种文章的结尾对于文章的主旨不是明白地"点"出，而是要隐藏在背后，让读者透过字里行间自己去联想，去体会。

# 十、学习修改作文

修改作文，是写作不可缺少的重要环节。修改作文的过程，就是训练提高写作能力的过程。有人把修改比作文章的"美容"，是很形象的。

怎样修改自己的作文呢？具体步骤方法如下：

（1）文章内容是否切题，中心是否明确。

内容是否紧扣中心，与中心有关。把不切题的，与中心无关的内容、语句删去，与中心有关的材料不清楚的、不具体的要改写清楚、具体，遗漏的地方要补上。

（2）文章是否做到条理清楚。

段落层次的安排是否恰当、合理。对照提纲，是否做到了详略得当、重点突出。如有不当的地方应加以调整或改动。如有重复的段落应删去。

（3）文章的语句是否通顺，用词是否确切。

用词造句、说话要得体，不通的，不要的要加以修正。

（4）文章有没有错别字，标点符号用得是否恰当。

要尽量消灭错别字和不恰当的标点，修改好，定稿后，要用正楷工整地誊写到作业本上。

## 第二节 …………………
## 常见文体写作方略

"文体"即文章的体裁。文章体裁是由运用哪种表达方式为主来决定的。下面我们将着重对小学阶段常见的记叙文、说明文、想象文和应用文这四种作文文体的写作方法进行详细阐述。

### 怎样写好记叙文

记叙文是以写人、记事、状物、写景为主要内容，以叙述和描写为表达方式的文章。记叙文写作要点如下：一篇好的记叙文需要直接或间接地表达以下六个问题，即：该事发生的时间，该事发生的地点，人物角色是谁，发生的是什么事，该事发生的原因，以及事件的结果是如何造成的等等。一篇记叙文，无论长短都应该是一个完全独立的事实，因此，在下笔时必须明确：该从何处开始叙述，该在何处结束叙述，以及应该提供何种事实才能使叙述完整。写作顺序可以采用"顺叙"、"倒叙"和·"穿插叙述"的方法。

### 一、如何写好以人为主的文章

以写人为主的记叙文，应着重于具体、形象地刻画人物。具体应从以下四方面着手：

**1．通过事件表现人物。**

（1）围绕中心选择典型事件来写。所谓典型事件，并不一定指轰轰烈烈的大事，有的小事，开拓、挖掘得深，足可以充分反映人物的精神面貌。由于生活多姿多彩，人每天都会经历不少的事，不同的事可以反映人物的不同特点，但并不是每一个事都能突出反映人物的特点。因此，通过事件写人时，必须围绕中心，选择典型事件来写。

（2）将事件写完整，经过写具体。通过一件事来写人一定要把事情发生的环境、起因、经过、结果写清楚，尤其是在这件事中，人物做了什么，说了什么，想了什么，要写具体，这样，一个鲜明的人物形象才可能出现在读者眼中。

（3）让事件中的人物"活"起来。所谓"活"起来，就是要让人物在事件中说话、做事，让读者能"闻其声，见其行"。因为只有在行动中，人的思想性格、本性修养、兴趣爱好、人格魅力才能活生生地展现在读者面前。

（4）记叙、描写、议论、抒情多种表现手法灵活运用。通过记叙，作者对人或事件清楚、明白的交代，给人以完整的印象；运用描写将人和事的本质特征生动、形象地描绘出来，使人和事更加鲜活；恰当地运用议论来表达作者对人和事的态度、看法、感想，会起到画龙点睛的作用；抒情则能很好地反映出作者对人和事的感情，引起读者共鸣。以上这些手法的灵活运用，才能写出"源于生活，高于生活"的文章。

**2．通过细节描写表现人物。**

所谓细节描写就是对人或事的某些具体的、典型的细节，作细致入微的描写。对人物进行细节描写，概括起来有四个字："细""真""精""神"。

（1）细，指对人物的观察要仔细，描写要细致。要写好人物细节，首先必须认真观察人们究竟如何动作、怎样说话、有何神情，这样才能抓住细节。在写作时，只有将观察结果写得细致，才能细中见大，给人以启发、教育。

（2）真，指细节描写要真实。不真实，人物就会虚假，自然不能产生感人的效果。

（3）精，指细节要精心选择。要紧紧围绕中心，选择最能突出人物品格和事物本质的细节"精心"来写，起到突出中心的作用。

（4）神，细节要传"神"。细节描写在于突出文章中心，增强文章感染力。好的细节往往寥寥几笔，就能将人物活灵活现地呈现在读者面前。

**3．通过对比来写人。**

对比就是把相反的两个事物或一个事物相对的两个方面放在一起对照比较的方法。运用对比的手法，能使人物更鲜明，也更容易揭示人物的本质和特征。对比写人，一种是人物过去和现在的对比，另一种是两个人物之间的对比，在具体写法上可采用下面的方法：

（1）行为反衬法。通过对不同人物的语言、行动的对比，来表现对待同一事件而态度不同、处理方法不同的人。

（2）直接对比法。把两个或几个人物的所作所为放在特定的环境里，用事件加以对照比较，让读者提高辨别真善美、假恶丑的能力。

**4．运用多种描写的方法。**

（1）肖像描写，就是运用文学语言给人物画像。在对人物进行肖像描写时，重要的一点是要抓住人物的外貌特征，写出描写对象与其他人不一致的地方，只有这样刻画出来的"像"才符合人物的身份，否则就会千人一面，分不清人物具体身份的现象，自然也就难以表现人物的思想性格了。

（2）语言描写。鲁迅先生指出："人物语言的描写，能使读

者由说话看出人来。"在记叙文写作中，进行人物语言的描写是不可缺少的。人物语言的描写必须符合人物的年龄、经历、身份、文化修养等特点。同时进行人物语言的描写，还要力求反映人物的特征。所使用的语言也应反映人物鲜明的个性。

（3）行动描写，是指对人物行为、动作的描写。要让所描写的人物"动"起来，就需要对人物的行为、动作进行一番描写，这样写出来的人物才显得有生气。而且，通过人物一系列的连续动作，还可以展示人物某些方面的特点。如果不注意这方面的描写，人物就显得苍白无力。

## 二、怎样写以记事为主的文章

生活中每时每刻都会有各种各样的事情发生，写人离不开事，同样，写事也离不开人。因为事是人做的，人支配事件，人和事好像绿叶红花，交相辉映，但以记事为主的文章记叙的主体对象是事，它不侧重于对人物思想性格的具体刻画和详细描写。写好一篇写事的文章，首先要详细、周密、仔细地审题。

1. 记事一般采取四个步骤。

一区别：要区别题目要求我们是写事还是写人、写活动。

二分析：要分析题目共有几个词，各是什么意思，并指出关键词语来。如《难忘的一件事》，重点词是"难忘"。

三看限制：要看题目中有没有限制时间、地点、数量、内容等方面的词语。如《发生在学校里的一件事》、《这件事影响了我》这两个题目都分别从不同的角度给出习作在选材上的范围。

四注意：要注意题目中所涉及的人与人之间，人与物之间的关系。如《师生情》、《我和小狗》。

2. 叙述事件要有顺序。

一是以时间为顺序。以时间为顺序来叙述事件，就是按照事件发生的先后次序来叙事的方法。这种叙事方法要求随着时间的推移，把事件的发生、发展、结局叙述出来。所叙述的整个事件都应该紧紧围绕时间这个线索来展开。

二是以空间为线索。以空间为线索叙述事件，一般都要交代清楚事件发生的地点，然后，以由远及近，由里到外，由上到下，由左到右，或由整体到局部这样的一些顺序，来叙述事件的过程。运用这种方法很重要的一点是要把握好事件所处的中心位置，由此开始，从各种角度或不同方位上来叙述事件。如果中心位置不确定，就很难把事件的顺序写清楚。

三是以事件性质为线索。为了表达一个中心意思，在叙述时可以通过几个相关的事件来说明，也可以通过一个有代表性的事件分几层意思来说明。通过几个相关的事件来表达一个中心意思，一定要选择那些意义相同或相近的事件，并注意几个事件的相互联系。虽然事件不同，但由于它们都能说明文章的中心，写出来就能表达作者所要表现的主题思想。

四是以感情为线索。以感情为线索叙事就是以人在事件中的认识、态度和感情变化来叙述事件。运用这种方法叙事要注意，人的感情变化要符合事件的发生、发展规律，不能使感情游离于事件之外，或与事件本身无关。

# 三、怎样写以写景为主的文章

写景，就是用语言文字把人们看到的、听到的和接触到的各种自然景物具体、生动地描绘出来，以此来烘托环境气氛，突出文章的中心或衬托人物的心情，抒发作者的思想感情。那么怎样写好景物呢？

1. 要按地点的变换布局谋篇。

写景物的文章大部分是按照地点变换的顺序安排材料的。一般来说，观察的顺序，就是写作的顺序。

①方位观察。指观察者在一个固定的位置上进行观察。可以由远到近，由近到远；由左到右，由右到左；由上到下，由下而上；由里到外，由外到里；先中间后四周，先四周后中间，等等。因为各种景物离观察者的远近不同，角度不同，所以反映在观察者的视觉中就有大小、形状、浓淡等差别。

②按参观游览的顺序观察。写游览名胜古迹、风景胜地的文章，一种是作者从起点出发到终点止步；一种是随着作者的游览，景物自然地在作者面前开展，景物方位、形态、颜色、声音等特点自然地发生变化。这两者的吻合，形成游览的顺序，也是写文章的顺序。

③从不同的角度观察同一景物。"横看成岭侧成峰"，随着观察者视线的变化（或远观、近见，或仰视、平视、俯视），被观察的景物就会呈现不同的形象，给人以动的感觉。因此，写这类文章可以按照不同的观察角度来安排层次。

2. 要抓住景物的特点。

在观察中要抓住景物的哪些特点呢？

一是抓住色彩特点。色彩对表现景物特色起着重要的作用。景物颜色千变万化，不同景物有不同的颜色，同一景物在不同位置上会呈现不同的颜色。因此，对景物色彩的观察必须细致。

二是抓住形态特点。景物的不同形状和姿态，表现出了不同的精神、气质。如：白杨树直立挺拔，表现它坚强不屈的精神；柳树轻柔、潇洒、婀娜多姿，表现出它柔韧的性格；松树迎寒风挺立，表现它倔强的品格。抓住景物的形态观察既可以表现"形"，又可以表现"神"。

三是自然地写出真实感受。当你游览一个地方，什么景物给

你留下的印象深，你有什么感受，在描写景物中要很自然地表达出来，只有写出真情实感，文章才感动人。

## 四、怎样写以状物为主的文章

状物就是描摹物体的样子和情态，把物体形状、大小、颜色、性质、构造、用途等描述出来。对象十分广泛，动物、植物、物品、建筑物等都可以列入写作的范围。

状物的记叙文与说明物件的说明文不同。状物的记叙文所描摹的是特征突出的个别的、具体的物体，描摹时不像说明文那样静止地、纯客观地去写，写的时候要与自己观察它们时的时间推移、空间变换紧紧相连，同时还要把作者的感情渗入到作品中去。

1. 写以状物为主的记叙文应掌握以下几条原则：

一是抓住一个或两个事物的特点，写成一个完整的故事。

二是通过描摹一个事物，说明一个道理。

描摹的事物一定是自己熟悉的事物，在状物的同时叙述自己对这一事物的认识过程，并从中提炼出独特的感受，说明从中悟出的道理。这个道理既要与事物的特征相吻合，又要浅显易懂，使人容易接受。

三是描摹出某种事物的特征，写出它的象征意义。

万物皆有灵性，美无处不在。一处美景，一棵树木，一只小鸟，一件小小的工艺品，往往都蕴涵着某种情趣，它能引起人的联想，触动人的情思，给人以美的享受。因此，我们要学会多角度地观察事物或景物，把握事物或景物的特征，力求有创意地表达；要展开联想和想象，丰富表达的内容，提高审美情趣。

2. 状物技法。

①静态描写法。静态描写，就是对处于静止状态的物体进行

描摹的手法之一。不论在自然景物中，还是在社会环境中都充满了无生命的物体。描摹物体的状态，要抓住它的形状、大小、颜色、姿态等方面的特点，准确、具体、生动地加以描写，使人读了印象深刻。

②动态描写法。动物要运动，它们要生存就得觅食，就得搏斗。植物也每时每刻都在运动，它们生长、发育、开花、结果、枯萎、凋谢。可以说一切物体都在运动着、变化着。动态描写就是要根据不同事物活动变化的规律和特点来写动物的活动，植物的生长，机器的运转……

③动静结合法。一般状物的文章，往往从动态和静态的不同角度去观察，落笔时做到动中有静，静中有动，动静结合。用动静结合法，往往是先写静态，后写动态。

④抒情状物法。"文章不是无情物"。我们在描写事物时，总要带着一定的思想感情，所以状物往往是"含情写物"、"见物抒怀"，这就是抒情状物法。抒情状物，可以使文章物情交融，更富有感染力。

⑤咏物言志法。就是通过对花草树木、鸟兽虫鱼、亭台楼阁以及生活用品的描摹，来抒发作者强烈的感情，阐明某一生活哲理，给人以启迪。这种表现手法的特点是列举眼前浅近的事物去表达深远的意义，使文章委婉含蓄，耐人寻味。

⑥拟人状物法。就是运用拟人的手法，赋予物体以人的语言，人的动作，人的性格，人的情感，使物体人格化。运用这种表现手法，会使文章显得更加形象，更加生动，更富有生活气息。

# 怎样写好说明文

说明文是以说明为主要表达方式的一种文体。它通过客观地解说事物的形状、构造、用途、性质、成因规律、特征、范围、类别、来源、关系等，来阐明事物的内容和形式、本质和规律，或说明事理，目的在于给人以科学的知识和科学认识事物的方法，一般科技读物大多数是说明文。

**1. 说明文的种类**

根据说明文的表达方式，说明文可以分为两大类。一类是文艺性说明文，一类是科学性说明文。

（1）文艺性说明文。

文艺性说明文又叫科学小品，还有的叫知识小品。它的题材很广泛，天文、地理、工业、气象、动物、植物、科学等都能找到科学小品的题材。从写法上看，它常用文艺的笔调（常见的是比喻、拟人的手法，谈话、讲故事的形式）来写，通俗地介绍某一方面的知识。它既有科学性，又有趣味性，是人们比较喜欢的一种文体。

（2）科学性说明文。

这类文章主要是阐述事理、事因、物理、物因，不但使人知其然，而且使人知其所以然。由于目的是使人有所知，所以要求概念准确、明晰，阐述得有条不紊，一般写得较客观，笔调平实严整，不加夸张和修饰，科学性强。

**2. 说明文的主要特点**

内容科学性——细观察、多调查、实事求是、准确无误。

组织条理性——或时间空间或逻辑组材有顺序。

写作目的性——不带一点个人好恶，冷静介绍知识。

表达生动性——语言生动有趣，不能说话板着面孔。

**3. 说明文的写作顺序**

（1）时间顺序，即按事物发展的时间先后顺序写，事物的发展变化常用这种顺序。

（2）空间顺序，即按照事物在空间上的位置关系依次说明。说明相对静止的事物，诸如园林、建筑物、工艺品等，多用这种顺序。

（3）逻辑顺序，即按事物的内部联系来解说。具体表现在：①从现象到本质（或从本质到现象）；②从原因到结果（或从结果到原因）；③从特点到用途（或从用途到特点）；④从整体到部分（或从部分到整体）；⑤从概括到具体（或从具体到概括）；⑥从主要到次要（或从次要到主要）等。例如《新型玻璃》就是以逻辑顺序说明事物的。

**4. 说明文的写作方法**

说明要抓住特征，这是说明的前提，但是要达到说明的目的，还要讲究方法。说明的方法很多，常见的主要有：下定义、作诠释、分类别、举例子，列数字、作比较、打比方、描状貌、列图表以及引用等。

（1）下定义。用简洁、明确的语言，指出被说明对象的性质、特点，同时把那些与之容易混淆的对象区别开来，它是揭示事物本质特征的最好说明方法。

（2）作诠释。用通俗的语言对事物或事理的解释说明，适用于对不同对象的说明。

（3）分类别。将被说明的事物按一定的标准划分成不同类别，一类一类予以说明，这就是分类别的说明方法。它可以分辨出各个类别的特征及相互之间的差异。

（4）举例子。有些事物事理比较复杂，常常需要举具体事例说明事物，使读者对抽象的事理或不怎么熟悉的事物有所认识。

（5）作比较。是为说明某一事物，举出另外一种事物和它相比较，通过比较来进行说明。

（6）列数字。是用有科学依据的准确无误的数字来说明事物或事理，让读者看后一目了然，获得具体的印象。

（7）打比方。用比喻的方法，生动简洁地把抽象的事理和复杂的事物说得浅显、生动、易懂，给读者留下深刻的印象。

（8）引用。引用作为一种说明方法，在文中的作用是：说明某客观事物的存在；揭示客观事物的某些特征；引出所要说明的内容，增加说明的趣味性。

# 怎样写好想象作文

所谓想象作文，就是作者根据已有的生活经验和知识，借助想象的翅膀，超越生活实际构思出从未见过的或者根据不曾出现过的生活图景，并达到某种表达效果的文章。小学阶段所接触的想象作文一般有童话、科幻故事、故事改编、假想作文等。那么，怎样才能写好想象作文？

## 1. 几种想象作文的写法

（1）童话。

童话是通过丰富的想象、幻想和夸张来塑造形象，反映生活，对儿童进行思想教育的文学作品。

童话可分为四类：拟人体童话，如《骄傲的孔雀》；常人体童话，如《卖火柴的小女孩》；超人体童话，如《白雪公主》；知识性童话，如《院子里的悄悄话》。

童话主要描绘虚拟的事物和境界，出现在其中的"人物"，是并非真有的假想形象，所讲述的故事，也是不可能发生的。但是童话中的种种幻想，都来源于现实，是现实生活的一种折射。

写好童话一般从以下几方面着手：

①要以现实为基础，学会从生活中寻找熟悉的材料。

童话故事引人入胜，不仅是因为它的形象生动，更重要的是故事本身常常给人以启发。如安徒生的《丑小鸭》说明了只有历经磨难的生活，丑小鸭才能变成白天鹅。当我们走进神奇的童话世界，所看见的白雪公主、灰姑娘、大灰狼……仔细一想，他们都可以在现实中找到。因此，现实是童话的基础。

②要合理进行大胆想象，设计好故事情节。

童话中的情节只有奇妙曲折、生动有趣，才能吸引少年儿童饶有兴趣地去阅读。童话与其他文学形式的区别，就是有大胆的想象，如果只是把生活中的现象照搬下来，那不是童话。我们在童话里看到的"花儿翩翩起舞，小鸟动情歌唱，玩具吵架争斗……"这些情节都是作者大胆想象的结果。因此，要善于运用幻想和夸张创造动人的童话意境和童话形象。

③要将故事中的角色拟人化。

把没有生命的东西写成像人一样有生命、有感情、有思想，会说、会唱、会跳，这种表现手法就是拟人。童话中因为有了拟人，才会让人觉得亲近、生动、有趣，从而使深刻、抽象的主题变得浅显易懂和具体。

（2）科学幻想故事。

在真实世界不可能发生的故事，比如我会飞，我会穿墙之类的；现在不存在的，或在未来才会有的，凭借自己的想象，把它用作文形式表达出来，这就是科幻故事。

写好科学幻想故事要遵从以下原则：

①要以科学理论和预见为依据，多读有关的科学书籍，增长科学知识。

②要敢于大胆幻想，敢于突破常规，创造未有的新形象。

③要有故事性，具有故事的一般特点。即有个性鲜明的人物，有生动曲折的情节，有活泼风趣的语言。

（3）假想作文。

假想作文一般指想象作文中的"创造性想象作文"和"幻想性想象作文"。

"创造性想象作文"是凭借创造性想象的思维方式进行作文练习的一种作文形式。一般说来，作者因受某种启发或某种动机需要，对自己的某种心愿、某种理想，或对未来的情景，进行创造性想象，所写出来的想象作文，如《假如我会飞》、《祖国的未来》等就是这类想象作文。

"幻想性想象作文"是指写作时，依据自己某种理想、愿望进行大胆的幻想，然后用语言文字表达出来的作文。一般说来，作者依据自己某种理想、愿望，或借助梦幻，或进行科学幻想，或对所描述的人、事、物进行"神化"的想象所写出的想象作文，如《梦里，我进入了太空》、《假如记忆可以移植》等就属于这类想象作文。

**2．想象作文的行文方法**

（1）从生活中捕捉假想素材。

任何想象都要靠对现实生活的观察、体验后才能产生。想象不是胡编乱想，要符合生活实际。只有熟悉生活，详细地观察生活，才能有想象的原材料。

（2）采用记叙、描写、夸张等多种手法增强感染力。

有了写作内容和材料，必须通过生动的文字、多样的写作手法，才能使你的假想成为一幅生动的画面呈现在读者面前，来感染读者。

（3）展开合理大胆的想象为作文增加色彩。

假想作文既然是一种创造，就要打破常规，创造出与现在、与别人不同的形象，这样的文章对读者才有吸引力。而这种想象不仅能打动读者，又能让读者觉得真实可信。

# 怎样写好简单的应用文

在我们的日常生活、学习和工作中，应用文是应用的最简单通俗的文字。它的种类极为广泛，包括请假条、留言条、感谢信、表扬信、决心书及各种通知、申请书、倡议书、会议总结、读书笔记、日记、书信等。每种应用文都有一个固定的格式。

## 一、日记

日记，就是一日的记录。日记的内容是丰富多彩的，一天经历的，凡是看到的、听到的、想到的，或是自己说的、做的、感觉的，只要你认为有意义、有趣味，都可以记下来。比如看了一场电影、读了一本好书、学了一堂新课、参加了一次活动、遇到了一件好事、参观了一次展览等等，都可以写成日记。

日记在写法上比较自由灵活，可以不受拘束。通常可以选一至两个内容，用叙述的方法写人、记事、状物，也可以写成心得体会或感想，还可以加以评价、议论，发表看法。它可以写成一篇结构完整的文章，也可以是片段，甚至写诗作词，摘抄妙语警句、名人名言等等。

日记的格式比较简单，一般是第一行写上年、月、日、星期，以及天气情况。写这些，是为了日后查对时，帮助弄清所记事情的时间和背景。

从第二行起，就是日记的主体部分，它可加标题也可不加标题。但是加标题也是很有好处的，标题既可以表明中心内容，也便于以后查阅。

## 二、通知

通知是一种应用广泛的实用文体，一般指机关或单位布置任务、传达指示以及日常工作中需要告知的事项等。常用的是会议通知。它要求以极其简短的文字，写明会议的名称、内容、时间、地点、出席对象以及对出席者的要求等。

通知的格式一般包括标题、正文、落款三部分。标题写在第一行的正中，一般写上"通知"两字即可；如果是紧急事情，在"通知"前面加"紧急"两字。

第二行空两格起写通知的正文。

正文后在右下角写发出通知的单位名称和发出通知的日期。

## 三、留言条

留言条大多指在联系工作、交代任务或访问不遇时留给对方的便条。

留言条的格式分三部分：称呼，正文，署名和日期。

称呼。要顶格写，便条留给谁就称呼谁。

正文。在称呼下一行空两格写正文，简单明了地交代清楚自己的意图和要求。

署名和日期。熟悉的人写上姓或名，加上"即日"就可以了，不太熟悉的人则应写出全名和具体日期。

## 四、书信

书信，是人们日常生活中广泛使用的一种文体。它可以帮助人们互通信息、联系工作或联络感情、互致问候等。

1. 称呼。即写信人对收信人的称谓。在信纸的第一行顶格写，后面加冒号。也有的在称呼后面还加上一句问候的话，如"您好"等。一般来说，当面怎样称呼，信上也怎样写。

2. 正文。正文要从信的第二行空两格开始写，要注意人称。正文内容要开门见山，不相干的话要少说。如果所要写的信是回信，还要根据来信的内容逐一答复。正文的文字要准确明白，不能写不明不白的句子。

3. 结尾。书信的结尾是书信的必要组成部分，多是表示祝福的话。其中"此致"、"祝你"要紧接正文写，或另起一行写"敬礼"。祝愿的具体内容要再另起一行顶格写。

4. 署名。在信的末尾右下方，写上写信人的姓名。姓名前可以加上修饰语或身份，如："你的朋友"、"您的学生"、"儿子"等。对不熟悉的人一定要署全名，而对熟悉的人可以只写名，或姓名的最后一个字。

5. 日期。在署名的下一行还要写上日期。内容较为郑重的信，年月日要写全，一般的信可只写月、日。

信写完后，要按信封的格式写信封。信封上的邮编、地址、姓名都要详细填写，决不能马马虎虎。特别是地名和单位名称不要缩写，字迹要工整，以便于投送和收信人回信。

# 五、感谢信

感谢信是以书信的形式表达对受到关心、帮助和支援的感谢。它可以是个人写给个人的，也可以是个人写给单位的；可以是单位写给个人的，也可以是单位写给单位的。

通常感谢信的书写格式是：

第一行的正中用较大的字体写上"感谢信"三个字。如果写给个人，这三个字可以不写。有的还在"感谢信"的前面加上一个定语，说明是因为什么事情，写给谁的感谢信。

第二行顶格写对方单位名称或个人姓名，姓名后面可以加适当的称呼，如"同志"、"师傅"、"先生"等，称呼后用冒号。如果感谢对象比较多，可以把感谢对象放在正文中间提出。

第三行空两格起写正文。这一部分要写清楚对方在什么时间、什么地点，由于什么原因，做了什么好事，对自己或单位有什么支持和帮助，事情有什么好的结果和影响。最后表示自己或所在单位向对方学习的态度和决心。

正文写好了，另起一行空两格（也可以紧接正文）写上"此致"，换一行顶格写上"敬礼"。

最后再换一行，在右半行署上单位名称或者个人的姓名，在署名的下边写上发信的日期。

# 六、慰问信

慰问信是一种比较常用的专用书信，信的主要内容是安慰和问候。春节来临之际，各单位都要给离退休的老领导、老同志写上一封问候祝福的信；"八一"建军节给军烈属致一封慰问和感谢的信；老师、同事、同学生了病，寄去一封关心问候并祝愿早日康复的信。此外，"教师节"可以给老师写一封慰问信，"三八妇女节"可以给自己的妈妈或奶奶写一封慰问信……

慰问信既然是一种专用书信，就有不同于一般书信的地方。首先，要弄清慰问的对象、目的。同样给灾区写慰问信，一种是写给灾区人民的，就应该对他们的遭遇表示同情、支持、安慰和鼓励。一种是写给灾区抢险救灾的解放军指战员的，就不是安慰了，而是对他们那种急人民之所急和奋不顾身地抢救人民生命财产的行为的颂扬，同时应表示向他们学习。

其次，慰问信的语气很重要，应比一般书信更亲切、更真挚，

字字含情意，句句鼓信心。

慰问信的格式与感谢信相同。

# 七、申请书

申请书是一种单位或个人因某种需要，向有关部门、组织提出某种请求的专用书信。

申请书一般有书信和表格两种。特点是：要求写清申请的理由、申请的目的、申请解决的问题和具体要求，以及申请者的态度等。

申请书的格式与一般书信差不多，由称呼、正文、结束语、署名及日期等部分组成。一般包括：

（1）标题。即写关于什么问题、什么事情的申请。（2）称谓。即写给谁的，顶格写，后面加冒号。（3）正文。即申请的内容或理由。（4）署名和日期。分两行写在正文后的右下角。

# 八、启事

启事是指个人或单位关于涉物、用人、开业、征文等事向社会民众公开告知的应用文书。常用于报刊、广播、电视，也有直接张贴于启事者的住所门前或橱窗里的。

根据所要启告于人的事项的不同，可分为遗失启事、招领启事、征文启事、寻人启事、开（停）业启事、招聘启事等。

启事的一般格式如下：

1. 标题。要有醒目的标题。

2. 正文。写清楚所启之事的原因和特征等，如请求找人找物，就要把人或物的特征写清楚，找人时还常附该人的照片。还要将要求写清楚，即希望别人做什么、怎么做。

3. 落款。写明启事者的名称（或姓名）、地址和联系办法等。

# 九、建议书

建议书是指个人或集体、单位提出某种建议，希望别人能够响应，以更好地完成某种任务、开展某种活动或改进某种规章制度的信件。

建议书有个人提出与集体提出两种，要合乎身份地写明在什么情况下、为了什么目的、提出什么建议、希望别人怎么做等内容。力求所提建议具有合理性与可行性。

建议书一般由标题、称呼、正文、结尾语、署名及日期等组成。

①标题。首行中间写"建议书"或"建议"几个字，也可不写。

②称呼。一般在标题下隔两行顶格写上受文单位的名称或个人的姓名，然后加冒号。

③正文。包括建议的由来和建议的内容。内容最好具体，并分条列举，以便接受单位或个人考虑和采纳。

④结束语。通常为表示敬意或祝愿的话语。

⑤落款。写上姓名与日期。

# 十、倡议书

倡议书是由个人或集体就某一问题提出的确实可行的建议或者号召组织一项活动的书信。

倡议书的格式如下：

标题：一般在第一行正中写上"倡议书"即可，也可以写明倡议什么。

称呼：第二行顶格写明受倡议人的称谓。

正文：另起一行空两格写明倡议什么事，倡议的理由和背景，阐明倡议的目的和意义，并提出具体措施和希望。

结尾：写上具有号召力的话。

落款：在正文的右下方写明倡议者的个人姓名或单位名称及日期。

# 十一、板报（广播）稿

板报稿是指写在公开场合上的，如墙报、黑板报、宣传栏等短小的、针对性极强的文章。大凡机关、学校、工厂、医院、商场、农村都有板报一类的宣传阵地。

板报稿内容广泛，形式多样。从内容说，大到国内外大事的报道，小到节约一滴水的宣传，绿化环境、讲究卫生、防止污染、预防流感等无所不有。从形式而言，有消息、报道、思想评论、表扬批评等。

广播稿是供广播用的书面文字，也是一种用途极广的实用文章。它传播的速度快，传播的面广，所以广播稿和板报稿一样，都要注意以下几个特点：①内容要有针对性；②形式要灵活多样；③内容要短小精悍，通俗易懂。

# 十二、讲演稿

讲演稿，又叫演讲稿或演讲词、演说词，它是为了表达自己的主张、见解、倡议或介绍工作、学习经验等，在盛大的集会或会议上演说的文稿。它的内容以政治方面的为多，学术方面的较少，生活方面的更少。它的种类有大会演说、开幕词、闭幕词、欢送词、悼词等。

讲演稿也分为题目、称呼、正文、署名和日期等部分。

1. 题目。应简明概括，富有吸引力，一般用演讲的中心内容来取题目。

2. 称呼。以听众的大多数为主。校长讲演可以称呼"老师们、同学们";同学讲演可以称呼"尊敬的校长,老师们,同学们"。

3. 正文。是讲演的核心部分,它一般又包括开头、主体和结尾三部分。开头简要交代讲演的目的、核心及其意义。主体是重要部分,力求内容精彩,层次清晰。结尾要概括整个演讲的中心,使每个听众都有一个有头有尾的完整印象。讲演稿正文要带有较强的号召性和鼓舞力,最后还要对听众表示谢意。

4. 署名和日期。写在讲演稿的末尾,却不要念出来,那只是为了备查、交流时使用。

# 十三、计划

写计划是指对未来一定时期内某项工作预先拟定的文件。它包括制定计划的目的、内容、步骤、方法。

计划的种类很多,按性质分,有工作计划和学习计划等;按范围分,有国家计划、单位计划、个人计划等;按内容分,有综合计划、专项计划等;按时间分,有长期计划(十年规划、五年计划等)、短期计划(年度计划、季度计划、月度计划等)等。

计划的一般格式由标题、正文、署名组成。

1. 标题。包括制定计划的单位、计划的有效期限和计划的种类。有时也可以在计划末尾写明单位(或个人)与日期。

2. 正文。是计划的主体部分,包括指导思想,任务内容,完成步骤、方法、日期等。这些项目要写得具体、明确,不能含糊。

3. 署名。在正文的右下方写明制定计划的单位(或个人)和日期。如果在标题上已冠以单位名称,这里即可省略。

## 十四、调查报告

　　调查报告是在调查研究的基础上写出调查结果的报告。它要求通过对典型事例进行说明、分析，得出具体普遍意义的结论。

　　调查报告一般包括开头、主体、结尾三部分。

　　（1）开头。类似消息中的导语，简要交代调查的目的、时间、地点、对象等情况。

　　（2）主体。是调查报告的核心。应对所调查的某一事件或问题的发生、发展、结果作出全面系统的介绍，并对所调查的事实作具体分析，可用夹叙夹议的方式，作出应有的评价。

　　（3）结尾。可以总结全文，点明结论；可以提出解决问题的方法；也可以用鼓舞性语句作结语。

　　另外，写调查报告要注意以下几点：

　　第一，深入调查，认真分析，找出有规律性的东西。

　　第二，鲜明地提出自己的观点，做到观点和材料的统一。

　　第三，有点有面，有叙有议。调查报告靠事实说话，既要有一般情况，又要有典型事例。但事实也要有议，没有议，就成为简单的材料罗列了。

　　第四，语言简洁，数据准确。调查报告的用词要恰如其分，注意分寸，切勿用模棱两可的词语；调查报告的数据一定要准确。

# ［附录］

## 小学生必背古诗文

### chì lè gē
### 敕勒歌

běi cháo mín gē
北朝民歌

chì lè chuān
敕勒川，
yīn shān xià
阴山下。
tiān sì qióng lú
天似穹庐，
lǒng gài sì yě
笼盖四野。
tiān cāng cāng　yě máng máng
天苍苍，野茫茫，
fēng chuī cǎo dī xiàn niú yáng
风吹草低见牛羊。

### fēng
### 风

lǐ qiáo
李峤

jiě luò sān qiū yè
解落三秋叶，
néng kāi èr yuè huā
能开二月花。
guò jiāng qiān chǐ làng
过江千尺浪，
rù zhú wàn gān xiá
入竹万竿斜。

### yǒng liǔ
### 咏柳

hè zhī zhāng
贺知章

bì yù zhuāng chéng yí shù gāo
碧玉妆成一树高，

wàn tiáo chuí xià lǜ sī tāo
万条垂下绿丝绦。

bù zhī xì yè shuí cái chū
不知细叶谁裁出，

èr yuè chūn fēng sì jiǎn dāo
二月春风似剪刀。

## 凉州词
chū sài

### 出 塞
wáng chāng líng
王昌龄

qín shí míng yuè hàn shí guān
秦时明月汉时关，

wàn lǐ cháng zhēng rén wèi huán
万里长征人未还。

dàn shǐ lóng chéng fēi jiàng zài
但使龙城飞将在，

bú jiào hú mǎ dù yīn shān
不教胡马度阴山。

liáng zhōu cí
## 凉州词
wáng zhī huàn
王之涣

huáng hé yuǎn shàng bái yún jiān
黄河远上白云间，

yí piàn gū chéng wàn rèn shān
一片孤城万仞山。

qiāng dí hé xū yuàn yáng liǔ
羌笛何须怨杨柳，

chūn fēng bú dù yù mén guān
春风不度玉门关。

fú róng lóu sòng xīn jiàn
## 芙蓉楼送辛渐
wáng chāng líng
王昌龄

hán yǔ lián jiāng yè rù wú
寒雨连江夜入吴，

píng míng sòng kè chǔ shān gū
平明送客楚山孤。

luò yáng qīn yǒu rú xiāng wèn
洛阳亲友如相问，

yí piàn bīng xīn zài yù hú
一片冰心在玉壶。

## 鹿柴 (lù chái)
王维 (wáng wéi)

空山不见人，
但闻人语响。
返景入深林，
复照青苔上。

## 望庐山瀑布 (wàng lú shān pù bù)
李白 (lǐ bái)

日照香炉生紫烟，
遥看瀑布挂前川。
飞流直下三千尺，
疑是银河落九天。

## 送元二使安西 (sòng yuán èr shǐ ān xī)
王维 (wáng wéi)

渭城朝雨浥轻尘，
客舍青青柳色新。
劝君更尽一杯酒，
西出阳关无故人。

## 古朗月行 (gǔ lǎng yuè xíng)
李白 (lǐ bái)

小时不识月，
呼作白玉盘。
又疑瑶台镜，
飞在青云端。
仙人垂两足，

guì shù hé tuán tuán
桂 树 何 团 团 。

bái tù dǎo yào chéng
白 兔 捣 药 成 ,

wèn yán yú shuí cān
问 言 与 谁 餐 。

## 赠 汪 伦
zèng wāng lún

李 白
lǐ bái

lǐ bái chéng zhōu jiāng yù xíng
李 白 乘 舟 将 欲 行 ,

hū wén àn shàng tà gē shēng
忽 闻 岸 上 踏 歌 声 。

táo huā tán shuǐ shēn qiān chǐ
桃 花 潭 水 深 千 尺 ,

bù jí wāng lún sòng wǒ qíng
不 及 汪 伦 送 我 情 。

## 黄 鹤 楼 送 孟 浩 然 之 广 陵
huáng hè lóu sòng mèng hào rán zhī guǎng líng

李 白
lǐ bái

gù rén xī cí huáng hè lóu
故 人 西 辞 黄 鹤 楼 ,

yān huā sān yuè xià yáng zhōu
烟 花 三 月 下 扬 州 。

gū fān yuǎn yǐng bì kōng jìn
孤 帆 远 影 碧 空 尽 ,

wéi jiàn cháng jiāng tiān jì liú
惟 见 长 江 天 际 流 。

## 早 发 白 帝 城
zǎo fā bái dì chéng

李 白
lǐ bái

zhāo cí bái dì cǎi yún jiān
朝 辞 白 帝 彩 云 间 ,

qiān lǐ jiāng líng yí rì huán
千 里 江 陵 一 日 还 。

liǎng àn yuán shēng tí bú zhù
两 岸 猿 声 啼 不 住 ,

qīng zhōu yǐ guò wàn chóng shān
轻 舟 已 过 万 重 山 。

## wàng tiān mén shān
## 望天门山

lǐ bái
李白

tiān mén zhōng duàn chǔ jiāng kāi
天门中断楚江开，

bì shuǐ dōng liú zhì cǐ huí
碧水东流至此回。

liǎng àn qīng shān xiāng duì chū
两岸青山相对出，

gū fān yí piàn rì biān lái
孤帆一片日边来。

## jué jù
## 绝句

dù fǔ
杜甫

liǎng gè huáng lí míng cuì liǔ
两个黄鹂鸣翠柳，

yì háng bái lù shàng qīng tiān
一行白鹭上青天。

chuāng hán xī lǐng qiān qiū xuě
窗含西岭千秋雪，

mén bó dōng wú wàn lǐ chuán
门泊东吴万里船。

## chūn yè xǐ yǔ
## 春夜喜雨

dù fǔ
杜甫

hǎo yǔ zhī shí jié
好雨知时节，

dāng chūn nǎi fā shēng
当春乃发生。

suí fēng qián rù yè
随风潜入夜，

rùn wù xì wú shēng
润物细无声。

yě jìng yún jù hēi
野径云俱黑，

jiāng chuán huǒ dú míng
江船火独明。

xiǎo kàn hóng shī chù
晓看红湿处，

huā zhòng jǐn guān chéng
花重锦官城。

## fēng qiáo yè bó
## 枫桥夜泊

zhāng jì
张继

yuè luò wū tí shuāng mǎn tiān
月落乌啼霜满天，

jiāng fēng yú huǒ duì chóu mián
江枫渔火对愁眠。

gū sū chéng wài hán shān sì
姑苏城外寒山寺，

yè bàn zhōng shēng dào kè chuán
夜半钟声到客船。

### jiāng xuě
## 江 雪
#### liǔ zōng yuán
### 柳宗元

qiān shān niǎo fēi jué
千山鸟飞绝，

wàn jìng rén zōng miè
万径人踪灭。

gū zhōu suō lì wēng
孤舟蓑笠翁，

dú diào hán jiāng xuě
独钓寒江雪。

### yóu zǐ yín
## 游子吟

#### mèng jiāo
### 孟 郊

cí mǔ shǒu zhōng xiàn
慈母手中线，

yóu zǐ shēn shàng yī
游子身上衣。

lín xíng mì mì féng
临行密密缝，

yì kǒng chí chí guī
意恐迟迟归。

shuí yán cùn cǎo xīn
谁言寸草心，

bào dé sān chūn huī
报得三春晖。

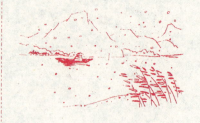

### yú gē zǐ
## 渔歌子

#### zhāng zhì hé
### 张志和

xī sài shān qián bái lù fēi
西塞山前白鹭飞，

táo huā liú shuǐ guì yú féi
桃花流水鳜鱼肥。

qīng ruò lì    lǜ suō yī
青箬笠，绿蓑衣，

xié fēng xì yǔ bù xū guī
斜风细雨不须归。

táo jīn nǚ bàn mǎn jiāng wēi
淘金女伴满江隈。

měi rén shǒu shì hóu wáng yìn
美人首饰侯王印

jìn shì shā zhōng làng dǐ lái
尽是沙中浪底来。

wàng dòng tíng
# 望洞庭

liú yǔ xī
刘禹锡

hú guāng qiū yuè liǎng xiāng hé
湖光秋月两相和，

tán miàn wú fēng jìng wèi mó
潭面无风镜未磨。

yáo wàng dòng tíng shān shuǐ cuì
遥望洞庭山水翠，

bái yín pán lǐ yì qīng luó
白银盘里一青螺。

fù dé gǔ yuán cǎo sòng bié
# 赋得古原草送别

bái jū yì
白居易

lí lí yuán shàng cǎo
离离原上草，

yí suì yì kū róng
一岁一枯荣。

yě huǒ shāo bú jìn
野火烧不尽，

chūn fēng chuī yòu shēng
春风吹又生。

yuǎn fāng qīn gǔ dào
远芳侵古道，

qíng cuì jiē huāng chéng
晴翠接荒城。

yòu sòng wáng sūn qù
又送王孙去，

qī qī mǎn bié qíng
萋萋满别情。

làng táo shā
# 浪淘沙

liú yǔ xī
刘禹锡

rì zhào chéng zhōu jiāng wù kāi
日照澄洲江雾开，

chí shàng
# 池上

bái jū yì
白居易

xiǎo wá chēng xiǎo tǐng
小娃撑小艇

tōu cǎi bái lián huí
偷采白莲回。

bù jiě cáng zōng jì
不解藏踪迹

fú píng yí dào kāi
浮萍一道开。

xiǎo ér chuí diào
# 小儿垂钓

hú lìng néng
胡令能

péng tóu zhì zǐ xué chuí lún
蓬头稚子学垂纶。

cè zuò méi tái cǎo yìng shēn
侧坐莓苔草映身

lù rén jiè wèn yáo zhāo shǒu
路人借问遥招手,

pà dé yú jīng bú yìng rén
怕得鱼惊不应人。

yì jiāng nán
# 忆江南

bái jū yì
白居易

jiāng nán hǎo
江南好,

fēng jǐng jiù céng ān
风景旧曾谙。

rì chū jiāng huā hóng shèng huǒ
日出江花红胜火,

chūn lái jiāng shuǐ lǜ rú lán
春来江水绿如蓝。

néng bú yì jiāng nán
能不忆江南?

xún yǐn zhě bú yù
# 寻隐者不遇

jiǎ dǎo
贾岛

sōng xià wèn tóng zǐ
松下问童子,

yán shī cǎi yào qù
言师采药去。

zhǐ zài cǐ shān zhōng
只在此山中,

yún shēn bù zhī chù
云深不知处。

shān xíng
# 山 行
dù mù
杜 牧

yuǎn shàng hán shān shí jìng xiá
远 上 寒 山 石 径 斜,
bái yún shēng chù yǒu rén jiā
白 云 生 处 有 人 家。
tíng chē zuò ài fēng lín wǎn
停 车 坐 爱 枫 林 晚,
shuāng yè hóng yú èr yuè huā
霜 叶 红 于 二 月 花。

jiāng nán chūn
# 江 南 春
dù mù
杜 牧

qiān lǐ yíng tí lǜ yìng hóng
千 里 莺 啼 绿 映 红,
shuǐ cūn shān guō jiǔ qí fēng
水 村 山 郭 酒 旗 风。
nán cháo sì bǎi bā shí sì
南 朝 四 百 八 十 寺,
duō shǎo lóu tái yān yǔ zhōng
多 少 楼 台 烟 雨 中。

qīng míng
# 清 明
dù mù
杜 牧

qīng míng shí jié yǔ fēn fēn
清 明 时 节 雨 纷 纷,
lù shàng xíng rén yù duàn hún
路 上 行 人 欲 断 魂。
jiè wèn jiǔ jiā hé chù yǒu
借 问 酒 家 何 处 有,
mù tóng yáo zhǐ xìng huā cūn
牧 童 遥 指 杏 花 村。

dēng lè yóu yuán
# 登乐游原
lǐ shāng yǐn
李 商 隐

xiàng wǎn yì bú shì
向 晚 意 不 适,
qū chē dēng gǔ yuán
驱 车 登 古 原。
xī yáng wú xiàn hǎo
夕 阳 无 限 好,
zhǐ shì jìn huáng hūn
只 是 近 黄 昏。

fēng
# 蜂

luó yǐn
罗 隐

bú lùn píng dì yǔ shān jiān
不论平地与山尖，

wú xiàn fēng guāng jìn bèi zhàn
无限风光尽被占。

cǎi dé bǎi huā chéng mì hòu
采得百花成蜜后，

wèi shuí xīn kǔ wèi shuí tián
为谁辛苦为谁甜？

bó chuán guā zhōu
# 泊船瓜洲

wáng ān shí
王 安 石

jīng kǒu guā zhōu yì shuǐ jiān
京口瓜洲一水间，

zhōng shān zhǐ gé shù chóng shān
钟山只隔数重山。

chūn fēng yòu lǜ jiāng nán àn
春风又绿江南岸，

míng yuè hé shí zhào wǒ huán
明月何时照我还？

jiāng shàng yú zhě
# 江上渔者

fàn zhòng yān
范仲淹

jiāng shàng wǎng lái rén
江上往来人，

dàn ài lú yú měi
但爱鲈鱼美。

jūn kàn yí yè zhōu
君看一叶舟，

chū mò fēng bō lǐ
出没风波里。

yuán rì
# 元 日

wáng ān shí
王 安 石

bào zhú shēng zhōng yí suì chú
爆竹声中一岁除，

chūn fēng sòng nuǎn rù tú sū
春风送暖入屠苏。

qiān mén wàn hù tóng tóng rì
千门万户瞳瞳日，

zǒng bǎ xīn táo huàn jiù fú
总把新桃换旧符。

yǐn hú shàng chū qíng hòu yǔ

# 饮湖上初晴后雨

sū shì
苏 轼

shuǐ guāng liàn yàn qíng fāng hǎo
水 光 潋 滟 晴 方 好，

shān sè kōng méng yǔ yì qí
山 色 空 蒙 雨 亦 奇。

yù bǎ xī hú bǐ xī zǐ
欲 把 西 湖 比 西 子，

dàn zhuāng nóng mǒ zǒng xiāng yí
淡 妆 浓 抹 总 相 宜。

tí xī lín bì

# 题西林壁

sū shì
苏 轼

héng kàn chéng lǐng cè chéng fēng
横 看 成 岭 侧 成 峰，

yuǎn jìn gāo dī gè bù tóng
远 近 高 低 各 不 同。

bù shí lú shān zhēn miàn mù
不 识 庐 山 真 面 目，

zhǐ yuán shēn zài cǐ shān zhōng
只 缘 身 在 此 山 中。

huì chóng  chūn jiāng wǎn jǐng

# 惠崇《春江晚景》

sū shì
苏 轼

zhú wài táo huā sān liǎng zhī
竹 外 桃 花 三 两 枝，

chūn jiāng shuǐ nuǎn yā xiān zhī
春 江 水 暖 鸭 先 知。

lóu hāo mǎn dì lú yá duǎn
蒌 蒿 满 地 芦 芽 短，

zhèng shì hé tún yù shàng shí
正 是 河 豚 欲 上 时。

shì  ér

# 示 儿

lù yóu
陆 游

sǐ qù yuán zhī wàn shì kōng
死 去 元 知 万 事 空，

dàn bēi bú jiàn jiǔ zhōu tóng
但 悲 不 见 九 州 同。

wáng shī běi dìng zhōng yuán rì
王 师 北 定 中 原 日，

jiā jì wú wàng gào nǎi wēng
家 祭 无 忘 告 乃 翁。

xiǎo chí
# 小 池

yáng wàn lǐ
### 杨万里

quán yǎn wú shēng xī xì liú
泉眼无声惜细流，

shù yīn zhào shuǐ ài qíng róu
树阴照水爱晴柔。

xiǎo hé cái lù jiān jiān jiǎo
小荷才露尖尖角，

zǎo yǒu qīng tíng lì shàng tóu
早有蜻蜓立上头。

xiǎo chū jìng cí sì sòng lín zǐ fāng
# 晓出净慈寺送林子方
yáng wàn lǐ
### 杨万里

bì jìng xī hú liù yuè zhōng
毕竟西湖六月中，

fēng guāng bù yǔ sì shí tóng
风光不与四时同。

jiē tiān lián yè wú qióng bì
接天莲叶无穷碧，

yìng rì hé huā bié yàng hóng
映日荷花别样红。

sì shí tián yuán zá xìng
# 四时田园杂兴
qí yī
## （其一）
fàn chéng dà
### 范成大

zhòu chū yún tián yè jī má
昼出耘田夜绩麻，

cūn zhuāng ér nǚ gè dāng jiā
村庄儿女各当家。

tóng sūn wèi jiě gòng gēng zhī
童孙未解供耕织，

yě bàng sāng yīn xué zhòng guā
也傍桑阴学种瓜。

sì shí tián yuán zá xìng
# 四时田园杂兴
qí èr
## （其二）
fàn chéng dà
### 范成大

méi zǐ jīn huáng xìng zǐ féi
梅子金黄杏子肥，

mài huā xuě bái cài huā xī
麦花雪白菜花稀。

rì cháng lí luò wú rén guò
日长篱落无人过，

wéi yǒu qīng tíng jiá dié fēi
惟有蜻蜓蛱蝶飞。

tí lín ān dǐ
## 题临安邸

lín shēng
林升

shān wài qīng shān lóu wài lóu
山外青山楼外楼，

xī hú gē wǔ jǐ shí xiū
西湖歌舞几时休？

nuǎn fēng xūn dé yóu rén zuì
暖风熏得游人醉，

zhí bǎ háng zhōu zuò biàn zhōu
直把杭州作汴州。

chūn rì
## 春日

zhū xī
朱熹

shèng rì xún fāng sì shuǐ bīn
胜日寻芳泗水滨，

wú biān guāng jǐng yì shí xīn
无边光景一时新。

děng xián shí dé dōng fēng miàn
等闲识得东风面，

wàn zǐ qiān hóng zǒng shì chūn
万紫千红总是春。

yóu yuán bù zhí
## 游园不值

yè shào wēng
叶绍翁

yīng lián jī chǐ yìn cāng tái
应怜屐齿印苍苔，

xiǎo kòu chái fēi jiǔ bù kāi
小扣柴扉久不开。

chūn sè mǎn yuán guān bú zhù
春色满园关不住，

yì zhī hóng xìng chū qiáng lái
一枝红杏出墙来。

## 所见
suǒ jiàn

袁枚
yuán méi

mù tóng qí huáng niú
牧童骑黄牛，

gē shēng zhèn lín yuè
歌声振林樾。

yì yù bǔ míng chán
意欲捕鸣蝉，

hū rán bì kǒu lì
忽然闭口立。

## 乡村四月
xiāng cūn sì yuè

翁卷
wēng juǎn

lǜ mǎn shān yuán bái mǎn chuān
绿满山原白满川，

zǐ guī shēng lǐ yǔ rú yān
子规声里雨如烟。

xiāng cūn sì yuè xián rén shǎo
乡村四月闲人少，

cái liǎo cán sāng yòu chā tián
才了蚕桑又插田。

## 村居
cūn jū

高鼎
gāo dǐng

cǎo zhǎng yīng fēi èr yuè tiān
草长莺飞二月天，

fú dī yáng liǔ zuì chūn yān
拂堤杨柳醉春烟。

ér tóng sàn xué guī lái zǎo
儿童散学归来早，

máng chèn dōng fēng fàng zhǐ yuān
忙趁东风放纸鸢。

## 墨梅
mò méi

王冕
wáng miǎn

wǒ jiā xǐ yàn chí tóu shù
我家洗砚池头树，

gè gè huā kāi dàn mò hén
个个花开淡墨痕。

bú yào rén kuā yán sè hǎo
不要人夸颜色好，

zhǐ liú qīng qì mǎn qián kūn
只留清气满乾坤。

shí huī yín

# 石灰吟

yú qiān

## 于 谦

qiān chuí wàn záo chū shēn shān
千锤万凿出深山，

liè huǒ fén shāo ruò děng xián
烈火焚烧若等闲。

fěn shēn suì gǔ hún bú pà
粉身碎骨浑不怕，

yào liú qīng bái zài rén jiān
要留清白在人间。

zhú shí

# 竹 石

zhèng xiè

## 郑 燮

yǎo dìng qīng shān bú fàng sōng
咬定青山不放松，

lì gēn yuán zài pò yán zhōng
立根原在破岩中。

qiān mó wàn jī hái jiān rèn
千磨万击还坚韧，

rèn ěr dōng xī nán běi fēng
任尔东西南北风。

# 三字经

| | | | | | |
|---|---|---|---|---|---|
| 人之初 | 性本善 | 性相近 | 习相远 | 苟不教 | 性乃迁 |
| 教之道 | 贵以专 | 昔孟母 | 择邻处 | 子不学 | 断机杼 |
| 窦燕山 | 有义方 | 教五子 | 名俱扬 | 养不教 | 父之过 |
| 教不严 | 师之惰 | 子不学 | 非所宜 | 幼不学 | 老何为 |
| 玉不琢 | 不成器 | 人不学 | 不知义 | 为人子 | 方少时 |
| 亲师友 | 习礼仪 | 香九龄 | 能温席 | 孝于亲 | 所当执 |
| 融四岁 | 能让梨 | 弟于长 | 宜先知 | 首孝悌 | 次见闻 |
| 知某数 | 识某文 | 一而十 | 十而百 | 百而千 | 千而万 |
| 三才者 | 天地人 | 三光者 | 日月星 | 三纲者 | 君臣义 |
| 父子亲 | 夫妇顺 | 曰春夏 | 曰秋冬 | 此四时 | 运不穷 |
| 曰南北 | 曰西东 | 此四方 | 应乎中 | 曰水火 | 木金土 |
| 此五行 | 本乎数 | 曰仁义 | 礼智信 | 此五常 | 不容紊 |
| 稻粱菽 | 麦黍稷 | 此六谷 | 人所食 | 马牛羊 | 鸡犬豕 |
| 此六畜 | 人所饲 | 曰喜怒 | 曰哀惧 | 爱恶欲 | 七情具 |
| 匏土革 | 木石金 | 丝与竹 | 乃八音 | 高曾祖 | 父而身 |
| 身而子 | 子而孙 | 自子孙 | 至玄曾 | 乃九族 | 人之伦 |
| 父子恩 | 夫妇从 | 兄则友 | 弟则恭 | 长幼序 | 友与朋 |
| 君则敬 | 臣则忠 | 此十义 | 人所同 | 当师叙 | 勿违背 |
| 凡训蒙 | 须讲究 | 详训诂 | 明句读 | 为学者 | 必有初 |
| 小学终 | 至四书 | 论语者 | 二十篇 | 群弟子 | 记善言 |

| | | | | | |
|---|---|---|---|---|---|
| 孟子者 | 七篇止 | 讲道德 | 说仁义 | 作中庸 | 子思笔 |
| 中不偏 | 庸不易 | 作大学 | 乃曾子 | 自修齐 | 至平治 |
| 孝经通 | 四书熟 | 如六经 | 始可读 | 诗书易 | 礼春秋 |
| 号六经 | 当讲求 | 有连山 | 有归藏 | 有周易 | 三易详 |
| 有典谟 | 有训诰 | 有誓命 | 书之奥 | 我周公 | 作周礼 |
| 著六官 | 存治体 | 大小戴 | 注礼记 | 述圣言 | 礼乐备 |
| 曰国风 | 曰雅颂 | 号四诗 | 当讽咏 | 诗既亡 | 春秋作 |
| 寓褒贬 | 别善恶 | 三传者 | 有公羊 | 有左氏 | 有谷梁 |
| 经既明 | 方读子 | 撮其要 | 记其事 | 五子者 | 有荀扬 |
| 文中子 | 及老庄 | 经子通 | 读诸史 | 考世系 | 知终始 |
| 自羲农 | 至黄帝 | 号三皇 | 居上世 | 唐有虞 | 号二帝 |
| 相揖逊 | 称盛世 | 夏有禹 | 商有汤 | 周文武 | 称三王 |
| 夏传子 | 家天下 | 四百载 | 迁夏社 | 汤伐夏 | 国号商 |
| 六百载 | 至纣亡 | 周武王 | 始诛纣 | 八百载 | 最长久 |
| 周辙东 | 王纲坠 | 逞干戈 | 尚游说 | 始春秋 | 终战国 |
| 五霸强 | 七雄出 | 嬴秦氏 | 始兼并 | 传二世 | 楚汉争 |
| 高祖兴 | 汉业建 | 至孝平 | 王莽篡 | 光武兴 | 为东汉 |
| 四百年 | 终于献 | 魏蜀吴 | 争汉鼎 | 号三国 | 迄两晋 |
| 宋齐继 | 梁陈承 | 为南朝 | 都金陵 | 北元魏 | 分东西 |
| 宇文周 | 与高齐 | 迨至隋 | 一土宇 | 不再传 | 失统绪 |
| 唐高祖 | 起义师 | 除隋乱 | 创国基 | 二十传 | 三百载 |
| 梁灭之 | 国乃改 | 梁唐晋 | 及汉周 | 称五代 | 皆有由 |
| 炎宋兴 | 受周禅 | 十八传 | 南北混 | 辽与金 | 皆称帝 |
| 元灭金 | 绝宋世 | 舆图广 | 超前代 | 九十载 | 国祚废 |
| 太祖兴 | 国大明 | 号洪武 | 都金陵 | 迨成祖 | 迁燕京 |

211

十六世　至崇祯　权阉肆　寇如林　李闯出　神器焚
清世祖　膺景命　靖四方　克大定　由康雍　历乾嘉
民安富　治绩夸　道咸间　变乱起　始英法　扰都鄙
同光后　宣统弱　传九帝　满清殁　革命兴　废帝制
立宪法　建民国　古今史　全在兹　载治乱　知兴衰
史虽繁　读有次　史记一　汉书二　后汉三　国志四
兼证经　参通鉴　读史者　考实录　通古今　若亲目
口而诵　心而惟　朝于斯　夕于斯　昔仲尼　师项橐
古圣贤　尚勤学　赵中令　读鲁论　彼既仕　学且勤
彼蒲编　削竹简　彼无书　且知勉　头悬梁　锥刺股
彼不教　自勤苦　如囊萤　如映雪　家虽贫　学不辍
如负薪　如挂角　身虽劳　犹苦卓　苏明允　二十七
始发愤　读书籍　彼既老　犹悔迟　尔小生　宜早思
若荀卿　年五十　游稷下　习儒业　彼既成　众称异
尔小生　宜立志　莹八岁　能咏诗　泌七岁　能赋棋
彼颖悟　人称奇　尔幼学　当效之　蔡文姬　能辨琴
谢道韫　能咏吟　彼女子　且聪敏　尔男子　当自警
唐刘晏　方七岁　举神童　作正字　彼虽幼　身已仕
尔幼学　勉而致　有为者　亦若是　犬守夜　鸡司晨
苟不学　曷为人　蚕吐丝　蜂酿蜜　人不学　不如物
幼而学　壮而行　上致君　下泽民　扬名声　显父母
光于前　裕于后　人遗子　金满籯　我教子　惟一经
勤有功　戏无益　戒之哉　宜勉力

# 百家姓

赵钱孙李　周吴郑王　冯陈褚卫　蒋沈韩杨

朱秦尤许　何吕施张　孔曹严华　金魏陶姜

戚谢邹喻　柏水窦章　云苏潘葛　奚范彭郎

鲁韦昌马　苗凤花方　俞任袁柳　酆鲍史唐

费廉岑薛　雷贺倪汤　滕殷罗毕　郝邬安常

乐于时傅　皮卞齐康　伍余元卜　顾孟平黄

和穆萧尹　姚邵湛汪　祁毛禹狄　米贝明臧

计伏成戴　谈宋茅庞　熊纪舒屈　项祝董梁

杜阮蓝闵　席季麻强　贾路娄危　江童颜郭

梅盛林刁　钟徐邱骆　高夏蔡田　樊胡凌霍

虞万支柯　昝管卢莫　经房裘缪　干解应宗

宣丁贲邓　郁单杭洪　包诸左石　崔吉钮龚

程嵇邢滑　裴陆荣翁　荀羊於惠　甄麴加封

芮羿储靳　汲邴糜松　井段富巫　乌焦巴弓

牧隗山谷　车侯宓蓬　全郗班仰　秋仲伊宫

宁仇栾暴　甘钭厉戎　祖武符刘　景詹束龙

叶幸司韶　郜黎蓟薄　印宿白怀　蒲台从鄂

索咸籍赖　卓蔺屠蒙　池乔阴鬻　胥能苍双
闻莘党翟　谭贡劳逄　姬申扶堵　冉宰郦雍
郏璩桑桂　濮牛寿通　边扈燕冀　郊浦尚农
温别庄晏　柴瞿阎充　慕连茹习　宦艾鱼容
向古易慎　戈廖庚终　暨居衡步　都耿满弘
匡国文寇　广禄阙东　殳殳沃利　蔚越夔隆
师巩库聂　晁勾敖融　冷訾辛阚　那简饶空
曾毋沙乜　养鞠须丰　巢关蒯相　查后荆红
游竺权逯　盖益桓公

万俟 司马　上官 欧阳　夏侯 诸葛　闻人 东方
赫连 皇甫　尉迟 公羊　澹台 公冶　宗政 濮阳
淳于 仲孙　太叔 申屠　公孙 乐正　轩辕 令狐
钟离 闾丘　长孙 慕容　鲜于 宇文　司徒 司空
亓官 司寇　仉督 子车　颛孙 端木　巫马 公西
漆雕 乐正　壤驷 公良　拓拔 夹谷　宰父 谷梁
晋楚 闫法　汝鄢 涂钦　段干 百里　东郭 南门
呼延 妫海　羊舌 微生　岳帅 缑亢　况後 有琴
梁丘 左丘　东门 西门　商牟 佘佴　伯赏 南宫
墨哈 谯笪　年爱 阳佟　第五 言福　百家姓终

# 千字文

| | | | |
|---|---|---|---|
| 天地玄黄 | 宇宙洪荒 | 日月盈昃 | 辰宿列张 |
| 寒来暑往 | 秋收冬藏 | 闰余成岁 | 律吕调阳 |
| 云腾致雨 | 露结为霜 | 金生丽水 | 玉出昆冈 |
| 剑号巨阙 | 珠称夜光 | 果珍李柰 | 菜重芥姜 |
| 海咸河淡 | 鳞潜羽翔 | 龙师火帝 | 鸟官人皇 |
| 始制文字 | 乃服衣裳 | 推位让国 | 有虞陶唐 |
| 吊民伐罪 | 周发殷汤 | 坐朝问道 | 垂拱平章 |
| 爱育黎首 | 臣伏戎羌 | 遐迩一体 | 率宾归王 |
| 鸣凤在竹 | 白驹食场 | 化被草木 | 赖及万方 |
| 盖此身发 | 四大五常 | 恭惟鞠养 | 岂敢毁伤 |
| 女慕贞洁 | 男效才良 | 知过必改 | 得能莫忘 |
| 罔谈彼短 | 靡恃己长 | 信使可覆 | 器欲难量 |
| 墨悲丝染 | 诗赞羔羊 | 景行维贤 | 克念作圣 |
| 德建名立 | 形端表正 | 空谷传声 | 虚堂习听 |
| 祸因恶积 | 福缘善庆 | 尺璧非宝 | 寸阴是竞 |
| 资父事君 | 曰严与敬 | 孝当竭力 | 忠则尽命 |
| 临深履薄 | 夙兴温清 | 似兰斯馨 | 如松之盛 |
| 川流不息 | 渊澄取映 | 容止若思 | 言辞安定 |

笃初诚美　慎终宜令　荣业所基　籍甚无竟

学优登仕　摄职从政　存以甘棠　去而益咏

乐殊贵贱　礼别尊卑　上和下睦　夫唱妇随

外受傅训　入奉母仪　诸姑伯叔　犹子比儿

孔怀兄弟　同气连枝　交友投分　切磨箴规

仁慈隐恻　造次弗离　节义廉退　颠沛匪亏

性静情逸　心动神疲　守真志满　逐物意移

坚持雅操　好爵自縻　都邑华夏　东西二京

背邙面洛　浮渭据泾　宫殿盘郁　楼观飞惊

图写禽兽　画采仙灵　丙舍旁启　甲帐对楹

肆筵设席　鼓瑟吹笙　升阶纳陛　弁转疑星

右通广内　左达承明　既集坟典　亦聚群英

杜稿钟隶　漆书壁经　府罗将相　路侠槐卿

户封八县　家给千兵　高冠陪辇　驱毂振缨

世禄侈富　车驾肥轻　策功茂实　勒碑刻铭

磻溪伊尹　佐时阿衡　奄宅曲阜　微旦孰营

桓公匡合　济弱扶倾　绮回汉惠　说感武丁

俊乂密勿　多士实宁　晋楚更霸　赵魏困横

假途灭虢　践土会盟　何遵约法　韩弊烦刑

起翦颇牧　用军最精　宣威沙漠　驰誉丹青

九州禹迹　百郡秦并　岳宗泰岱　禅主云亭

雁门紫塞　鸡田赤城　昆池碣石　钜野洞庭

旷远绵邈　岩岫杳冥　治本于农　务资稼穑

俶载南亩　我艺黍稷　税熟贡新　劝赏黜陟
孟轲敦素　史鱼秉直　庶几中庸　劳谦谨敕
聆音察理　鉴貌辨色　贻厥嘉猷　勉其祗植
省躬讥诫　宠增抗极　殆辱近耻　林皋幸即
两疏见机　解组谁逼　索居闲处　沉默寂寥
求古寻论　散虑逍遥　欣奏累遣　戚谢欢招
渠荷的历　园莽抽条　枇杷晚翠　梧桐蚤凋
陈根委翳　落叶飘摇　游鹍独运　凌摩绛霄
耽读玩市　寓目囊箱　易辎攸畏　属耳垣墙
具膳餐饭　适口充肠　饱饫烹宰　饥厌糟糠
亲戚故旧　老少异粮　妾御绩纺　侍巾帷房
纨扇圆絜　银烛炜煌　昼眠夕寐　蓝笋象床
弦歌酒宴　接杯举觞　矫手顿足　悦豫且康
嫡后嗣续　祭祀烝尝　稽颡再拜　悚惧恐惶
笺牒简要　顾答审详　骸垢想浴　执热愿凉
驴骡犊特　骇跃超骧　诛斩贼盗　捕获叛亡
布射僚丸　嵇琴阮啸　恬笔伦纸　钧巧任钓
释纷利俗　竝皆佳妙　毛施淑姿　工颦妍笑
年矢每催　曦晖朗曜　璇玑悬斡　晦魄环照
指薪修祜　永绥吉劭　矩步引领　俯仰廊庙
束带矜庄　徘徊瞻眺　孤陋寡闻　愚蒙等诮
谓语助者　焉哉乎也

# 弟 子 规

## 总 叙

| | | | |
|---|---|---|---|
| 弟子规 | 圣人训 | 首孝悌 | 次谨信 |
| 泛爱众 | 而亲仁 | 有余力 | 则学文 |

## 入则孝

| | | | |
|---|---|---|---|
| 父母呼 | 应勿缓 | 父母命 | 行勿懒 |
| 父母教 | 须敬听 | 父母责 | 须顺承 |
| 冬则温 | 夏则清 | 晨则省 | 昏则定 |
| 出必告 | 反必面 | 居有常 | 业无变 |
| 事虽小 | 勿擅为 | 苟擅为 | 子道亏 |
| 物虽小 | 勿私藏 | 苟私藏 | 亲心伤 |
| 亲所好 | 力为具 | 亲所恶 | 谨为去 |
| 身有伤 | 贻亲忧 | 德有伤 | 贻亲羞 |
| 亲爱我 | 孝何难 | 亲憎我 | 孝方贤 |
| 亲有过 | 谏使更 | 怡吾色 | 柔吾声 |
| 谏不入 | 悦复谏 | 号泣随 | 挞无怨 |
| 亲有疾 | 药先尝 | 昼夜侍 | 不离床 |
| 丧三年 | 常悲咽 | 居处变 | 酒肉绝 |
| 丧尽礼 | 祭尽诚 | 事死者 | 如事生 |

### 出则悌

| | | | |
|---|---|---|---|
| 兄道友 | 弟道恭 | 兄弟睦 | 孝在中 |
| 财物轻 | 怨何生 | 言语忍 | 忿自泯 |
| 或饮食 | 或坐走 | 长者先 | 幼者后 |
| 长呼人 | 即代叫 | 人不在 | 己即到 |
| 称尊长 | 勿呼名 | 对尊长 | 勿见能 |
| 路遇长 | 疾趋揖 | 长无言 | 退恭立 |
| 骑下马 | 乘下车 | 过犹待 | 百步余 |
| 长者立 | 幼勿坐 | 长者坐 | 命乃坐 |
| 尊长前 | 声要低 | 低不闻 | 却非宜 |
| 进必趋 | 退必迟 | 问起对 | 视勿移 |
| 事诸父 | 如事父 | 事诸兄 | 如事兄 |

### 谨

| | | | |
|---|---|---|---|
| 朝起早 | 夜眠迟 | 老易至 | 惜此时 |
| 晨必盥 | 兼漱口 | 便溺回 | 辄净手 |
| 冠必正 | 纽必结 | 袜与履 | 俱紧切 |
| 置冠服 | 有定位 | 勿乱顿 | 致污秽 |
| 衣贵洁 | 不贵华 | 上循分 | 下称家 |
| 对饮食 | 勿拣择 | 食适可 | 勿过则 |
| 年方少 | 勿饮酒 | 饮酒醉 | 最为丑 |
| 步从容 | 立端正 | 揖深圆 | 拜恭敬 |
| 勿践阈 | 勿跛倚 | 勿箕踞 | 勿摇髀 |
| 缓揭帘 | 勿有声 | 宽转弯 | 勿触棱 |
| 执虚器 | 如执盈 | 入虚室 | 如有人 |

事勿忙　忙多错　勿畏难　勿轻略

斗闹场　绝勿近　邪僻事　绝勿问

将入门　问孰存　将上堂　声必扬

人问谁　对以名　吾与我　不分明

用人物　须明求　倘不问　即为偷

借人物　及时还　人借物　有勿悭

后有急　借不难

## 信

凡出言　信为先　诈与妄　奚可焉

话说多　不如少　惟其是　勿佞巧

奸巧语　秽污词　市井气　切戒之

见未真　勿轻言　知未的　勿轻传

事非宜　勿轻诺　苟轻诺　进退错

凡道字　重且舒　勿急疾　勿模糊

彼说长　此说短　不关己　莫闲管

见人善　即思齐　纵去远　以渐跻

见人恶　即内省　有则改　无加警

惟德学　惟才艺　不如人　当自砺

若衣服　若饮食　不如人　勿生戚

闻过怒　闻誉乐　损友来　益友却

闻誉恐　闻过欣　直谅士　渐相亲

无心非　名为错　有心非　名为恶

过能改　归于无　倘掩饰　增一辜

## 泛爱众

| | | | |
|---|---|---|---|
| 凡是人 | 皆须爱 | 天同覆 | 地同载 |
| 行高者 | 名自高 | 人所重 | 非貌高 |
| 才大者 | 望自大 | 人所服 | 非言大 |
| 己有能 | 勿自私 | 人所能 | 勿轻訾 |
| 勿谄富 | 勿骄贫 | 勿厌故 | 勿喜新 |
| 人不闲 | 勿事搅 | 人不安 | 勿话扰 |
| 人有短 | 切莫揭 | 人有私 | 切莫说 |
| 道人善 | 即是善 | 人知之 | 愈思勉 |
| 扬人恶 | 即是恶 | 疾之甚 | 祸且作 |
| 善相劝 | 德皆建 | 过不规 | 道两亏 |
| 凡取与 | 贵分晓 | 与宜多 | 取宜少 |
| 将加人 | 先问己 | 己不欲 | 即速已 |
| 恩欲报 | 怨欲忘 | 报怨短 | 报恩长 |
| 待婢仆 | 身贵端 | 虽贵端 | 慈而宽 |
| 势服人 | 心不然 | 理服人 | 方无言 |

## 亲 仁

| | | | |
|---|---|---|---|
| 同是人 | 类不齐 | 流俗众 | 仁者稀 |
| 果仁者 | 人多畏 | 言不讳 | 色不媚 |
| 能亲仁 | 无限好 | 德日进 | 过日少 |
| 不亲仁 | 无限害 | 小人进 | 百事坏 |

## 余力学文

| | | | |
|---|---|---|---|
| 不力行 | 但学文 | 长浮华 | 成何人 |
| 但力行 | 不学文 | 任己见 | 昧理真 |

读书法　有三到　心眼口　信皆要

方读此　勿慕彼　此未终　彼勿起

宽为限　紧用功　工夫到　滞塞通

心有疑　随札记　就人问　求确义

房室清　墙壁净　几案洁　笔砚正

墨磨偏　心不端　字不敬　心先病

列典籍　有定处　读看毕　还原处

虽有急　卷束齐　有缺损　就补之

非圣书　屏勿视　蔽聪明　坏心志

勿自暴　勿自弃　圣与贤　可驯致

模 块 二

# 数学基础知识

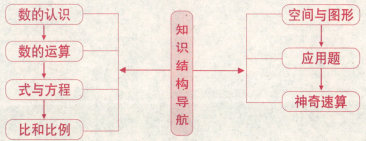

数的认识

数的运算

式与方程

比和比例

知识结构导航

空间与图形

应用题

神奇速算

# 第一章　数的认识

数的认识

1. 数的意义 { ①整数、自然数、小数、分数和百分数的意义
②小数、分数的基本性质 }

2. 数的读法和写法 { ①数位的顺序：整数的数位顺序、小数的数位顺序
②数的读法：整数、小数、分数和百分数
③数的写法：整数、小数、分数和百分数 }

3. 数的整除 { ①整除、除尽的意义
②因数和倍数
③能被2、5、3整除的数的特征
④质数、合数、分解质因数
⑤最大公因数、最小公倍数 }

4. 数的改写 { ①整数的改写
②求整数、小数的近似数
③整数、小数、分数和百分数的互化 }

课标解读

1. 正确理解自然数、零、整数的含义。

2. 熟记整数的数位顺序；能认识整数的计数单位；掌握十进

制计数法。

3. 能够根据数级正确地读、写多位数，能熟练地读、写千亿以内的整数。

4. 掌握改变多位数的计数单位的方法。

5. 会比较两个整数的大小。

6. 学会根据需要把一个数用四舍五入法省略尾数，求出它的近似数。

# 第一节　数的意义

## 一、整数和自然数的意义

### 1. 整数的意义

（1）整数的含义：像……，-3，-2，-1，0，1，2，3，……这样的数统称整数。整数的个数是无限的，没有最小的整数，也没有最大的整数。

（2）0的含义：0表示一个也没有；表示正、负数的分界；表示起点（如零刻度）；计数时0起占位作用。

（3）正整数和负整数：像1，2，3，…这样的数叫做正整数。像-1，-2，-3，…这样的数叫做负整数。0既不是正数，也不是负数，正数都大于0，负数都小于0。

### 2. 自然数的意义

（1）自然数的含义：在数物体个数的时候，用来表示物体个数的 1，2，3，4，5，…叫做自然数。一个物体也没有用 0 表示，自然数的个数是无限的。最小的自然数是 0，没有最大的自然数，自然数都是整数。

（2）一个自然数有两方面的意义：一是表示事物的多少，称为基数；二是表示事物的次序，称为序数。如"3 个学生"中的"3"是基数，"第 3 个学生"中的"3"是序数。

（3）自然数的基本单位：任何非"0"自然数都是由若干个"1"组成的，所以"1"是自然数的基本单位。

# 二、小数、分数和百分数的意义和性质

### 1. 小数的意义和性质

（1）小数的含义

把一个整体（或单位"1"）平均分成 10 份，100 份，1000 份……这样的 1 份或几份是十分之一，百分之一，千分之一……或十分之几，百分之几，千分之几……也可以用小数表示。把这些分数依照整数的写法来写，写在整数个位的右面，用圆点隔开，用来表示十分之几，百分之几，千分之几……的数叫做小数。小数的单位是 0.1，0.01，0.001，…它是十进制分数的另一种形式。

（2）小数的分类

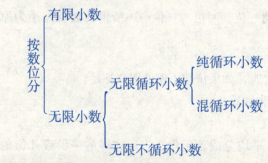

按整数部分与小数部分分 $\begin{cases} 纯小数 \\ \\ 带小数（混小数）\end{cases}$

①小数部分的位数是有限的小数，叫做有限小数。

②小数部分的位数是无限的小数，叫做无限小数。

纯小数和带小数：整数部分是0的小数叫做纯小数，纯小数小于1；整数部分不是0的小数叫做带小数，带小数大于或等于1。

④循环小数：一个小数，从小数部分的某一位起，一个数字或几个数字依次不断地重复出现，这样的小数叫做循环小数。循环小数都是无限小数。

⑤一个循环小数的小数部分中，依次不断重复出现的数字，叫做这个循环小数的循环节。

⑥循环节从小数部分第一位开始的，叫做纯循环小数；循环节不是从小数部分第一位开始的，叫做混循环小数。

（3）小数的基本性质

小数的末尾添上"0"或者去掉"0"，小数的大小不变。

（4）小数点位置的移动引起小数大小的变化

小数点向右移动一位、两位、三位……所得的数就扩大到原数的10倍、100倍、1000倍……

小数点向左移动一位、两位、三位……所得的数就缩小为原数的 $\frac{1}{10}$、$\frac{1}{100}$、$\frac{1}{1000}$……

移动小数点位置时，如果位数不够就用0补足。

**2．分数的意义和性质**

（1）分数的意义

①把单位"1"平均分成若干份，表示这样的一份或几份的数，叫做分数。

②在分数里，表示把单位"1"平均分成多少份的数叫做分数的分母；表示有多少份的数，叫做分子，分子和分母中间的横线，叫做分数线，分数所表示的数量大小叫做分数值。

③把单位"1"平均分成若干份，表示其中一份的数叫做分数单位。一个分数的分母是几，它的分数单位就是几分之一，分子是几，它就有几个这样的分数单位。（注意：带分数只有化成假分数后，它的分子才能是这个带分数中含有分数单位的个数）

（2）分数的分类

分子比分母小的分数叫做真分数。真分数小于1。分子比分母大的或分子和分母相等的分数叫做假分数。假分数大于或等于1。整数和真分数合成的分数叫带分数，它是大于1的假分数的另一种表示形式。

（3）分数与除法的关系

在分数中，分子相当于除法算式中的被除数，分母相当于除数，分数线相当于除号，分数值相当于商。

（4）分数的基本性质

分数的分子和分母同时乘或除以一个不为零的数，分数的大小不变。

**3. 百分数的意义**

（1）表示一个数是另一个数的百分之几的数叫做百分数，也叫做百分比。百分数通常用"％"表示。百分数的分数单位是1％。

（2）分数和百分数的关系

分数既可以表示一个数，也可以表示两个数的比，而百分数只表示一个数占另一个数的百分比，不能用来表示具体数。因此，百分数是一种特殊的分数，分数可以有单位，而百分数绝不能有单位。

**例1** 6.427 是（　　）位小数，它的计数单位是（　　），有（　　）个这样的计数单位，把小数点向右移动两位，这个数就（　　）倍。（吉林长春）

**分析**：这是一道有关小数知识的填空题，要完成此题需了解小数的意义和计数单位以及小数的小数点移动的变化规律的知识。"6.427 是（　　）位小数"，看小数点后面有几位数就是几位小数，"6.427" 小数点后面有三位数，所以 "6.427 是（三）位小数"，"计数单位是（0.001）"。在填小数的计数单位时，如果是一位小数，计数单位是 0.1；是两位小数，计数单位是 0.01；是三位小数，计数单位是 0.001，这是固定不变的。"有（　　）个这样的计数单位"，这个小数去掉小数点后是多少，就有多少个这样的计数单位，"6.427" 去掉小数点是 6427，填 "6427"。"把小数点向右移动两位，这个数就（　　）倍"，填 "扩大到原来的 100"，根据小数的小数点移动的变化规律来填。

**答案**：三　0.001　6427　扩大到原来的 100

**例2** $\frac{5}{9}$ 的分数单位是（　　），它有（　　）个这样的分数单位，再加上（　　）个这样的分数单位就是 1。（北京东城）

**分析**：根据分数单位的意义，$\frac{5}{9}$ 的分母是 9，它的分数单位是 $\frac{1}{9}$，分子是 5，有 5 个这样的分数单位，1 是分子分母相同的假分数，根据此题 1 是 $\frac{9}{9}$，已知有 5 个 $\frac{1}{9}$，再加上 4 个 $\frac{1}{9}$ 是 $\frac{9}{9}$，所以最后一个空填4。

**答案：** $\frac{1}{9}$　5　4

例3 张妈妈折了1000只纸鹤，有10只不合格，求合格率。（山东青岛）

**分析：** 根据合格率 $=\frac{合格产品数}{产品总数}\times 100\%$，因为产品总数为1000个，有10个不合格，则有990个合格。

**解答：** $\frac{1000-10}{1000}\times 100\%=99\%$

答：合格率是99%。

例4 判断下面说法的正误，对的在后面括号内打"√"，错的打"×"。（北京中关村）

（1）10个十分之一等于1个百分之一。（　　　）

（2）3.5与3.50大小相等，意义相同。（　　　）

（3）最小的两位小数是0.01，最大的两位小数是0.99。（　　　）

（4）比 -1 大的数都是正数。（　　　）

**分析：**（1）10个十分之一是1，1个百分之一是0.01，1当然不等于0.01。本题主要区分：在整数中，10个十等于1个百，是由低位化为高位；而在小数中，1个十分之一等于10个百分之一，是由高位化为低位。

（2）由小数的基本性质知，在小数的末尾添上0或者去掉0，小数的大小不变。3.5与3.50大小是相等的。但是3.5与3.50的意义并不相同，3.5是三又十分之五，3.50是三又百分之五十；从近似数的精确值来讲，二者也不相同，3.5 的取值范围是3.45~3.54；而3.50的取值范围是3.495~3.504。

（3）最小的两位小数是0.01，是由1个 $\frac{1}{100}$ 组成；但最大的

两位小数是由无数个$\frac{1}{100}$组成，所以没有最大的两位小数。

（4）像$-1$，$-\frac{8}{9}$，$-3.2$，……这样的数都是负数。与负数相反的数是正数，像$+1$，$+\frac{8}{9}$，$+3.2$，……这样的数都是正数，正数前面的"＋"也可以去掉。0既不是正数，也不是负数。正数都大于0，负数都小于0，负数都小于正数。由此，我们知道此题是错误的。

答案：（1）× （2）× （3）× （4）×

# 第二节　数的读法和写法

知识梳理

## 一、数位的顺序

### 1．计数单位

个、十、百……以及十分之一、百分之一……都是计数单位。

### 2．数位

各个计数单位所占的位置，叫做数位，数位是按一定的顺序排列的。

### 3．十进制计数法

"十进制计数法"是世界各国最常用的一种计数方法。它的特点是每相邻的两个计数单位之间的进率都是"十"，就是10个较低的计数单位可以进成一个与之相邻的较高的计数单位（即通常所说的"逢十进一"）。这种以"十"为基础进位的计数方法，叫十进制计数法。

# 二、数的读法和写法

## 1. 整数的读法和写法

（1）整数的读法

个级的数，按数位顺序从高位依次读向低位；四位以上的数，要从高位起，顺次读出各级里的数及它的级名；万级和亿级，都按照读个级的方法去读；每级末尾的0都不读，其他数位不管有一个0或者有连续的几个0，都只读一次"零"。

（2）整数的写法

从高位到低位，一级一级地往下写，先写亿级，再写万级，最后写个级；哪个数位上有几个计数单位，就在哪个数位上写几；哪个数位上一个计数单位都没有，就在哪一位上写0。

## 2. 小数的读法和写法

（1）小数的读法

读小数时，从左往右，整数部分按照整数的读法来读（整数部分是0的读作"零"），小数点读作"点"，小数部分从高位到低位顺次读出每一个数位上的数字，即使是连续的0，也要依次读出来。

（2）小数的写法

写小数时，也是从左往右，整数部分按照整数的写法来写（整数部分是零的写作"0"），小数点写在个位的右下角，小数部分从高位到低位顺序写出每个数位上的数字。

## 3. 分数的读法和写法

（1）分数的读法

读分数时，先读分数中的分母，再读"分之"，最后读分子。读带分数时，要先读整数部分，再读分数部分，中间加一个"又"字。

（2）分数的写法

写分数时，先写分数线，再写分母，最后写分子。写带分数时，要先写整数部分，再写分数部分，整数部分要对准分数线，距离要紧凑。在列式计算中，分数线要对准"＝"号中两横线的中间。

**4. 百分数的读法和写法**

（1）百分数的读法

与分数的读法相同，先读分母，再读分子。

（2）百分数的写法

百分数通常不写成分数形式，而是在原来的分子后面加上百分号"％"。写百分数时，要先写分子，再写百分号。

考题例析

**例1** 一个八位数，它的千万位、十万位、千位和个位上都是6，其余数位上都是0，这个数读作（                ），写作（                ）。（河北邯郸）

**分析**：这是一道填空题，要想完成此题必须了解整数的数位顺序和整数读、写法。按整数的写法先把这个八位数写出来是"60606006"，再按整数的读法读出这个数。

**答案**：六千零六十万六千零六　60606006

**例2** 由6个1，8个0.1和5个0.01组成的小数是（    ），它表示（        ）。（北京西城）

**分析**：要想完成此题必须掌握小数的组成和小数的意义，根据小数的写法先写出这个小数是"6.85"，再根据小数的意义知这个小数表示"685 个百分之一"。

**答案**：6.85  685 个百分之一

**例3** 7568 是由（　　　）个千、（　　　）个百、（　　　）个十和（　　　）个一组成的，读作：（　　　　　）。（江苏浙江）

**分析**：千位上的数是几就表示几个千，百位上的数是几就表示几个百，十位上的数是几就表示几个十，个位上的数是几就表示几个一，再按照整数读法先读高位顺次读出这个数。

**答案**：7  5  6  8  七千五百六十八

**例4** 用三个 8 和三个 0 组成的六位数中，一个零都不读出的最小六位数是（　　　）；只读一个零的最大六位数是（　　　）；读出两个零的六位数是（　　　）。（天津）

**分析**：多位数读写中的难点是多位数中的"0"。根据读数法则，只有每级末尾的 0 不读，其他数位上的一个或连续几个零只读一个。那么写数时，要符合"一个零都不读出来"的条件，就要把 0 放在级尾，六位数中包括万级和个级两个数级，同时要使此数最小，就要尽量把 0 放在万级的级尾，只能是 808800；要符合"读出一个零"的条件，就要把 0 放在个级首或个级中，又要此数尽可能大，就要尽量把 8 放在高位上，于是可得 880800；要符合"读出两个零"的条件，就要把 0 放在个级首和个级中，即是 800808。

**答案**：808800  880800  800808

# 第三节　数的整除

知识梳理

## 一、数的整除

### 1. 整除、除尽的意义

（1）整除的意义

整数 $a$ 除以整数 $b$（$b \neq 0$），除得的商正好是整数且没有余数，我们就说 $a$ 能被 $b$ 整除或 $b$ 能整除 $a$。

（2）除尽的意义

两个数相除，所得的商是整数或有限小数，且没有余数，就是除尽。

（3）数的整除，一般不包括零这一自然数。

### 2. 因数和倍数

（1）因数和倍数的意义

如果 $a \times b = c$（且 $a$、$b$、$c$ 均为非 0 自然数），那么我们就说 $a$ 和 $b$ 是 $c$ 的因数，$c$ 是 $a$ 和 $b$ 的倍数。倍数和因数是相互依存的。

（2）因数和倍数的求法

①找因数的方法：

a. 用因数与倍数的关系找。（即用乘法找）

b. 用整除的意义来找。（即用除法找）

②找一个数的倍数的方法是用这个数分别乘自然数 1、2、3、4、5……

（3）因数和倍数的特点

①一个数的因数的个数是有限的，其中最小的因数是1，最大的因数是它本身。

②一个数的倍数是无限的，其中最小的倍数是它本身，没有最大的倍数。

③一个数既是它本身的因数，又是它本身的倍数。

## 二、能被 2、5、3 整除的数

**1. 能被 2 整除的数的特征**

个位上的数字是 0、2、4、6、8 的数都能被 2 整除。

**2. 奇数和偶数**

（1）不能被 2 整除的数叫做奇数。

（2）能被 2 整除的数叫做偶数。

在自然数中的一个数，它不是奇数就是偶数，最小的奇数是 1，没有最大的奇数，最小的偶数是 0，没有最大的偶数。

**3. 能被 5 整除的数的特征**

个位上的数字是 0 或 5 的数都能被 5 整除。

**4. 能被 3 整除的数的特征**

一个数各个数位上的数字的和是 3 的倍数，这个数就能被 3 整除。

**5. 同时能被 2、3、5 整除的数的特征**

一个数的个位是 0，且各个数位上的数字之和是 3 的倍数，这个数就能同时被 2、3、5 整除。

## 三、质数和合数

**1. 质数**

质数的含义：一个数，如果只有 1 和它本身两个因数，这样

的数叫做质数，也叫素数，最小的质数是 2，2 是唯一的偶质数，没有最大的质数。

**2. 合数**

（1）合数的含义：一个数，如果除了 1 和它本身外还有别的因数，这样的数叫做合数。最小的合数是 4，没有最大的合数。

（2）1 既不是质数也不是合数。

（3）判断一个数是质数还是合数的方法：

①检查因数的个数：即先找出这个数所有的因数，再数因数的个数，只有两个因数的数是质数，有三个或三个以上因数的数是合数。

②查质数表：20 以内的质数有：2，3，5，7，11，13，17，19。

③找第三个因数：这个因数既不是 1，也不是这个数本身。没有第三个因数的数便是质数，否则就是合数。

**3. 分解质因数**

（1）质因数：每个合数都可以写成几个质数相乘的形式。其中每个质数都是这个合数的因数，叫做这个合数的质因数。

（2）分解质因数：把一个合数用质因数相乘的形式表示出来，叫做分解质因数。

（3）分解质因数的方法：把一个合数分解质因数，通常运用短除法。

分解质因数时，先用这个合数的质因数（通常从最小的开始）去除，得出的商如果是质数，就把除数和商写成相乘的形式，得出的商如果是合数，就照上面的方法继续除下去，直到得出的商是质数为止，然后把各个除数和最后的商写成连乘的形式。

## 四、最大公因数

### 1. 最大公因数的含义

求几个数公有的因数，叫做这几个数的公因数。其中最大的一个叫做这几个数的最大公因数。

### 2. 求几个数的最大公因数的方法

几个自然数的最大公因数必须包含这几个自然数全部公有的质因数，因此，把各个自然数通过分解质因数的方法求出全部公有的质因数，再把它们连乘起来，积就是这几个自然数的最大公因数。

### 3. 互质数

公因数只有 1 的两个数叫做互质数。

## 五、最小公倍数

### 1. 最小公倍数的含义

几个数公有的倍数，叫做这几个数的公倍数，其中最小的一个叫做这几个数的最小公倍数。

### 2. 求最小公倍数的方法

（1）分解质因数；

（2）短除法；

（3）利用最大公因数求最小公倍数。

### 3. 求特殊关系的两个数的最大公因数和最小公倍数方法

（1）互质的两个数，它们的最大公因数是 1，最小公倍数是它们的积。

（2）如果两个数是倍数关系，那么它们的最大公因数是其中较小的数，最小公倍数是其中较大的数。

**考题例析**

**例1** 一个带分数的整数部分是最小的质数，分母是最小的合数，分子既不是质数也不是合数，这个带分数是＿＿＿。（河南郑州）

**分析**：带分数由整数和真分数两部分组成，最小的质数是 2，最小的合数是 4，1 既不是质数也不是合数，根据以上这些条件知，这个带分数是 $2\frac{1}{4}$。

**答案**：$2\frac{1}{4}$

**例2** 选择题

把 210 分解质因数是（　　　）。

A. $210 = 1 \times 2 \times 3 \times 5 \times 7$

B. $2 \times 3 \times 5 \times 7 = 210$

C. $210 = 5 \times 6 \times 7$

D. $210 = 2 \times 3 \times 5 \times 7$（吉林四平）

**分析**：分解质因数是把一个合数写成几个质因数相乘的形式。它不同于乘法算式，而是把被分解的合数写在等号左侧，B 违背了分解质因数的意义，是求积；A 中 1 不是质数，C 中 6 不是质数，是合数，所以选 D。

**答案**：D

**例3** 求 24 和 36 的最大公因数和最小公倍数。（福建福州）

**分析**：此题考查的是两个数的最大公因数和最小公倍数的求法，求 24 和 36 的最大公因数和最小公倍数通常用短除法，用它们公有的质因数去除，直到所得的两个商是互质数为止。

$$
\begin{array}{r|rr}
2 & 24 & 36 \\
2 & 12 & 18 \\
3 & 6 & 9 \\
\hline
& 2 & 3
\end{array}
$$

**解答**：24 和 36 的最大公因数是 $2 \times 2 \times 3 = 12$，最小公倍数是：$2 \times 2 \times 3 \times 2 \times 3 = 72$。

**例 4** 填空。（山东德州）

（1）$a$ 与 $b$ 是互质数，它们的最大公因数是（　　），最小公倍数是（　　）。

（2）$a = 2 \times 3 \times 5$，$b = 2 \times 3 \times 3$，$a$，$b$ 两数的最大公因数是（　　），最小公倍数是（　　）。

（3）两个数的最大公因数是 12，最小公倍数是 60，这两个数分别是（　　）和（　　）。

**分析**：这组填空题，主要考查我们对最大公因数、最小公倍数的理解。

最大公因数是两个数全部公有质因数的积。（1）中两个数互质，故无公有质因数，其最大公因数是 1；（2）中 $a$，$b$ 有公有质因数 2 和 3，其最大公因数是 $2 \times 3 = 6$；（3）中最大公因数是 12，则每个数中都应含有质因数 2，2，3。

最小公倍数是两个数全部公有质因数及各自特有质因数的积。（1）中各自特有 $a$，$b$，则最小公倍数是 $a \cdot b$；（2）中各自特有质因数有 5，3，则最小公倍数是 $2 \times 3 \times 3 \times 5 = 90$；（3）中最小公倍数是 60，$60 = 2 \times 2 \times 3 \times 5$，除去公有质因数 2，2，3 后只余下 5，故只有一个数有其特有质因数 5，两个数分别是：$2 \times 2 \times 3 = 12$，$2 \times 2 \times 3 \times 5 = 60$。

**答案**：（1）1　$ab$　（2）6　90　（3）12　60

# 第四节　数的改写

知识梳理

## 一、数的简写

### 1. 小数的简写

（1）计算小数时，小数结果的末尾有 0 可以省略简写，但如果是求小数的近似数，近似数末尾的 0 不可以省略。

（2）循环小数中的循环节可以简写，循环节是一位、两位的就在它们上头点上圆点，如果循环节是三位或三位以上的就在循环节的首位和末位上头点上圆点。

### 2. 把多位数改写成以"万"或"亿"作单位的数

如果改写的是整万整亿的数，就把原数末尾划去 4 个 0 或 8 个 0，同时加上"万"或"亿"字。如果改写的多位数不是整万整亿的数，就在万位或亿位的右下角点上小数点，去掉小数末尾的 0，再在小数的后面加上"万"或"亿"字。

## 二、近似数

### 1. 省略尾数求近似数

先用"四舍五入"法省略万位或亿位后面的尾数，再在这个数的后面加写"万"或"亿"字，得出的是近似数，中间要用"≈"连接。如果求万以内的数的近似数也用同样的方法。

**2. 求小数的近似数**

根据要求，要把小数保留到哪一位，就把这一位后面的尾数按照"四舍五入"法省略，中间用"≈"连接。

# 三、数的互化

### 1. 假分数与带分数或整数之间的互化

（1）假分数化成整数或者带分数的方法：

根据分数与除法的关系，用假分数的分子除以分母，如果分子是分母的倍数，所得的商就是整数，如果分子不是分母的倍数，所得的商就是带分数的整数部分，余数就是分数部分的分子，原分母不变。

（2）整数化成假分数的方法

把整数（0除外）化成假分数，用指定的分母（0除外）作分母，用分母和整数相乘的积作分子。

（3）带分数化成假分数的方法

把带分数化成假分数，用原来的分母作分母，用分母与整数的乘积再加上分子作分子。

### 2. 分数、小数和百分数之间的互化

（1）

（2）约分：把一个分数化成同它相等，但分子、分母都比较小的分数叫约分，约分后的分数是最简分数（分子和分母互质）。

（3）判断一个分数能否化成有限小数的方法

①要看这个分数是否是最简分数。

②如果是最简分数，就要看其分母中含有哪些质因数，如果分母中只含有质因数2和5，这个分数就能化成有限小数，如果分母中含2和5以外的质因数，这个分数就不能化成有限小数。

考题例析

**例1** 计算10÷6的结果。（吉林四平）

**分析：** 先计算10÷6的结果，通过计算可知结果是循环小数，循环小数的表示方法是在循环节上头点上圆点，如果循环节是一位或两位就在循环节上头点上圆点，如果是三位或三位以上，只在首位和末位上头点圆点。

**解答：** $10÷6=1.\dot{6}$。

**例2** 填空题。

一个三位小数用"四舍五入"法取近似值为8.30，这个三位小数最大是____，最小是____。（北京朝阳）

**分析：** 此题是对求小数的近似值及"四舍五入"法等知识点的综合考查，原小数为三位小数，根据"四舍五入"法的取值规则，近似值8.30可能是由原数"四舍"得到的，即原小数的千分位前面是8.30，其千分位上最大的数字是4，则原小数最大为8.304；也可能是由原数"五入"得到的，即原小数的千分位前是8.30−0.01=8.29，其千分位上最小的数字是5，则原小数最小为8.295。

**答案：** 8.304　8.295

**例3** 下列分数中，哪些分数能化成有限小数，哪些分数不能化成有限小数？能化成有限小数的要化成有限小数。

$\dfrac{5}{28}$　$\dfrac{13}{40}$　$\dfrac{9}{25}$　$\dfrac{7}{8}$　$\dfrac{15}{32}$　$\dfrac{11}{36}$（吉林长春）

**分析**：这些分数都是最简分数，要判断能否化成有限小数，要看每个分数的分母中含有哪些质因数，如果分母中只含有质因数 2 和 5，这个分数就能化成有限小数，如果分母中含有 2 和 5 以外的质因数，这个分数就不能化成有限小数，分数 $\dfrac{5}{28}$ 的分母 28 的质因数有 2 和 7，不能化成有限小数，分数 $\dfrac{13}{40}$、$\dfrac{9}{25}$、$\dfrac{7}{8}$、$\dfrac{15}{32}$ 的分母只含有质因数 2 和 5，所以这 4 个分数都能化成有限小数，分数 $\dfrac{11}{36}$ 的分母 $36 = 2 \times 2 \times 3 \times 3$，不能化成有限小数。再根据分数化小数的方法，用分母除分子。

**解答**：$\dfrac{5}{28}$、$\dfrac{11}{36}$ 不能化成有限小数；$\dfrac{13}{40}$、$\dfrac{9}{25}$、$\dfrac{7}{8}$、$\dfrac{15}{32}$ 能化成有限小数。

$$\frac{13}{40} = 13 \div 40 = 0.325,$$

$$\frac{9}{25} = 9 \div 25 = 0.36,$$

$$\frac{7}{8} = 7 \div 8 = 0.875,$$

$$\frac{15}{32} = 15 \div 32 = 0.46875。$$

**例 4** 将两个整数分别四舍五入到万位，都约等于 7 万，原数一个大于 7 万，另一个小于 7 万，并且相差 2，这两个数分别是（　　）和（　　）。（辽宁沈阳）

**分析**：这是一道探索性试题。考查求近似数方面的知识。要求由给出的结论探求满足该结论所需的条件，我们应从正、反两方面入手，结合相关知识，分析、推理找出所需条件。既然近似数都是 7 万，且相差 2，那么一个是大于 7 万的最小五位

数 70001，另一个数是小于 7 万的最大五位数 69999。

**答案：** 70001　69999

例 5　将 $2\frac{1}{7}$ 化成循环小数是（　　），小数点右边第 2002 位上的数字是（　　）。（河北保定）

**分析：** 本题综合考查分数与小数的互化、循环小数的意义。善于观察，发现规律，把握问题的实质是解题的关键。先求出 $2\frac{1}{7}=2.\dot{1}4285\dot{7}$，商是一个纯循环小数，每六位循环一次，$2002\div6=333\cdots\cdots4$，也就是说循环周期出现了 333 次后还余 4 个数字，可推出第 2002 位上的数字就是每个周期中的第四个数字 8。

**答案：** $2.\dot{1}4285\dot{7}$　8

# 第二章 数的运算

数的运算 {
　数的大小比较 {
　　整数的大小比较
　　小数的大小比较
　　分数的大小比较
　　比较百分数的大小
　}

　四则运算 {
　　四则运算的意义和法则 {
　　　加法（把两个数合并成一个数的运算）　→　乘法（求几个相同加数的和的简便运算）
　　　↓　　　　　　　　　　　　　　　　　　↓
　　　减法（加法的逆运算）　　　　　　　　除法（乘法的逆运算）
　　}
　　加、减、乘、除各部分之间的关系
　　分数四则运算 { 意义 法则 } → （加、减、乘、除）
　　小数四则运算 { 意义 法则 } → （加、减、乘、除）
　　运算定律和简便算法
　　四则混合运算
　}
}

课标解读

1. 理解数的加法、减法、乘法和除法四则运算的含义。

2. 理解数的加法、减法、乘法和除法运算之间的关系。

3．理解数的加法、减法、乘法和除法各部分的关系。

4．进一步掌握四则运算的计算法则，掌握四则混合运算的运算顺序。

5．理解和掌握加法和乘法的运算定律和一些简便运算的方法。

# 第一节　数的大小比较

知识梳理

### 1．比较整数的大小

比较正整数的大小，位数多的那个数就大，如果位数相同，就看最高位，最高位的数字大，那个数就大，最高位上的数相同，就看下一位，哪一位的数字大，那个数就大……

### 2．比较小数的大小

先看它们的整数部分，整数部分大的那个数就大，整数部分相同的，十分位上的数大的那个数就大，十分位上也相同的，百分位上数大的那个数就大……

### 3．比较分数的大小

分母相同的分数，分子大的分数比较大；分子相同的分数，分母小的分数大。

分数的分母和分子都不相同的，先通分，再比较两个分数的大小。

### 4．比较百分数的大小

比较百分号前面的数，哪个大，这个百分数就大，或把百分数化成小数、分数后再进行比较。

**5. 整数、小数、百分数之间的比较**

要把整数、小数、百分数中的百分数化成小数，两两比较（两个小数比较），再和整数进行比较。

**例1** 在下列各小数的小数部分的数字上面直接加上循环点，使排列顺序符合要求。

3.1415 > 3.1415 > 3.1415 > 3.1415 （江苏扬州）

**分析：**此题是以循环小数及数的大小比较为考查点，由于是四位小数，故循环节有四种情况，"5"、"15"、"415"、"1415"，小数部分前四个数字相同，则第五位上是"5"时最大，是"4"时次之，两个"1"相同，就要比较第六位上的数。

**解答：**$3.141\dot{5} > 3.1\dot{4}1\dot{5} > 3.14\dot{1}\dot{5} > 3.\dot{1}41\dot{5}$。

**例2** 比较 $\frac{9}{10}$ 和 $\frac{11}{12}$ 的大小的方法有哪些？（安徽芜湖）

**分析：**1. 化成同分母分数后比较大小：$\frac{9}{10} = \frac{54}{60}$，$\frac{11}{12} = \frac{55}{60}$，$\frac{54}{60} < \frac{55}{60}$，所以 $\frac{9}{10} < \frac{11}{12}$。

2. 化成分子相同的分数后比较大小：$\frac{9}{10} = \frac{99}{110}$，$\frac{11}{12} = \frac{99}{108}$，$\frac{99}{110} < \frac{99}{108}$，所以 $\frac{9}{10} < \frac{11}{12}$。

3. 和 1 比较：$1 - \frac{9}{10} = \frac{1}{10}$，$1 - \frac{11}{12} = \frac{1}{12}$，$\frac{1}{10} > \frac{1}{12}$，所以 $\frac{9}{10} < \frac{11}{12}$。

还有几种方法有待自行研究，如扩大法比较等等。

**解答**：$\dfrac{9}{10} < \dfrac{11}{12}$。

**例3** 在下列数的数字上直接加上循环点，使排列顺序符合要求。（辽宁沈阳）

3.1416 > 3.1416 > 3.1416 > 3.1416

**分析**：这是一道条件开放性试题，灵活性强，重在考查学生的创新能力。这些数的小数点右边前四位完全相同，要使它们从大到小排列，那么小数点后第五位数应依次为6，4，1。由于已知数中有两个1，那么排在后面的两个数的循环点分别加在千分位和十分位的1上，那 $3.14\dot{1}\dot{6}$ 和 $3.\dot{1}41\dot{6}$。这样它们的排列顺序为：

$3.141\dot{6} > 3.14\dot{1}\dot{6} > 3.14\dot{1}\dot{6} > 3.\dot{1}41\dot{6}$。

**答案**：$3.141\dot{6} > 3.14\dot{1}\dot{6} > 3.14\dot{1}\dot{6} > 3.\dot{1}41\dot{6}$。

# 第二节　四则运算

## 一、四则运算的意义和法则

### 1. 四则运算的意义

（1）加法的意义

把两个数合并成一个数的运算叫做加法。

在加法里，相加的两个数都叫做加数，加得的数叫做和。加数是部分数，和是总数。

（2）减法的意义

已知两个加数的和与其中的一个加数，求另一个加数的运算，叫做减法。

在减法里，已知的和叫做被减数，已知的加数叫做减数，未知的叫差。

（3）乘法的意义

求几个相同加数的和的简便运算，叫做乘法。

（4）除法的意义

已知两个因数的积与其中的一个因数，求另一个因数的运算，叫做除法。

**2．四则运算法则**

（1）整数加法计算法则

相同数位对齐，从低位加起，哪一位上的数相加满十，就向前一位进一。

（2）整数减法计算法则

相同数位对齐，从低位减起，哪一位上的数不够减就从它的前一位退一作十，和本位上的数字加在一起再减。

（3）整数乘法计算法则

先用一个因数每一位上的数字分别去乘另一个因数各个数位上的数字，用因数哪一位上的数去乘，乘得的积的末尾就对齐哪一位，然后把各次乘得的数加起来。

（4）整数除法计算法则

先从被除数的高位除起，除数是几位数，就看被除数的前几位，如果不够除就多看一位，除到被除数的哪一位，商就写在哪一位上面，如果哪一位上不够商"1"，要补"0"占位，每次除得的余数要小于除数。

# 二、加、减、乘、除各部分之间的关系

## 1．加减法各部分之间的关系

在加法里，相加的数叫做加数，加得的数叫做和，加数是部分数，和是总数。加数＋加数＝和。

在减法里，已知的和叫做被减数，已知的加数叫做减数，未知的加数叫做差。和－一个加数＝另一个加数。

加法和减法互为逆运算。

## 2．乘除法各部分之间的关系

在乘法里，相同的加数和相同加数的个数都叫做因数，相同加数的和叫做积。

在除法里，已知的积叫做被除数，已知的一个因数叫做除数，所求的因数叫做商。

乘法和除法互为逆运算。

一个因数×一个因数＝积；

一个因数＝积÷另一个因数。

在乘法里，0和任何数相乘都得0，1和任何数相乘都得任何数。在除法里，0不能做除数，因为0和任何数相乘都得0，所以任何一个数除以0，均得不到一个确定的商。

# 三、分数四则运算

## 1．分数四则运算的意义

（1）分数加法

分数加法的意义与整数加法的意义相同，是把两个数合并成一个数的运算。

（2）分数减法

分数减法的意义与整数减法的意义相同，已知两个加数的和与其中的一个加数，求另一个加数的运算。

（3）分数乘法

分数乘法的意义与整数乘法的意义相同，就是求几个相同加数的和的简便运算。

（4）分数除法

分数除法的意义与整数除法的意义相同，就是已知两个因数的积与其中一个因数，求另一个因数的运算。

**2．分数四则运算法则**

（1）同分母分数加减法的计算方法

同分母分数相加减，只把分子相加减，分母不变。

（2）异分母分数加减法的计算方法

先通分，然后按照同分母分数加减法的法则计算。

（3）带分数加减法的计算方法

整数部分和分数部分分别相加减，再把所得的数合并起来。

（4）分数乘法的计算法则

分数乘整数：用分数的分子和整数相乘的积作分子，分母不变。

分数乘分数：用分子相乘的积作分子，分母相乘的积作分母（能约分的要约分），乘积是 1 的两个数互为倒数。

（5）分数除法的计算法则

甲数除以乙数（零除外）等于甲数乘乙数的倒数。

# 四、小数四则运算

**1．小数四则运算的意义**

（1）小数加法

小数加法的意义与整数加法的意义相同，都是把两个数合并

成一个数的运算。

（2）小数减法

小数减法的意义与整数减法的意义相同，已知两个加数的和与其中一个加数，求另一个加数的运算。

（3）小数乘法

小数乘法的意义与整数乘法的意义相同，就是求几个相同加数的和的简便运算，一个数乘纯小数的意义，是求这个数的十分之几、百分之几、千分之几……是多少。

（4）小数除法

小数除法的意义与整数除法的意义相同，就是已知两个因数的积与其中的一个因数，求另一个因数的运算。

**2．小数四则运算的法则**

（1）小数加法法则

相同数位对齐，从低位加起，哪一位上的两数字相加满十向前一位进1。

（2）小数减法法则

相同数位对齐，从低位减起，哪一位上不够减，从前一位退1作十加到本位上再减。

（3）小数乘法法则

先按照整数乘法法则算出积，再看因数中共有几位小数，就从积的右边数出几位，点上小数点，如果位数不够，就用"0"补足。

（4）小数除法法则

①除数是整数的小数除法法则

先按照整数除法的法则去除，商的小数点要和被除数的小数点对齐，如果除到被除数的末尾仍有余数，就在余数后面添"0"再继续除。

②除数是小数的除法法则

先移动除数的小数点，使它变成整数，被除数的小数点也向右移动相同的位数（位数不够的补"0"），然后按照除数是整数的除法计算。

# 五、数的运算定律

（1）加法交换律

两个数相加，交换加数的位置，他们的和不变，即 $a+b=b+a$。

（2）加法结合律

三个数相加，先把前两个数相加，再加上第三个数，或先把后两个数相加，再与第一个数相加，它们的和不变。即：$(a+b)+c=a+(b+c)$。

（3）乘法交换律

两个数相乘，交换因数的位置，它们的积不变。即 $a×b=b×a$。

（4）乘法结合律

三个数相乘，先把前两个数相乘，再乘第三个数，或者先把后两个数相乘，再和第一个数相乘，它们的积不变。即：$(a×b)×c=a×(b×c)$。

（5）乘法分配律

两个数的和与一个数相乘，可以把这两个加数分别与这个数相乘，再把两个积相加。即：$(a+b)×c=ac+bc$。

# 六、四则混合运算

## 1. 四则混合运算顺序

（1）第一级运算

加法和减法叫做第一级运算。

（2）第二级运算

乘法和除法叫做第二级运算。

（3）没有括号的混合运算

同级运算从左向右依次运算；两级运算，先算乘除法再算加减法。

（4）有括号的混合运算

先算小括号里面的，再算中括号里面的，最后算括号外面的。

（5）分数、小数的混合运算顺序和整数的混合运算顺序相同。

**2．运算定律**

加法：交换律、结合律

乘法：交换律、结合律、分配律。

**3．运算性质**

减法：$a-b-c=a-（b+c）$

除法：$a \div b \div c=a \div （b \times c）$

考题例析

**例1** 用竖式计算。

（1）$36+79$

（2）$100-97$

（3）$325 \times 16$（江西南昌）

**分析**：（1）此题主要检查学生对计算法则掌握的情况，36 加 79，首先要把数位对齐，然后看个位 6 加 9 得 15，要向十位进 1，十位 3 加 7 还要加进位的 1，得 11，所以此题得 115。

（2）此题主要检查学生对计算法则掌握的情况，100－97，首先要把相同数位对齐，然后从低位减起，个位不够减要向前一位借 1 作十和本位上的数合并在一起再减，在本题中 0 减 7 不够减，向十位借 1，十位不够减，向百位借 1，10 减 7 等于 3，十位退 "1" 得 9，9 减 9 等于 0，百位被十位退 "1" 也是 0，所以此题等于3。

(3) 此题要把相同数位对齐，然后用因数16的个位6去乘325各个数位上的数，再用1去乘325各个数位上的数，再把乘得的数相加。

**解答：** (1) 36 + 79 = 115

$$
\begin{array}{r}
3\ 6 \\
+\ 7\ {}_1 9 \\
\hline
1\ 1\ 5
\end{array}
$$

(2) 100 − 97 = 3

$$
\begin{array}{r}
1\ 0\ 0 \\
-\quad 9\ 7 \\
\hline
3
\end{array}
$$

(3) 325 × 16 = 5200

$$
\begin{array}{r}
3\ 2\ 5 \\
\times \quad 1\ 6 \\
\hline
1\ 9\ 5\ 0 \\
3\ {}_1 2\ {}_1 5 \\
\hline
5\ 2\ 0\ 0
\end{array}
$$

**例2** 4 × 5 表示什么？（湖北武汉）

**分析：** 此题是考查四则运算的意义。4 × 5 就是求 5 个 4 的和。所以表示为 5 个 4 的和是多少？

**解答：** 4 × 5 表示 5 个 4 的和是多少。

**例3** 把 9 × 7 = 63 改写成两道除法算式。（山东潍坊）

**分析：** 除法是乘法的逆运算，此题可根据两个因数的积是 63 和其中一个因数 9 或 7，求另一个因数 7 或 9 即可。

**解答：** 写出的两个算式是：63 ÷ 7 = 9，63 ÷ 9 = 7。

**例4** $\dfrac{4}{5}$ × 3 表示什么？3 × $\dfrac{4}{5}$ 表示什么？（山东烟台）

**分析：** $\frac{4}{5} \times 3$ 的意义与整数乘法的意义相同，即求 3 个 $\frac{4}{5}$ 的

和，如图（1）；$3 \times \frac{4}{5}$ 是把 3 看成一个整体，平均分成 5 份，求其

中的 4 份，即求 3 的 $\frac{4}{5}$ 是多少？如图（2）。

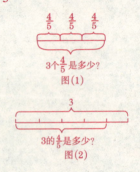

3 个 $\frac{4}{5}$ 是多少？

图(1)

3 的 $\frac{4}{5}$ 是多少？

图(2)

**解答：** 3 个 $\frac{4}{5}$ 是多少，3 的 $\frac{4}{5}$ 是多少。

**例 5** 直接写得数。

(1) $\frac{2}{3} - \frac{3}{5}$　　(2) $12 - 2\frac{3}{5}$

(3) $15 \times \frac{2}{3}$　　(4) $20 \div \frac{4}{5}$（辽宁本溪）

**分析：**（1）$\frac{2}{3} - \frac{3}{5}$，这两个分数的分数单位不同，所以首先

要通分，使之成为 10 个 $\frac{1}{15}$ 减去 9 个 $\frac{1}{15}$，差是（10 - 9）个 $\frac{1}{15}$，$\frac{2}{3}$

$- \frac{3}{5} = \frac{10}{15} - \frac{9}{15} = \frac{1}{15}$。

（2）$12 - 2\frac{3}{5}$，完成此题一定要注意从 12 中退 1，成为 11

$\frac{5}{5}$，整数部分实质上是 11 - 2，切勿算成 $12 - 2\frac{3}{5} = 10\frac{2}{5}$。

(3) $15 \times \dfrac{2}{3}$，由于 $\dfrac{2}{3}$ 不能化成有限小数，所以直接用 15 和 3

约分，使分母成为 1，所以 $\overset{5}{\cancel{15}} \times \dfrac{2}{\underset{1}{\cancel{3}}} = 10$。

(4) $20 \div \dfrac{4}{5}$，20 除以分数 $\dfrac{4}{5}$，等于 20 乘 $\dfrac{4}{5}$ 的倒数 $\dfrac{5}{4}$，$20 \times$

$\dfrac{5}{4} = 25$。

**解答：** (1) $\dfrac{1}{15}$　(2) $9\dfrac{2}{5}$　(3) 10　(4) 25

**例6** 竖式计算并验算。（河南许昌）

(1) $3.685 + 97.35$

(2) $100 - 0.97$

**分析：** (1) 小数点上下对齐及相同数位对齐。相加时，要加上进上来的1。

```
    3. 6 8 5
 + 9 7. 3 5
-------------
 1 0 1. 0 3 5
```

验算：

```
 1 0 1. 0 3 5
 -  9 7. 3 5
-------------
    3. 6 8 5
```

(2) 百分位上的 0 不够减 1，向十分位借，而十分位并没有数，就要向个位借，这样一直借到了百位，百分位上借 1 当 10，$10 - 7 = 3$；十分位向个位借 1 也当 10，但这个 10 已被百分位借去 1，故只剩下了 9，$9 - 9 = 0$，个位、十位同样也只剩下了 9。

```
 1 0 0. 0 0
 -   0. 9 7
-----------
   9 9. 0 3
```

验算：

$$\begin{array}{r} 9\ 9.0\ 3 \\ +\quad 0.9\ 7 \\ \hline 1\ 0\ 0.0\ 0 \end{array}$$

**解答：**（1）101.035 （2）99.03

**注意：**验算方法并不是唯一的。

例7 5800除以60商是96时，余数是（ ）。（安徽阜阳）

**分析：**

$$\begin{array}{r} 96 \\ 60{\overline{\smash{\big)}\,5800}} \\ \underline{540} \\ 400 \\ \underline{360} \\ 40 \end{array} \qquad \begin{array}{r} 96 \\ 6\,0{\overline{\smash{\big)}\,580\,0}} \\ \underline{54} \\ 40 \\ \underline{36} \\ 4 \end{array}$$

　　　①　　　　　②

由①很容易得出答案余数是40，而由②知余数是4，而此时被除数、除数同时缩小至原来的 $\frac{1}{10}$，为了商不变，余数应扩大到原来的10倍，则是40。还可以通过余数 = 被除数 − 商 × 除数来计算，即 $5800 - 96 \times 60 = 40$。

**答案：**40

例8 选择合适的方法计算下面各题。（青海西宁）

（1）$5.87 - (3.87 - 0.96)$

（2）$1.02 \div 1.25$

（3）$1\frac{7}{15} - \frac{1}{8} - \frac{7}{8} + \frac{8}{15}$

（4）$\left(\frac{1}{5} + \frac{1}{3} - \frac{1}{6}\right) \times 30$

**分析：**（1）观察可知，5.87与3.87小数部分相同，所以可根据减法性质 $a - (b - c) = a - b + c$ 将括号去掉，得出 $5.87 - 3.87 + 0.96 = 2 + 0.96 = 2.96$；

（2）利用除法的基本性质，被除数和除数都乘0.8商不变，或直接利用除以一个数等于乘这个数的倒数来计算，1.25 与 0.8 互为倒数；

（3） $1\frac{7}{15}$ 和 $\frac{8}{15}$ 分母相同，$\frac{1}{8}$ 和 $\frac{7}{8}$ 分母相同，所以只要改变运算顺序就可以简算；

（4）利用乘法分配律，省去通分的过程。

**解答：**（1）原式 $=5.87-3.87+0.96=2.96$

（2）原式 $=$（$1.02\times0.8$）$\div$（$1.25\times0.8$）$=0.816$

（3）原式 $=1\frac{7}{15}+\frac{8}{15}-\frac{1}{8}-\frac{7}{8}=2-\left(\frac{1}{8}+\frac{7}{8}\right)=1$

（4）原式 $=\frac{1}{5}\times30+\frac{1}{3}\times30-\frac{1}{6}\times30=6+10-5=11$

**例 9** 计算：$3\frac{3}{4}\times1.25+37.5\times0.975-375\%$ 。（新疆乌鲁木齐）

**分析：** 观察算式发现三项中有相似的三个数：$3\frac{3}{4}=3.75$、$37.5$、$375\%=3.75$，可以利用积不变的性质将 $37.5$ 转换为 $3.75$，$37.5\times0.975=3.75\times9.75$。

**解答：** 原式 $=3.75\times1.25+3.75\times9.75-3.75$

$\qquad=3.75\times$（$1.25+9.75-1$）

$\qquad=3.75\times10$

$\qquad=37.5$

**例 10** 选择合适的方法计算下面各题。（山东济宁）

（1）（$4.71\div0.6$）$\times\left(3\frac{3}{8}-3.375\right)+2\frac{11}{13}$

（2）$\left[2-\left(11.9-8.4\times\frac{4}{3}\right)\right]\div1.3$

（3）$2\frac{1}{6}\div\left[\left(1\frac{1}{6}-0.375\times\frac{4}{5}\right)\times1\frac{1}{4}\right]$

**分析**：这三道题都是分数、小数的四则混合运算，在计算中应认真观察数字特点，选择合理方法，明确是统一为分数，还是统一为小数运算。

（1）此题要求同学们能熟练掌握常见分数与小数的互化，观察到 $3\frac{3}{8} - 3.375 = 0$，从而利用 $a \times 0 = 0$ 使计算简单。

（2）原式中含有分数和小数，在计算 $8.4 \times \frac{4}{3}$ 时，由于 8.4 和 3 可以进行约分，所以可直接计算。$8.4 \times \frac{4}{3} = 11.2$。

（3）此式中 $0.375 \times \frac{4}{5}$ 也可直接约分计算，但 $1\frac{1}{6}$ 不能化成有限小数，所以需将 0.375 化成分数。

**解答**：

（1）原式 $= 0 + 2\frac{11}{13} = 2\frac{11}{13}$

（2）原式 $= [2 - (11.9 - 11.2)] \div 1.3$

$= 1.3 \div 1.3 = 1$

（3）原式 $= 2\frac{1}{6} \div \left[ \left( 1\frac{1}{6} - \frac{3}{8} \times \frac{4}{5} \right) \times \frac{5}{4} \right]$

$= 2\frac{1}{6} \div \left[ \left( 1\frac{1}{6} - \frac{3}{10} \right) \times \frac{5}{4} \right]$

$= 2\frac{1}{6} \div \left[ \frac{13}{15} \times \frac{5}{4} \right]$

$= \frac{13}{6} \times \frac{15}{13} \times \frac{4}{5}$

$= 2$

第三章　**式 与 方 程**

式与方程
├─ 1. 用字母表示数
│   ├─ 用字母表示运算定律
│   ├─ 用字母表示计算公式
│   ├─ 用含有字母的式子表示数量关系
│   ├─ 用含有字母的式子表示数量
│   └─ 求值
│
├─ 2. 简易方程
│   ├─ 方程的意义
│   ├─ 等式的意义
│   ├─ 等式的性质
│   ├─ 方程与等式的关系
│   └─ 解方程
│       ├─ 方程的解的意义
│       ├─ 解方程的意义
│       ├─ 简易方程的解法
│       └─ 检验方法及书写格式
│
└─ 3. 列方程解应用题
    ├─ 列方程解应用题的意义
    ├─ 列方程解应用题的关键
    ├─ 列方程解应用题的特点
    ├─ 列方程解应用题的步骤
    ├─ 列方程解应用题和算术法的不同
    ├─ 解两三步计算的应用题
    └─ 解含有两个未知数的应用题

课标解读

1. 理解掌握并会区别方程、方程的解、解方程三个概念。
2. 熟练掌握解方程的方法；会解简易方程及检验。

# 第一节　用字母表示数

知识梳理

## 一、用字母表示运算定律

1. 用字母表示数的意义

用字母表示数比用文字叙述更简明易懂，也便于应用。

2. 乘号的简写、略写方法

在含有字母的式子里，数字和字母中间的乘号可以记作"×"，也可以省略不写，在省略乘号的时候，应当把数字写在字母前面。例如 $a \times 4 = 4a$。

3. 用字母表示运算定律

| 加法运算定律 | 交换律 | $a + b = b + a$ |
|---|---|---|
| | 结合律 | $(a + b) + c = a + (b + c)$ |
| 乘法运算定律 | 交换律 | $ab = ba$ |
| | 结合律 | $(ab) c = a (bc)$ |
| | 分配律 | $(a + b) c = ac + bc$ |

# 二、用字母表示计算公式

## 1. 平面图形周长、面积的计算公式

| 图形名称 | 字母—意义 | 周长公式 | 面积公式 |
|---|---|---|---|
| 长方形 | $a$—长  $b$—宽 | $C = 2(a + b)$ | $S = ab$ |
| 正方形 | $a$—边长 | $C = 4a$ | $S = a^2$ |
| 平行四边形 | $a$—底  $h$—高 |  | $S = ah$ |
| 三角形 | $a$—底  $h$—高 |  | $S = \frac{1}{2}ah$ |
| 梯形 | $a$—上底  $b$—下底  $h$—高 |  | $S = \frac{1}{2}(a + b)h$ |
| 圆 | $r$—半径<br>$d$—直径  $\pi$—圆周率 | $C = \pi d$ 或 $C = 2\pi r$ | $S = \pi r^2$ |

## 2. 立体图形的表面积和体积的计算公式

| 图形名称 | 字母—意义 | 表面积 | 体积 |
|---|---|---|---|
| 长方体 | $a$—长  $b$—宽  $h$—高 | $S_表 = 2(ab + ah + bh)$<br>$S_表 = 2ab + 2ah + 2bh$ | $V = abh$<br>$V = S_底 h$ |
| 正方体 | $a$—棱长 | $S_表 = 6a^2$ | $V = a^3$<br>$V = S_底 h$ |
| 圆柱体 | $r$—半径  $h$—高  $d$—直径 | $S_表 = \pi dh + 2\pi r^2$ | $V = S_底 h$ |
| 圆锥体 | $h$—高 |  | $V = \frac{1}{3}S_底 h$ |

# 三、用字母表示数量关系

1. 用 $s$ 表示路程，$t$ 表示时间，$v$ 表示速度得到：$s = vt$，$t = \dfrac{s}{v}$，$v = \dfrac{s}{t}$。

2. 用 $a$ 表示收入，$b$ 表示支出，$c$ 表示结余得到：$c = a - b$，$a = b + c$，$b = a - c$。

3. 用 $a$ 表示单价，$x$ 表示数量，$c$ 表示总价得到：$c = ax$，$a = \dfrac{c}{x}$，$x = \dfrac{c}{a}$。

4. 用 $a$ 表示工作效率，$t$ 表示工作时间，$c$ 表示工作总量得到：$c = at$，$a = \dfrac{c}{t}$，$t = \dfrac{c}{a}$。

5. 用 $b$ 表示水稻单位面积产量，$x$ 表示面积，$w$ 表示总产量得到：$w = bx$，$b = \dfrac{w}{x}$，$x = \dfrac{w}{b}$。

## 四、用含有字母的式子表示数量

1. 如果用 $a$ 表示弟弟的岁数，姐姐比弟弟大 4 岁，那么姐姐的岁数可以表示成 $a + 4$。

2. 已知每米花布 12.4 元，用 $x$ 表示购买花布的长度，那么应付的钱数就可以表示成 $12.4x$。

3. 食堂计划每月烧煤 $a$ 吨，实际节约 $b$ 吨，实际每月烧煤的质量就可以表示成 $a - b$。

4. 一个商店买来 500 辆自行车，总价是 $b$ 元，单价就可以表示成 $\dfrac{b}{500}$。

## 五、求值

1. 含有字母的式子不仅可以表示数量关系，也可以表示数量，只要给出式子中每个字母的值是多少，就可以算出这个式子表示的数值是多少。

2. 我们计算一个图形的面积或周长时，实际上是把数值代入相关的公式，算出的结果就是它的周长或面积。

 考题例析

**例1** 因为 $2^2 = 2 \times 2$，所以 $a^2 = a \times 2$ 这种说法对吗？（北京海淀）

**分析：** $2^2$ 表示 2 个 2 相乘，即 $2^2 = 2 \times 2 = 4$，$a^2$ 表示 2 个 $a$ 相乘，即 $a^2 = a \cdot a$ 要和 $a \times 2$ 区别开来，$a \times 2$ 表示 2 个 $a$ 相加，即 $a \times 2 = 2a$。

**解答：** 这种说法错误。

**例2** 当 $x = 6$ 时，$x^2$ 和 $2x$ 各等于多少？当 $x$ 的值是多少时，$x^2$ 和 $2x$ 正好相等？（长春模拟）

**分析：** 本题有两个问题：

第一个问题是区别 $x^2$ 和 $2x$ 的意义的不同，$x^2$ 表示两个 $x$ 相乘，$2x$ 表示 2 乘 $x$，然后解答当 $x = 6$ 时，$x^2$ 和 $2x$ 各等于多少？

第二个问题有两个答案 $x = 2$ 或 $x = 0$，当 $x = 2$ 时，$x^2 = 4$，$2x = 4$，当 $x = 0$ 时，$x^2 = 0$，$2x = 0$。

**解答：** 当 $x = 6$ 时 $x^2 = 6 \times 6 = 36$，

$\qquad 2x = 2 \times 6 = 12$；

当 $x = 2$ 或 $x = 0$ 时，$x^2$ 和 $2x$ 正好相等。

**例3** 用含有 $a$，$b$，$h$ 的式子表示下面图形的面积。（吉林四平）

**分析**：这是一个组合图形，上面是三角形，它的底是 $a$，高是 $h$。

下面是长方形，长是 $a$，宽是 $b$，三角形的面积+长方形的面积也就是组合图形的面积。

**解答**：$S = ah \div 2 + ab$

**例4** 甲地到乙地的水路长 1125 千米，一艘轮船以每小时 26 千米的速度从甲地开往乙地。（辽宁大连）

（1）开出 $t$ 小时后，离甲地有多少千米？如果 $t = 12$，离甲地有多少千米？

（2）开出 $t$ 小时后，到乙地还要航行多少千米？如果 $t = 20$，到乙地还要航行多少千米？

**分析**：关键在于理解题意，弄清轮船行驶的方向，可以画线段图，帮助理解题意。

甲地 ├───────→────────┤ 乙地

从线段图看出：（1）求离甲地有多少千米就是求 $t$ 小时行驶的路程。（2）求距乙地有多少千米也就是求剩下的路程。

**解答**：（1）$26t$ 千米，

$$26t = 26 \times 12 = 312 \text{（千米）}；$$

（2）$(1125 - 26t)$ 千米，

$$1125 - 26 \times 20 = 605 \text{（千米）}。$$

**例5** 省略乘号，写出下面各式。（河北鸡泽）

$6 \times a \qquad b \times c \qquad x \times 5$

$b \times b \qquad m \times 1 \qquad x \cdot y \cdot 4$

**分析**：这道题主要帮助我们掌握在含有字母的式子中，乘号简写、略写的规则。

用字母表示数以后，在含有字母的式子里，字母与字母或与数字相乘时，它们中间的"×"可以记作"·"，也可以省略不写，但要注意：

（1）省略乘号后，必须把数字写在字母前面。

（2）数字1与任何字母相乘时，"1"可省略不写。

（3）$a \times a$ 可以写作 $a^2$，读作 $a$ 的平方或 $a$ 的二次方，表示 $a$ 乘 $a$。

**答案**：$6a$  $bc$  $5x$  $b^2$  $m$  $4xy$

**例6** 每支铅笔 $a$ 元，钢笔的单价是铅笔的 11 倍，小明买了 5 支铅笔和 1 支钢笔。

（1）小明买铅笔，钢笔共用去多少元？

（2）买钢笔比买铅笔多用去多少元？（河北石家庄）

**分析**：此题一方面考查我们能否用字母表示比较复杂的数量关系，另一方面考查我们对形如 $ax + bx$ 和 $ax - bx$ 的计算。

**解答**：铅笔每支 $a$ 元，买 5 支的总价就是 $5a$；

钢笔单价是铅笔的 11 倍，是 $11a$。

买铅笔和钢笔的总价是 $5a + 11a$，可理解为 "5 个 $a$" 加上 "11 个 $a$"，共 16 个 $a$，$5a + 11a = 16a$。

买钢笔多用的钱：$11a - 5a = 6a$。

# 第二节　简易方程

知识梳理

# 一、方程的意义

## 1. 方程的意义

含有未知数的等式，叫做方程，例如 $20 + x = 100$，$3x = 9x - 10$ 都是方程。

**2. 方程意义的应用**

**例1** 下面各式中哪些是方程，哪些不是方程？为什么？

$4+3x=10$　　　　$6+2x$

$7-x>3$　　　　$17-8=9$

$8x=0$　　　　$18÷x=2$

**分析**：判断一个式子是不是方程，要根据方程的意义去判断，方程的意义是：含有未知数的等式叫做方程，也就是说方程要具备两个条件：（1）含有未知数；（2）是等式。

**解答**：既含有未知数又是等式的式子有：$4+3x=10$，$8x=0$，$18÷x=2$。这三个式子是方程。

$6+2x$，$7-x>3$含有未知数但不是等式，所以不是方程。

$17-8=9$是等式，但不含有未知数，所以也不是方程。

# 二、等式的意义、性质

### 1. 等式的意义

用"="连接的式子叫做等式。

例如：$3+5=8$、$2x=4$……都是等式。

### 2. 等式的性质

（1）等式的两边加上（或减去）同一个数，等式仍成立。

例如：如果$A=B$，那么$A±m=B±m$。

（2）等式两边同时乘或除以相同的数（0除外），等式仍成立。

例如：如果$A=B$，那么$Am=Bm$或$\dfrac{A}{n}=\dfrac{B}{n}$（$n≠0$）。

### 3. 方程和等式的关系

方程都是等式，等式不一定是方程，等式包括方程。

# 三、解方程

**1. 方程的解**

使方程左右两边相等的未知数的值，叫做方程的解。

例如：$x = 80$ 是方程 $20 + x = 100$ 的解。

**2. 解方程**

求方程的解的过程叫做解方程。

**3. 简易方程的解法**

（1）根据四则运算中各部分的关系来求方程的解。

加法 $\begin{cases} \text{加数} + \text{加数} = \text{和} \\ \text{一个加数} = \text{和} - \text{另一} \\ \qquad\qquad \text{个加数} \end{cases}$

减法 $\begin{cases} \text{被减数} - \text{减数} = \text{差} \\ \text{被减数} = \text{减数} + \text{差} \\ \text{减数} = \text{被减数} - \text{差} \end{cases}$

乘法 $\begin{cases} \text{因数} \times \text{因数} = \text{积} \\ \text{一个因数} = \text{积} \div \text{另一} \\ \qquad\qquad \text{个因数} \end{cases}$

除法 $\begin{cases} \text{被除数} \div \text{除数} = \text{商} \\ \text{除数} = \text{被除数} \div \text{商} \\ \text{被除数} = \text{商} \times \text{除数} \end{cases}$

（2）根据等式的基本性质求方程的解。

**4. 检验的方法及书写格式**

**例2** $3x + 4 = 40$

解答：$3x = 40 - 4$

$\qquad\quad 3x = 36$

$\qquad\quad x = 12$

检验：把 $x = 12$ 代入原方程

左边 $= 3 \times 12 + 4 = 40$，右边 $= 40$

左边 $=$ 右边

所以 $x = 12$ 是原方程的解。

**例1** "$3x = 0$ 是方程"这种说法对吗？（黑龙江齐齐哈尔）

**分析：** 判断一个式子是不是方程，有两点：（1）是否含有未知数；（2）是不是等式。$3x = 0$，既含有未知数，又是等式，符合方程的意义。

**解答：** 这种说法正确。

**例2** 解方程：$3x + 60\% x = 4.32$，并检验。（吉林通化）

**分析：** $3x$ 和 $60\% x$ 都含有未知数 $x$，根据乘法分配律把这两项合并成一项，合并时把 $60\%$ 化成小数或分数参与计算，得到 $3.6x = 4.32$，再根据因数 $=$ 积 $\div$ 另一个因数，或根据等式的两边同时乘或除以相同的数（0 除外），等式成立的性质，求出 $x$ 的值.

**解答：** $3x + 60\% x = 4.32$

$3.6x = 4.32$

$x = 1.2$

检验：把 $x = 1.2$ 代入原方程

左边 $= 3 \times 1.2 + 60\% \times 1.2 = 4.32$

右边 $= 4.32$

左边 $=$ 右边

所以 $x = 1.2$ 是原方程的解。

**例3** 解方程：$11.8x + 0.12 = 12x - 0.36$。（吉林延边小学毕

业模拟）

**分析**：此题方程左右两边都含有未知数，在小学阶段不常见，但运用学过的知识可以解，首先根据等式的性质，方程左右两边都减去 $11.8x$，方程的左边得到 $0.12$，右边得到 $0.2x-0.36$，再根据被减数＝减数＋差，得到 $0.2x=0.48$，最后一步可以根据因数＝积÷另一个因数或等式的两边同时除以相同的数（0 除外）求出方程的解。

**解答**：$11.8x+0.12=12x-0.36$

$11.8x-11.8x+0.12=12x-11.8x-0.36$

$0.12=0.2x-0.36$

$0.2x=0.12+0.36$

$0.2x=0.48$

$x=2.4$

**例 4** 指出下面的式子中哪些是等式,哪些是方程。（河南郑州）

$\dfrac{3}{5}-x>\dfrac{1}{10}$    $3\times8=24$

$x\div7.8=0$    $4\times5-3x=2$

$x+8=76\div4$    $3x+25$

**分析**：判断一个式子是等式还是方程，要根据等式和方程的意义去判断，等式的意义是用等号" ＝ "连接的式子。看一个式子是不是等式，要看这个式子是不是用等号连接起来的；看一个式子是不是方程，要看它是不是含有未知数的等式，等式包括方程。

**解答**：等式有：$3\times8=24$

$x\div7.8=0$    $4\times5-3x=2$

$x+8=76\div4$

方程有：$x\div7.8=0$

$4\times5-3x=2$    $x+8=76\div4$

**例 5** 一个数的 $\frac{1}{2}$ 比这个数的 25% 多 10，这个数是多少？（用方程解）（山西大同）

**分析**：理解题意，找出等量关系列出方程：未知数用 $x$ 表示，一个数的 $\frac{1}{2}$，即 $\frac{1}{2}x$。这个数的 25%，即 $25\%x$。一个数的 $\frac{1}{2}$ 比这个数的 25% 多 10，列方程为 $\frac{1}{2}x - 25\%x = 10$。

**解答**：设这个数为 $x$，

列方程为 $\frac{1}{2}x - 25\%x = 10$

则 $\frac{1}{4}x = 10$    $x = 40$

# 第三节　列方程解应用题

知识梳理

**1. 列方程解应用题的意义**

列出含有未知数的等式解应用题实际就是列方程解应用题。

**2. 解题关键**

是在理解题意，分析数量关系的基础上找出应用题中数量间的相等关系，列出方程。

**3. 解题特点**

用字母表示未知数，根据题目中数量之间的相等关系，列出一个含有未知数的等式（方程）再求解。

**4. 解题步骤**

（1）理清题意找出未知数并用字母表示；

（2）找出应用题中数量之间的相等关系列方程；

（3）解方程；

（4）检验并写出答案。

**5. 用方程解应用题和用算术法解应用题的区别**

（1）用方程解应用题：

①未知数用字母表示，参加列式；

②根据题意找出数量间的相等关系，列出含有未知数的等式。

（2）用算术法解应用题：

①未知数不参加列式；

②根据题里已知数和未知数间的关系，确定解题步骤，再列式计算。

**6. 解含有两个未知数的应用题**

这种应用题的特点是：题里含有两个未知数，一般有两个已知条件说明两个未知数间的关系，如给出两个数的和或差，以及两个数的倍数关系等。

解题思路和方法：要求两个未知数，先设其中的一个为 $x$；根据一个已知条件（一般是两个数的倍数关系）确定另一个未知数（用含字母 $x$ 的式子来表示），再根据另一个已知条件列方程求出它的值，然后再求另一个未知数。

考题例析

例 **1** 一个三角形的面积是 10 平方厘米，它的底是 8 厘米，高是多少厘米？（吉林四平）

**分析：** 三角形面积与它的底和高之间有怎样的关系？三角形

面积的计算公式本身就是一个等式，根据这个公式可以列出方程。

**解答：**设三角形的高是 $x$ 厘米。

$$8x \div 2 = 10$$
$$8x = 20$$
$$x = 2.5$$

答：三角形的高是 2.5 厘米。

**例 2** 天津到济南的铁路长 357 千米，一列快车和一列慢车同时从两地相对开出，相向而行，经过 3 小时相遇，快车平均每小时行 79 千米，慢车平均每小时行多少千米？（安徽合肥）

**分析：**

```
        快车              相    慢车
    每小时79千米          遇    每小时? 千米
  天津  ┝━━━┿━━━┥  ┝━━━┿━━━┥  济南
              357千米
```

相遇时快车所行的路程加上慢车所行的路程等于什么？

**解答：**设慢车每小时行 $x$ 千米。

$$79 \times 3 + 3x = 357$$
$$3x = 120$$
$$x = 40$$

答：慢车每小时行 40 千米。

**例 3** 有两袋大米，甲袋大米的质量是乙袋大米质量的 1.2 倍，如果再往乙袋里装 5 千克，两袋米就一样重了，原来两袋大米各有多少千克？（江苏清江）

**分析：**理解题意，重点弄清"再往乙袋里装 5 千克大米两袋就一样重了"的含义，其实这 5 千克是两袋大米质量的差，也就是甲袋米的质量 - 乙袋米的质量 = 5 千克。

**解答：**设乙袋大米重 $x$ 千克。

$$1.2x - x = 5$$
$$0.2x = 5$$

$$x = 25$$

$25 \times 1.2 = 30$（千克）

答：乙袋大米有 25 千克，甲袋大米有 30 千克。

如果把第二个已知条件改成"如果从甲袋往乙袋倒 5 千克大米，两袋就一样重"。应该怎样列方程？互相交流一下。

**例 4** 一个两位数，十位上数字是个位上数字的 2 倍，将个位数字与十位数字调换，得到一个新的两位数，这两个两位数的和是 132。求这个两位数。（山东威海）

**分析**：这是一道较复杂的列方程解文字题，它综合考查我们对数的认识及设未知数、分析等量关系的能力。抓住下面三点来解答：

①等量关系式：新数 + 原数 = 132；

②设 1 倍数（个位数）为 $x$，则十位上的数字为 $2x$；

③个位上的数字表示几个一，十位上的数字表示几个十，两位数 $ab$ 可表示为 $10a + b$，如三位数 345 可表示为 $3 \times 100 + 4 \times 10 + 5$……原数是 $2x \times 10 + x$，新数是 $10x + 2x$。

**解答**：设个位上的数字是 $x$，那么十位上数字是 $2x$。

$$20x + x + 10x + 2x = 132$$
$$33x = 132$$
$$x = 4$$

$2x = 4 \times 2 = 8$

答：这个两位数是 84。

第四章　比和比例

比和比例
├─ 比的意义和性质
│  ├─ 比的意义
│  │  ├─ 比的意义
│  │  ├─ 比的各部分名称
│  │  │  ├─ 比号
│  │  │  ├─ 比的前项
│  │  │  ├─ 比的后项
│  │  │  └─ 比值
│  │  └─ 比、除法、分数的联系与区别
│  ├─ 比的性质
│  │  ├─ 比的基本性质
│  │  ├─ 化简比的方法
│  │  │  ├─ 整数比的化简
│  │  │  ├─ 小数比的化简
│  │  │  └─ 分数比的化简
│  │  ├─ 连比
│  │  └─ 化简比和求比值的区别
│  └─ 比的作用
├─ 比例的意义和性质
│  ├─ 比例的意义
│  ├─ 比例的各部分名称
│  ├─ 比和比例的区别
│  ├─ 比例的基本性质
│  ├─ 判断两个比是否组成比例的方法
│  ├─ 解比例的意义
│  ├─ 解比例的方法
│  ├─ 比例尺的意义
│  ├─ 比例尺的分类
│  │  ├─ 数值比例尺
│  │  └─ 线段比例尺　或　├─ 放大比例尺
│  │                      └─ 缩小比例尺
│  └─ 求比例尺、图上距离和实际距离的方法
└─ 正比例和反比例
   ├─ 正比例、反比例的意义及关系
   ├─ 正比例、反比例的判断方法
   ├─ 正比例与反比例的比较
   └─ 正比例、反比例的应用

1. 掌握比和比例的意义和比的基本性质，能判断两个比是否成比例。

2. 理解比和比例的意义并能正确地求出比值。

3. 理解比和比例的基本性质并能应用比的性质化简比。

4. 明确比和比例与分数、除法的关系，并能化简。

# 第一节　比的意义和性质

### 1. 比的意义

两个数相除又叫做两个数的比。

### 2. 比的各部分名称

"："是比号，读作"比"。比号前面的数叫做比的前项，比号后面的数叫做比的后项。比的前项除以比的后项所得的商，叫做比值。

例　$5 : 3 = 5 \div 3 = 1\dfrac{2}{3}$

$$\begin{array}{cccc} \vdots & \vdots & \vdots & \qquad \vdots \\ \text{前} & \text{比} & \text{后} & \qquad \text{比} \\ \text{项} & \text{号} & \text{项} & \qquad \text{值} \end{array}$$

**3. 比、除法、分数的联系与区别**

| | 联系 | | | | 区别 |
|---|---|---|---|---|---|
| 除法 | 被除数 | ÷ （除号） | 除数 | 商 | 是一种运算 |
| 分数 | 分子 | —— （分数线） | 分母 | 分数值 | 是一种数 |
| 比 | 前项 | : （比号） | 后项 | 比值 | 表示两个数的关系 |

**4. 比的基本性质**

比的前项和后项同时乘或者同时除以相同的数（0 除外），比值不变。这叫做比的基本性质。

**5. 化简比的方法**

通常根据比的基本性质把比化成最简单的整数比，即把比的前项、后项化成最大公因数是 1 的整数。

（1）整数比的化简

把比的前项和后项同时除以它们的最大公因数。

（2）小数比的化简

先将前项和后项都扩大相同的倍数，化成整数比，然后再按照整数比化简的方法进行化简。

（3）分数比的化简

先用分母的最小公倍数去乘比的前项和后项，把分数比化成整数比，再按整数比化简的方法进行化简。

**6. 连比**

三个或三个以上的数组成的比叫做连比。

**7. 化简比和求比值的区别**

求比值也就是求"商"，得到的是一个数，可以写成分数、小数，有时能写成整数。化简比则是为了得到一个最简单的整数比，可以写成真分数或假分数的形式，但不能写成带分数、小数或整数。

**8. 比的应用**

在工农业生产和日常生活中，常常需要把一个数量按照一定的比来进行分配，这种分配方法通常叫做按比例分配。

**考题例析**

**例1** 一个三角形面积是 48 平方分米，它的底是 12 分米，写出高和底的比，并求出比值。（北京海淀）

**分析**：要写出高和底的比，根据题意先求出高，用 $48 \times 2 \div 12 = 8$（分米）求出高就能写出高和底的比了，也能求出比值了。

**解答**：由题意知，高 $= 48 \times 2 \div 12 = 8$（分米），故高和底的比为 $8 : 12 = 2 : 3$，比值为 $8 : 12 = 8 \div 12 = \dfrac{2}{3}$。

**例2** $4 : 5$ 的前项要加上 8，要使比值不变，后项应加上多少？（吉林长春）

**分析**：比的前项加上 8 得 12，12 是 4 的 3 倍，就是说比的前项扩大为原来的 3 倍，要使比值不变，根据比的性质，后项也要扩大为原来的 3 倍，5 扩大为原来的 3 倍是 15，后项 5 加上 10 得 15，所以后项应加上 10。

**解答**：后项应加上 10。

**例3** 等腰直角三角形三个内角度数的比是（　　　　　　　）。（辽宁沈阳）

**分析**：等腰直角三角形的特征是两个底角相等，直角是每个底角的 2 倍，三个角共 4 份，所以等腰直角三角形三个内角度数的比就是 $1 : 1 : 2$ 或 $2 : 1 : 1$ 或 $1 : 2 : 1$。

**答案**：$1 : 1 : 2$ 或 $2 : 1 : 1$ 或 $1 : 2 : 1$

**例4** 长方形的周长是 80 分米，它的长和宽的比是 $5 : 3$，这个长方形的面积是多少平方分米？（湖北黄冈）

**分析**：要求长方形的面积，就必须要先求出长方形的长和宽，

根据题意，可以先求出两个长和两个宽，再分别除以2就得一个长和一个宽了，从而就能求出面积。还可以先求出一个长和一个宽的和，再求出长和宽，也就可以求出面积了。

**解法一：**

$$80 \times \frac{5}{8} \div 2 = 25 \text{（分米）}$$

$$80 \times \frac{3}{8} \div 2 = 15 \text{（分米）}$$

$$25 \times 15 = 375 \text{（平方分米）}$$

答：这个长方形的面积是375平方分米。

**解法二：**

$$80 \div 2 = 40 \text{（分米）}$$

$$40 \times \frac{5}{8} = 25 \text{（分米）}$$

$$40 \times \frac{3}{8} = 15 \text{（分米）}$$

$$25 \times 15 = 375 \text{（平方分米）}$$

答：这个长方形的面积是375平方分米。

**例5** 一个三角形中最大内角与最小内角相差30度，这个三角形三个内角度数的比是3：4：5，求此三角形的三个内角各是多少度。（黑龙江哈尔滨）

**分析：** 由最大内角与最小内角相差30度，最大内角与最小内角相差2份可以先求出1份是多少度，从而可以求出各个内角的度数。

**解答：** $30 \div (5 - 3) = 15 \text{（度）}$

$3 \times 15 = 45 \text{（度）}$

$4 \times 15 = 60 \text{（度）}$

$5 \times 15 = 75 \text{（度）}$

答：此三角形的三个内角的度数分别为45度、60度和75度。

# 第二节　比例的意义和性质

知识梳理

**1. 比例的意义**

表示两个比相等的式子叫做比例。

**2. 比例的各部分名称**

组成比例的四个数，叫做比例的项。两端的两项叫做比例的外项，中间的两项叫做比例的内项。

**3. 比和比例的区别**

比是表示两数相除，有两项；比例是一个等式，表示两个比相等，有四项。

**4. 比例的基本性质**

在比例里，两个外项的积等于两个内项的积，这叫做比例的基本性质。

**5. 判断两个比是否能组成比例的方法**

（1）应用比例的意义，要看两个比的比值是否相等，如果比值相等，这两个比就能组成比例。

（2）应用比例的基本性质，要看两个外项的积和两个内项的积是不是相等，如果相等，这两个比就能组成比例。

**6. 解比例的意义**

根据比例的基本性质，如果已知比例中的任何三项，就可以求出这个比例中的另外一个未知项。求比例中的未知项，叫做解比例。

### 7. 解比例的方法

因为外项×外项＝内项×内项

所以一个外项＝内项×内项÷另一个外项

一个内项＝外项×外项÷另一个内项

### 8. 比例尺的意义

图上距离和实际距离的比，叫做这幅图的比例尺。

### 9. 比例尺的分类

（1）①数值比例尺

如：1：6000000

②线段比例尺

如：⊢0——50——100千米⊣ 它表示图上1厘米的距离相当于地面上

50千米的实际距离。

（2）①放大比例尺：把实际距离扩大一定的倍数画在图纸上。

②缩小比例尺：把实际距离缩小一定的倍数画在图纸上。

### 10. 求比例尺、图上距离和实际距离的方法

图上距离：实际距离＝比例尺

或 $\dfrac{图上距离}{实际距离}$ ＝比例尺

图上距离＝实际距离×比例尺

实际距离＝图上距离÷比例尺

**例1** "两个比可以组成比例"这种说法对吗？（北京海淀）

**分析**：判断两个比能否组成比例，可以看这两个比的比值是否相等，比值相等的两个比可以组成比例，比值不相等的两个比

就不能组成比例。"两个比可以组成比例"这句话没有明确比值是不是相等。

**解答：** 不对

例2 下面两个比不能组成比例的是（　　）。（吉林长春）

(1) $5 : 8$ 和 $40 : 64$

(2) $\dfrac{3}{8} : \dfrac{3}{4}$ 和 $\dfrac{1}{5} : \dfrac{2}{5}$

(3) $12 : 18$ 和 $18 : 24$

(4) $1.5 : 2$ 和 $3.6 : 4.8$

**分析：** 根据比例的意义，表示两个比相等的式子叫做比例，要使两个比组成比例，它们的比值必须相等，在这四组中两个比的比值不相等的只有（3）。

**答案：** （3）

例3 甲、乙两地的实际距离是 300 千米，在一幅地图上量得这两地之间的距离是 5 厘米，在这幅地图上量得甲、丙两地之间的距离是 3 厘米，甲、丙两地之间的实际距离是多少千米？（吉林四平）

**分析：** 要求甲、丙两地之间的实际距离，要先求出这幅图的比例尺，根据 $\dfrac{图上距离}{实际距离} = 比例尺$，知道了这幅图的比例尺，再根据实际距离＝图上距离÷比例尺，就可以求甲、丙两地之间的实际距离了。

**解法一：** 300 千米 ＝30000000 厘米

$$5 : 30000000 = \dfrac{1}{6000000}$$

$$3 \div \dfrac{1}{6000000} = 18000000 （厘米） = 180 （千米）$$

答：甲、丙两地之间的实际距离是 180 千米。

**解法二：**

设甲、丙两地之间的实际距离是 $x$ 厘米。

由解法一知比例尺为 1：6000000

$$\frac{3}{x} = \frac{1}{6000000}$$

$$x = 18000000$$

18000000 厘米 = 180 千米

答：甲、丙两地之间的实际距离是 180 千米。

例 4　在比例尺是 1：50000 的地图上，量得 A、B 两地的距离是 4.4 厘米，现在改为用 $\frac{1}{20000}$ 的比例尺重新绘图，在新地图上 A、B 两地之间应该画多少厘米？（江西南昌）

**分析**：求图上距离，就必须知道实际距离，所以要先求出 A、B 两地的实际距离，知道了实际距离，就可以求出新地图上的图上距离了。

**解答**：$4.4 \div \frac{1}{50000} = 220000$（厘米）

$$220000 \times \frac{1}{20000} = 11 \ （厘米）$$

**综合算式**：

$$4.4 \div \frac{1}{50000} \times \frac{1}{20000} = 220000 \times \frac{1}{20000} = 11 \ （厘米）$$

答：在新地图上 A、B 两地之间应该画 11 厘米。

# 第三节　正比例和反比例

**1. 正比例、反比例的意义及关系**

（1）正比例的意义

两种相关联的量，一种量变化，另一种量也随着变化，如果这两种量中相对应的两个数的比值（也就是商）一定，这两种量就叫做成正比例的量，它们的关系叫做正比例关系。

如果用字母 $x$ 和 $y$ 表示两种相关联的量，用 $k$ 表示它们的比值（一定），正比例关系可以用下面的式子表示：

$$\frac{y}{x} = k \text{（一定）}$$

（2）反比例的意义

两种相关联的量，一种量变化，另一种量也随着变化，如果这两种量中相对应的两个数的积一定，这两种量就叫做成反比例的量，它们的关系叫做反比例关系。

如果用字母 $x$ 和 $y$ 表示两种相关联的量，用 $k$ 表示它们的乘积（一定），反比例关系可以用下面的式子表示：

$$x \times y = k \text{（一定）}$$

**2. 正比例、反比例关系的判断方法**

（1）正比例关系的判断方法

①确定两种量是相关联的量。

②变化方向相同（一种量扩大，另一种量也随着扩大；一种量缩小；另一种量也随着缩小）。

③相对应的两个数的比值（也就是商）一定。

（2）反比例关系的判断方法

①确定两种量是相关联的量。

②变化方向相反（一种量扩大，另一种量缩小；一种量缩小，另一种量反而扩大）。

③相对应的两个数的积一定。

**3．正比例与反比例的比较**

| | 正比例 | 反比例 |
|---|---|---|
| 相同点 | 都有两种相关联的量，一种量随着另一种量变化。 | |
| 不同点 | （1）"变化方向"相同，一种量扩大或缩小，另一种量也随着扩大或缩小。 （2）相对应两个数的比值（商）一定。 （3）$\dfrac{y}{x} = k$（一定） | （1）"变化方向"相反，一种量扩大或缩小，另一种量反而缩小或扩大。 （2）相对应两个数的积一定。 （3）$x \times y = k$（一定） |

**4．正比例、反比例的应用**

先找出题中有关联的三种量，确定其中三种量中谁是一定的，谁是变化的，列出等量关系式，再看这一定的量是商还是积，然后判断另两个量是成正比例还是成反比例，根据正比例或反比例的意义列出等式。

**考题例析**

**例 1** 判断下面各题中两种量是否成比例，成什么比例，并说明理由。（辽宁大连）

（1）$5a = 3b$（$a$ 不等于 $b$），$a$ 和 $b$；

（2）两个互相啮合的齿轮，齿数和转数；

（3）一袋大米 25 千克，吃去的部分和剩下的部分。

**分析**：判断两种相关联的量成什么比例，主要根据三个条件中的第三个条件，即看它们相对应的两个数是比值（商）一定，还是积一定。

**解答**：（1）因为 $5a = 3b$，所以 $\dfrac{a}{b} = \dfrac{3}{5}$，$a$ 和 $b$ 是两种相关联的量，它们与 $\dfrac{3}{5}$ 有下面的关系：

$$\dfrac{a}{b} = \dfrac{3}{5} \ （一定）$$

因为 $\dfrac{3}{5}$ 一定，就是 $a$ 和 $b$ 的比值一定，所以 $a$ 和 $b$ 成正比例。

（2）两个互相啮合的齿轮，齿数和转数是两种相关联的量，它们有下面的关系：

齿数×转数＝相同时间转过的齿数（一定）

因为两个互相啮合的齿轮在相同时间里转过的齿数一定，也就是齿数和转数的积一定，所以齿数和转数成反比例。

（3）吃去的部分和剩下的部分是两种相关联的量，它们与每袋大米的质量有下面的关系：

吃去的部分＋剩下的部分＝一袋大米的质量

当和一定时，两个加数不成比例。

**例 2** 一个修路队，3 天修路 150 米，照这种速度，需要再修 10 天才能修完。这条路共有多少米？（北京海淀）

**分析**："照这种速度"，就是说修路队的工作效率一定，那么修路的时间和修路的总长成正比例，"再修 10 天"就是在原来 3 天的基础上又修 10 天，也就是修这条路共修了 13 天，可根据正比例关系列式解答。

**解答**：设这条路共有 $x$ 米。

$$\frac{150}{3} = \frac{x}{3 + 10}$$

$$3x = 1950$$

$$x = 650$$

答：这条路共有 650 米。

**例3** 运一堆煤，计划每天运 150 吨，20 天运完。实际 2 天就运了 400 吨，照这样计算，实际几天运完？（用正、反比例解答）（吉林延边）

**分析**：根据题中"2 天就运了 400 吨，照这样计算"，就是每天运煤的数量一定，运煤的总质量和实际用的天数成正比例，可根据正比例关系列式计算。

**解答**：设实际 $x$ 天运完。

$$\frac{400}{2} = \frac{150 \times 20}{x}$$

$$400x = 6000$$

$$x = 15$$

答：实际 15 天运完。

**例4** 一个工程队修一条水渠，原计划每天修 3.2 千米，实际每天比原计划多修 25%，实际修完这条水渠用了 12 天。原计划用多少天修完？（用比例解答）（湖北黄冈）

**分析**：这条水渠的长一定，每天修水渠的长度和用的天数成反比例。把原计划每天修的水渠看做单位"1"，则实际每天修的水渠就是原计划的（1＋25%），可列出反比例式。

**解答**：设原计划用 $x$ 天修完。

$$3.2x = 3.2 \times (1 + 25\%) \times 12$$

$$3.2x = 48$$

$$x = 15$$

答：原计划用 15 天修完。

第五章　空间与图形

1. 线与角 {
　线：直线、射线、线段、垂线、平行线
　角：锐角、直角、钝角、平角、周角
}

2. 平面图形 {
　三角形 {
　　按角分类：锐角三角形、直角三角形、钝角三角形
　　按边分类：一般三角形、等边三角形、等腰（非等边）三角形
　}
　四边形 {
　　平行四边形、长方形、正方形
　　梯形：直角梯形、等腰梯形
　}
　圆 {
　　周长
　　面积
　}
　扇形
}

3. 立体图形 {
　长方体和正方体
　圆柱和圆锥
}

4. 图形与位置 {
　方向
　位置
　路线图
　观察物体
}

空间与图形

# 第一节 线和角

课标解读

1. 掌握直线、射线、线段的特点和它们之间的关系。
2. 认识角,掌握角的分类。
3. 通过动手操作,掌握垂线的画法,会度量角的大小。

知识梳理

## 一、线的认识与测量

**1. 直线、射线、线段的概念**

(1) 意义

线段:用直尺把两点连接起来,就得到一条线段。这两个点叫做线段的端点。线段是直线的一部分,它有长度,能够度量。

直线:把线段的两端无限延伸,就得到了一条直线。直线没有端点,它可以向两端无限延伸,不可度量。

射线:把线段的一端无限延长,就可以得到一条射线。射线有1个端点。它只能向一端无限延伸,不可度量。

(2) 性质

直线的性质:经过一点,可以画无数条直线;经过两点,只能画1条直线。

线段的性质：在连接两点的所有线中，线段最短。

（3）线段的测量

用尺子的 0 刻度与线段的一端重合，另一端所对的刻度数就是这条线段的长度。

**2．垂线和平行线的概念**

（1）意义

垂线：两条直线相交成 90°时，这两条直线互相垂直，其中一条直线叫做另一条直线的垂线，这两条直线的交点叫垂足。

平行线：在同一平面内不相交的两条直线叫做平行线，也可以说这两条直线互相平行。

（2）垂线的性质

①过直线上或直线外一点，有且只有一条直线和已知直线垂直。

②从直线外一点到这条直线上各点所连接的线段中，垂线段最短。

（3）距离

点到直线的距离：从直线外一点到这条直线所画的垂线段的长叫做这点到直线的距离。

平行线间的距离：两条直线互相平行时，从一条直线上的任意一点向另一条直线引垂线，所得的垂线段的长度，叫做这两条平行线间的距离。平行线间的距离处处相等。

# 二、角的认识与测量

**1. 意义**

从一点引出两条射线所组成的图形叫做角。这个点叫做角的顶点，这两条射线叫做角的两条边。

**2. 角的大小**

角的大小与两边张开的大小有关，与两边的长度无关。

**3. 角的分类**

根据角的大小将角分为以下几类：

锐角：小于90°的角叫做锐角。

直角：90°的角叫做直角。

钝角：大于90°而小于180°的角叫做钝角。

平角：180°的角叫做平角。

周角：360°的角叫做周角。

**4. 角的度量**

用量角器量角的时候，要把量角器放在角的上面，使量角器的中心和角的顶点重合，0刻度线和角的一条边重合，角的另一条边所对的刻度数就是这个角的度数。

**5. 角的画法**

（1）先画一条射线，使量角器的中心点和射线的端点重合，零刻度线和射线重合；

（2）根据所画角的度数画出确定角的另一条边的一个点；

（3）用直尺连接射线的端点与这一点，就画出了所要画的角。

考题例析

例1　"一条直线长8米。"这种说法对吗？（吉林四平）

**分析**：根据直线的概念，把线段的两端无限延长，就得到一条直线。可知直线没有端点，是向两端无限延伸的，所以，无法度量直线的长度。

**解答**：错误

例2 从太平村到高速路要修一条柏油路，你认为怎样修路最短？请画一画。如果这幅图的比例尺是1：20000，那么这条柏油路长多少米？（辽宁沈阳）

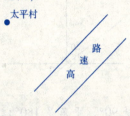

**分析**：根据垂线的性质，从直线外一点到这条直线上各点所连接的线段中，垂线段最短。所以，只要从太平村向高速路作垂线即可。要求所修柏油路的长度，就要先在图中量出太平村到高速路的距离（即垂线段的长）是多少，再根据所给的比例尺，便可以求出柏油路的长度。

**解答**：

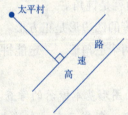

量得太平村到高速路的图上距离是1.9厘米。

柏油路的长度是：$1.9 \times 20000 = 38000$（厘米）$= 380$（米）

答：这条柏油路长380米。

例3 用一个20倍的放大镜来观察一个15°的角，这个角会有什么变化？（北京海淀）

**分析**：角的大小同两边的长短没有关系，只与两边叉开的大小有关。通过放大镜看角时，角的两边叉开的大小并没有改变，只是两条边看上去长了，所以，角的大小不变。

**解答**：没有变化，还是 15°。

**例 4** 求出下图中 ∠1、∠2 和 ∠3 的度数。（吉林四平）

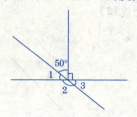

**分析**：利用直角是 90°，平角是 180° 以及图中各角之间的关系可以求得：∠1 = 90° − 50° = 40°，∠2 = 180° − ∠1 = 180° − 40° = 140°，∠3 = 180° − ∠2 = 180° − 140° = 40°。

**解答**：∠1 = 40°，∠2 = 140°，∠3 = 40°。

**例 5** 判断，对的打 "√"，错的打 "×"。

（1）直线比射线长。　　　　　　　　　　　　　　（　　）

（2）大于 90° 的角就是钝角。　　　　　　　　　　（　　）

（3）四条边都相等的四边形是正方形。　　　　　　（　　）

（4）面积相等的两个三角形，一定能拼成一个平行四边形。

　　　　　　　　　　　　　　　　　　　　　　　　（　　）

**分析**：这是对平面图形基本概念的考查。

（1）直线没有端点，射线只有一个端点，都可无限延长，不可比较长短。

（2）钝角不但要大于 90°，且还要小于平角 180°。

（3）正方形不但要四条边相等，且四个角还必须是直角，因为菱形的四条边也相等。

（4）两个完全相同的三角形一定能拼成一个平行四边形。两个三角形面积相等只是说明其底和高的乘积相等，并不能说明这两个三角形的形状相同，故不一定能拼成平行四边形。

**答案**：（1）×　　（2）×　　（3）×　　（4）×

**例 6**　计数。

图中有多少条线段,

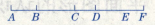
$A$　$B$　$C$　$D$　$E$　$F$

**分析**：计数的关键是理清次序，难点是理解计数中的重复情况。

**解法一**：在线段 $AF$ 上一共有 $A$，$B$，$C$，$D$，$E$，$F$ 6个点，以每个点为线段的一个端点的线段都有 $6-1=5$（条）。如以 $A$ 为线段的一个端点的线段有：$AB$，$AC$，$AD$，$AE$，$AF$；以 $C$ 为线段的一个端点的线段有 $CA$，$CB$，$CD$，$CE$，$CF$，有5条。由此可得共有 $6×5=30$（条）线段。但我们还可以发现，在上面的计数中出现了重复，如线段 $AC$ 和 $CA$ 是同一条线段，计数时重复了一次，其他每条线段也都这样被重复算了一次，这样图中共有 $30÷2=15$（条）线段。

**解法二**：按端点 $A$，$B$，$C$，$D$，$E$，$F$ 依次向右计数，对已计数的不再重复计数，如下：

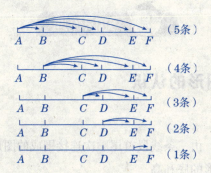

线段总条数：$5+4+3+2+1=15$（条）

# 第二节 平面图形的认识和计算

课标解读

1. 熟练掌握三角形、平行四边形、长方形、正方形和梯形的特征。

2. 掌握三角形、平行四边形和梯形画高的方法。

3. 掌握三角形和平行四边形的分类方法。

4. 理解并掌握长方形、正方形和圆的周长公式，并利用公式计算其周长。

5. 理解并掌握平面图形的面积计算公式，并能解决实际问题。

知识梳理

## 一、平面图形的认识

**1. 三角形**

（1）意义：由三条线段首尾顺次连接围成的图形叫做三角形。

（2）三角形的底和高

从三角形的任意一顶点向它的对边或对边的延长线引垂线，从顶点到垂足间的线段叫三角形的高。这个顶点所对的边叫三角形的底。三角形有三条高。

（3）三角形的稳定性

只要三角形三条边的长度确定了，这个三角形的形状和大小就已经确定了，这个性质就是三角形的稳定性。

（4）三角形边和角的特点

①三角形三边的关系：三角形中任意两边的和大于第三边。

②三角形的内角和：三角形的内角和是180°。

（5）三角形的分类

三角形的分类方法主要有按边分类和按角分类两种。

①按角分：锐角三角形（三个角都是锐角）、直角三角形（有一个角是直角）、钝角三角形（有一个角是钝角）

②按边分：等腰三角形（两条边相等）、等边三角形（三条边都相等）、一般三角形（三条边互不相等）

**2．平行四边形**

（1）两组对边分别平行的四边形，叫做平行四边形。

（2）平行四边形的底和高

从平行四边形一条边上的点到对边引一垂线，这点和垂足间的线段叫做平行四边形的高，这条对边叫平行四边形的底。

（3）特征

平行四边形的两组对边分别平行，并且相等。

**3．长方形**

（1）有一个角是直角的平行四边形，叫做长方形。

（2）特征

长方形的四个角相等，并且都是直角；长方形两组对边分别平行且相等。长方形是特殊的平行四边形。

**4．正方形**

（1）四条边都相等并且四个角都是直角的四边形，叫做正方形。

（2）特征

正方形的对边平行，四条边都相等，四个角都相等，都是直角。正方形是特殊的长方形。

（3）平行四边形、长方形，正方形之间的关系如下图所示：

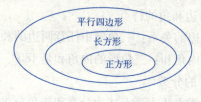

**5. 梯形**

（1）只有一组对边平行的四边形，叫做梯形。

（2）特征

只有一组对边平行，另一组对边不平行。

（3）底、腰、高

梯形中互相平行的一组对边，分别叫做梯形的上底和下底；梯形中不平行的一组对边叫做梯形的腰；梯形中从上底的任意一点到下底引一条垂线，这一点和垂足间的线段叫做梯形的高。

（4）种类

一般梯形：两腰不相等的梯形。

等腰梯形：两腰相等的梯形叫做等腰梯形。等腰梯形在同一底上的两个底角相等。

直角梯形：有一个角是直角的梯形叫做直角梯形。直角梯形中有两个直角，作为直角边的一腰就是梯形的高。

**6. 圆**

（1）一条线段绕着它固定的一端在平面内转动一周时，它的另一端就会画一条封闭的曲线，这条封闭的曲线叫做圆。

（2）各部分名称

圆心：圆内中心的一点叫做圆心，圆心通常用字母 $O$ 表示。

连接圆心和圆上一点的线段叫做圆的半径，半径通常用字母 $r$ 表示。

通过圆心并且两端都在圆上的线段，叫做圆的直径，直径一般用字母 $d$ 表示。

在一个圆里，有无数条半径，所有半径长度都相等，也有无数条直径，所有直径长度也相等，直径等于半径的 2 倍，半径等于直径的 $\frac{1}{2}$。

（3）圆周率

圆的周长与直径的比值，叫做圆周率。圆周率用希腊字母"π"（读作 pài）表示。圆周率是一个无限不循环小数。经过精密计算：π = 3. 1415926535897932384626……

在小学数学中，我们常常取圆周率的近似值 3. 14。

（4）圆的画法

①把圆规的两脚分开，定好两脚间的距离（即定半径）。

②把有针尖的一端固定在一点上（即定圆心）。

③把有笔尖的一端旋转一周，就画出一个圆。

# 二、平面图形的周长和面积

## 1. 周长和面积的意义

（1）意义

周长：围成一个图形的所有边长的总和，叫做这个图形的周长。

面积：物体的表面或围成的平面图形的大小，叫做它们的面积。

（2）周长单位

常用的周长单位有：厘米（cm）、分米（dm）、米（m）、千米（km）等。

（3）面积单位

测定图形面积时所选定的单位，叫做面积单位。常用的面积单位有：平方厘米（$cm^2$）、平方分米（$dm^2$）、平方米（$m^2$）等。

| 图形名称 | 图形 | 字母意义 | 周长公式 | 面积公式 |
|---|---|---|---|---|
| 正方形 | | $a$ – 边长 | $C = 4a$ | $S = a^2$ |
| 长方形 | | $a$ – 长 <br> $b$ – 宽 | $C = (a + b) \times 2$ | $S = ab$ |
| 平行四边形 | | $a$ – 底 <br> $h$ – 高 | | $S = ah$ |
| 三角形 | | $a$ – 底 <br> $h$ – 高 | | $S = \dfrac{1}{2}ah$ |
| 梯形 | | $a$ – 上底 <br> $b$ – 下底 <br> $h$ – 高 | | $S = \dfrac{1}{2}(a + b)h$ |
| 圆 | | $r$ – 半径 <br> $d$ – 直径 <br> $\pi$ – 圆周率 | $C = \pi d$ 或 <br> $C = 2\pi r$ | $S = \pi r^2$ |
| 环形 | | $R$ – 大圆半径 <br> $r$ – 小圆半径 | | $S = \pi(R^2 - r^2)$ |

**2. 平面图形的周长和面积的计算**

（1）平行四边形面积公式的推导

平行四边形可以割补成一个长方形，这个长方形的长就是平行四边形的底，这个长方形的宽就是平行四边形的高，长方形的面积 = 长 × 宽，因此平行四边形的面积 = 底 × 高。

用字母表示：$S_{平行四边形} = ah$。

（2）三角形面积公式的推导

两个形状、大小完全相同的三角形，可以拼成一个平行四边形，这个平行四边形的底是三角形的底，所拼成的平行四边形的高是三角形的高。每个三角形的面积是所拼成的平行四边形面积的一半。

因为平行四边形的面积 = 底×高，所以三角形的面积 = 底×高÷2。

用字母表示：$S_{三角形} = \dfrac{1}{2}ah$。

（3）梯形面积公式的推导

两个完全一样的梯形，可以拼成一个平行四边形。这个平行四边形的底是原梯形的上、下底的和，这个平行四边形的高是原梯形的高。所拼成的平行四边形的面积就是梯形面积的 2 倍，故原来的一个梯形的面积只是拼成的平行四边形面积的一半，所以梯形面积的求法就是：

梯形的面积 = （上底 + 下底）×高÷2，

用字母表示：$S_{梯形} = \dfrac{1}{2}(a + b)h$。

（4）圆面积公式的推导

把一个圆平均分成若干份，剪开后拼成一个近似的平行四边形，如果分的份数越多，拼成的图形就越接近长方形，这个近似长方形的长等于圆的周长的一半，宽等于圆的半径，由此我们得到圆的面积是 $\pi r \times r = \pi r^2$，

用字母表示：$S_{圆} = \pi r^2$。

（5）圆环面积公式的推导

用大圆的面积减去小圆面积，即 $\pi R^2 - \pi r^2 = \pi(R^2 - r^2)$，

用字母表示：$S_{圆环} = \pi(R^2 - r^2)$。

考题例析

**例1** 圆周率 π 的值（ ）3. 14。（江西南昌）

A. 大于　　B. 小于　　C. 等于

**分析：** 圆周率是圆的周长与直径的比值，它是一个无限不循环小数。经过精密计算 π = 3. 141592653589……，在小学阶段，常常取圆周率的近似值 3. 14，所以，实际上圆周率的值大于 3. 14。

**答案：** A

**例2** 在一块长 8 分米、宽 6 分米的长方形纸板上剪一个最大的圆，这个圆的周长和面积各是多少？（黑龙江齐齐哈尔）

**分析：** 根据题意，要在长方形纸板上剪一个最大的圆，就要以长方形纸板的宽作为圆的直径，这样剪下来的圆才是最大的，然后根据圆的周长公式和面积公式，便可求得圆的周长和面积。

**解答：** 圆的周长：

$C = \pi d = 3. 14 \times 6 = 18. 84$（分米）

圆的面积：

$$S = \pi r^2 = 3. 14 \times \left(\frac{6}{2}\right)^2 = 28. 26$$（平方分米）

**答：** 这个圆的周长是 18. 84 分米，面积是 28. 26 平方分米。

**例3** 一个正方形内最大的圆的周长是 25. 12 厘米，这个圆的面积是正方形面积的几分之几？（河北保定）

**分析：** 要求圆的面积是正方形面积的几分之几，就要求出圆的面积和正方形的面积。根据圆的周长可以求出圆的直径，已知这个圆是正方形内最大的圆，可知圆的直径等于正方形的边长，

这样，圆和正方形的面积就可以求出来了。

**解答：** 圆的直径：

$25.12 \div 3.14 = 8$（厘米）

圆的面积：

$3.14 \times \left(\dfrac{8}{2}\right)^2 = 50.24$（平方厘米）

正方形的面积：

$8 \times 8 = 64$（平方厘米）

圆的面积是正方形面积的几分之几：

$50.24 \div 64 = \dfrac{157}{200}$

答：圆的面积是正方形面积的$\dfrac{157}{200}$。

**例4** 计算下图中阴影部分的面积。（单位：厘米）（吉林四平）

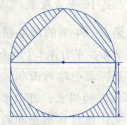

**分析：** 这是一道求组合图形面积的题。首先要对图形进行分析。图中有圆、三角形、长方形、半圆这几种图形。图中阴影部分的面积可以有多种求法：（1）上半部分阴影面积是半圆的面积减去三角形的面积，下半部分的阴影面积是长方形的面积减去半圆的面积，然后把上下两个阴影部分的面积加起来。（2）把上面半圆沿直径对折，如图，阴影部分的面积就等于长方形的面积减去三角形的面积。

（3）如果把（2）中两个阴影三角形拼在一起，就变成了一个阴影正方形，如图 ，这样只要求出这个正方形的面积就可以了。

**解法一：**上半部分阴影的面积：$3.14 \times 4^2 \div 2 - 4 \times 2 \times 4 \div 2 = 9.12$（平方厘米）

下半部分阴影的面积：

$4 \times 2 \times 4 - 3.14 \times 4^2 \div 2 = 6.88$（平方厘米）

阴影部分的面积：

$9.12 + 6.88 = 16$（平方厘米）

**解法二：**$4 \times 2 \times 4 - 4 \times 2 \times 4 \div 2 = 16$（平方厘米）

**解法三：**$4 \times 4 = 16$（平方厘米）

答：阴影部分的面积是 16 平方厘米。

例5 在一个周长是 18.84 米的圆形喷水池四周修一条 2 米宽的小路，小路的面积是多少平方米？（湖南长沙）

**分析：**根据题意可知，求小路的面积，实际就是求圆环的面积。已知小圆（即喷水池）的周长，可以求出其半径，而大圆的半径比小圆的半径多 2 米。根据环形面积的求法，大圆和小圆的半径都求出来了，环形的面积就不难求了。

**解答：**小圆半径：

$18.84 \div 3.14 \div 2 = 3$（米）

大圆半径：$3 + 2 = 5$（米）

小路面积：

$3.14 \times 5^2 - 3.14 \times 3^2$

$= 3.14 \times 25 - 3.14 \times 9$

$= 50.24$（平方米）

答：小路的面积是 50.24 平方米。

**例6** 在下图中，正方形的面积是 30 平方厘米。求阴影部分的面积。（北京丰台）

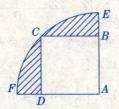

**分析：** 此题综合考查我们观察、分析及创新能力，解题方法灵活多样。这里我们主要来探索用"代数方法解题"。

**解法一：** 将正方形 ABCD 看做是两个三角形面积的和，如下图。

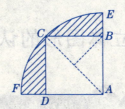

$$S_{正方形 ABCD} = S_{\triangle ABC} \times 2 = AC \cdot \left( AC \times \frac{1}{2} \right) \div 2 \times 2$$

$$= \frac{1}{2} AC \cdot AC = 30 \text{（平方厘米）}$$

所以 $AC \cdot AC = 30 \times 2 = 60$（平方厘米）

虽然不知道扇形的半径是多少，但由上面推导求出了半径的平方。在扇形面积计算中，可直接利用半径的平方。

$$S_{扇形 AEF} = 3.14 \times 60 \times \frac{1}{4}$$

$$= 47.1 \text{（平方厘米）}$$

$$S_{阴影} = 47.1 - 30$$

$$= 17.1 \text{（平方厘米）}$$

**解法二：** 利用比一定解题。

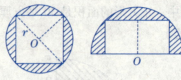

在原图和上面两图中阴影部分与空白部分的面积比一定，由上左图，很容易得出其比是：

$$S_{圆} : S_{正方形} = \left(\pi r^2\right) : \left(\frac{1}{2}r^2 \times 4\right) = \pi : 2$$

$$S_{阴影} : S_{空白} = (\pi - 2) : 2 = 1.14 : 2$$

$$S_{阴影} = 30 \div 2 \times 1.14 = 17.1 \,(平方厘米)$$

# 第三节　立体图形的认识和计算

课标解读

1. 掌握长方形和正方体的特征及它们的关系。认识长方体的长、宽、高和正方体的棱长，长计算长方体、正方体的棱长之和，并能解决有关的实际问题。

2. 学会计算长方体和正方体的表面积的方法，并能运用所学知识解决一些简单的实际问题；根据长方体的长、宽、高来确定各个长方形面的长和宽。

3. 掌握长方体和正方体体积的计算方法，以及其体积公式的推导；能运用长方体和正方体的体积公式解决一些简单的实际问题。

4. 掌握圆柱和圆锥的表面积、侧面积、体积的公式并能够熟练应用。

# 一、立体图形的认识

### 1. 长方体与正方体特征的区别和联系

| 名称 | 图形 | 相同点 | | | 不同点 | | |
|------|------|------|------|------|------|------|------|
| | | 面 | 棱 | 顶点 | 面的特点 | 面的大小 | 棱长 |
| 长方体 |  | 6个 | 12条 | 8个 | 6个面,一般都是长方形(也可能有两个相对的面是正方形) | 相对的面的面积相等 | 每一组互相平行的四条棱的长度相等 |
| 正方体 |  | 6个 | 12条 | 8个 | 6个面都是相同的正方形 | 6个面的面积都相等 | 12条棱的长度都相等 |

### 2. 圆柱和圆锥的特征

| 名称 | 图形 | 特征 |
|------|------|------|
| 圆柱 | | 上、下底面是面积相等的两个圆($S$),两个底面之间的距离叫做高($h$)。侧面是一个曲面,展开图形是长方形(正方形),长方形(正方形)的长(或宽)相当于圆柱体的底面周长,而长方形(正方形)的宽(或长)相当于圆柱体的高,圆柱有无数条高 |
| 圆锥 | | 一个圆锥是由曲面和平面两部分围成的。曲面部分叫圆锥的侧面,展开后可以得到一个扇形。平面部分是个圆(面积为$S$),叫圆锥的底面。从圆锥的顶点到底面圆心的距离是圆锥的高($h$),圆锥只有一条高 |

### 3. 表面积、体积和容积

（1）表面积

物体表面面积的总和，叫做物体的表面积。表面积通常用 $S$ 表示。常用面积单位有平方厘米、平方分米、平方米、平方千米。

（2）体积

物体所占空间的大小，叫做物体的体积。体积通常用 $V$ 表示。常用的体积单位有立方厘米、立方分米、立方米。

（3）容积

箱子、仓库等所能容纳物体的体积，叫做它们的容积或容量。常用的容积单位是升、毫升。1升 = 1000 毫升

（4）体积和容积单位之间的换算

1 立方分米 = 1 升

1 立方厘米 = 1 毫升

（5）体积和容积的异同点

容积的计算方法跟体积的计算方法相同，但要从容器的里面量长、宽、高，而计算体积要从物体的外面量长、宽、高。计量体积用体积单位，计量容积除了用体积单位，还可以用容积单位升和毫升。

## 二、立体图形的计算

### 1. 立体图形的表面积、侧面积和体积的计算

| 名称 | 图形 | 字母意义 | 表（侧）面积公式 | 体积公式 |
|---|---|---|---|---|
| 长方体 | | $a$ – 长　$b$ – 宽<br>$h$ – 高<br>$S_表$ – 表面积<br>$S_底$ – 底面积<br>$V$ – 体积 | $S_表 = 2(ab + ah + bh)$ | $V = abh$<br>$= S_底 \cdot h$ |

| 名称 | 图形 | 字母意义 | 表（侧）面积公式 | 体积公式 |
|------|------|----------|------------------|----------|
| 正方体 | | $a$ – 棱长<br>$S_表$ – 表面积<br>$S_底$ – 底面积<br>$V$ – 体积 | $S_表 = 6a^2$ | $V = a^3$ |
| 圆柱 | | $r$ – 半径  $h$ – 高<br>$S_侧$ – 侧面积<br>$S_表$ – 表面积<br>$C$ – 底面周长<br>$V$ – 体积 | $S_侧 = Ch = 2\pi rh$<br>$S_表 = S_侧 + 2S_底$<br>$= 2\pi rh + 2\pi r^2$ | $V_柱 = S_底 \cdot h$<br>$= \pi r^2 h$ |
| 圆锥 | | $r$ – 半径  $h$ – 高<br>$V$ – 体积 | | $V_锥 = \dfrac{1}{3}\pi r^2 h$ |

**2. 圆柱和圆锥体积的推导**

（1）圆柱体积的推导

把圆柱的底面分成许多相等的扇形，将扇形切开后拼成一个近似的长方体，分的扇形越多，拼成的立体图形就越接近长方体。这个长方体的底面积等于圆柱的底面积，高就是圆柱的高，由此我们得到圆柱体的体积 = 底面积×高。

用字母表示是：$V = Sh = \pi r^2 h$

（2）圆锥体积的推导

将一个圆锥形容器盛满沙，倒入一个和它等底等高的圆柱形容器内，倒三次刚好把圆柱形容器盛满。这说明等底等高的圆柱和圆锥，圆柱的体积是圆锥体积的 3 倍，圆锥体积是圆柱体积的 $\dfrac{1}{3}$。所以圆锥的体积 = $\dfrac{1}{3}$ ×底面积×高。

用字母表示是：$V = \dfrac{1}{3}Sh$

 考题例析

**例1** 做一个长方体鱼缸，长是60厘米，宽是30厘米，高是35厘米，做这个鱼缸至少需要多少平方厘米的玻璃？鱼缸的容积是多少毫升？（玻璃的厚度忽略不计）（江苏苏州）

**分析**：（1）要求做这个鱼缸需要多少平方厘米的玻璃，也就是求长方体鱼缸的表面积，但是，我们要明确，鱼缸一般是没有盖的，那么也就是求除了盖之外的五个面的面积之和，即鱼缸的表面积=长×宽+长×高×2+宽×高×2，或者用6个面的面积和减去鱼缸上底面的面积，即鱼缸的表面积=（长×宽+长×高+宽×高）×2-长×宽。（2）求鱼缸的容积就是求体积，根据"长方体的体积=长×宽×高"可以求得。

**解法一：**

表面积：$60 \times 30 + 60 \times 35 \times 2 + 30 \times 35 \times 2$

$= 1800 + 2100 \times 2 + 1050 \times 2$

$= 8100$（平方厘米）

容积：$60 \times 30 \times 35 = 63000$（立方厘米）

63000立方厘米=63000毫升

答：做这个鱼缸至少需要8100平方厘米的玻璃，鱼缸的容积是63000立方厘米。

**解法二：**

表面积：$(60 \times 30 + 60 \times 35 + 30 \times 35) \times 2 - 60 \times 30$

$= (1800 + 2100 + 1050) \times 2 - 60 \times 30$

$= 9900 - 1800$

$= 8100$（平方厘米）

容积：$60 \times 30 \times 35 = 63000$（立方厘米）

63000 立方厘米 = 63000 毫升

答：做这个鱼缸至少需要 8100 平方厘米的玻璃，鱼缸的容积是 63000 毫升。

**例2** 一个正方体油桶，棱长之和是 480 厘米。如果每升油重 0.8 千克，这个正方体油桶能装油多少千克？（油桶壁厚度忽略不计）（重庆）

**分析**：要求这个正方体油桶能装油多少千克，根据每升油重 0.8 千克，就要先求出正方体油桶的容积，这就要知道正方体油桶的棱长是多少。题目没有告诉我们棱长，但是已知棱长之和为 480 厘米，即 12 条棱长的和是 480 厘米，用 480 除以 12 可以求出一条棱的长度，再根据"正方体的容积 = 棱长 × 棱长 × 棱长"就可求出油桶的容积，但要注意这里得到的单位是立方厘米，根据 1 升 = 1 立方分米，要把立方厘米换算成立方分米，再用每升油的质量 0.8 千克乘油桶的容积，这样就求得了正方体油桶装油的质量了。

**解答**：棱长：480 ÷ 12 = 40（厘米）

容积：40 × 40 × 40 = 64000（立方厘米）

64000 立方厘米 = 64 立方分米

油重：0.8 × 64 = 51.2（千克）

答：这个正方体油桶能装油 51.2 千克。

**例3** 一个圆柱体侧面展开为一个边长为 15.7 分米的正方形，这个圆柱体的表面积是多少平方分米？体积是多少立方分米？（天津）

**分析**：要求这个圆柱体的表面积，根据"圆柱体的表面积 = $S_{侧} + 2S_{底} = 2\pi rh + 2\pi r^2$，圆柱体的体积 = $S_{底}h = \pi r^2 h$"，可见要先知道圆柱的底面半径 $r$ 和高 $h$。题目并没有告诉我们底面半径和高，只告诉了圆柱体侧面展开图是一个正方形，边长为 15.7 分

米，从而可知圆柱体的底面周长是15.7分米，高也是15.7分米。根据 $C_{圆} = 2\pi r$ 就可以求出圆柱体的底面半径，然后根据公式求出圆柱体的表面积和体积。

**解答**：半径：$15.7 \div 3.14 \div 2 = 2.5$（分米）

表面积：$2 \times 3.14 \times 2.5 \times 15.7 + 2 \times 3.14 \times 2.5^2$

$= 246.49 + 39.25$

$= 285.74$（平方分米）

体积：$3.14 \times 2.5^2 \times 15.7$

$= 308.1125$（立方分米）

答：这个圆柱体的表面积是285.74平方分米，体积是308.1125立方分米。

**例4** 一个圆锥形小麦堆，底面直径是6米，高2米，每立方米小麦重735千克，这堆小麦约重多少千克？（北京东城）

**分析**：要求这堆小麦约重多少千克，根据"每立方米小麦重735千克"，可知，要先求出圆锥形小麦堆的体积是多少。根据公式"$V_{锥} = \frac{1}{3}\pi r^2 h$"，要知道圆锥体的底面半径 $r$ 和高 $h$。题中没有告诉半径，用直径除以2可以求出。然后按照公式求出圆锥形小麦堆的体积，再用每立方米小麦的质量735乘小麦堆的体积，便求出了小麦堆的质量。

**解答**：半径：$6 \div 2 = 3$（米）

体积：$\frac{1}{3} \times 3.14 \times 3^2 \times 2 = 18.84$（立方米）

小麦重：$735 \times 18.84 = 13847.4$（千克）

答：这堆小麦约重13847.4千克。

# 第四节　图形与位置

课标解读

1. 会用上、下、左、右、前、后描述物体的相对位置。

2. 了解比例尺；在具体情况中，会根据给定的比例进行图上距离与实际距离的换算。

3. 能描述简单的线路图。在具体情境中，能用数对表示位置，并能在方格纸上用数对确定位置。

知识梳理

## 1. 方向

在实际生活中，常常需要辨认东、南、西、北等方向以正确确定事物的位置或判断物体运动的方向。

（1）基本方向

基本的方向是：东、南、西、北。东和西相对，南和北相对。在此基础上又得到了：东北、西北、东南、西南四个方向。

（2）地图上的方向

地图通常是按上北下南、左西右东绘制的。因此地图上的方向是上北、下南、左西、右东。

（3）偏向的表述和确定

举例"北偏东 30°"表示从正北方向开始向东偏转 30°；"南偏西 50°"表示从正南方向开始向西偏转 50°。

**2．位置**

（1）意义

在具体的情境中，事物所占或所在的地方叫位置。

（2）确定位置的方法

①用上、下、前、后、左、右来确定位置，主要用来确定现实空间中物体的位置。

②用数对来确定位置，主要用来确定平面图上物体的位置。

③用东、南、西、北、东南、东北、西南、西北等方向来确定位置，或用方向和距离相结合来确定位置，既可以用来确定现实空间中物体的位置，也可以用来确定平面图上物体的位置。

**3．看简单的路线图，描述行走路线的方法**

从一处到另一处去所经过的道路叫做路线。把所经过的路线上的一系列地点按实际形状绘制成图，就是路线图。

我们在看简单的路线图时，按照图上所给的方向标志，先辨认出其他七个方向，即要确认东、南、西、北、东南、东北、西南、西北中的每一个方向，然后确定出要到达的地方所处的方向，看每段路通向哪里，用"先向……再向……最后向……"把行走路线描述出来。

**4．观察物体**

（1）站在不同的位置，看到物体的画面可能是不同的。

（2）观察的位置越高，看到的范围越大；观察的距离越远，看到的目标越小。

例 1    下面是小华家附近的平面图。

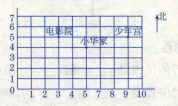

（1）少年宫的位置是（9，5），小华家所在的位置是（_____，_____）。

（2）公园的位置是（4，2），请在图中标出来。

（3）小华家在电影院的什么方向？（北京海淀）

**分析**：（1）是用数对表示小华家的位置，由少年宫的位置知数对前面的数表示横的方向，是列数，后面的数表示纵的方向，是行数，先找到小华家所在的点，即第5列第4行，那么小华家所在的点就是第5列与第4行的交点。（2）根据（1）中数对的意义，我们很容易就能找到公园的位置（4，2），数对（4，2）表示第4列与第2行的交点，就是公园的位置。（3）根据地图上上北下南的方向，可以看出小华家大概在电影院的东南方。

**答案**：（1）（5，4）。

（2）

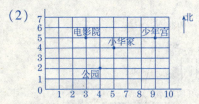

（3）小华家大概在电影院的东南方。

**例2** 填一填。

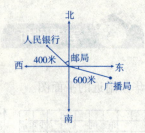

以邮局为观测点。

（1）人民银行的位置是_____偏_____，距离邮局_____米。

（2）广播局的位置是_____偏_____，距离邮局_____米。

**分析**：本题考查的是偏向的知识，是用方向和距离相结合来确定位置的。（1）从图中可知人民银行是以邮局为观测点，从正北开始向西偏转的，图中已画出了角度的标志，显然是要具体确定偏转的度数，用量角器便可量出，且距离邮局是400米。（2）还是以邮局为观测点，广播局从正东开始向南偏转，具体偏转的度数也可以用量角器量得，与邮局的距离是600米。

**答案**：（1）北　西50°　400

（2）东　南15°　600

**例3** 看图回答问题。

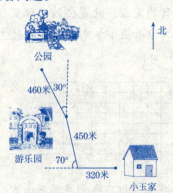

请你根据上图说一说小玉从家去游乐园,再去公园所走的路线。(河南郑州)

**分析:** 本题是关于描述行走路线的题目。按照图上所给的方向标志,先辨认出其他的方向。从图中可知,小玉从家到公园要经过三段路,每段要用方向和距离进行描述。第一段是小玉从家往正西方向走 320 米;第二段是再向西偏北 70°方向走 450 米到达游乐园;第三段是从游乐园出发,按北偏西 30°的方向走 460 米到达公园。

**解答:** 小玉从家向正西走 320 米,再向西偏北 70°方向走 450米到游乐园,最后向北偏西 30°方向走 460 米到达公园。

例 **4** 下面的立体图形从正面看到的分别是什么形状? 连一连。(河北沧州)

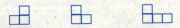

**分析:** 从正面观察这 3 个立体图形,第一个看到的是由 3 个小正方形组成的,左边是 2 个上下排列的小正方形,右边是一个小正方形;第二个看到的是由 4 个小正方形组成的,下边一层有 3 个小正方形,上边左侧有一个小正方形;第三个看到的是由 3 个小正方形组成的,右边是 2 个上下排列的小正方形,左边是一个小正方形。

**答案:** ✕✕

# 第六章　应用题

$$
应用题
\begin{cases}
\text{1. 简单复合应用题} \\
\text{2. 平均数应用题} \\
\text{3. 分数、百分数应用题}
\begin{cases}
\text{一般分数应用题} \\
\text{百分数应用题}
\end{cases} \\
\text{4. 比例应用题}
\end{cases}
$$

## 课标解读

1. 初步了解简单应用题的类型，并对简单应用题的各类型有一个了解和掌握。

2. 会解决有关整数、小数、分数及平均数的复合应用题。

3. 理解工程问题中比较抽象的数量关系。能熟练地掌握工程问题的数量关系，解答工程问题的应用题。

4. 理解比例尺应用题，按比例分配应用题，正、反比例应用题的解题方法。

5. 能够灵活运用相关方法，解答比和比例应用题。

# 第一节　简单复合应用题

知识梳理

　　所谓简单复合应用题，是指由几道有联系的简单应用题组合而成的，不具备特定的结构特征和解题规律的复合应用题。

　　一般的复合应用题在解答中一般采用分析法、综合法或分析综合法。

　　对于比较复杂的应用题，可以运用图示法、假设法、转化法等帮助分析。这些都是帮助我们解答一般复合应用题的基本方法。但它们并不是孤立的，而是相互结合、相互渗透的。在解答应用题时，我们应该根据题意综合应用这些方法去分析问题、解决问题。

　　解答一般复合应用题时，一定要和我们的生活实际相结合。

　　一般复合应用题所反映的是我们生活中经常遇到的、需要解决的实际问题。在解答时，我们既要从数学的角度去分析，又要从实际生活的角度去考虑。

考题例析

　　例1　司机王某驾驶一辆汽车从甲地开往乙地，原计划每小时行 60 千米，7 小时可以到达，中途因车出现故障，前 2 小时每

小时只行了 50 千米。如果按照原计划时间到达，余下的路程平均每小时要行多少千米？（山东青岛）

**分析**：这是一道一般的复合应用题。解答一般的复合应用题没有一定的规律，通常将它分解成几个简单的应用题，分别求解，再综合求解。一般采用分析法、综合法、分析综合法进行分析解答。

（1）综合法：又叫顺推法。即把题中条件或推导出的相联系的条件组成一个个简单的应用题，直到求出题中所要解决的问题。

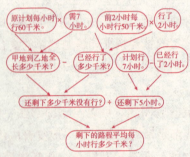

（2）分析法：又叫倒推法。即从问题出发，根据题意从题中寻找条件。若所需条件未知，那就把所需条件作为新问题，再去寻找解决它所需的条件，直到所需条件都已知。

（3）分析综合法：是将分析法、综合法结合起来交替使用的方法。当已知条件中有明显计算过程时就用综合法顺推，遇到困难时再转向原题所要求的问题用分析法逆推。

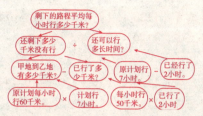

**解答：**（1）甲地到乙地全长有多少千米？

$60 \times 7 = 420$（千米）

（2）已经行了多少千米？

$50 \times 2 = 100$（千米）

（3）还剩下多少千米没有行？

$420 - 100 = 320$（千米）

（4）要想按时到达，还可以行几小时？

$7 - 2 = 5$（时）

（5）剩下的路程平均每小时要行多少千米？

$320 \div 5 = 64$（千米）

**答：** 剩下的路程平均每小时要行 64 千米。

**例2** 王叔叔和李叔叔两人完成一项工程，共得工资 1120 元，王叔叔工作了 10 天，李叔叔工作了 12 天，并且王叔叔 5 天的工资和李叔叔 4 天的工资同样多，王叔叔和李叔叔各分得工资多少元？（辽宁大连）

**分析：** 这道题我们可以用转化法进行解答。根据题意可知：王叔叔 5 天的工资和李叔叔 4 天的工资同样多，则王叔叔 10 天的工资和李叔叔 8 天的工资同样多，这样就可以把王叔叔 10 天的工资转化成李叔叔 8 天的工资，从而先求出李叔叔一天的工资，或者根据题意用王叔叔 15 天的工资把李叔叔 12 天的工资代换，则可先求出王叔叔每天的工资，然后再求出王叔叔、李叔叔各应得的工资。

**解法一：**

李叔叔应得工资：$1120 \div (8+12) \times 12 = 672$（元）

王叔叔应得工资：$1120 - 672 = 448$（元）

**解法二：**

王叔叔应得工资：$1120 \div (10+15) \times 10 = 448$（元）

李叔叔应得工资：$1120 - 448 = 672$（元）

**答：**王叔叔应分得448元，李叔叔应分得672元。

**例3** 甲、乙、丙三位朋友租一辆轿车去三个不同的地方，出发时他们商量好，车费由三人合理分摊。甲在行到6千米的地方下车，乙在行到12千米的地方下车，丙一直行到18千米的地方才下车，三人共付了36元车费。请问：他们三人各应承担多少车费才比较合理？（山东烟台）

**分析：**此题以学生熟悉的日常生活中的租车问题设置情景，贴近生活，要求我们在熟悉基本生活情景的前提下，善于运用所学的数学知识、数学观点和数学方法去解决实际问题。该题的计算结果因分配方案的不同而不同。

**解法一：**

按各人乘车的路程比来分配车费。甲、乙、丙三人的路程比为1：2：3，所以甲应付：$36 \div (1+2+3) = 6$（元），乙应付：$6 \times 2 = 12$（元），丙应付：$6 \times 3 = 18$（元）。

**答：**略。

**解法二：**

按路段平均分配车费。第一段三人平均承担，每人分配车费：$36 \div 3 \div 3 = 4$（元）；第二段乙、丙两人平均承担，每人分配车费：$36 \div 3 \div 2 = 6$（元）；第三段丙一人承担车费：$36 \div 3 = 12$（元）。这样各人应承担的车费是：甲：4元；乙：$4+6 = 10$（元）；丙：$4+6+12 = 22$（元）。

**答：**略。

# 第二节  平均数应用题

知识梳理

1. 平均数问题是我们日常生活中经常遇到的问题，求平均数就是对若干个不相等的数，在总和不变的情况下，通过移多补少，使它们完全相等，最后求得的相等数，就叫做这几个数的平均数。

2. 我们学习平均数，不仅要掌握平均数的正确求法，更重要的是理解平均数所包含的统计意义，利用平均数的意义去解释生活中的实际问题。

3. 平均数应用题的解题关键：确定"总数量"及其对应的"总份数"。

考题例析

**例1** 王明家有四口人，妈妈是医生，每月收入 1200 元，爸爸是农民，去年玉米收入 4100 元，白菜收入 800 元，其他收入 260 元，王明家去年人均收入多少元？（山东莱阳）

**分析**：此题主要考查学生运用所学知识解决生活中的问题的能力。求全家去年的人均收入，必须先知道两个条件：去年全家的总收入和全家有几口人。所以解答时应先求出全家去年的总收入是多少元，再用总收入去除以总人数即可。

**解答**：去年全家的总收入：

$1200 \times 12 + 4100 + 800 + 260 = 19560$（元）

去年的人均收入：

$19560 \div 4 = 4890$（元）

**答：**王明家去年人均收入 4890 元。

**例 2** 爸爸骑摩托车以每小时 32 千米的速度从我家去姥姥家，3 小时到达。返回时每小时行驶 48 千米，爸爸往返全程的平均速度是多少？（辽宁铁岭）

**分析：**要求往返全程的平均速度，必须知道两个条件：①"往"和"返"的总路程；②"往"和"返"的总时间。用总路程除以总时间即可。

**解答：**往返共行驶的总路程：

$32 \times 3 \times 2 = 192$（千米）

往返共行驶的总时间：

$32 \times 3 \div 48 + 3 = 5$（时）

往返全程的平均速度：

$192 \div 5 = 38.4$（千米/时）

**答：**爸爸往返全程的平均速度是每小时 38.4 千米。

**例 3** 实验小学五年级四班举行一次奥数竞赛，刘丽和四名同学一起参加，那四名学生的成绩分别为 78 分、91 分、82 分和 79 分，刘丽的成绩比五人的平均成绩高 6 分。刘丽的成绩排在五人中的第几位？（安徽铜陵）

**分析：**要想知道刘丽的成绩在五人中的排名位置（从高分到低分），只要想办法求出刘丽的成绩就可以了。其他四名同学的平均成绩是 $(78 + 91 + 82 + 79) \div 4 = 82.5$（分），很明显刘丽的成绩要比 82.5 分高，由此，五个人的平均成绩比四个人的平均成绩就增加了。6 分共要补足四份，每份是 $6 \div 4 = 1.5$（分），从而可以求出五人的平均成绩，然后求出刘丽的成绩即可。

**解答**：除刘丽外，其他四人的平均成绩：

$(78+91+82+79)÷4=82.5$（分）

五人的平均成绩：

$82.5+6÷4=84$（分）

刘丽的成绩：$84+6=90$（分）

$91>90>82>79>78$

**答**：刘丽的成绩排在五人中的第二位。

**例 4** 三（一）班有51人，三（二）班有49人，期中考试两个班全体同学的平均成绩是81分，三（二）班的平均成绩比三（一）班的平均成绩高7分，那么三（二）班的平均成绩是多少分？（江西南昌）

**分析**：根据两个班全体同学的平均成绩是81分，可以求出两个班的总成绩：$81×(51+49)=8100$（分）。因为三（二）班的平均成绩比三（一）班的平均成绩高7分，我们可以假设如果给三（一）班的每位同学加上7分，这样三（一）班的平均成绩就和三（二）班的平均成绩同样多了，而且两个班的总成绩也就随着增加 $51×7=357$（分），这时的总成绩就是：$8100+357=8457$（分），这正好相当于 $51+49=100$（人）在三（二）班平均成绩下的总成绩，从而可以求出三（二）班的平均成绩。

**解答**：两个班的总成绩为：

$81×(51+49)=8100$（分）

三（二）班的平均成绩为：

$(8100+51×7)÷(51+49)=84.57$（分）

**答**：三（二）班的平均成绩为84.57分。

# 第三节 分数、百分数应用题

知识梳理

## 一、一般分数应用题

**1. 分数应用题主要有三种基本类型**

（1）求一个数是另一个数的几分之几；

（2）求一个数的几分之几是多少；

（3）已知一个数的几分之几是多少，求这个数。

**2. 分数中的单位"1"**

在一些分数应用题中，往往会在同一题中出现几个不同的单位"1"的量。解答时，我们必须充分运用分数与除法的关系等有关知识，结合一些常见的数学思想和方法，从整体综合考虑，变"不统一"为"统一"，使数量关系简单化，才能找到解决问题的途径。

**3. 解答分数应用题**

解答分数应用题时，首先要掌握好有关基础知识，深刻理解分数乘除法的意义，正确判断出题中单位"1"的量。然后根据单位"1"的量是否已知，确定正确的解答方法。

其次，要注意利用直观图形特别是线段示意图来表达题目的条件和问题，揭示数量之间的联系，发现隐含条件，探求解题思路。

第三，一些较复杂的分数应用题，由于其变化多端，关系复杂，解答时必须从多角度、多侧面去思考，寻找解决问题的捷径。

在掌握正确解题方法的同时，不断开拓解题思路，"对中选优、优中寻最佳"，不断提高解题能力。

# 二、百分数应用题

**1. 一般百分数应用题主要有三种基本类型**

（1）求一个数是另一个数的百分之几；

（2）求一个数的百分之几是多少；

（3）已知一个数的百分之几是多少，求这个数是多少。

**2. 浓度问题**

浓度问题是一种研究溶液配比的百分数应用题。我们知道，将糖溶于水就得到了糖水，糖水甜的程度是由糖与糖水二者质量的比值决定的，这个比值就叫做糖水的含糖量，也叫做糖水的浓度。通常这种浓度用百分数来表示。盐溶于水中，盐与盐水的质量比叫做盐水的浓度，药溶于水中，药与药水的质量比叫做药水的浓度。我们通常把糖、盐、药等称为溶质，把溶解这些溶质的液体，如水、汽油等叫做溶剂。把溶质和溶剂混合成的液体，如糖水、盐水、药水等叫做溶液。基本数量关系有：

溶液质量 = 溶质质量 + 溶剂质量

$$溶液浓度 = \frac{溶质质量}{溶液质量} \times 100\% = \frac{溶质质量}{溶质质量 + 溶剂质量} \times 100\%$$

溶质质量 = 溶液浓度 × 溶液质量

溶液质量 = 溶质质量 ÷ 溶液浓度

**3. 纳税与银行利息问题**

国家规定，各种收入必须按照一定的比例向国家缴纳税款。我们把应缴纳的税款叫做应纳税额，应纳税额与收入的百分比叫做税率。

为了支援国家建设，我们通常把家里暂时不用的钱存入银行。

我们把存入银行的钱叫做本金，取款时银行多付的钱叫做利息。总利息与本金的百分比叫做利率。基本数量关系有：

总利息 = 本金 × 利率 × 时间

个人应得利息 = 总利息 × （1 - 利息税税率）

利率 = 总利息 ÷ 本金 ÷ 时间 × 100%

本金 = 总利息 ÷ 利率 ÷ 时间

### 4. 折扣与商品利润问题

工厂或商店有时减价出售商品，通常我们把它称为"打折扣"出售，几折就是百分之几十。如果某种商品打"九折"出售，就是按原价的 90% 出售，如果某种商品打"七五折"出售，就是按原价的 75% 出售。利润问题也是一种常见的百分数应用题。商店出售商品总是期望获得利润。一般情况下，从厂家购进商品的价格称为成本价。商家在成本价的基础上提高价格出售，所赚的钱称为利润，利润与成本价的百分比称为利润率。基本数量关系有：

$$利润率 = \frac{（售价 - 成本价）}{成本价} \times 100\%$$

售价 = 成本价 × （1 + 利润率）

成本价 = 售价 ÷ （1 + 利润率）

定价 = 成本价 × （1 + 期望利润率）

期望利润 = 成本价 × 期望利润率

考题例析

**例 1** 　五年级有男生 50 人，女生 40 人，（1）女生人数是男生人数的几分之几？（2）男生人数比女生人数多百分之几？（3）女生人数比男生人数少百分之几？（4）女生比男生少的人数是全年级人数的百分之几（精确到百分之零点一）？（福建福州）

**分析**：此题中四个问题都是求一个数是另一个数的几分之几（百分之几），解答的关键是要找准单位"1"的量，然后根据"求一个数是另一个数的几分之几（百分之几）"的解题规律，用除法正确列式计算。

**解答**：（1）$40 \div 50 = \dfrac{4}{5}$

（2）$(50 - 40) \div 40 = 25\%$

（3）$(50 - 40) \div 50 = 20\%$

（4）$(50 - 40) \div (50 + 40) \approx 11.1\%$

**答**：（1）女生人数是男生人数的$\dfrac{4}{5}$；（2）男生人数比女生人数多$25\%$；（3）女生人数比男生人数少$20\%$；（4）女生比男生少的人数约是全年级人数的$11.1\%$。

例2 三年级一班有男生20人，比女生人数多$25\%$，男生比女生多多少人？（江西上饶）

**分析**：要求"男生比女生多多少人"必须知道三年级一班男、女生各有多少人，因此，求出三年级一班女生的人数成了解决问题的关键。题中已知"男生比女生人数多$25\%$"，实际就是"男生是女生人数的$(1 + 25\%)$"，是以"女生的人数"为单位"1"的量。单位"1"的量未知，根据"已知一个数的几分之几（百分之几）是多少，求这个数是多少"的解题规律便可求出。

**解答**：女生人数：

$20 \div (1 + 25\%) = 16$（人）

男生比女生多的人数：

$20 - 16 = 4$（人）

**答**：男生比女生多4人。

例3 有一块布分为红、绿、黄三部分，红色部分占$\dfrac{1}{8}$，绿色部

分长 2 米，黄色部分长 $\frac{5}{8}$ 米，这块布一共多少米？（辽宁抚顺）

**分析**：根据题意可知，红色部分占布全长的 $\frac{1}{8}$，则绿色部分和黄色部分的和占布全长的 $\left(1-\frac{1}{8}\right)$，把布总长度看做单位"1"的量，可列数量关系式为：布的全长 $\times\left(1-\frac{1}{8}\right)$ = 绿色部分和黄色部分的长度和。根据数量关系式便可求出布的长度。

**解答**：$\left(2+\frac{5}{8}\right)\div\left(1-\frac{1}{8}\right)=\frac{21}{8}\div\frac{7}{8}=3$（米）

**答**：这块布一共长 3 米。

**例4** 现有浓度为 25% 的糖水溶液 100 克，要把它变成浓度为 40% 的糖水，需要加糖多少克？（山西太原）

**分析**：根据题意可知，在浓度为 25% 的糖水中加糖，就改变了原来糖水的浓度，糖的质量增加了，糖水的总质量也随之增加，但水的质量并没有改变，我们就抓住这个"不变量"来进行解答。先根据原来糖水的浓度求出糖水中水的质量，再根据后来糖水的浓度求出变化后糖水的质量，用变化后糖水的质量减去原来糖水的质量，就是加入糖的质量。

**解答**：原来糖水中水的质量：$100\times(1-25\%)=75$（克）

现在糖水的质量：$75\div(1-40\%)=125$（克）

加入糖的质量：$125-100=25$（克）

**答**：需加入糖 25 克。

**例5** 爸爸今年存入银行 20000 元，定期二年，年利率是 2.25%，到期时，按利息的 20% 缴纳利息税。存款到期时，爸爸从银行可取到多少元？（河北石家庄）

**分析**：由题意可知，求爸爸从银行取到的钱实际是求本金和税后利息一共是多少元。要求税后利息是多少元，必须先求出银行付出的利息是多少元。因此，根据"总利息＝本金×利率×时间"求出银行付出的利息是解决问题的关键。

**解答：**银行付出的利息：

20000×2.25%×2＝900（元）

纳税后应得的利息：

900×（1－20%）＝720（元）

从银行取到的钱：

20000＋720＝20720（元）

**答：**爸爸从银行可取到20720元。

# 第四节　比例应用题

知识梳理

## 一、按比例分配应用题

**1.　按比例分配应用题的含义**

把一个数量按照一定的比例分配成若干份，求每份数量是多少的应用题叫做按比例分配应用题。

**2.　按比例分配应用题的解题步骤**

（1）求总份数。

（2）求各部分量占总量的几分之几。

（3）按照求一个数的几分之几是多少的计算方法，分别求出各部分的量是多少。

## 二、有关比例尺的应用题

**1. 比例尺的意义、形式及特点**

（1）意义：图上距离和实际距离的比就叫做这幅图的比例尺。

（2）形式：比例尺有两种书写形式：图上距离：实际距离＝比例尺或$\dfrac{图上距离}{实际距离}$＝比例尺。

（3）特点：比例尺与一般的尺不同，它是一个比，图上距离是比的前项，实际距离是比的后项，比例尺是图上距离比实际距离得到的最简单的整数比。

**2. 比例尺的分类及应用**

（1）根据实际距离是缩小还是扩大，把比例尺分为缩小比例尺和扩大比例尺。

（2）已知比例尺和图上距离，求实际距离。

①利用$\dfrac{图上距离}{实际距离}$＝比例尺，列比例求实际距离。

②利用"实际距离＝图上距离÷比例尺"直接列算式求实际距离。

（4）已知比例尺和实际距离，求图上距离。

①利用$\dfrac{图上距离}{实际距离}$＝比例尺，列比例求图上距离。

②利用图上距离＝实际距离×比例尺，求图上距离。

## 三、正比例和反比例应用题

**1. 正比例应用题的解答**

（1）能用正比例意义来解答的应用题，就是我们以前学过的归一类型应用题，可以用归一方法解答。先求单一量，再求总量。

（2）利用正比例的意义解答。首先找出两种相关联的量，判断它们的比值是否一定，若一定，再设未知量为 $x$，找出各个量所对应的数，列出比例，解比例，最后检验并写出答案。

**2. 常见的正比例关系**

（1）单位面积产量一定时，总产量和播种面积成正比例的关系，即 $\dfrac{总产量}{播种面积}$ = 单位面积产量（一定）。

（2）工作效率一定时，工作总量与工作时间成正比例的关系，即 $\dfrac{工作总量}{工作时间}$ = 工作效率（一定）。

（3）速度一定时，路程与时间成正比例的关系，即 $\dfrac{路程}{时间}$ = 速度（一定）。

**3. 反比例应用题的解答**

（1）能用反比例意义来解答的应用题，就是以前学习过的归总类型应用题，可以用归总方法解答，先求总量，再求单一量。

（2）利用反比例的意义解答。首先找出两种相关联的量，判断它们的乘积是否一定，若一定，再设未知量为 $x$，找出各个量所对应的数，再列出比例，解比例，最后检验并写出答案。

**4. 常见的反比例关系**

（1）平行四边形的面积一定时，它的底和高成反比例的关系，即：底×高 = 平行四边形的面积（一定）。

（2）总时间一定时，制造的零件个数和制造每个零件所用的时间成反比例的关系，即：制造每个零件所用的时间×零件个数 = 总时间（一定）。

（3）两个互相啮合的齿轮，当齿轮转过的齿数一定时，齿轮齿数与转数成反比例的关系，即：齿轮的齿数×转数 = 齿轮转过

的齿数（一定）。

**例1** 一种糖水中，糖与水的比为2：7，现有糖50千克，可配制这样的糖水多少千克？

**分析**：糖水是由糖和水组成的，关系式为：糖水的质量＝糖的质量＋水的质量。题中糖：水＝2：7。

**解法一**：设需加水 $x$ 千克。

$$50 : x = 2 : 7$$
$$2x = 350$$
$$x = 175$$

那么糖水质量为 $50 + 175 = 225$（千克）

**答**：可配制这样的糖水225千克。

**解法二**：设可配制糖水 $x$ 千克。

$$50 : x = 2 : (2 + 7)$$
$$2x = 50 \times 9$$
$$x = 225$$

**答**：可配制这样的糖水225千克。

**例2** 甲、乙两桶油共重45千克，把甲桶油的 $\frac{1}{4}$ 倒入乙桶后，甲桶油与乙桶油的质量比是2：3，甲、乙两桶原来分别有油多少千克？（辽宁大连）

**分析**：由题可知甲桶倒给乙桶后油的总质量没有发生改变。现在甲桶油占总质量的 $\frac{2}{2+3}$，又是甲桶油原来的 $\left(1 - \frac{1}{4}\right)$，即可求出甲桶油的质量。

**解法一**：$45 \times \dfrac{2}{2+3} = 18$（千克）

$$18 \div \left(1 - \dfrac{1}{4}\right) = 24 \text{（千克）}$$

乙桶油质量：$45 - 24 = 21$（千克）

**答**：甲桶原来有油 24 千克，乙桶原来有油 21 千克。

**解法二**：设乙桶原来有油 $x$ 千克，则甲桶原来有 $(45-x)$ 千克。

$$\dfrac{3}{2+3} \times 45 - \dfrac{1}{4}（45-x）= x$$

$$27 - \dfrac{45}{4} + \dfrac{1}{4}x = x$$

$$\dfrac{3}{4}x = 27 - \dfrac{45}{4}$$

$$x = 21$$

甲桶油质量：$45 - x = 45 - 21 = 24$（千克）

**答**：甲桶原来有油 24 千克，乙桶原来有油 21 千克。

**例 3** 一块长方形的草地，长 100 米，宽 60 米，画在比例尺是 $\dfrac{1}{1000}$ 的图纸上，面积有多大？（湖南长沙）

**分析**：这道题有两种解法。一种解法是先求出图上长方形的长与宽，再求图上的面积。另一种解法是先求实际长方形的面积，再用比例尺求图上长方形的面积。

**解法一**：（1）图上长是多少厘米？

$$100 \times \dfrac{1}{1000} = 0.1 \text{（米）} = 10 \text{（厘米）}$$

（2）图上宽是多少厘米？

$$60 \times \dfrac{1}{1000} = 0.06 \text{（米）} = 6 \text{（厘米）}$$

（3）图上长方形面积是多少平方厘米？

$10 \times 6 = 60$（平方厘米）

**答**：图上面积是60平方厘米。

**解法二**：（1）实际长方形的面积是多少平方米？

$100 \times 60 = 6000$（平方米）

（2）图上长方形的面积是多少平方厘米？

$6000 \times \left( \dfrac{1}{1000} \right)^2 = 0.006$（平方米）$= 60$（平方厘米）

**答**：图上面积是60平方厘米。

**例4** 某工厂运来一批煤，计划每天用30吨，12天用完；实际每天节约5吨，实际比计划多用多少天？（吉林四平）

**分析**：煤的总量一定，每天用煤量和天数成反比例。实际和计划的总用煤量是相等的。设实际比计划多用 $x$ 天。实际每天用煤量是（30－5）吨，实际用的天数是（12＋$x$），所以用煤的总量是（30－5）×（12＋$x$）吨，而 $30 \times 12$ 也是煤的总量。

**解答**：设实际比计划多用 $x$ 天。

$$(30 - 5) \times (12 + x) = 30 \times 12$$
$$25 \times 12 + 25x = 360$$
$$25x = 60$$
$$x = 2.4$$

**答**：实际比计划多用2.4天。

**例5** 一台收割机4天收割小麦76公顷。照这样计算，收割133公顷小麦，需要多少天？（用比例解）（天津）

**分析**：因为工作时间与工作总量是两种相关联的量，工作总量÷工作时间＝工作效率，根据题意知道工作效率一定，所以工作总量和工作时间成正比例。"76公顷"对应的时间是"4天"，"133公顷"对应的时间是 $x$ 天。即：

76 公顷 ——→ 4 天

133 公顷 ——→ x 天

**解答**：设收割 133 公顷小麦需要 x 天。

$$\frac{76}{4} = \frac{133}{x}$$

$$76x = 133 \times 4$$

$$x = \frac{133 \times 4}{76}$$

$$x = 7$$

**答**：收割 133 公顷小麦需要 7 天。

**例6** 给一间房屋的地面铺方砖，用边长 2 分米的方砖需 2000 块，若改成边长 4 分米的方砖需用多少块？（陕西西安）

**分析**：由题意可知，房屋的面积一定，每块砖的面积与所用块数成反比例。"2000 块砖"每块对应的面积是"（2×2）平方分米"，即边长"2 分米"的平方；与面积"（4×4）平方分米"，即边长"4 分米"的平方对应的是需要 x 块砖。

**解答**：设需要用边长 4 分米的方砖 x 块。

$$(4 \times 4)x = (2 \times 2) \times 2000$$

$$16x = 8000$$

$$x = 500$$

**答**：需要用边长 4 分米的方砖 500 块。

**例7** 加工一个零件，甲、乙、丙所需时间比为 6：7：8。现在有 3650 个零件要加工，如果规定 3 人用同样的时间完成任务，各应加工多少个？（北京海淀）

**分析**：这是一道按比例分配应用题。解答的关键是要弄清把 3650 个零件按什么比进行分配（工作效率比），再把已知条件中三人工作时间比转化为工作效率之比，按 3 人工作效率比进行分配，即可求出甲、乙、丙 3 个人各应加工多少个零件。

**解答：**（1）甲、乙、丙 3 个人的工作效率比为：

$$\frac{1}{6} : \frac{1}{7} : \frac{1}{8} = 28 : 24 : 21$$

（2）甲、乙、丙 3 个各应加工的零件数：

$$3650 \times \frac{28}{28 + 24 + 21} = 1400 \text{（个）}$$

$$3650 \times \frac{24}{28 + 24 + 21} = 1200 \text{（个）}$$

$$3650 \times \frac{21}{28 + 24 + 21} = 1050 \text{（个）}$$

**答：**甲应加工 1400 个零件，乙应加工 1200 个零件，丙应加工 1050 个零件。

**例8** 客车和货车分别从甲、乙两地同时相对开出，经过若干小时在途中相遇，相遇后又行 5 小时货车到达甲地，这时客车到乙地后又掉头行了甲、乙两地距离的 25%。客车和货车从出发到相遇用了多少小时？（河南洛阳）

**分析：**此题综合性较强，要求我们能抓住两车行驶中的实质问题。题中两车行驶的时间始终保持一致，所以客车与货车所行驶的路程比为 $(1 + 25\%) : 1 = 5 : 4$，就是两车的速度比。相遇后货车所行驶的路程和相遇时客车所行驶的路程相同，在这段路上两车所用时间和它们的速度成反比，行驶这段路程客车与货车所用时间比是 $4 : 5$，客车在此段上所用时间就是相遇时间。

**解答：**客车与货车的速度比：$(1 + 25\%) : 1 = 5 : 4$，行至 $A$、$B$，客车和货车所需时间比 $4 : 5$，相遇时间：$5 \div 5 \times 4 = 4$（小时）

**答：**客车和货车从出发到相遇用了 4 小时。

第七章　**神奇速算**

　　计算能力是数学的基本能之一，计算不仅要算得正确，还要算得快，算得巧。加减乘除四则运算的意义、定律、性质以及和、差、积、商的运算规律等是进行速算和巧算的基础，尤其是运算定律和性质，是速算和巧算的主要依据，必须牢固掌握，并在计算中灵活运用。本章我们将根据加、减、乘、除等的运算性质、计算法则以及运算定律来进行数的速算与巧算。

## 第一节　加法速算

速算技法

　　1. 补数法——如果两个数的和恰好可以凑成整十、整百、整千的数，则根据加法的交换律、结合律，把它们先相加，再与其他的数相加，这样可以进行巧算。

　　2. 凑整法——首先根据某些数的特点，将接近整十、整百、整千的数，先按整十、整百、整千来计算，再作相应的调整。计算时要注意"多加要减法，少加要再加"的原则进行处理。也就

是说多加了的要减去，少加了的再加上。

3．拆分凑补法——几个加数相加，如果不能直接凑整，可以将某个数拆分，再与其他加数凑整。

4．基准数加累计差法——几个相近的数相加，可以选择其中一个数，最好是整十、整百的数为"基准数"，再找出每个加数与基准数的差，大于基准数的差做加数，小于基准数的差做减数，把这些差累计起来再加上基准数与加数个数的乘积就可以得到计算结果。

巧算加法时，常用到加法的两个运算定律。

（1）加法交换律：$a + b = b + a$。即两个数相加，交换加数的位置，他们的和不变。

（2）加法结合律：$a + b + c = (a + b) + c = a + (b + c)$。即三个数相加，先把前两个数相加，再加上第3个数，或先把后两个数相加，再和第1个数相加，它们的和不变。

专题例析

**例 1**　速算：（1）$13 + 16 + 14 + 11 + 17 + 19$；（2）$857 + 485 + 300 + 715 + 143$；

**【技巧点拨】**几个数连加，先观察数的特征，为了达到又对又快的计算目的，我们要学会一些巧算的方法，对一些能凑成整十、整百、整千……的数可以利用加法交换律、结合律进行凑整，再加其他的数。这样做会使复杂的计算简单化。

**【解答】**（1）　　$13 + 16 + 14 + 11 + 17 + 19$

$= (13 + 17) + (16 + 14) + (11 + 19)$

$= 30 + 30 + 30$

$$= 90$$

（2）　　$857 + 485 + 300 + 715 + 143$

$$= （857 + 143） + （485 + 715） + 300$$

$$= 1000 + 1200 + 300$$

$$= 2500$$

**例2**　速算：（1）$4 + 6 + 8 + 10 + 12 + 14 + 16 + 18 + 20 + 22 + 24 + 26$；（2）$7 + 10 + 13 + 16 + 19 + 22 + 25$

**【技巧点拨】** 如果一个算式按照从小到大或从大到小的顺序排列，且相邻的两个数相差的数都相等，那么我们只要用最小的加数加上最大的加数得到每一组的和，再乘上加数的个数，再除以2，就可以使计算简便。

**【解答】**（1）　　$4 + 6 + 8 + 10 + 12 + 14 + 16 + 18 + 20 + 22 + 24 + 26$

$$= （4 + 26） × 12 ÷ 2$$

$$= 30 × 12 ÷ 2$$

$$= 360 ÷ 2$$

$$= 180$$

（2）　　$7 + 10 + 13 + 16 + 19 + 22 + 25$

$$= （7 + 25） × 7 ÷ 2$$

$$= 32 × 7 ÷ 2$$

$$= 112$$

**例3**　速算：（1）$9 + 99 + 999 + 9999$；（2）$11 + 101 + 1001 + 10001$；（3）$305 + 401 + 198 + 96$

**【技巧点拨】** 将接近整十、整百、整千……的数看成整十、整百、整千……的数，能使计算简便。特别要注意的是，多加的一定要减去，少加的必须再加上。

**【解答】**（1）　　$9 + 99 + 999 + 9999$

$$= 10 + 100 + 1000 + 10000 - 4$$

$$= 11110 - 4$$

$$= 11106$$

（2）　$11 + 101 + 1001 + 10001$

$$= 10 + 100 + 1000 + 10000 + （1 + 1 + 1 + 1）$$

$$= 11110 + 4$$

$$= 11114$$

（3）　$305 + 401 + 198 + 96$

$$= （300 + 5） + （400 + 1） + （200 - 2） +$$

$$（100 - 4）$$

$$= （300 + 400 + 200 + 100） + （5 + 1 - 2 - 4）$$

$$= 1000 + 0$$

$$= 1000$$

**例4**　速算：（1）$28 + 29 + 30 + 32 + 33$；（2）$57 + 62 + 60 +$
$63 + 59 + 56$

**【技巧点拨】**题目中的许多加数大小不同，但又比较接近，我们可以选择其中一个数，一般是整十、整百、整千……的数作为基准数。再把少算了的数加上，多加了的数减去，最后利用加、减混合运算的一些性质进行简便运算。

**【解答】**（1）　$27 + 29 + 30 + 32 + 31$

$$= （30 - 3） + （30 - 1） + 30 + （30 + 2） +$$

$$（30 + 1）$$

$$= 30 × 5 - （3 + 1 - 2 - 1）$$

$$= 150 - 1$$

$$= 149$$

（2）　$57 + 62 + 60 + 63 + 59 + 56$

$$= （60 - 3） + （60 + 2） + 60 + （60 + 3） +$$

$$(60-1)+(60-4)$$
$$=60 \times 6-(3+1+4-2-3)$$
$$=360-3$$
$$=357$$

拓展练习

快速计算下面各题。

(1) $122+392+78+37+8$

(2) $498+399+502+991$

(3) $7+97+997+9997$

(4) $1372+983+628+17$

(5) $1+3+5+7+9+11+\cdots+101$

(6) $86+92+95+287+14+108+205+113$

# 第二节　减法速算

速算技法

1. 当一个数连续减去几个数，这些减数能组成等差数列时，可以先求出这些减数的和，再从被减数中减去这个和。

2. 在加减法混合算式与加减的算式中，将减法先结合起来，集中一次相减，可简化运算。

3. 利用凑整法，首先根据某些数的特点，将接近整十、整百、整千的数，先按整十、整百、整千来计算，再作相应的调整。计算时要注意多减了的要加上，少减了的再减去。

巧算减法时，常用到减法的性质。

减法的性质：$a - b - c - d = a - (b + c + d)$

专题例析

例1　速算：(1) $90 - 14 - 16 - 25 - 15$；(2) $560 - 125 - 36 - 64 - 75 - 40$

【技巧点拨】几个数连减，先观察数的特征，可先利用减法性质对一些能凑成整十、整百、整千……的数进行凑整，再减其他的数。这样会使复杂的计算更加简单。

【解答】(1)　　$90 - 14 - 16 - 25 - 15$
　　　　$= 90 - (14 + 16 + 25 + 15)$
　　　　$= 90 - 70 = 20$
　　　(2)　　$560 - 125 - 36 - 64 - 75 - 40$
　　　　$= 560 - (125 + 75 + 36 + 64) - 40$
　　　　$= 560 - 300 - 40$
　　　　$= 220$

例2　速算：(1) $66 - 13 - 27 - 16$；(2) $194 - 57 - 41 - 44 - 2$

【技巧点拨】通过观察，此类题都是同级运算，算式中的个别数据尾数相同和接近，或者两数（两数以上）相加可以得到整十、整百、整千……的数，可运用带符号搬家与减法的性质相结合，使解题更加快捷。

【解答】(1)　　$66 - 13 - 27 - 16$

$$= (66-16) - (13+27)$$
$$= 50-40 = 10$$
（2）　　$194-57-41-44-2$
$$= (194-44) - (57+41+2)$$
$$= 150-100 = 50$$

**例3**　速算：（1）$95-17-19-28-16$；（2）$945-185-289$ $-281-45$

**【技巧点拨】**通过观察数据的特点，可先利用凑整法将接近整十、整百、整千……的数看成整十、整百、整千……的数，特别注意多加的一定要减去，少加的必须再加上。再运用带符号搬家与减法的性质相结合，使解题更加简便快速。

**【解答】**（1）　　$95-17-19-28-16$
$$=95- (20-3) - (20-1) - (30-2) -$$
$$(20-4)$$
$$=95- (20+20+30+20) + (3+1+2+4)$$
$$=95-90+10 = 15$$
（2）　　$945-185-289-281-45$
$$= (945-45) - (200-15) - (300-11) -$$
$$(300-19)$$
$$=900- (200+300+300) + (15+11+19)$$
$$=900-800+45$$
$$=145$$

**例4**　速算：（1）$228- (28+95)$；（2）$11-10+9-8+8-$ $7+6-5+4-3+2-1$

**【技巧点拨】**通过仔细观察，此类混合运算题可利用去括号和添括号的性质，改变一下运算顺序，便可使计算显得十分巧妙。

**【解答】**（1）　　$228- (28+95)$
$$=228-28-95$$

$$= 200 - 95 = 105$$

（2）　$11 - 10 + 9 - 8 + 8 - 7 + 6 - 5 + 4 - 3 + 2 - 1$

$$= (11 - 10) + (9 - 8) + (8 - 7) + (6 - 5)$$
$$+ (4 - 3) + (2 - 1)$$
$$= 1 + 1 + 1 + 1 + 1 + 1$$
$$= 6$$

**例5** 速算：$20 + 19 - 18 - 17 + 16 + 15 - 14 - 13 + 12 + 11 - 10 - 9$

**【技巧点拨】** 这是一道加、减混合计算题，由于加、减数较多，要仔细观察有没有简便方法。观察发现：$20 - 18 = 2$，$19 - 17 = 2$，$16 - 14 = 2$，…，$11 - 9 = 2$。因此通过前后次序的交换，把某些数结合在一起计算，比较简单。

**【解答】** $20 + 19 - 18 - 17 + 16 + 15 - 14 - 13 + 12 + 11 - 10 - 9$

$$= (20 - 18) + (19 - 17) + (16 - 14) + (15 - 13)$$
$$+ (12 - 10) + (11 - 9)$$
$$= 2 + 2 + 2 + 2 + 2 + 2$$
$$= 12$$

拓展练习

快速计算下面各题。

（1）$3327 - 1998$

（2）$100 + 99 - 98 + 97 - 96 + \cdots + 3 - 2 + 1$

（3）$19999 + 1999 + 999 + 99 + 9$　（4）$3731 - (631 - 389)$

（4）$570 - 135 - 136 - 64 - 65$

# 第三节　等差数列

等差数列，也即"高斯求和方法"。若干个数排成一列称为数列，数列中的每一个数称为一项，其中第一项称为首项，最后一项称为末项。后项与前项之差都相等的数列称为等差数列，后项与前项之差称为公差。

等差数列的求和公式是进行等差数列速算的主要依据。

**等差数列的求和公式：**

（1）等差数列的和 =（首项 + 末项）× 项数 ÷2

（2）项数 =（末项 - 首项）÷ 公差 +1

（3）某一项 = 首项 + 公差 ×（项数 -1）

例1　德国著名数学家高斯年幼时聪明过人，上学时，有一天老师出了一道题让同学们计算：$1 + 2 + 3 + 4 + 5 + \cdots + 99 + 100$ =？老师出完题后，全班同学都在埋头计算，小高斯却很快算出了正确答案。你知道他是怎么计算的吗？你能很快算出这道题的答案吗？

**【技巧点拨】** 本题的 100 个加数正好构成了首项是 1，末项是 100，公差是 1 的等差数列。可以采取"先配对再求和"的方法。

**【解答】**这100个加数前后相对的两个加数配对，即 $1+100=2+99=3+98=\cdots=49+52=50+51$。正好可以分成这样的50对数（$100\div2$），每对数的和都是101。因此可以这样计算：

$$1+2+3+4+5+\cdots+99+100$$
$$=（1+100）\times（100\div2）$$
$$=5050$$

**例2** 某建筑工地有一些砖堆放在一起，每一层都比上一层多8块，最上层有4块，最下层有116块。这堆砖一共有多少块？

**【技巧点拨】** 在利用等差数列求和公式时，有时项数并不是一目了然的，这时就需要先求出项数，求项数的方法是：项数=（末项－首项）÷公差+1。然后再求和。

**【解答】** 可以用等差数列求和公求来解决这一实际生活问题。本题是求首项是4，末项为116，公差为8的等差数列的和，要先知道项数（层数），再求和（总块数）。

先求项数：（$116-4$）$\div8+1=15$（层）

再求和：（$4+116$）$\times15\div2=900$（块）

**例3** 某电影院设置了24排座位，第一排有32个座位，往后每排都比前一排多2个座位，这个电影院共有多少个座位？

**【技巧点拨】** 在首项、末项、公差、项数这四个条件中，知道其中的三个条件就可以求出第四个条件，求等差数列的和必须要知道这四个条件，求某一项的方法是：某一项=首项+公差×（项数－1）。然后再求和。

**【解答】** 最后一排比首项32多了 $2\times（24-1）$ 个公式，所以，末项是：$32+2\times（24-1）=78$（个）。座位总个数是：（$32+78$）$\times24\div2=1320$（个）。

**例4** 速算：（$2003+2001+1999+\cdots+3+1$）－（$2002+2000+1998+\cdots+4+2$）。

**【技巧点拨】**通过观察，已知两组等差数列的首项、末项和公差，可先求出两组等差数列的项数，再分别算出两组等差数列的和，然后再相减。

**【解答】**原式 $= (2003 + 1) \times 1002 \div 2 - (2002 + 2)$
$$\times 1002 \div 2$$
$$= 1004004 - 1004004$$
$$= 0$$

快速计算下面各题。

（1） $100 + 95 + 90 + 85 + \cdots 15 + 10 + 5$

（2） $55 + 53 + 51 + \cdots + 5 + 3 + 1$

（3） $2000 - 2 - 4 - 6 - 8 - \cdots - 50 - 52$

（4） $(1 + 3 + 5 + 7 + \cdots + 2007) - (2 + 4 + 6 + 8 + \cdots + 2006)$

# 第四节　乘法速算

1. 巧算乘法时，常运用乘法的运算定律进行计算。

（1）乘法交换律： $a \times b = b \times a$

（2）乘法结合律： $(a \times b) \times c = a \times (b \times c)$

（3）乘法分配律：$(a \pm b) \times c = a \times c \pm b \times c$

2. 两数的乘积是整十、整百、整千的，要先乘。如：$2 \times 5 = 10$，$4 \times 25 = 100$，$8 \times 125 = 1000$，$16 \times 625 = 10000$，这样有助于乘法巧算。

3. 分解因数，凑整先乘。在有些题目中，因数相乘不能凑成整十、整百、整千的数，可以把某个因数分解成两个因数，使其中的一个因数与其他的因数的积成为较简单的积，然后再与其他因数相乘，这样就可以巧算了。

4. 当一个因数接近整十、整百、整千……数时，可将这个数写成整十、整百、整千……的数与另一个数的和或差，然后利用乘法分配律进行简算。

5. 对于"同头尾合十"的乘法，可先用两个因数的个位数相乘，并把积直接写在末尾（如果不满十，十位上要补写0），然后将十位数乘它本身加1的积，写在两个个位数积的前面。

专题例析

**例1** 速算：（1）$25 \times 39 \times 4$；（2）$125 \times 32 \times 25$

【技巧点拨】这类题都是连乘的算式，分别应用乘法的交换律和结合律就会使计算简便。其中第二小题两个因数分别是 25 和 125，就要把第三因数 32 分解成 $4 \times 8$ 的积，再把 4 与 25 相乘，8 与 125 相乘。

【解答】（1）　$25 \times 39 \times 4$

$$= (25 \times 4) \times 39$$

$$= 100 \times 39$$

$$= 3900$$

（2）　　$125 \times 32 \times 25$

　　　$= 125 \times （8 \times 4） \times 25$

　　　$= （125 \times 8） \times （4 \times 25）$

　　　$= 1000 \times 100$

　　　$= 100000$

**例2**　速算：（1）$125 \times （80 + 8）$；（2）$182 \times 83 + 17 \times 182$；（3）$88 \times 999 + 88$；（4）$99 \times 78 + 33 \times 66$

【**技巧点拨**】可直接运用乘法分配律或利用乘法分配律，先算出两个不同因数的和，再与相同因数相乘，可使计算简便。这种简单方法还可应用于 $a \times b + a \times c - a$ 这种题型。

【**解答**】（1）　　$125 \times （80 + 8）$

　　　$= 125 \times 80 + 125 \times 8$

　　　$= 10000 + 1000$

　　　$= 11000$

（2）　　$182 \times 83 + 17 \times 182$

　　　$= （83 + 17） \times 182$

　　　$= 100 \times 182$

　　　$= 18200$

（3）　　$88 \times 999 + 88$

　　　$= 88 \times 999 + 88 \times 1$

　　　$= （999 + 1） \times 88$

　　　$= 1000 \times 88$

　　　$= 88000$

（4）　　$99 \times 78 + 33 \times 66$

　　　$= 99 \times 78 + 33 \times （22 \times 3）$

　　　$= 99 \times 78 + （33 \times 3） \times 22$

　　　$= 99 \times 78 + 99 \times 22$

$$= 99 \times (78 + 22)$$
$$= 99 \times 100$$
$$= 9900$$

**例3** 速算：（1）$9999 \times 9999 + 19999$；（2）$125 \times 192$

**【技巧点拨】** 当其中一个因数是一个接近整十、整百、整千的数时，可以把它看作整十、整百、整千的数与一个一位数的和（或差）的形式，再运用分配律进行计算比较简便。

**【解答】**（1）$9999 \times 9999 + 19999$
$$= 9999 \times 9999 + 9999 + 10000$$
$$= 9999 \times (9999 + 1) + 10000$$
$$= 9999 \times 10000 + 10000$$
$$= 10000 \times (9999 + 1)$$
$$= 100000000$$

（2）$125 \times 192$
$$= 125 \times (200 - 8)$$
$$= 125 \times 200 - 125 \times 8$$
$$= 25000 - 1000$$
$$= 24000$$

**例4** 速算：（1）$92 \times 98$；（2）$61 \times 69$

**【技巧点拨】** 两位数乘两位数，如果十位上的数字相同，个位上的数字之和为"10"，这一类乘法称为"同头尾合十"的乘法。"同头尾合十"的乘法有如下速算规律：先用这两个因数的个位数字相乘，并把积直接写在末尾（如果积不满十，十位上要补写0）；然后将十位数字加"1"乘十位上的数字，把积写在两个个位数相乘的积的前面。

**【解答】**（1）92 与 98 的个位数字相乘的结果为：$2 \times 8 = 16$，直接写在末尾；十位数字与它本身加 1 的和的乘积

为：（9＋1）×9＝90，写在16的前面。因此：92
×98＝9016

（2）　61与69的个位数字相乘的结果为：1×9＝9，由
于积不满十，十位上要补写0，得09，直接写在
末尾；十位数字与它本身加1的和的乘积为：（6
＋1）×6＝42，写在09的前面。因此：61×69
＝4209

例 5　速算：（1）48×99；（2）71×999

【技巧点拨】①一个两位数乘以99的速算规律是：**"去1 添
补"**。把这个两位数减1的差作为积的前两位，把这个两位数与
100的补数（即100与这个两位数的差）作为积的末两位。②一
个两位数乘以999的速算规律是：**"去1 添补，中间隔9"**。

【解答】（1）　48去1得47，作为积的前两位；48与100的补数
为100－48＝52，作为积的末两位。因此48×99
＝4752。

（2）　71去1得70，作为积的前两位；71与100的
补数为100－71＝29，作为积的末两位，同时
在70与29之间添上9。因此71×999＝70929。

例 6　速算：（1）48×11；（2）479×11

【技巧点拨】两位数、三位数与11相乘的速算规律是：①头
作积的头；②尾作积的尾；③头尾相加（或三位数的前两位数与
后两位数之和）作积的中间数。满10或满100，则向头进"1"。

【解答】（1）　积的头为4，积的尾为8，中间数为4＋8＝12，
因为12满10，因此向头进1，头变为5，中间
数为2，尾仍为8。即：48×11＝528。

（2）　积的头为4，积的尾为9，中间数为47＋79＝
126，因为126满100，因此向头进1，头变为

5，中间数为 26，尾仍然为 9。即：$479 \times 11$
$= 5269$

**例7** 速算：$560 \times 73 + 56 \times 270$

【技巧点拨】有 2 个因数分别是 56 和 560，因此可以想到把 $560 \times 73$ 看作 $56 \times 730$，这样就有相同的因数 56，从而可以运用乘法分配律使计算简便。

【解答】　　$560 \times 73 + 56 \times 270$

$\qquad = 56 \times 730 + 56 \times 270$

$\qquad = 56 \times （730 + 270）$

$\qquad = 56 \times 1000$

$\qquad = 56000$

拓展练习

快速计算下列各题：

（1）$15 \times 4 \times 25 \times 8$

（2）$25 \times 32 \times 63 \times 125$

（3）$193 \times 65 - 55 \times 193$

（4）$1111 \times 9999$

（5）$7777 \times 5 + 9999 \times 7 + 2222$

（6）$24 \times 36 + 65 \times 24 + 76 \times 108 - 76 \times 7$

（7）$195 + 3 \times 1950 + 69 \times 195$

# 第五节　除法速算

1. 除法中的巧算，要熟练地运用除法的性质。

　①商不变的性质：$a \div b = (a \times c) \div (b \times c)$

　　　　　　　　　　$a \div b = (a \div c) \div (b \div c)$ $(b \neq 0, c \neq 0)$

　②除法的性质：$a \div b \div c = a \div (b \times c)$

2. 把乘法的运算定律运用到除法中去，即：

　$(a + b) \div c = a \div c + b \div c$

　$(a - b) \div c = a \div c - b \div c$

3. 符号和数一起移动，即：

　$a \div b \times c = a \times c \div b$

4. 巧算乘、除混合运算时，还要用到下面的 3 个性质：

　①$a \div b \div c = a \div (b \times c) = a \div c \div b$

　②$a \times b \div c = a \times (b \div c) = (a \div c) \times b$

　③$a \div b \times c = a \div (b \div c)$

**例1**　速算：(1) $4000 \div 125 \div 8$；(2) $756 \div (7 \times 9)$

【技巧点拨】一个数连续除以两个数，可以利用除法的性质把这个数除以这两个数的乘积。即：$a \div b \div c = a \div (b \times c)$。

【解答】（1）　　4000÷125÷8

　　　　　　　=4000÷（125×8）

　　　　　　　=4000÷1000

　　　　　　　=4

　　　　（2）　　756÷（7×9）

　　　　　　　=756÷7÷9

　　　　　　　=108÷9

　　　　　　　=12

**例2**　速算：（1）1600÷25；（2）7500÷25÷75

【技巧点拨】第1题利用商不变的性质进行巧算，即：$a÷b=$（$a×c$）÷（$b×c$）；第2题可直接运用符号"搬家"：$a÷b÷c=a÷c÷b$。

【解答】（1）　　1600÷25

　　　　　　　=（1600×4）÷（25×4）

　　　　　　　=6400÷100

　　　　　　　=64

　　　　（2）　　7500÷25÷75

　　　　　　　=7500÷75÷25

　　　　　　　=100÷25

　　　　　　　=4

**例3**　速算：（1）280÷35；（2）10000×16÷125

【技巧点拨】两数相除，把除数分解因数，其中一个因数能整除被除数；或先运用符号"搬家"，再分解因数，这样就能简算。

【解答】（1）　　280÷35

　　　　　　　=280÷（7×5）

　　　　　　　=280÷7÷5

　　　　　　　=40÷5

$$= 8$$

$$(2) \quad 10000 \times 16 \div 125$$

$$= 10000 \div 125 \times 8 \times 2$$

$$= 80 \times 8 \times 2$$

$$= 1280$$

**例 4**　速算：$1064 \div 28 + 1736 \div 28$

**【技巧点拨】** 此类题只需把乘法的运算定律运用到除法中去，即：$(a+b) \div c = a \div c + b \div c$，$(a-b) \div c = a \div c - b \div c$，即可简便计算。

**【解答】**　$1064 \div 28 + 1736 \div 28$

$$= (1064 + 1736) \div 28$$

$$= 2800 \div 28$$

$$= 100$$

**例 5**　速算：$(7542 + 7539 + 7545 + 7538) \div 4$

**【技巧点拨】** 认真观察此类题可知，解题关键是求括中 4 个相接近的数的和，选 7540 为基准数，再把乘法的运算定律运用到除法中去，可使计算简便。

**【解答】**　$(7542 + 7539 + 7545 + 7538) \div 4$

$$= (7540 \times 4 + 2 - 1 + 5 - 2) \div 4$$

$$= (7540 \times 4 + 4) \div 4$$

$$= 7540 \times 4 \div 4 + 4 \div 4$$

$$= 7540 + 1$$

$$= 7541$$

**例 6**　速算：$(1 \times 2 \times 3 \times 4 \times \cdots \times 9 \times 10) \div (27 \times 25 \times 24)$

**【技巧点拨】** 运用除法性质，利用带着符号"搬家"和添、去括号的方法使复杂计算变成简便计算。这种"搬家移位"和"添括号"的方法还可以应用到乘、除混合运算中。

【解答】　$(1 \times 2 \times 3 \times 4 \times \cdots \times 9 \times 10) \div (27 \times 25 \times 24)$

$= 1 \times 2 \times 3 \times 4 \times \cdots \times 9 \times 10 \div 27 \div 25 \div 24$

$= (3 \times 9 \div 27) \times (10 \times 5 \div 25) \times (6 \times 8 \div 24) \times 2 \times 4 \times 7 \times 1$

$= 1 \times 2 \times 2 \times 2 \times 4 \times 7 \times 1$

$= 2 \times 2 \times 2 \times 4 \times 7$

$= 8 \times 4 \times 7$

$= 224$

快速计算下列各题：

（1）$45000 \div 8 \div 45$

（2）$22000 \div 125$

（3）$9300 \div (4 \times 31)$

（4）$4200 \times 176 \div 88$

（5）$8100 \div 5 \div 90 \times 15$

（6）$9000 \div (3 \times 4 \times 3 \times 2)$

（7）$3333 + 8888 - 4444 \times 8888 \div 4444$

（8）$(425 \times 5776 - 425 + 4225 \times 425) \div 125 \div 8$

模 块 三

# 英语基础知识

| 字 母 | | 知识结构导航 | | 语 法 |
| --- | --- | --- | --- | --- |
| ↓ | | | | ↓ |
| 语 音 | | | | 句 法 |
| ↓ | | | | ↓ |
| 词 汇 | | | | 口语交际 |

# 第一章　字　母

## 一、字母的分类

字母是英语书写的最小单位，从读音上看，英语字母可分为三类：

**元音字母**：Aa, Ee, Ii, Oo, Uu。

**辅音字母**：Bb, Cc, Dd, Ff, Xx, Yy, Gg, Hh, Jj, Kk, Ll, Mm, Nn, Pp, Qq, Rr, Ss, Tt, Vv, Ww, Xx, Zz。

**半元音字母**：Yy。

英语字母根据发音分类如下：

| 发音 | 字　母 |
|---|---|
| [ei] | Aa, Hh, Jj, Kk |
| [iː] | Bb, Cc, Dd, Ee, Gg, Pp, Tt, Vv |
| [aɪ] | Ii, Yy |
| [əʊ] | Oo |
| [e] | Ff, Ll, Mm, Nn, Ss, Xx, Zz |
| [ɑː] | Rr |
| [juː] | Qq, Uu, Ww |

## 二、字母的读音

英语字母本身的发音叫做字母名称音或者字母本音。字母的读音可以用音标来标注，26 个英文字母的发音如下表：

| 字母 | 读音 | 字母 | 读音 | 字母 | 读音 |
|------|------|------|------|------|------|
| A a | [eɪ] | B b | [biː] | C c | [siː] |
| D d | [diː] | E e | [iː] | F f | [ef] |
| G g | [dʒiː] | H h | [eɪtʃ] | I i | [aɪ] |
| J j | [dʒeɪ] | K k | [keɪ] | L l | [el] |
| M m | [em] | N n | [en] | O o | [əu] |
| P p | [piː] | Q q | [kjuː] | R r | [ɑː] |
| S s | [es] | T t | [tiː] | U u | [juː] |
| V v | [viː] | W w | [dʌbljuː] | X x | [eks] |
| Y y | [waɪ] | Zz | [ziː] | | |

## 三、字母书写应用

从书写上看，英语字母有印刷体和书写体两种，而每个字母又分为大、小写两种形式。平时一般手写的字母都是书写体。

**（一）字母的格式笔顺**

英语 26 个英文字母的书写规则及笔顺见下表：

从上表中可见，每个字母的书写都稍向右斜约五度左右，且斜度一致。

字母在四线三格占上中两格的有 26 个大写字母和 b, d, h, i, k, l, t 共 7 个小写字母；占中间一格的有 a, c, e, m, n, o, r, s, u, v, w, x, z 共 13 个小写字母；占中下两格的有 g, q, y 共 3 个小写字母；占上中下三格的有 f, j, p 共 3 个小写字母。

**（二）字母的大写**

英语有一个特点，就是许多地方都要用大写字母。在下列情

况下，必须使用英语大写字母：

1. 句子开头的第一个单词的第一个字母要大写。如：

How are you? 你身体好吗？

2. 表示"我"的字母"I"永远大写。如：

He and I are friends. 他和我是好朋友。

3. 表示人名、地名、国名、人民、民族、语言的单词的首字母要大写。其中，人名中的姓和名的首字母都要大写。如：

Zhang Ming 张明　　Shanghai 上海　　China 中国

American 美国人　　English 英语

4. 表示山川河流、重要建筑物、车站、广场等专有名词的首字母要大写。如：

the Changjiang River（长江）

the Great Wall 长城

Beijing Station（北京站）

Tian'anmen Square（天安门广场）

5. 表示 序号、年级、班级等的首字母要大写。如：

Number Six 6 号　Grade Two 二年级　Class One 一班

6. 月份、星期、节日等词的首字母需要大写。如：

April 四月　Tuesday 星期二

National Day 国庆节

7. 位于姓名前表示职务、称呼等词的首字母要大写。如：

Mr. Wang 王先生　　Doctor Li 李医生

8. 信中表示称呼的开头字母和信尾表示客套用语的开头字母都要大写。如：

Dear Aunt 亲爱的阿姨

Your Peter 你的彼特

## 四、字母缩略

| 缩略类型 | 缩略词例举 | 英文单词全称 | 中文简称 |
|---|---|---|---|
| 首字母缩略词 | CCTV | China Central Television | 中国中央电视台 |
| | USA | United States of America | 美利坚合众国 |
| | WTO | World Trade Organization | 世界贸易组织 |
| | CPU | Central Processing Unit | 中央处理器 |
| | VCD | Video Compact Disc | 录像光盘 |
| | DVD | Digital Versatile Disc | 数字多功能光盘 |
| | EMS | Express Mail Service | 特快专递 |
| | UN | United Nations | 联合国 |
| | BC | Before Christ | 公元前 |
| 星期、月份缩略词 | Mon. | Monday | 星期一 |
| | Tue. | Tuesday | 星期二 |
| | Wed. | Wednesday | 星期三 |
| | Jan. | January | 一月份 |
| | Feb. | February | 二月份 |
| | Mar. | March | 三月份 |
| 专业技术缩略词 | cm | centimetre（s） | 厘米 |
| | mm | millimetre（s） | 毫米 |
| | km | kilometre（s） | 千米；公里 |
| | kg | kilogram | 千克 |
| 其他缩略词 | TV | television | 电视 |
| | a. m. | ante meridiem | 上午 |
| | p. m. | post meridiem | 下午 |

第二章　语　音

## 一、音标

音素是最小的语音单位，英语中共有 48 个音素，其中元音音素 20 个，辅音音素 28 个。音标是记录音素的符号，一般放在 [　] 或"/　/"里。

### （一）元音

元音是在发音时声带振动，呼出的气流在通过口腔时不受阻碍而发出的音。元音是构成音节的主要音，一共有 20 个，它又可以分成单元音和双元音。

| 元音 | 单元音 | [iː]　[i]　[e]　[æ] |
|  |  | [ʌ]　[ə]　[əː] |
|  |  | [ɑː]　[ɔ]　[ɔː]　[ʊ]　[uː] |
|  | 双元音 | [ei]　[ai]　[ɔi]　[iə]　[eə]　[ʊə] |
|  |  | [əʊ]　[aʊ] |

### （二）辅音

无论声带是否振动，发音时呼出的气流在通过口腔或鼻腔时受到一定阻碍。辅音不是构成音节的主要音，一共有 28 个，它又可以分成清辅音和浊辅音。

发音时声带不振动的辅音为清辅音，有〔p〕〔t〕〔k〕〔f〕〔θ〕〔s〕〔ʃ〕〔h〕〔ts〕〔tʃ〕〔tr〕。发音时声带振动，不送气的辅音为浊辅音，有〔b〕〔d〕〔g〕〔v〕〔ð〕〔z〕〔ʒ〕〔r〕〔dz〕〔dʒ〕〔dr〕〔m〕〔n〕〔ŋ〕〔j〕〔w〕〔l〕。

辅音按发音方法可分以下几类：

| | | | | | | | |
|---|---|---|---|---|---|---|---|
| 辅音 | 爆破音 | 〔p〕 | 〔b〕 | 〔t〕 | 〔d〕 | 〔k〕 | 〔g〕 |
| | 摩擦音 | 〔f〕 〔h〕 〔r〕 〔s〕 〔v〕 〔z〕 〔θ〕 〔ð〕 〔ʃ〕 | | | | | |
| | 破擦音 | 〔tʃ〕 | 〔dʒ〕 | 〔tr〕 | 〔dr〕 | 〔ts〕 | 〔dz〕 |
| | 鼻 音 | 〔m〕 | 〔n〕 | 〔ŋ〕 | | | |
| | 半元音 | 〔j〕 | 〔w〕 | | | | |
| | 边 音 | 〔l〕 | | | | | |

## （三）音标的书写

音标必须写在括号里，常用的音标括号有斜头和平头两种，其上端不顶第一线，大致与大写字母相齐，下端在第三格的中间。

音标没有书写体，也没有大小写，因此书写时必须和印刷体一样，直上直下，没有斜度。

几个音标最容易写错，一定要注意：〔aɪ〕和〔aʊ〕不要写成〔ɑɪ〕和〔ɑʊ〕，〔ɑː〕不要写成〔aː〕。在打字的时候，不要用 a 来代替 ɑ，把〔ɑː〕打成〔aː〕，也不要用 G 来代替 g，把〔gɜːl〕打成〔Gɜːl〕。

## （四）音标的变化

在 2003 年秋启用的主流教材中开始采用新的音标。以往通用的宽式音标与新启用的严式音标的主要区别如下：

### 英语国际音标变化表

| 单元音 | 有变化 | | 无变化 | | |
|---|---|---|---|---|---|
| | i—ɪ | 短元音 | e | 长元音 | iː |
| | u—ʊ | | æ | | uː |
| | ɔ—ɒ | | ə | | ɔː |
| | əː—ɜː | | ʌ | | ɑː |

| 双元音 | ɪə—ɪə | əu—əʊ | iə—eɪ |
|---|---|---|---|
| | ai—aɪ | au—aʊ | ɛə—eə |
| | ɔi—ɔɪ | | uə—ʊə |

## 二、音节

英语单词是由字母组成的，字母按照一定规律组合在一起就组成了音节。音节的核心是元音，由一个或几个元音字母来组成。

### （一）开音节、闭音节、r音节

音节按照其构成形式，可以分为开音节、闭音节、r音节、re音节和成音节五种。

1. 开音节。开音节有两种形式。一种为绝对开音节，这样的词是以一个元音字母结尾的重读音节。这个元音字母读字母本身的读音。如：he［hiː］。另外一种为相对开音节，是指在包含一个元音字母的重读音节中，元音字母后有一个辅音字母（r除外），还有一个不发音的字母e，这种重读音节叫相对开音节。如ride［raɪd］。

2. 闭音节。闭音节是指含一个元音字母，但以辅音字母（r，

w 除外）结尾的重读音节。这种音节中的元音字母读短音，即 a 读 [æ]，e 读 [e]，i 读 [i]，o 读 [ɒ] 等。如 big [big]，bed [bed]，fox [fɒks] 等。

3. r 音节。r 音节是以元音字母加辅音字母 r 为主体构成的音节。ar 通常读 [ɑː]，如 car [kɑː]；or 通常读 [ɔː]，如 horse [hɔːs]；er 通常读 [əː] 或 [ə]，如 teacher [ˈtiːʃə] 等。

4. re 音节。re 音节是以元音字母加 re 为主体构成的音节。其中 are 读 [ɑː]，ere 读 [ɪə]，ore 读 [ɔː]，如：here [hɪə]，more [mɔː] 等。

5. 成音节。成音节是以辅音 [m] [n] [l] 同其他辅音一起构成的音节。都是非重读音节，出现在词尾。如：pencil [pen-sl] 等。

## （二）单音节、双音节和多音节

一个单词中有几个元音音素（不是元音字母），就有几个音节。有一个音节就叫单音节，有两个音节的叫双音节，有三个或者三个以上的叫多音节。

## （三）重读音节和非重读音节

英语的单词至少包含一个音节读得特别重而清楚，而其他的音节则读得轻而含糊。读得重而清楚的音节叫重读音节，读得轻而含糊的音节叫非重读音节。

多音节经常有两个重音，其中读得特别清楚有力的叫主重读音节；另一个也清楚有力，但比较弱一些，叫次重读音节。主重读音节用"ˈ"表示，标在主重读音节的左上角；次重读音节用"ˌ"表示，标在次重读音左下角。如：Japanese [ˌdʒæpəˈniːz] 日本（人）的；日本人；日语。

# 三、字母及字母组合的发音

熟记字母及字母组合的发音规则，可以很大程度上降低记忆单词的难度，增强记忆效果。

## （一）单个字母的读音规则

### 1. 元音字母的发音

元音字母就是 Aa，Ee，Ii，Oo，Uu 五个字母。每个音节一般都离不开元音字母（成音节和缩写词除外）。

| 元音字母 | 开音节 | | 闭音节 | |
|---|---|---|---|---|
| | 读音 | 例词 | 读音 | 例词 |
| Aa | /eɪ/ | cake, face | /æ/ | map, dad |
| Ee | /iː/ | she, we | /e/ | bed, red |
| Ii | /aɪ/ | like, five | /ɪ/ | sit, pit |
| Oo | /əʊ/ | go, home | /ɒ/ | fox, box |
| Uu | /juː/ | use, cute | /ʌ/ | sun, but |

### 2. 辅音字母的发音

| 字母 | 发音 | 在音节中的位置 | 例词 |
|---|---|---|---|
| c | [k] | 在 a，u，o，l，r，t 前和音节末尾 | can  call  come  cup |
| | [s] | 在 e、i、y 前 | nice  city |
| d | [d] | 一般情况下 | dog  red  dad  hand |
| | [t] | ed 在清辅音后 | asked  helped |
| f | [f] | 一般情况下 | five  face  lift  fun |
| | [v] | 在单词 of 中 | of |

| 字母 | 发音 | 在音节中的位置 | 例词 |
|------|------|----------------|------|
| g | [g] | 一般情况下 | game　gate　gun |
|    | [dʒ] | ge 在词尾时 | orange　age　page |
| n | [n] | 一般情况下 | nice　fine　nine　nose |
|   | [ŋ] | 在含有 [k] [g] 音的字母前 | think　thank |
| s | [s] | 在词首或在单词中清辅音前后 | sun　sit　school　works |
|   | [z] | （se）前是元音或浊辅音时 | these　nose　close |
| t | [t] | 一般情况下 | tea　ten　to　meet |
|   | [tʃ] | 后接 ur（e），ue | picture |
| x | [ks] | 在词尾或清辅音前 | six　box |
|   | [gz] | 在两元音之间，且重音在后一元音上 | exam　example |

## （二）字母组合的读音规则

### 1. 常见元音字母组合的读音规则

| 字母组合 | 读音 | 例　词 |
|----------|------|--------|
| ai | [eɪ] | plain　wait　gain |
| are | [ɛə] | care　hare |
| air | [ɛə] | fair　chair　air　hair　pair |
| al | [ɔː] | ball　talk |
|    | [lːl] | all　wall　call |
| ar | [ɑː] | car　park　lard |

| 字母组合 | 读音 | 例 词 |
|---|---|---|
| au | [ɔː] | because August |
| ay | [eɪ] | may gay day |
| ea | [iː] | easy east clean meat |
| | [e] | weather dead breakfast |
| | [eɪ] | break great |
| ear | [ɪə] | ear hear near |
| | [εə] | bear wear pear |
| | [əː] | earth |
| ee | [iː] | sleep street green |
| eer | [ɪə] | deer peer |
| eir | [εə] | their heir |
| er | [ɜː] | term hers |
| | [ə] | teacher |
| ere | [ɪə] | here |
| ey | [iː] | key |
| | [eɪ] | they hey |
| | [ɪ] | monkey |
| ie | [iː] | piece |
| | [aɪ] | pie die tie |
| ir | [əː] | bird first shirt |
| igh | [aɪ] | hight light night |
| ire | [aɪə] | tire tired |

| 字母组合 | 读音 | 例　　词 |
|---|---|---|
| oa | [əʊ] | boat　coat　goat |
| oo | [ʊː] | too　food　room |
| | [ʊ] | cook　book　good |
| | [ʌ] | blood |
| oor | [ʊə] | poor |
| or | [ɔː] | forty　short |
| ou | [aʊ] | mouth　loud |
| | [ʌ] | country　double |
| our | [aʊə] | hour　ours　ourself |
| | [ə] | colour |
| | [ɔː] | four　pour |
| oi | [ɒɪ] | oil　voice　choice　noise　join |
| oy | [ɒɪ] | boy　toy　joy |
| ow | [əʊ] | know |
| | [aʊ] | now　cow |

**2. 常见辅音字母组合的读音规则**

| 字母组合 | 读音 | 例　　词 |
|---|---|---|
| -ng | [ŋ] | sing　morning　young　wrong |
| | [ŋg] | longer　finger |
| qu | [kw] | quite　question |
| sh | [ʃ] | she　fish　wash　shirt |
| ch | [tʃ] | chair　cheap　teacher |

| 字母组合 | 读音 | 例　词 |
|---|---|---|
| tch | [tʃ] | watch |
| th | [ð] | the　they　their　than |
| | [θ] | thirty　youth　thin　south |
| tion | [ʃən] | station　nation |
| dr | [dr] | driver　drop　drink |
| tr | [tr] | tree　train　truck |
| ts | [ts] | kites　jackets |
| wh | [w] | what　when　why　white |
| | [h] | who　whose |
| wr | [r] | write　wrong |

# 四、句子重音、连读和语调

## （一）句子重音

　　句子的重音能体现句子的节奏感和韵律感，也能突出重点。一般来说，在句子中需要重读的词是实词中的名词、行为动词、形容词、副词、数词、指示代词、疑问代词、感叹词等，不重读的多为虚词、冠词、连词、介词和人称代词、助词、系动词等。例如：

　　The ′tree is ′big and ′thick. （这句话中的 tree 是名词，high, thick 是形容词，它们都要重读；the, and 是虚词，不重读；is 也不重读。）

　　′My ′bag is ′heavy. ′What′s in ′it? （这句话中 my, what, it 是代词，bag 是名词，heavy 是副词，它们都要重读；in 是虚词，不

重读；is 也不重读。)

当然，在很多的时候，重读部分还随着感情、语气、态度、场合等因素而变化。

## (二) 连读

在连续地说话或朗读时，在同一个短语或从句中，如果相邻的两个词前者以辅音音素结尾，后者以元音音素开头，就要自然地将辅音和元音相拼，构成一个音节，这就是连续。

连读时的音节一般不重读，只需顺便一带而过，不可以加音，也不可以读得太重。

**1.“元音＋元音”型连读。**

当前一个单词以元音结尾，后一个单词以元音开头，这两个音通常要自然而不间断地连读。例如：

He‿is my brother. 他是我的兄弟。

**2.“辅音＋元音”型连读。**

当相邻的两个单词，前者以辅音结尾，后者以元音开头，通常拼在一起连读。例如：

That‿is‿a big tree. 那是一棵高大的树。

**3.“r/re＋元音”型连读。**

当相邻的两个单词，前一个单词的词尾是 r 或 re，后一个单词的词首是元音，则 r 和 re 要发 [r] 音，并与其后的元音连读。例如：

here and there 读作 [hɪə rənd ðeə]

## (三) 语调

语调是反映语音中除音质特征之外的高音、音长、音强等方面变化的旋律特征。英语语调主要有升调（↗）和降调（↘）。

1. 升调

升调主要用于一般疑问句、选择疑问句 or 之前的句子。如：

Do you prefer coffee ↗ or tea? ↘ 你喜欢喝咖啡还是茶?

2. 降调

降调主要用于陈述句、特殊疑问句、表示命令的祈使句、感叹句、选择疑问句 or 之后的句子。如：What time can I see him? ↘ 我什么时候能见到他?

# 第三章　词　汇

　　词汇是英语的重要组成部分，是组成语言的基本材料，没有词汇，就没有句子。因此，掌握一定量的词汇，对于提高同学们的听、说、读、写能力是必不可少的条件。

## 一、词汇的构成

　　英语的词汇构成之间有着各种各样的联系和规律。这种联系规律总结起来就是构词。英语中构成词的方法就是构词法。

　　构词法主要有合成法、派生法和缩略法三种。掌握了构词法能极大地提高记忆能力，扩大词汇量。

### （一）合成法

　　合成法指由两个或两个以上的单词合成新词。这种构词方式主要有两种：复合法和结合法。很多合成名词和合成形容词就是由合成法构成的。

| 分　类 | 例　词 |
| --- | --- |
| 合成名词 | bed + room ⇒ bedroom 卧室<br>black + board ⇒ blackboard 黑板<br>basket + ball ⇒ basketball 篮球<br>break + fast ⇒ breakfast 早餐 |

| 分 类 | 例 词 |
|---|---|
| 合成名词 | book + store ⇒ bookstore 书店<br>class + room ⇒ classroom 教室<br>foot + ball ⇒ football 足球<br>grand + father ⇒ grandfather 祖父<br>grand + mother ⇒ grandmother 外祖母<br>green + house ⇒ greenhouse 温室<br>home + work ⇒ homework 家庭作业<br>pencil + box ⇒ pencil-box 文具盒<br>play + ground ⇒ playground 操场<br>post + man ⇒ post man 邮递员<br>space + ship ⇒ spaceship 宇宙飞船<br>super + market ⇒ supermarket 超级市场<br>reading + room ⇒ reading-room 阅览室<br>dining + room ⇒ dining-room 餐厅<br>drinking + water ⇒ drinking-water 饮用水 |
| 合成形容词 | hand + made ⇒ handmade 手工的<br>middle + aged ⇒ middle-aged 中年的<br>hard + working ⇒ hard-working 勤劳的<br>grass + green ⇒ grass-green 草绿的<br>ice + cool ⇒ ice-cool 冰冷的<br>kind + hearted ⇒ kind-hearted 好心的<br>snow + white ⇒ snow-white 雪白的 |
| 合成介词 | out + side ⇒ outside 在……外面<br>in + side ⇒ inside 在……里边<br>with + in ⇒ within 在……范围内<br>with + out ⇒ without 在……之外 |

| 分　类 | 例　　词 |
|--------|----------|
| 合成副词 | some + times ⇒ sometimes 有时<br>near + by ⇒ nearby 附近<br>may + be ⇒ maybe 也许 |
| 合成代词 | my + self ⇒ myself 我自己<br>your + self ⇒ yourself 你自己<br>him + self ⇒ himself 他自己<br>it + self ⇒ itself 它自己<br>her + self ⇒ herself 她自己<br>your + selves ⇒ yourselves 你们自己<br>them + selves ⇒ themselves 他们自己<br>every + one ⇒ everyone 每个人<br>any + body ⇒ anybody 任何人<br>some + one ⇒ someone 某个人<br>no + body ⇒ nobody 没人<br>no + thing ⇒ nothing 没有东西 |
| 合成动词 | safe + guard ⇒ safeguard 保卫<br>over + come⇒overcome 克服<br>over + hear⇒overhear 偷听<br>under + line ⇒ underline 在下面划线 |

## （二）派生法

派生法又叫词缀法，就是在一个单词前加上前缀或在其后加上后缀，构成新的单词。派生法是英语构词法最重要的一种。

前缀是指在一个词的前面加一个词缀构成新的词，一般说来前缀不会改变一个词的词性；后缀是指在一个词的尾部加一个词缀构成新的词，后缀往往会改变一个词的词性。

| 构词法 | 分类特点 | 例　词 |
|---|---|---|
| 前缀 | 否定前缀 | un- + 形容词 | un + happy ⇒ unhappy 不高兴的<br>un + important ⇒ unimportant 不重要的 |
| | | un- + 副词 | un + happily ⇒ unhappily 不高兴地<br>un + usually ⇒ unusually 不同寻常地 |
| | | un- + 动词 | un + cover ⇒ uncover 揭开<br>un + lock ⇒ unlock 打开锁 |
| | | in- + 形容词 | in + correct ⇒ incorrect 不正确的<br>in + complete ⇒ incomplete 不完全的 |
| | | dis- + 形容词 | dis + able ⇒ disable 失去能力<br>dis + honest ⇒ dishonest 不诚实的 |
| | | dis- + 动词 | dis + like ⇒ dislike 不喜欢 |
| | 表示时间序列关系前缀 | re-，表示"重复" | re + write ⇒ rewrite 重写<br>re + build ⇒ rebuild 重建 |
| | | over-，表示"超过" | over + come ⇒ overcome 克服<br>over + eat ⇒ overeat 吃得过多 |
| | | mid-，表示"中间" | mid + night ⇒ midnight 半夜<br>mid + autumn ⇒ midautumn 中秋 |

| 构词法 | | 分类特点 | 例　词 |
|---|---|---|---|
| 后缀 | 名词后缀 | 动词 + -er | work + er ⇒ worker 工人<br>teach + er ⇒ teacher 教师<br>drive + er ⇒ driver 司机<br>sing + er ⇒ singer 歌手 |
| | | 名词 + -ese | China + ese ⇒ Chinese 中国人<br>Japan + ese ⇒ Japanese 日本人 |
| | | 名词 + -ist | violin + ist ⇒ violinist 小提琴家<br>scient + ist ⇒ scientist 科学家 |
| | 形容词后缀 | 名词 + -y | cloud + y ⇒ cloudy 多云的<br>health + y ⇒ healthy 健康的 |
| | | 名词/形容词 + -ly | friend + ly ⇒ friendly 友好的<br>love + ly ⇒ lovely 可爱的<br>easy + ly ⇒ easily 容易的 |
| | | 名词/动词 + -ful | care + ful ⇒ careful 仔细的<br>use + ful ⇒ useful 有用的 |
| | 副词后缀 | 形容词 + -ly | quick + ly ⇒ quickly 迅速地<br>slow + ly ⇒ slowly 慢慢地 |
| | 数词后缀 | 基数词 + -teen | seven + teen ⇒ seventeen 十七<br>nine + teen ⇒ nineteen 十九 |
| | | 基数词 + -ty | four + ty ⇒ fourty 四十<br>six + ty ⇒ sixty 六十 |
| | | 基数词 + -th | six + th ⇒ sixth 第六<br>nine + th ⇒ ninth 第九 |

# 二、常用单词汇编

## 按词汇意义归类

● **日常食物**

apple 苹果

banana 香蕉

bread 面包

breakfast 早餐

cake 蛋糕

coffee 咖啡

dinner 晚饭

egg 蛋

fish 鱼

lunch 午饭

meat 肉

milk 牛奶

noodles 面条

orange 橘子

pear 梨

rice 米饭

supper 晚饭

tea 茶

● **家庭成员**

aunt 阿姨

brother 兄弟

dad 爸爸（口语）

father 父亲

grandpa 爷爷（口语）

grandma 奶奶（口语）

grandmother 祖母

grandfather 祖父

mum 妈妈（口语）

mother 母亲

sister 姐妹

uncle 叔叔

● **人体部位**

arm 手臂

ear 耳朵

eye 眼睛

face 脸

foot 脚

hair 头发

hand 手

head 头

leg 腿

mouth 嘴

nose 鼻子

● **学校学习**

blackboard 黑板

chair 椅子

classroom 教室

desk 课桌

eraser 橡皮檫

floor 地板

knife 小刀

pen 钢笔

pencil 铅笔

pencil-box 文具盒

ruler 尺子

teacher 教师

● 动物

bear 熊

bee 蜜蜂

bird 鸟

cat 猫

chick 小鸡

cock 公鸡

cow 奶牛

dog 狗

duck 鸭子

fox 狐狸

hen 母鸡

horse 马

lion 狮子

monkey 猴子

pig 猪

tiger 老虎

● 服饰鞋帽

dress 连衣裙

pants 短裤

shirt 衬衫

skirt 短裙

shoes 鞋子

shorts 短裤

T-shirt T-恤衫

vest 背心

● 时间季节

autumn 秋天

o'clock 点钟

clock 挂钟

day 日子，白天

hour 小时

month 月，月份

spring 春天

summer 夏天

watch 手表

week 周，星期

winter 冬天

year 年

● 星期月份

Monday 星期一

Tuesday 星期二

Wednesday 星期三

Thursday 星期四

Friday 星期五

Saturday 星期六

Sunday 星期天

January 一月

February 二月

March 三月

April 四月

May 五月

June 六月

July 七月

August 八月

September 九月

October 十月

November 十一月

December 十二月

● **职业身份**

doctor 医生

driver 司机

farmer 农民

nurse 护士

singer 歌手

teacher 教师

worker 工人

waiter 服务员

● **交通工具**

bus 公共汽车

bike 自行车

car 小汽车

plane 飞机

taxi 出租车

train 火车

● **气候温度**

cloudy 多云的

cold 冷的

cool 凉爽的

rainy 下雨的

sunny 阳光充足的

snowy 下雪的

warm 温暖的

windy 有风的

● **五彩颜色**

black 黑色/黑色的

blue 蓝色/蓝色的

green 绿色/绿色的

orange 橘黄色的

red 红色/红色的

yellow 黄色/黄色的

white 白色/白色的

● **体育运动**

basketball 篮球

football 足球

skating 滑冰

swimming 游泳

table tennis 乒乓球

## 按词性归类

● **名词**

bed 床

boat 船

bottle 瓶

bowl 碗

box 盒

card 卡片

city 城市

class 班级，等级

day 天，日

flower 花

garden 花园

grass 草

hill 小山

holiday 假期，假日

ice 冰

ink 墨水

key 钥匙

letter 信件，字母

map 地图

name 名字，姓名

office 办公室

paper 纸

park 公园

party 聚会

phone 电话

phone number 电话号码

picture 图片，照片

plant 植物

radio 收音机

river 江，河

road 公路

sea 大海

sky 天空

tree 树

toy 玩具

street 街道

story 故事

shop 商店

supermarket 超市

sport 运动

way 方式，道路

word 单词

world 世界

zoo 动物园

● **动词**

answer 回答

ask 问

blow 吹（风）

bring 拿来，带来

buy 买

call 打电话

can 能，会，可以

clean 打扫，清除

close 关

come 来

cry 哭

dance 跳舞

draw 画

drink 喝

drive 驾驶

do 做

eat 吃

excuse 打扰，原谅

find 找到，发现

fly 放，飞

get 到达

give 给

go 去

hear 听见

help 帮助

jump 跳

laugh 大笑

like 喜欢

listen 听

live 生活，居住

look 看

love 喜爱

open 打开

pass 经过，穿过

plant 种

play 玩，打

put 放

pull 拉

push 推

read 朗读，阅读

rain 下雨

ride 骑

run 跑

say 说

see 看见

sell 卖

sing 唱（歌）

sit 坐

snow 下雪

speak 说，讲

stand 站

stop 停，停止

swim 游泳

study 学习，研究

take 拿走，带走

tell 告诉

think 想

wait 等，等候

want 想要

wash 洗

watch 观看，注视

water 浇水

will 将要

wish 祝愿，希望

work 工作

worry 担心

write 写

use 使用

visit 参观，拜访

● 冠词

a 一（个，件……）

an 一（个，件……）

the 这，这个；那，那个

● 代词

I 我（主格）

it 它（主格）

it 它（宾格）

he 他（主格）

her 她的

her 她（宾格）

him 他（宾格）

his 他的

me 我（宾格）

my 我的

our 我们的

she 她（主格）

that 那，那个

these 这些

this 这，这个

those 那些

we 我们（主格）

us 我们（宾格）

you 你，你们（主格）

you 你，你们（宾格）

your 你的，你们的

● 疑问词

how 多么，怎样

what 什么

when 什么时候

where 哪里

who 谁

why 为什么

● 介词

down 向下

in 在……里面

on 在……上面

under 在……下面

up 向上

● 形容词

a little 一点

beautiful 漂亮的，美丽的

bad 坏的

broken 坏的

clever 聪明的

cool 凉爽的

funny 有趣的，滑稽的

glad 高兴的，乐意的

good 好的

lovely 可爱的

nice 好的，漂亮的

ready 准备好的

slow 慢的

sorry 抱歉的

tired 累的，疲劳

welcome 受欢迎的

● **数词**

one 一

two 二

three 三

four 四

five 五

six 六

seven 七

eight 八

nine 九

ten 十

eleven 十一

twelve 十二

thirteen 十三

fourteen 十四

fifteen 十五

sixteen 十六

seventeen 十七

eighteen 十八

nineteen 十九

twenty 二十

twenty - one 二十一

thirty 三十

forty 四十

fifty 五十

sixty 六十

seventy 七十

eighty 八十

ninety 九十

one hundred 一百

# 三、常用短语汇编

at home 在家

at noon 在中午

at night 在夜间

at school 在学校

at the weekend 在周末

bus stop 公共汽车站

clean the room 打扫房间

cook the meals 做饭

Children's Day 儿童节

close the door 关门

close the window 关窗户

do homework 做作业

draw pictures 画画

get up 起床

go fishing 去钓鱼

go swimming 去游泳

go shopping 去购物

go to school 去上学

go home 回家

go to the park 去公园

go to the zoo 去动物园

go to the hospital 去医院

go to see a film 去看电影

go to bed 上床

go to sleep 去睡觉

go away 走开

good morning 早上好

good afternoon 下午好

good evening 晚上好

good night 晚安

have/eat breakfast 吃早饭

have/eat lunch 吃午饭

have/eat supper 吃晚饭

have class 上课

have a party 聚会

have a sleep 睡觉

in the morning 在早上

in the afternoon 在下午

in the evening 在晚上

learn English 学习英语

learn Chinese 学习语文

listen to music 听音乐

listen to the radio 听收音机

New Year's Day 元旦

open the door 开门

open the window 开窗户

play football 踢足球

play basketball 打篮球

play volleyball 打排球

play table tennis 打乒乓球

play games 玩游戏

read a book 读书

ride a bike 骑自行车

ride a horse 骑马

sit down 坐下

sing a song 唱歌

stand up 起立

stay at home 呆在家里

sweep the floor 扫地

take photos 照相

Teachers' Day 教师节

tell stories 讲故事

take a walk 散步

wash the hands 洗手

wash the face 洗脸　　　　　　watch TV 看电视
wash clothes 洗衣服

## 四、缩略词归纳

| 类　型 | 缩写示例 | |
|---|---|---|
| 系动词、助动词和否定词的缩写 | are not = aren't<br>do not = don't<br>will not = won't | is not = isn't<br>can not = can't<br>have not = haven't |
| 代词与系动词的缩写 | I am = I'm<br>he is = he's<br>he has = he's<br>it is = it's | you are = you're<br>we are = we're<br>she has = she's<br>that is = that's |
| 疑问词与系动词的缩写 | what is = what's<br>when is = when's | who is = who's<br>where is = where's |

## 五、词汇记忆方法

　　在平时的学习中，大部分学生觉得英语的词汇不仅词汇量大而且十分难记。有时候记住了，但是一段时间后就会忘记了，需要重复去记忆。那么在英语学习中，有没有提高记忆的方法呢？其实记英语单词也有一些小窍门的，学会利用合理有效的方法记忆单词会使你事半功倍。下面向大家介绍10种记忆英语单词的方法。

　　**1. 整体记忆法。**

　　把几个字母看作一个整体来记。如：在"ow"前加上不同的字母，可组成 how，cow，low，now，town，down，know 等；在"ight"前面加上不同的字母，可组成 eight，light，right，night 等。

**2．形象记忆法。**

在英语单词学习中，我们也可以通过对单词中的一些字母的形状进行"象形化"的联想来帮助记忆或者区分易混淆的单词。如："tree"把 tr 看成树干和树枝，把 ee 看成树叶；"eye"把两个 e 看成两个眼，中间的 y 是鼻子；"bird"把 b 和 d 看成两个翅膀等等。

**3．联想记忆法。**

记忆以联想为基础，联想的建立就如同是为记忆提供更多的线索，线索越多记住这个词就越容易，提取这个词也就越顺利。

（1）拼写联想，即将拼写类似的单词一起记忆。如：think，thin，ink；could，would，should；book，boy，toy 等。

（2）意义联想，即从词义方面联想与其有关联的词。如想到同义词：table—desk；想到反义词：tall—short；想到同类词：由 ship 联想到各种交通工具——bus，car，bike 等。

（3）音义联想法，就是设法把单词的音和义联想起来。这种方法主要适用于一部分单词，记忆时，要加以想象，如 cab 想象为"汽车开吧"等。

（4）视觉图像联想法，即在语言学习中，可以给图片加上标签，或者看到词与词组时产生视觉想象。

（5）感觉或动作联想法，即学到某一个单词时，会产生相应的感觉或做出相应的动作。

**4．理解记忆法。**

通过正确理解单词的本义、引申义和比喻义等。如：second 是"秒"，它来源于古代的六分法，分，秒，它是二次划分，因此 second 也是"第二"，进一步引申，还可理解为"辅助"。用这种

方法特别适合那些一词多义的词。

**5．构词记忆法。**

利用构词法，通过分析词根、前缀、后缀、派生和合成等记忆单词。如：

合成词：football，classroom，something 等。

前缀：〔un－〕unable，unhappy 等。

后缀：〔－er〕worker，teacher 等。

**6．读音记忆法。**

根据字母组合、读音规则进行记忆，会读一个单词，便会拼写出来。

**7．感官记忆法。**

记单词时，不要只用一种感官，尽可能地用多个感官，耳听、嘴读、手写、眼看、心记等。

**8．卡片记忆法。**

卡片记忆：自制单词卡片随时随地进行单词记忆，卡片写上单词的词形、词性、词义、音标、搭配、例句等。

**9．复习记忆法。**

通过有计划的复习来达到长时记忆的目的。掌握好复习的时间间隔，开始时复习时间间隔要短，然后间隔逐渐加大。

**10．睡眠记忆法。**

晚上睡前读两遍要记的单词，然后睡觉，第二天醒来后再读两遍，这样记忆效果也会很不错。

**第四章　语　法**

　　语法是词的构成规则、变化规则、组合规则的总和。学好语法，必然会为同学们更好地掌握和运用语言规律带来极大的帮助。

# 一、名词

　　表示人、事物、地点或抽象概念的名称的词叫做名词。它可以表示具体的东西，也可以表示抽象的概述。名词可以分为可数名词、不可数名词和专有名词。

## （一）可数名词

　　可数名词是可以一个一个或一件一件地计数的，它有单数和复数两种形式。凡是表示一个的，就用单数形式；凡是用来表示两个或两个以上的，就要用复数形式。如：

　　a book 一本书　　　　five books 五本书

　　可数名词的复数一般要改变原形的形态，具体变化有两种。

### 1. 可数名词复数的规则变化形式

| 构　成 | 例　词 |
| --- | --- |
| 一般情况下，在名词词尾直接加-s。 | book—books 书　bag—bags 包<br>cat—cats 猫　bed—beds 床<br>desk—desks 课桌　table—tables 桌子 |

| 构　成 | 例　词 |
|---|---|
| 以 s，x，sh，ch 等结尾的名词，在词尾加-es。 | bus—buses 公共汽车　box—boxes 盒<br>brush—brushes 刷子<br>watch—watches 表 |
| 以"辅音字母 + y"结尾，变 y 为 i，再加-es。 | baby—babies 婴儿　city—cities 城市<br>family—families 家庭 |
| 以"f 或 fe"结尾，变 f 或 fe 为 v，再加-es。 | knife—knives 刀　wife—wives 妻子<br>life—lives 生命　wolf—wolves 狼 |
| 以 o 结尾的名词，一般在词尾加-s，也有的加-es。 | radio—radios 收音机<br>potato—potatoes 土豆<br>tomato—tomatoes 西红柿 |

**2. 可数名词复数的不规则变化形式**

| 构　成 | 例　词 |
|---|---|
| 单复数相同 | Chinese 中国人　deer 鹿　sheep 绵羊<br>fish—fish 鱼肉 |
| 元音发生变化 | foot—feet 脚　man—men 男子<br>tooth—teeth 牙齿 |
| 词尾加-en 或-ren | ox—oxen 牛　child—children 孩子 |
| 含 man 或 woman 的复合名词，前后两词都要改为复数形式。 | woman teacher—women teachers 女教师<br>man doctor—men doctors 男医生 |

| 构　成 | 例　词 |
|---|---|
| 集体名词的单数形式表示复数意义。 | family 一家人　police 警察 |
| 表示"某个国家的人"的名词的单复数形式因习惯不同而各异。 | a Chinese—two Chinese 两个中国人<br>a German—two Germans 两个德国人 |
| 只有复数形式，没有单数形式。 | clothes 衣服　glasses 眼镜<br>trousers 裤子　shorts 短裤 |

## （二）不可数名词

不可数名词是不能直接用数来计算的词，它没有复数形式。

| 常用不可数名词分类 | | | |
|---|---|---|---|
| 固体 | tea 茶　　meat 肉<br>sand 沙　　hair 头发 | rice 米<br>salt 盐 | glass 玻璃<br>coffee 咖啡 |
| 液体 | oil 油　　water 水 | blood 血 | milk 牛奶 |
| 天气 | air 空气　rain 雨 | snow 雪 | wind 风 |
| 抽象 | fun 乐趣　　beauty 美丽 | love 爱 | health 健康 |

## （三）名词的所有格

名词所有格主要表示一种所属关系，表示"……的"。表现形式有两种：一种形式是在名词的后面加's；另外一种是"of"的形式。

### 1. 's 或 s' 形式

| | |
|---|---|
| 一般在名词词尾加's。 | Jim's car 吉姆的汽车<br>women's shoes 女鞋 |
| 名词本身以-s 和-es 结尾的复数名词后只加'。 | Teachers' Day 教师节<br>Jim's two months' holiday<br>吉姆的两个月假期 |
| 如果两个名词并列，并且分别有's，则表示"分别有"；只有一个's，则表示"共有"。 | Mary's and John's room<br>玛丽的和约翰的房间（各有）<br>Mary and John's room<br>玛丽和约翰的房间（共有） |
| 有些表示时间、城市、长度、价格等无生命的名词，也可以加's。 | today's newspaper 今天的报纸<br>the city's park 城市的公园 |

### 2. "of + 名词"形式

通常表示没有生命的事物，它的所有格就用 of 的形式来表示。例如：

the thing of our school　我们学校的东西

## 二、代词

代替名词、形容词和数词等的词称为代词，通常缩写为 *pron.*。代词一般分为：人称代词、物主代词、指示代词、反身代词、相互代词、疑问代词、关系代词和不定代词八种。由于《英语课程标准》对小学生只要求掌握"主要人称代词的区别"，因此，这里我们也就只对人称代词加以重点介绍。

## (一) 人称代词

1. 代替人或事物的代词被称为人称代词。人称代词有主格和宾格，单数和复数等形式。

| 格 | 词义 | 单数 一 我 | 二 你 | 三 他 | 她 | 它 | 复数 一 我们 | 二 你们 | 三 他们 |
|---|---|---|---|---|---|---|---|---|---|
| 主格 | | I | you | he | she | it | we | you | they |
| 宾格 | | me | you | him | her | it | us | you | them |

2. 人称代词的用法如下：

(1) 人称代词的主格在句子中作主语。如：

She likes reading books. 她喜欢看书。

(2) 人称代词的宾格在句子中作宾语，介词宾语或表语。如：

I want to buy a bag for her. 我想要给她买个包。

Can she go with us? 她可以和我们一起去吗？

(3) 多个人称代词同时使用时的排列顺序。当几个不同的人称代词作主语时，I 和 me 总是放在最后一位，以表示礼貌。如：

You, she and I are good friends. 我、你和她是好朋友。

## (二) 物主代词

物主代词表示人和物之间的关系，可分为形容性物主代词和名词性物主代词两种。其人称和数的变化如下：

| 格 | 词义 | 单数 一 我的 | 二 你的 | 三 他的 | 她的 | 它的 | 复数 一 我们的 | 二 你们的 | 三 他们的 |
|---|---|---|---|---|---|---|---|---|---|
| 形容词性 | | my | your | his | her | its | our | your | their |
| 名词性 | | mine | yours | his | hers | its | ours | yours | theirs |

## （三）反身代词

表示"我（们）自己"、"你（们）自己"、"他/她/它（们）自己"的代词称为反身代词。第一、二人称的反身代词是由形容词性物主代词加-self 或-selves 构成，第三人称的反身代词由人称代词的宾格加-self 或-selves 构成。反身代词主要形式是：

| 人称 | 单数 | 复数 |
|------|------|------|
| 第一人称 | myself | ourselves |
| 第二人称 | yourself | yourselves |
| 第三人称 | himself/herself | themselves |

### 1. 反身代词在句中的用法

| 用法 | 举 例 |
|------|------|
| 作主语 | I myself cooked it. 我自己做的饭。 |
| 作宾语 | She teaches herself English. 她自学英语 |
| 作表语 | I'm not myself today. 我今天不大舒服。 |

### 2. 由反身代词构成的固定短语

help oneself to 随便吃　　　enjoy oneself 玩得愉快

teach oneself 自学　　　　　among oneself 相互

by oneself 独立地　　　　　of oneself 自动地

## （四）指示代词

指示代词是用来指代或标记人或事物的代词，表示"这个（些）"、"那个（些）"。分单数（this/that）和复数（these/those）两种形式，在句中可以作定语、主语、表语、宾语、补足语等成分。

1. 指示代词在句中的作用：

| 作主语 | This is a chair. 这是一把椅子。<br>Whose pens are those? 那些是谁的钢笔。 |
|---|---|
| 作宾语 | Have you read this? 你读过这个吗？<br>I like these but she likes those. 我喜欢这些，而她喜欢那些。 |
| 作表语 | Her plan is this. 她的计划是这样的。<br>His worries are those. 他的烦恼就是那些。 |
| 作定语 | This school was built in 2010. 这所学校建于 2010 年。<br>She is fond of those books. 她喜欢那些书。 |

2. 由指示代词构成的短语。如：

this morning 今天早晨　　　　that night 那天晚上

this evening 今天晚上　　　　that day 那天

these days 这些天来　　　　　those days 那些天

# 三、冠词

冠词是用在名词前面，说明名词所表示的人或事物，是虚词中的一种。它不能脱离名词而独立存在，不能单独作句子成分。

## （一）不定冠词

不定冠词 a/an 没有特指作用，通常泛指同类事物中的某一个。a 用于辅音前。一般弱读为 [ə]，在强调时才重读为 [eɪ]；an 用于元音前，一般弱读为 [ən]，在强调时才重读为 [æn]。

### 1. 不定冠词的主要用法

| 用　法 | 例　句 |
|---|---|
| 表示"同类中的任何一个"。 | His mother is a teacher. 他的妈妈是老师。 |
| 表示"同类中的某一个"。 | My father bought me a bike. 我爸爸给我买了一辆自行车。 |
| 表示单位量词的"每一"。 | We have an English class a day. 我们每天上一节英语课。 |
| 用于物质名词、抽象名词、专有名词前。 | A heavy snow fell yesterday. 昨天下了一场大雪。<br>I'll have a try. 我要试试。 |
| 用在习惯用语中。 | have a meeting 开会<br>in a moment 立刻<br>half an hour 半个小时<br>take a seat 坐下 |

**2. 不定冠词的注意事项**

①a 用于以辅音音素开头的名词前，而 an 则用于以元音音素开头的名词前。如：

a book 一本书　　　an egg 一个鸡蛋

②当名词被 such，half 等修饰时，不定冠词（a/an）放在这些词之后。如：

half an hour 半个小时

## （二）定冠词

定冠词 the 通常对所修饰的名词有指定作用，表示"这个，那个，这些，那些"。在辅音前读 [ðə]，在元音前或强调时读作 [ðɪ]。

## 1. 定冠词的主要用法

| 用　法 | 例　句 |
| --- | --- |
| 用于形容词或副词的最高级前（副词前常省略）。 | Mary is the best swimmer in the class. 玛丽是班上最好的游泳手。 |
| 用于序数词前。 | He is the first to come. 他是第一个到的。 |
| 表示独一无二的事物时常在其名词前加 the。 | Man is studying the sun now. 人类正在研究太阳。 |
| 有些形容词或分词前面加上 the 可表示一类人或事物。 | The old are easy to catch cold. 老年人容易感冒。 |
| 用来指上文提到过的特定的人或事物。 | I met a man today. The man was walking slowly. 今天我遇到一个人。这个人走得很慢。 |
| 用于集体名词、物质名词和专有名词前。 | We visited the Great Wall today. 今天我们参观了长城。 He likes reading the *New York Times*. 他喜欢读《纽约时报》。 |
| 在姓氏前加 the，表示"一家人"或"夫妇俩"。 | The Greens are watching TV now. 怀特一家在看电视。 |
| 乐器前常用 the。 | I started to learn to play the violin at 6. 我 6 岁时开始拉小提琴。 |

## 2. 常用定冠词习惯短语

on the right 在右边　　　　　in the morning 在上午

on the left 在左边

in the afternoon 在下午

in the world 在世界上

in the middle of 在······中间

listen to the radio 听收音机

all the same 完全一样

by the way 顺便问一下

in the past 在过去

in the world 在世界上

at the foot of 在······的脚下

# 四、形容词

### 1. 形容词的种类

用来修饰名词或代词等表示人和事物的性质或特征的词叫形容词。主要分为性质形容词和叙述性形容词。

（1）性质形容词

这一类形容词能够直接表示事物的性质或特征，有级的变化，并且可以使用程度副词加以修饰。如：small，tall，great 等。

（2）叙述性形容词

这一类形容词又叫表语形容词，没有级的变化，多数以 a 开头。如：alone，alive 等。

### 2. 形容词的用法

（1）做定语。主要用在名词前面和不定代词后面。如：

That is a beautiful girl. 她是一个漂亮的女孩。

（2）做表语。如：I am tired. 我累了。

（3）表示类别的整体。有些形容词之前加定冠词 the，表示一类人或事物，相当于名词，可作主语或宾语。如：

the old 老人　　the white 白人

### 3. 形容词的比较等级

大多数形容词（性质形容词）有三个等级：原级、比较级和最高级，用来表示事物的等级差别。原级即形容词的原形，比较级和最高级有规则变化和不规则变化两种。

（1）规则变化形式

| 构成法 | 原级 | 比较级 | 最高级 |
|---|---|---|---|
| 一般单音节词末尾加-er，-est | tall | taller | tallest |
| | great | greater | greatest |
| | small | smaller | smallest |
| 以-e 结尾的形容词加-r，-st | nice | nicer | nicest |
| | late | later | latest |
| | large | larger | largest |
| 以辅音字母＋y 结尾的双音节词，改 y 为 i，再加-er，-est | easy | easier | easiest |
| | happy | happier | happiest |
| | busy | busier | busiest |
| 以单个辅音字母结尾的重读闭音节词，先双写这个辅音字母，再加-er，-est | big | bigger | biggest |
| | fat | fatter | fattest |
| | hot | hotter | hottest |
| 部分双音节和多音节词的比较级和最高级需在前面加 more，mos | careful | more careful | most careful |
| | difficult | more difficult | most difficult |

（2）不规则变化形式

| 原　级 | 比较级 | 最高级 |
|---|---|---|
| little | less | least |
| good/well | better | best |

| 原　级 | 比较级 | 最高级 |
|--------|--------|--------|
| bad/ill | worse | worst |
| much/many | more | most |
| old | older/elder | oldest/eldest |
| far | farther/further | farthest/furthest |

# 五、副词

　　副词是用来说明动作或状态的特征、时间、地点、程度、方式等情况的词。主要用来修饰动词、形容词或其他结构。

　　副词根据其意义，可分为时间副词（now，then，today…）、地点副词（here，below，down…）、方式副词（quickly，slowly…）、程度副词（very，much，little…）、频度副词（always，often，only…）、疑问副词（how，when，why…）等。

　　**1．副词的构成**

　　除了一些词本身就是副词（如 now，well，enough…）外，一般副词由形容词＋ly 构成（以辅音字母加 y 结尾的形容词要把 y 变成 i，再加 ly）。如：happy—happily，bad—badly 等。

　　还有以"辅音字母＋le"结尾的副词，要去掉 e，加 y。

　　**2．常用副词的用法。**

　　一般副词的用法有以下几种：

　　（1）做状语。用来修饰动词、形容词或整个句子。如：

　　The box is too heavy. 这个箱子太重了。

　　She speaks English very well. 他英语说得非常好。

　　（2）做表语。多数是表示位置的。如：They are in. 他们在。

　　（3）做定语。有少数地点副词和时间副词可以做定语，放在修饰词的后面。如：

The teachers here are all very kind to me. 这里的老师都对我很友善。

### 3. 副词的比较等级

（1）规则变化形式

副词的比较级和最高级的规则变化同形容词的比较级和最高级的规则变化是一样的。（参见形容词的比较级和最高级的变化规律表）。

但是由形容词加-ly 变来的副词，通常它们的比较级和最高级分别是在此前加 more 和 most 来构成。

（2）不规则变化形式

| 原　级 | 比较级 | 最高级 |
|--------|--------|--------|
| well | better | best |
| badly | worse | worst |
| much | more | most |
| little | less | least |
| far | farther（further） | farthest（furthest） |

### 4. 副词比较等级的用法

（1）副词原级的用法

| 形　式 | 例　句 |
|--------|--------|
| 肯定句：as + 原级副词 + as | She as well as you is a teacher. 她像你一样也是教师。 |
| 否定句：not so/as + 原级副词 + as | He doesn't run as much as before. 他跑步不如以前多了。 |

（2）副词比较级的用法

| 形　式 | 例　句 |
|---|---|
| "…+副词比较级+than+…"表示"……比……更……" | He comes here less often than before. 他来这儿不如以前勤了。 |
| "副词比较级+and+副词比较级"表示"越来越……" | It rained more and more heavily. 雨下得越来越大了。 |

（3）副词最高级的用法

| 形　式 | 例　句 |
|---|---|
| （the）+最高级（名词）+in…"表示"……中最……的" | She talks（the）least and does（the）most in her school. 她是学校里说得最少，干得最多的一个。 |

# 六、数词

数词是用来表示数目和顺序的词。可分为基数词和序数词两大类。基数用于表示数量多少，而序数词用于表示次序，常在日期中出现。

## （一）基数词

| 类别 | 举　例 |
|---|---|
| 从1到10 | one, two, three, four, five, six, seven, eight, nine, ten |
| 从11到19 | eleven, twelve, thirteen, fourteen, fifteen, sixteen, seventeen, eighteen, nineteen |

| 从 21 到 99 | twenty-one，twenty-two，twenty-three，twenty-four，…ninety-nine |
|---|---|
| 百位数 | 101 a hundred and one，320 three hundred and twenty，648 six hundred and forty-eight |
| 千位数 | 3,000 three thousand，3,001 three thousand and one，2,648 two thousand six hundred and forty-eight |

**1. 基数词的表示法。**

（1）1—12 的基数词是独立单词。13—19 是个位数词后加-teen 构成。如：thirteen 13；fifteen 15。

（2）20—90 的整十数词都以-ty 结尾。

（3）其他非整十的两位数的基数词是由整十两位数后面加上个位数词合成的，两数中间一定要加上"-"。如：twenty-one 21；eighty-five 85。

（4）整百的表示方法，在 hundred 前加基数词表示整百。如：one hundred 一百；six hundred 六百。

（5）其他三位数的表示方法，用 and 将百位数与十位数、个位数连起来。如：five hundred and two 502。

**2. 一般基数词的用法。**

| 用　法 | 举　例 |
|---|---|
| 表示时间。 | It's nine o'clock. 现在是九点钟。<br>It's twenty-six to nine. 八点三十四分。 |
| 表示"年、月、日"。 | May first，nineteen ninety-nine 1999 年 5 月 1 日<br>She was born in April，2000. 她出生于 2000 年 4 月。 |
| 表示年龄。 | He is six years old. 他 6 岁了。 |

| 用　法 | 举　例 |
|---|---|
| 表示编号。 | He lives in Room 301. 他住在 301 房间。 |
| 表示加减乘除的数字。 | Two and four is six. 2＋4＝6。<br>Four times six is twenty-four. 4×6＝24。 |
| 表示"几十岁时"，用逢十的基数词的复数形式。 | in one's thirties 在某人三十多岁时 |

## （二）序数词

| 基本序数词的构成 | | |
|---|---|---|
| 1st first | 2nd second | 3rd third |
| 4th fourth | 5th fifth | 6th sixth |
| 7th seventh | 8th eighth | 9th ninth |
| 10th tenth | 11th eleventh | 12th twelfth |
| 13th thirteenth | 14th fourteenth | 15th fifteenth |
| 16th sixteenth | 17th seventeenth | 18th eighteenth |
| 19th nineteenth | 20th twentieth | 21st twenty-first |
| 22nd twenty-second | 23rd twenty-third | 24th twenty-fourth |
| 25th twenty-fifth | 26th twenty-sixth | 27th twenty-seventh |
| 28th twenty-eighth | 29th twenty-ninth | 30th thirtieth |
| 40th fortieth | 50th fiftieth | 60th sixtieth |
| 70th seventieth | 80th eightieth | 90th ninetieth |
| 100th one hundredth | 1000th one thousandth | |

**1. 序数词的表示法。**

| 表示法 | 举　例 |
|---|---|
| 1—19 的序数词除第一，第二，第三，第五，第八，第九，第十二外，序数词一般由相应的基数词加后缀-th 构成。 | first, second, third fifth, eighth, ninth twelfth, thirteenth |
| 整十数的序数词一般是将基数词词尾 y 变成 i，再加-eth。 | twentieth；thirtieth sixtieth |
| 其他两位数序数词是把个位数变成序数词，十位数不变。 | twenty-first；fifty-fifth |
| 序数词可缩写为阿拉伯数字加序数词最后的两个字母。 | forty-ninth （49th） |

**2. 序数词的用法。**

①表示数目顺序。前面要加定冠词 the。

②表示分数。如：1/3 one – third。

③在表示年月时，日期要用序数词。

# 七、介词

　　介词是表示名词、代词或起名词作用的短语、从句与句子中的谓语、表语的关系。可表示地点、时间、方向、方式、手段等。

## （一）方位空间介词

　　地点介词就是用于表示位置和空间的介词。如 in，on，at，over，above，under，between 等。

| 介词 | 用 法 | 例 句 |
|---|---|---|
| in | 表示"在……里面"。 | There is a pear in the box. 盒子里有一个梨。 |
| on | 表示"在……上面"。 | There is a bag on the desk. 桌子上面有一个包。 |
| at | 表示在某个地方，指范围较小的地方。 | He's going to wait for me at the gate of school. 他将在学校门口等我。 |
| over | 表示"在……正上方"。 | The plane is over the river. 飞机在河的正上空。 |
| above | 表示"在……的上方"，不是正上方。 | The plane is flying above the clouds. 这架飞机正在云层的上方飞行。 |
| under | 表示"在……的正下方"。 | There is a ruler under the table. 桌子下面有一把尺子。 |
| in front of | 表示"在……的前面"。 | There is a tree in front of the house. 房子的前面有一棵树。 |
| after | 指空间的先后时可与 behind 通用。 | You can go after me. 你可以走在我后面。 |
| between | 指在"两者之间"。 | I will come between eight and nine o'clock. 我会在8点至9点之间来。 |

| 介词 | 用法 | 例句 |
| --- | --- | --- |
| up | 表示"向上"。 | Her room is up those stairs.<br>她的房间在那边楼上。 |
| from | 表示"从；来自"。 | He comes from China.<br>他来自中国。 |
| to | 表示"向；到"。 | Welcome to my family.<br>欢迎来到我家。 |
| into | 表示"进入"。 | He jumped into a taxi.<br>他跳进了一辆出租车。 |

## （二）时间介词

时间介词就是用于表示时间的介词，如：at, on, in, before, after, from 等。

| 介词 | 用法 | 例句 |
| --- | --- | --- |
| at | 用于表示具体的时间或某一点。 | She reads book at night.<br>她晚上看书。 |
| in | 表示以说明时间为基点的"（若干时间）以后"。 | He will come in 3 hours. 他3小时后赶到。 |
| on | 用于表示具体的某日的词前。 | My birthday is on March 10.<br>我的生日是3月10日。 |
| before | 表示"在……之前"。 | Wash your hands before dinner.<br>饭前要洗手。 |

| 介词 | 用 法 | 例 句 |
|---|---|---|
| after | 表示"在……之后"。 | At half after ten it began to rain. 在十点半下起雨来。 |
| for | 表示"若干时间"。 | The meeting last for 2 hours. 会议持续了2小时。 |
| from | 常和介词 to 连用，表示"从……到……"。 | They go to school from Monday to Friday. 他们从周一到周五去上学。 |

## （三）方式介词

常见的表示方式的介词有：by，with，in 等。

| 介词 | 用 法 | 例 句 |
|---|---|---|
| with | 表示"和……一起"，"使用……"。 | We write with a pen. 我们用钢笔写字。 |
| in | 表示"用……语言"或"穿着……"。 | Can you speak in English? 你能用英语说吗? |
| by | 表示"靠……，由……"、"到……的时候"。 | I go to school by bus every day. 我每天乘公共汽车去上学。 |
| through | 表示"以，通过"，强调途径和手段。 | I heard of the job through a newspaper. 我是通过一份报纸了解到这个工作的。 |

## （四）常见介词短语

| | | |
|---|---|---|
| at night 在夜里 | at home 在家里 | at work 在上班 |
| at noon 在中午 | at last 最终 | at school 在上学 |
| at once 立刻 | by oneself 独立 | by the way 顺便问一下 |
| for years 多年 | of course 当然 | for a moment 一会儿 |
| in class 在上课 | in the train 坐火车 | in the morning 在上午 |
| in time 及时 | look at 看 | good at 擅长 |
| look after 照看 | wait for 等待 | look for 寻找 |
| get to 到达 | get off 下车 | take off 脱下 |
| turn on 打开 | put on 穿上 | get on 上车 |
| near to 离……近 | far from 离……远 | late for 做……迟到 |
| agree with 同意 | talk about 谈论 | laugh at 嘲笑 |
| busy with 忙于 | full of 充满 | think of 考虑，认为 |

# 八、动词

  动词是英语中最重要的词汇，是句子的重心，几乎每一个句子必须有一个动词来担当谓语，说明主语"是什么"或"做什么"。这里所说的动词是指各种动词总称，其中包括行为动词、系动词、情态动词。

**1．动词的种类**

（1）行为动词。可分为及物动词（*vt.*）和不及物动词（*vi.*），它们都能独立做谓语。

He likes singing. 他喜欢唱歌。

We visited the school today. 今天我们参观了学校。

（2）系动词。不能单独做谓语，必须和名词、形容词一起使用，做句子的谓语。be 动词是最基本的系动词，大致分两类：is、am、are 为一类，一般用于一般现在时、现在进行时和一般将来时中，was 和 were 为另一类，一般用于一般过去时。

Her brother is a teacher. 她的哥哥是老师。

（3）情态动词。情态动词也是一类特殊的动词，不能独立做谓语，只能和行为动词一起构成谓语。它可以和行为动词同时出现在同一个句子中。

常见的情态动词有：can、must、should、would、may，接触最多的是 can。情态动词后动词总是用原形。

I can swim. 我会游泳。

May I come in? 我可以进来吗?

**2．动词的基本形式**

大多数动词都有五种基本形式：动词原形、一般现在时第三人称单数形式、现在分词、过去式和过去分词。

（1）动词原形

动词原形就是在给出的没有任何变化的原始动词。如：run，have，eat。

（2）第三人称单数形式的构成

在一般现在时中，主语是第三人称单数时，谓语动词要变成相应的第三人称单数形式，即在动词词尾加-s 或-es，其变化规则与名词变复数的方法大体相同。

| 用　法 | 例　词 |
| --- | --- |
| 一般情况下在动词词尾加-s。 | come→comes, write→writes |
| 以 s, x, sh, ch, o 结尾的动词后加-es。 | pass→passes, go→goes |
| 以辅音字母加 y 结尾的动词，变 y 为 i，再加-es。 | study→studies, try→tries |

（3）现在分词的构成

| 用　法 | 例　词 |
| --- | --- |
| 一般情况下在动词后加-ing。 | read→reading, study→studying |
| 以不发音的字母 e 结尾的动词，去掉 e，再加-ing | write→writing, have→having |
| 以重读闭音节结尾的动词，且末尾只有一个辅音字母，先双写这个辅音字母，再加-ing | sit→sitting, run→running |
| 少数以 ie 结尾的词，将 ie 改为 y，再加-ing。 | die→dying, lie→lying |

（4）过去式和过去分词的构成

| 用　法 | 例　词 |
| --- | --- |
| 一般情况下直接在动词词尾加-ed。 | wait→waited, play→played |

| 用　法 | 例　词 |
| --- | --- |
| 以不发音的字母 e 结尾的动词，在词尾加-d。 | live→lived，like→liked |
| 以辅音字母加 y 结尾的动词，把 y 变成 i，再加-ed。 | study→studied，fly→flied |
| 以重读闭音节结尾的动词且末尾只有一个辅音字母，先双写这个辅音字母，再加-ed。 | stop→stopped，drop→dropped |

### 3. 不规则动词表

| 原形 | 过去式 | 过去分词 | 现在分词 |
| --- | --- | --- | --- |
| am | was | been | being |
| are | were | been | being |
| begin | began | begun | beginning |
| break | broke | broken | breaking |
| cut | cut | cut | cutting |
| do | did | done | doing |
| draw | drew | drawn | drawing |
| drink | drank | drunk | drinking |
| drive | drove | driven | driving |
| eat | ate | eaten | eating |
| fall | fell | fallen | falling |
| fly | flew | flown | flying |

| 原形 | 过去式 | 过去分词 | 现在分词 |
| --- | --- | --- | --- |
| give | gave | given | giving |
| go | went | gone | going |
| hide | hid | hidden | hiding |
| hit | hit | hit | hitting |
| hurt | hurt | hurt | hurting |
| is | was | been | being |
| know | knew | known | knowing |
| lie | lay | lain | lying |
| mistake | mistook | mistaken | mistaking |
| let | let | let | letting |
| put | put | put | putting |
| read | read | read | reading |
| ride | rode | ridden | riding |
| ring | rang | rung | ringing |
| run | ran | run | running |
| see | saw | seen | seeing |
| set | set | set | setting |
| shake | shook | shaken | shaking |
| sing | sang | sung | singing |
| speak | spoke | spoken | speaking |
| swim | swam | swum | swimming |

| 原形 | 过去式 | 过去分词 | 现在分词 |
|---|---|---|---|
| take | took | taken | taking |
| wear | wore | worn | wearing |
| write | wrote | written | writing |

## 4. 常见动词短语和固定搭配

| 搭配形式 | 例举短语 | | |
|---|---|---|---|
| 动词 + to | agree to 同意<br>come to 来到 | get to 到达<br>go to 去…… | listen to 听<br>turn to 查阅 |
| 动词 + up | wake up 醒来<br>clean up 打扫<br>hurry up 赶快 | get up 起床<br>set up 建立<br>cut up 切碎 | give up 放弃<br>make up 构成<br>come up 上来 |
| 动词 + down | get down 下车<br>turn down 拒绝 | sit down 坐下<br>burn down 烧毁 | put down 放下<br>take down 记下 |
| 动词 + on | get on 上车<br>come on 快点 | have on 穿着<br>call on 拜访 | turn on 打开<br>put on 穿上 |
| 动词 + for | ask for 请求<br>look for 寻找 | care for 关心<br>wait for 等候 | call for 需要<br>start for 出发 |
| 动词 + out | come out 出发<br>look out 当心 | put out 扑灭<br>go out 熄灭 | run out 用完<br>break out 爆发 |
| 动词 + in | come in 进来 | get in 进入 | hand in 上交 |
| 动词 + of | speak of 谈到 | think of 想到 | hear of 听说 |
| 动词 + at | look at 注视 | laugh at 嘲笑 | point at 指向 |

| 搭配形式 | 例举短语 |
|---|---|
| 动词 + about | care about 在乎　hear about 听说　think about 思考 |
| 动词 + away | carry away 拿走　blow away 吹走　take away 拿走 |
| 动词 + with | agree with 同意　do with 处理　　play with 玩弄 |
| 动词 + over | get over 克服　　fall over 跌倒　　turn over 翻倒 |

# 九、时态

时态就是用动词的词形变化来表示不同时间内发生的动词或存在的状态。同学们需要重点掌握以下时态：

| | 一般式 | 进行式 | 完成式 |
|---|---|---|---|
| 现在时 | 一般现在时 | 现在进行时 | 现在完成时 |
| 过去时 | 一般过去时 | | |
| 将来时 | 一般将来时 | | |

## （一）现在进行时

1. 现在进行时表示现在正在进行或发生的动作，也可表示当前一段时间内的活动或现阶段正在进行的动作。

2. 现在进行时的肯定句基本结构为"be + 动词 ing"。

3. 现在进行时的否定句在 be 后加 not。

4. 现在进行时的一般疑问句把 be 动词调到句首。

## （二）一般现在时

1. 一般现在时表示经常或习惯性的动作，也可表示现在的状态或主语具备的性格和能力。

2．一般现在时中，如果没有 be 动词和情态动词，主语为第三人称单数的肯定句，动词要变为第三人称单数形式，主语是非第三人称单数的肯定句，动词用原形。

3．在一般现在时中，句中有 be 动词或情态动词时，否定句在 be 动词和情态动词后加 not，一般疑问句将 be 动词或情态动词调到句首。

4．在一般现在时中，句中没有 be 动词或情态动词时，主语为第三人称单数的否定句在动词前加 does + not（doesn't），一般疑问句在句首加 does，句子中原有动词用原形；主语为非第三人称单数，否定句用 do + not（don't），一般疑问句在句首加 do，句子中动词用原形。

## （三）一般过去时

1．一般过去时表示过去某个时间发生的动作或存在的状态，常和表示过去的时间状语连用。一般过去时也表示过去经常或反复发生的动作。

2．Be 动词在一般过去时中的变化。

（1）am 和 is 在一般过去时中变为 was。（was not = wasn't）

（2）are 在一般过去时中变为 were。（were not = weren't）

（3）带有 was 或 were 的句子，其否定、疑问的变化和 is，am，are 一样，即否定句在 was 或 were 后加 not，一般疑问句则把 was 或 were 调到句首。

3．句中没有 be 动词的一般过去时的句子

（1）否定句

didn't +动词原形，如：

Jim didn't go home yesterday. 昨天吉姆没有回家。

（2）一般疑问句

在句首加 did，句子中的动词过去式变回原形。如：

Did Jim go home yesterday？昨天吉姆回家了吗？

（3）特殊疑问句

①疑问词＋did＋主语＋动词原形。如：

What did Jim do yesterday？昨天吉姆做了什么？

②疑问词当主语时：疑问词＋动词过去式。如：

Who went home yesterday？昨天谁回家了吗？

## （四）一般将来时

一般将来时表示将来某一时刻的动作或状态，或将来某一段时间内经常的动作或状态。一般将来时由助动词 shall（第一人称），will（第二、三人称）＋动词原形构成。

（1）表示将来的动作或状态。一般将来时常与一些表示将来的时间状语连用，如：tomorrow（明天），next week（下周）等。

（2）"be going to＋动词原形"表示即将发生的或最近打算进行的事。例如：

It is going to rain. 要下雨了。

（3）go，come，start，move，sail，leave，arrive，stay，live，fly 等可用进行时态表示按计划即将发生的动作。例如：

I'm leaving for Beijing. 我要去北京。

（4）"be to＋动词原形"表示按计划要发生的事或征求对方意见。例如：

The boy is to go to school tomorrow. 这个男孩明天要去上学。

（4）"be about to＋动词原形"表示即将发生的动作。后面一般不跟时间状语。例如：

We are about to leave. 我们马上就走。

（5）某些词，如 come，go，leave，arrive，start，get，stay，live，fly 等词的一般现在时也可表示将来。例如：

He gets off at the next stop. 他下一站下车。

第五章 句 法

句法主要是指句子的各个组成部分和它们的排列顺序等规则。小学阶段要求主要掌握最简单的句子结构——简单句。简单句又分为陈述句、疑问句、感叹句和祈使句。

## 一、陈述句

陈述句用来陈述一件事或表达一种看法，是日常生活中最为常用的一种句式。它可以是肯定句，也可以是否定句。陈述句通常用降调来读，并在句末用句点。

### （一）陈述句的肯定式

| 构　成 | 例　句 |
| --- | --- |
| 主语 + 系动词 + 表语。 | The film is rather boring. 这部电影很乏味。<br>She is nine years old. 她九岁了。 |
| 主语 + 动词 + 宾语。 | He likes music. 他喜欢音乐。<br>I'm reading a book. 我在读书。 |
| 主语 + 动词 + 间接宾语 + 直接宾语。 | Give me a cup of tea, please. 请给我一杯茶。<br>I'll tell you a bad news. 告诉你一个坏消息。 |

## （二）陈述句的否定式

否定式的句子中含有否定词，常见的否定词是 no 和 not。

1. 谓语动词是 be 动词，助动词 have，has，will，情态动词 can 等时，只要直接在这些词后面加 not 就构成否定形式。

She is not a teacher. 她不是老师。

2. 谓语动词是行为动词而又没有助动词或情态动词时，必须在谓语动词前加助动词，一般现在时加助动词 do，第三人称单数加 does，一般过去时加 did，再和 not 构成否定结构。必须指出的是：don't，doesn't，didnt 后都用动词原形。

I don't walk to school. 我不是步行去上学。

She doesn't live in the city. 她不在城里住。

# 二、疑问句

## （一）一般疑问句

一般疑问句是就某件事或某种情况的"是与否"提问，以 be 动词，have /has/do 等助动词、can/may 等情态动词开头，以 yes 或 no 来回答的问句。

—Is he a worker? —Yes, he is.

—他是工人吗? —是的，他是。

—Was it rainy yesterday? —Yes, it was.

—昨天下雨了吗? —是的，昨天下雨了。

—Do you like dancing very much? —Yes, I do.

—你很喜欢跳舞? —是的，我喜欢。

—Did you try it on? —Yes, I did.

—你试穿了吗? —是的，试穿了。

## （二）特殊疑问句

以疑问代词或疑问副词开头，提出疑问的句子。

它的基本结构是：特殊疑问词＋一般疑问句语序。但是如果疑问词在句子中作主语或作主语的定语，就用特殊疑问词＋陈述句语序。常用的疑问词有：what，who（whom），whose，which，when，where，how，why等，回答时针对问句中的代词和副词来回答，不用 yes 或 no 来回答。

1. 对指物名词或谓语动词提出疑问，疑问词用 what 。

—What are you doing？ —I am doing my homework.

—你在干什么？—我正在做作业。

2. 对指人名词或代词提问用 who，作宾语时提问用 whom。

—Who's your English teacher？ —Mrs. Zhang is our English
teacher.

—你们的英语老师是谁？—张老师是我们的英语老师。

3. 对具体时间提出疑问，如 in the morning，last Sunday 等，疑问词用 when；对具体几点钟提问，疑问词应用 what time。

—When do you get up？ —I get up at seven o'clock.

—你什么时间起床？—我七点起床。

4. 对具体地点提出疑问，疑问词应用 where。

—Where are you going？ —I'm going to the library.

—你去哪？—我去图书馆。

5. 对表原因的从句提问，常见的有 because 引导的从句，疑问词应用 why。

—Why do you buy that one？ —Because I like the colour.

—你为什么买那个呢？—因为我喜欢那个颜色。

6. 对物主代词和名词所有格提问用 whose。

—Whose book is this？ —It's mine.

—这是谁的书？—这是我的。

7. 对方式或程度等提出疑问，用疑问词 how。

—How is the weather today? —It's bad.

—今天天气怎么样？—今天天气挺糟的。

## （三）选择疑问句

指提问者提供两种或两种以上情况，让对方从中作出选择的句子。它的基本结构是：一般疑问句 + or + 一般疑问句（后一部分与前一部分相同的成分常常省略）。回答时，不用 yes 或 no 回答，而是选择其中一种回答。

—Is this bag yours or hers? —This is hers.

—这个包是你的还是她的？—是她的。

—Do you go to school on foot or by bus? —By bus. —你是步行还是乘车去上学？—乘车。

## （四）反意疑问句

提出情况和看法来问对方是否同意的句子。它由两部分构成：前一部分是对事物的陈述，后一部分是简短的附加问句。如果前一部分是肯定形式，后一部分通常用否定形式；如果前一部分是否定形式，后部分通常用肯定形式。两部分的人称和时态必须一致。附加问句的主语应用相应的代词，不能用名词。

—You like singing very much, don't you? —Yes, I do.

—你很喜欢唱歌，对吗？—是的，我喜欢。

—He can't speak English, can he? —Yes, he can.

—他不会说英语，是吗？—不，他会。

—Li Lei never goes to school late, does he? —No, he doesn't.

—李雷上学从不迟到，是吗？—是的，从不迟到。

## 三、感叹句

用来表达喜、怒、哀、乐等强烈感情的句子叫做感叹句，句末用感叹号。一般用感叹词 how 或 what 引导，how 修饰形容词或副词，what 修饰名词。

### （一）how 引导的感叹句

基本结构是：How + 形容词/副词 + 主语 + 谓语（主谓可省略）

How lovely the girls are！这些女孩真可爱！

How beautiful those flowers are！这些花真美啊！

How hard he studies！他学习多么努力啊！

### （二）What 引导的感叹句

基本结构：What +（a/an）+ 形容词 + 名词 +（主语 + 谓语）

What a lovely day（it is）！多好的天气啊！

What interesting books（they are）！多有趣的书啊！

What a beautiful girl！多漂亮的女孩啊！

## 四、祈使句

表示请求、命令、建议或劝告等的句子叫祈使句，主语 you 通常省略。

1. 祈使句的肯定形式：一般以动词原形开头。

   Open the door, please. 请打开门。

2. 祈使句的否定形式：在句首谓语动词前加 Don't。

   Don't be late for class. 上课不要迟到。

3. 说话对象是第一人称和第三人称时，表示建议做某事。

   Let's go to school. 去上学。

# 五、there be 句型

There be 句型又叫存在句，是一种表示"存在"的句式。这种句式通常以 there 为形式主语，谓语动词通常为系动词 be，后面跟名词词组，最后一般还带有地点状语。

## （一）there be 句型的结构

| 句式 | 结构 | 例句 |
|---|---|---|
| 肯定句 | there + be + 名词（词组）+ 状语。 | There is a book on the desk. 课桌上有一本书。 |
| 否定句 | there + be + not + 名词(词组) + 状语。 | There was not meat in the dish. 盘子里没有肉了。 |
| 一般疑问句 | be there + (not) + 名词(词组) + 状语? | Is there a bag on the desk? 桌子上有一个包吗? |
| | Will + there be（ + not）+ 名词（词组）+ 状语? | Will there be a new film next week? 下周有一部新电影吗? |
| 特殊疑问句 | What / How many /How much + 名词（词组）+ be there + 状语? | What is there on the desk? 桌子上有什么? How many students are there in the class? 班里有多少学生? |
| 反意疑问句 | 结尾部分由 be there 构成。 | There is a book on the desk, isn't there? 桌上有本书,不是吗? There aren't books in the room, are there? 房间里没有书,是吗? |

## (二) there be 句型的时态

| 时态 | 结　构 | 例　句 |
| --- | --- | --- |
| 一般现在时 | There is/are… | There is a desk over there. 那边有一张桌子。 |
| 一般过去时 | There was/were… | There was a book on the desk. 桌子上原本有一本书。There were many people in the rest room. 休息室原本有很多人。 |
| 一般将来时 | There will be…/There is/are going to be… | There will be (is going to be) a new classmate next week. 下周将来一位新同学。 |

第六章　口语交际

## 问　候

### （一）常用句式

- Hello！/Hi！你好！
- Good morning/afternoon/evening. 早上好/下午好/晚上好。
- —How are you？你好吗？
  —Fine，thank you．And you？我很好，谢谢。你呢？
- —See you later. 回头见。
  —See you tomorrow. 明天见。

### （二）用法指导

1. Hello！Hi！意思是"喂，您好。"用于朋友、平辈之间见面打招呼，Hi 比 Hello 语气更随意些。如果有人用这样的方式跟你打招呼，你同样可以用"Hello！Hi！"这个词来回答。

2. Good morning. 汉语中的意思是"早上好"。要说明的是"Good morning."所适用的时间段是在中午十二点之前。十二点钟之后，用的是"Good afternoon."（下午好），晚上六点之后就可以说"Good evening."（晚上好）。

3. How are you？是熟人见面时问对方近来工作，健康状况

的客气语。

4. See you later. 说明的时间不具体，说话人的语气比较随意。

## （三）应用范例

**Mary**：Hello，John！你好，约翰！

**John**：Hi，Mary！你好，玛丽！

**Mary**：How are you today？今天你好吗？

**John**：Fine，thanks．And you？很好，谢谢。你呢？

**Mary**：I'm OK．How is Jim？Is he well？

我很好。吉姆怎么样？他好吗？

**John**：He's very well，thanks．他很好！谢谢！

**Mary**：See you later，John．Goodbye！回头见，约翰。再见！

**John**：See you tomorrow．Bye-bye！明天见。再见！

# 介 绍

## （一）常用句式

**介绍自己：**

- I'm … 我叫……
- I'm from…我来自……

**介绍别人（或某物、某地）：**

- This is… 这是……
- How do you do？你好！
- Nice to meet you．很高兴见到你。

## （二）用法指导

1. 向别人作自我介绍时最常用的表达方式是：My name is…

2．介绍他人认识时用 This is…而不要使用 He/She is…

3．How do you do? 是比较正式场合的问候用语，用于两个人初次见面。回答时只要重复一遍就可以了。

4．Nice to meet you.（很高兴认识你。）也是用于初次见面时的一句问候语，在用法上相对随意。

## （三）应用范例

**Peter**：Hello, Mary! 你好，玛丽！

**Mary**：Hello, Peter! Oh, this is Kate, my sister.

你好，彼得！噢，这是凯特，我的姐姐。

**Kate**：How do you do? 你好，彼得。

**Peter**：How do you do, Kate? Nice to meet you.

你好！凯特，很高兴认识你。

**Kate**：Nice to meet you, too. 见到你也很高兴。

# 告　别

## （一）常用句式

- Goodbye. ／Bye-bye. ／Bye. ／See you. 再见。

- Good night. 晚安。

- See you later. 回头见。

## （二）用法指导

1．Good-bye! 是比较正式的告别用语。Bye-bye! 是 Good-bye! 的简化形式，一般用在熟人、亲友之间的非正式场合中。

2．Good night. 主要用于深夜分手时，或者用于晚上父母和孩子睡觉前的祝福。

3. 一般告别前的用语表明了谈话快要结束，比如说：So nice to know you. 因为直接说再见会被视为不礼貌。

## （三）应用范例

**Kate：** Hi! We are going to the film tomorrow.

嗨！我们明天去看电影。

**Mary：** Really? Can I go with you?

真的吗？我能和你们一起去吗？

**Kate：** Sure. 当然了。

**Mary：** OK. But where are we going to meet?

好的。那我们在哪见面呢？

**Kate：** We're going to meet at the gate of the cinema.

我们就在电影院门口见面吧。

**Mary：** OK. I'll get there on time.

太好了。我会准时到那里的。

**Kate：** All right. Good-bye. See you tomorrow.

好吧。再见。明天见。

**Mary：** Bye. See you. 明天见。

## 道　歉

## （一）常用句式

- Thank you very much! 非常感谢！

- Thanks! /Many thanks! 多谢！

- Sorry! /I'm sorry! 对不起！

- Excuse me. 对不起，劳驾。

## （二）用法指导

1. 日常生活中，常用 sorry 来表达某种过失，或者为自己的错误道歉。

2. 生活中有时给他人造成麻烦或不便表示歉意，或者向别人打听情况、打断别人谈话，要从别人旁边经过或者要离开而请求别人原谅时，通常用 Excuse me. 来表示。

3. 当听到什么不好的消息时，常说 I'm sorry to hear that. 表示同情。

## （三）应用范例

**Joe**：Excuse me. 对不起。

**Jack**：Yes? 怎么？

**Joe**：Is this your book? 这是你的书吗？

**Jack**：Pardon. 我没听清楚。

**Joe**：Is this your book? 这是你的书吗？

**Jack**：Oh, yes. Thank you very much. 噢，是的，非常感谢。

**Joe**：Not at all. 不客气。

问 路

## （一）常用句式

**问路用语：**

- Excuse me. Where's...? 打扰了，……在哪里？

- How can I get there? / How can I get to... 我怎样到达……？

- Can/Could you tell me the way to...? 你能告诉我去……的路吗？

- Do you know the way to…? 你知道去……的路吗?

**指路用语:**

- Sure. /Of course. 当然可以。
- Go down this road. 沿着这条路走。
- Turn right/left at the first/second/… crossing. 在第一/二……个路口向右/左拐。
- Then you'll see/find… 然后你会看见……
- Sorry, I don't know. /Sorry, I can't. 对不起。我不知道。

## (二) 用法指导

1. 在问路之前,我们一般要先说一句 Excuse me 以示礼貌,然后再问路。

2. 指路时一般都用祈使句,不必加上主语 you。

## (三) 应用范例

A: Excuse me. Where's the post office, please?

对不起。请问邮局在哪里?

B: Sorry, I don't know. 对不起,我不知道。

A: Excuse me. Where's the post office, please?

打扰了,请问邮局在哪里?

B: Oh! It's in Dongdan. 哦! 在东单。

A: How can I get there? 我怎么到达那儿呢?

B: Take bus No. 15 over there. Get off at Dongdan Stop. Then turn left at the second crossing and you are there.

在那边坐 15 路公交车。在东单站下车,然后在第二个十字路口左转就到了。

A: Thank you very much. 非常感谢。

B: You're welcome. 不客气。

# 打电话

## （一）常用句式

- Hello！This is…你好！我是……
- May/Can/Could I speak to…，please？请……听（接）电话好吗？
- Who's that speaking，please？您是哪位？
- Hold on，please．请稍等。
- May I leave a message？我可以留言吗？
- He/She isn't in here just now．现在他/她不在。

## （二）用法指导

1．打电话问对方是不是某人时用 Is that…？而不可以用 Are you…？

2．当你想知道对方是谁时，千万不能说"Who are you？"，应较委婉地说"Who's that speaking，please？"。

3．回答对方做自我介绍时用 This is…．而不可以说 I am…。

## （三）应用范例

**Mary**：Hello！May I speak to John，please？
　　　　喂！请找约翰接下电话好吗？

**Jack**：Sorry．He isn't in．Who is that？
　　　　对不起，他不在。你是哪位？

**Mary**：This is Mary speaking．Where is John？
　　　　我是玛丽。约翰去哪儿了？

**Jack**：He's at school．他在学校。

**Mary**：Could you give him a message? 你能给他稍个信吗？

**Jack**： Sure. 当然可以。

**Mary**：Please tell him to call me when he comes back.

请告诉他回来后打电话给我。

**Jack**： All right. 好的。

**Mary**：Thank you very much. 非常感谢。

**Jack**： Not at all. 不用谢。

# 购　物

## （一）常用句式

### 服务员用语：

- Can/May I help you? 需要我帮忙吗？

- What can I do for you? 你需要什么？

- How many/much would you like? 你要多少？

- What colour/size would you like? 你想要什么颜色/多大号？

- What about this one? 这个怎么样？

- Here's your change. 找你的零钱。

### 顾客用语：

- What's the price of this/these? 这件/这些多少钱？

- How much is it/are they? 它/它们多少钱？

- May I try it on? 我可以试穿一下吗？

- It's too expensive. 它太贵了。

- I'll take this one. 我选这件。

## （二）用法指导

如果购买的东西是可数名词，可以说"How many would you

like?"，意思是"你要多少?"。如果购买的东西是不可数名词，可以说"How much would you like?"。

## （三）应用范例

A：What would you like? 你想买什么呢?

B：I want a new coat. 我想要一件外套。

A：Do you like this green one? 你喜欢这件绿色的吗?

B：No, that blue one. How much? 不,那件蓝色的。多少钱?

A：Fifty-five *yuan*. 五十五元。

B：Here's sixty *yuan*. 这是六十元。

A：Thank you. Here is your change, five *yuan*.

谢谢。这是找你的 5 元钱。

B：Thanks. 谢谢。

## 就 餐

## （一）常用句式

- What would you like? 你想吃什么?
- I'd like…我想要……
- Would you like something to eat/drink? 你想要点吃/喝的吗?
- Yes, please. /No, thanks. 好的。/不，谢谢。
- Help yourself to some…, please. 请随便吃些……吧。

## （二）用法指导

在 What would you like to have? 句型中，have 不表示"有"，而是"吃"的意思。

对方说 Would you like some more…? （再来些……好吗?）

时，如果你想要，可以说：Yes，please.（好的。）如果不想要，可以回答：No，thanks. 不用了，谢谢。

## （三）应用范例

**A**：Help yourself to some fish. 随意吃些鱼吧。

**B**：I've had plenty. 我已经吃很多了。

**A**：How about some of these meat？要来些肉吗？

**B**：Just a little，please. 请来一点儿吧。

**A**：Would you like some more rice？你想再要些米饭吗？

**B**：Thank you. I've had enough. 谢谢。我吃饱了。

# 看 病

## （一）常用句式

**病人描述病情：**

- I feel bad. 我很不舒服。
- There's something wrong with my… 我的……不舒服。
- I don't feel well. 我感觉不太好。
- I've got a cough. 我咳嗽。

**医生确诊病情：**

- What's wrong with you？你怎么了？
- What's the matter？怎么了？
- Take this medicine twice a day. 这药一天服 2 次。
- Don't worry about it. 别着急。
- It's nothing serious. 不太严重。

## （二）用法指导

1. "Do you have…?" 可以用来询问病情，主要是些常见的

小病。

2. 当医生诊断出你的病情后通常会说："You've got…" 你得了……病。

3. It's nothing serious. 意思是"没什么严重的"。大夫检查完病人后，觉得病情不严重，常用这句话来宽慰病人。

**（三）应用范例**

**Woman**：Good morning, doctor. 早上好，医生。

**Doctor**：Good morning. What's the matter with you?
早上好。你怎么了？

**Woman**：There's something wrong with my stomach.
我的胃不舒服。

**Doctor**：How long have you been like this? 你像这样有多久了？

**Woman**：About three days. 大约三天了。

**Doctor**：Dont worry about it. Take this medicine twice a day.
别担心，把这个药拿去，一天吃二次。

**Woman**：Thanks very much, doctor. 多谢你，医生。

## 谈论天气

**（一）常用句式**

- What's the weather like today? 今天天气怎么样？
- How is the weather in…? ……的天气如何？
- It's fine/cloudy/rainy. 今天是晴天/阴天/雨天。
- It's raining/snowing heavily. 天正在下大雨/雪。

**（二）用法指导**

1. 如想询问某地的天气，可以说："How is the weather in…?

（……的天气怎么样？）"

2．在英语国家里，常常以谈论天气作为谈话的开场白。此外谈论天气也是寒暄的一种方法。

## （三）应用范例

**Mary**：What's the weather like in Shanghai now?

上海现在的天气怎么样？

**Kate**：It's pretty cold.　天气非常冷。

**Mary**：What's the best season in Shanghai?

那么上海什么季节最好呢？

**Kate**：Autumn is the best season.　秋天是最好的季节。

**Mary**：What beautiful weather!　那多么好的天气呀！

**Kate**：That's true! So autumn is the best time to come to Shanghai.

当然了！所以秋天是来上海的最好季节。

**Mary**：Thank you.　I'll come someday.

谢谢。我总有一天会去的。

## 请求与应答

## （一）常用句式

- May I ...? 我可以吗？
- Can/Could I...? 我能……吗？
- Can you give me a help? 你能帮我个忙吗？
- Do/Would you mind if I...? 如果我……你介意吗？

**应答常用语：**

- Yes. ／Certainly. 是的。／当然可以。
- Yes，do please. 请吧。

- Of course. 当然。
- I'm sorry，but... 抱歉，但……
- You'd better not. 你最好不那样。/你不该。

## （二）用法指导

1. 情态动词 can 和 may 都可用来表示"请求"或"允许"。用作一般的请求时，can 和 may 往往可以互换。may 比 can 更正式、更客气和更恭敬。

2. Could I...? 表示说话人对能否得到允许没有把握，表示更礼貌、更客气的请求。

## （三）应用范例

**Jack**：Would you lend me your dictionary?

可以借用一下你的字典吗?

**John**：Certainly. Here you are. 当然可以，给你。

**Jack**：Thank you. I just want to look up a few words.

谢谢。我只是想查几个单词。

**John**：There's no hurry. I'm not using it now.

不着急。我现在不用。

**Jack**：Thanks. 谢谢。

**John**：You're welcome. 不客气。

# 喜好与厌恶

## （一）常用句式

- I like/love... (very much). 我（非常）喜欢……
- I like/love to... 我喜欢做……

- I don't like/love to…我不喜欢……
- How do you like it? 你觉得它怎么样？

## （二）用法指导

1. like 和 love 可互换使用，但 love 的语气比 like 强烈，后面都可以接名词、代词、动词及不定式。后接名词-ing 形式表示习惯性的爱好；接动词不定式表示具体的或一次性的动作。

2. 表示别人喜欢，你也一样喜欢用"Me too."；表示别人不喜欢，你也不喜欢用"Neither do I."。

## （三）应用范例

**Jahn**：Mary，today is Sunday. What shall we do today?
玛丽，今天是星期天，我们去做什么？

**Mary**：Shall we go to the bookstore? 那我们一起去书店好不好？

**Jahn**：Of course. But how about going to see a film?
当然。但我们一起去看电影怎么样？

**Mary**：Well，good idea. Let's go to the cinema.
好主意。那我们一起去电影院吧。

**Jahn**：All right. 好的。

模 块 四

# 文学文体知识

古代文学体裁

知识结构导航

中外名著简介

中外作家简介

作品文学形象

# 古代文学体裁

## 1. 赋

是我国古代的一种文体，它讲求文采、韵律，兼具诗歌和散文的性质。其特点是"铺采摛文，体物写志"，侧重于写景，借景抒情。最早出现于诸子散文中，叫"短赋"；以屈原为代表的"骚体"是诗向赋的过渡，叫"骚赋"；汉代正式确立了赋的体例，称为"辞赋"；魏晋以后，日益向骈文方向发展，叫做"骈赋"；唐代又由骈体转入律体叫"律赋"；宋代以散文形式写赋，称为"文赋"。著名的赋有：杜牧的《阿房宫赋》、欧阳修的《秋声赋》、苏轼的《前赤壁赋》等。

## 2. 骈文

这种文体，起源于汉魏，形成于南北朝，盛行于隋唐。其以四字六字相间定句，世称"四六文"。骈文由于迁就句式，堆砌词藻，往往影响内容表达，韩、柳提倡古文运动之后，骈文渐衰。著名的有南朝梁吴均写的《与朱元思书》。

## 3. 原

推究本源的意思，是古代的一种议论文体。这种文体是对某种理论、主张、政治制度或社会习俗，从根本上考察、探讨，理论性较强。如韩愈的《原毁》、黄宗羲的《原君》。

## 4. 辩

"辩"即辩是非、别真伪，这种文体的特点是批驳一个错误论点，或辨析某些事实。如韩愈的《讳辩》、柳宗元的《桐叶封弟辩》。

**5．说**

古代议论说明一类文章的总称。它与"论"无大异，所以后来统称说理辨析之文为论说文。《文章辨体序说》："说者，释也，解释义理而以己意述之也。"我们学过的这种体裁的文章有《师说》《马说》《少年中国说》《捕蛇者说》《黄生借书说》。

**6．论**

论是一种论文文体，按《韵术》："论者，议也"。《昭明文选》所载："论有两体，一曰史论，乃忠臣于传末作议论，以断其人之善恶。如《史记》后的'太史公曰'……。二政论，则学士大夫议论古今时世人物或评经史之言，正其谬误。"如《六国论》《过秦论》等。

**7．奏议**

古代臣属进呈帝王的奏章的统称。它包括奏、议、疏、表、对策等。《文章有体序说》："七国以前，皆称上书，秦初改书曰奏。汉定礼议，是有四品：一曰章，以谢恩；二曰奏，以劾；三曰表，以陈情；四曰议，以执议。"

**8．序、跋**

序也作"叙"或称"引"，有如今日的"引言"、"前言"。是说明书籍著述或出版意旨、编次体例和作者情况的文章。也可包括对作家作品的评论和对有关问题的研究阐发。"序"一般写在书籍或文章前面（也有列在后面的，如《史记·太史公自序》），列于书后的称为"跋"或"后序"。这类文章，按不同的内容分别属于说明文或议论文，说明编写目的、简介编写体例和内容的，属于说明文。对作者作品进行评论或对问题进行阐发的属于议论文。我们学过的"序言"有：《〈指南录〉后序》《伶官传序》等。

**9．赠序**

文体名。古代送别各以诗文相赠，集而为之序的，称为赠序。

如韩愈《送石处士序》："于是东都诸人士……遂名为歌诗六韵，遣愈为之序云。"其后凡是惜别赠言的文章，不附于诗帙也都叫赠序，内容多推重、赞许或勉励之辞。我们学过明代文学家宋濂的《送东阳马生序》。

**10. 铭**

古代刻在器物上用来警戒自己或者称述功德的文字叫"铭"。刻在牌上，放在书案右边用以自警的铭文叫"座右铭"。如刘禹锡的《陋室铭》。刻在石碑上，叙述死者生平，加以颂扬追思的，叫"墓志铭"。如韩愈的《柳子厚墓志铭》。

**11. 祭文**

在告祭死者或天地山川等神时所诵读的文章。体裁有韵文和散文两种。内容是追念死者生前的主要经历，颂扬他的主要品德和业绩，寄托哀思，激励生者。如袁枚的《祭妹文》。

**12. 传奇**

小说体裁之一。以其情节奇特、神奇故名。一般用以指唐、宋人用文言写的短篇小说。如《柳毅传》《南柯太守传》等。又因为"传奇"多为后代的说唱和戏剧所取材，故宋元戏文，元人杂剧，明清戏曲也有称为"传奇"的。如明戏曲作家汤显祖的《还魂记》（即《牡丹亭》），清初孔尚任的传奇剧本《桃花扇》。

# 中外作家简介

## 一、中国作家

**孔子**（前551—前479），名丘，字仲尼，又称尼父、圣父，鲁国人，儒家创始人。其政治思想的核心是"仁"，主要作品为《论语》20篇，各取篇中开头二字为篇名，如《学而》《为政》等。记录了孔子及其弟子的言行，代表了孔子的基本思想。诸子哲理散文，语录体，列为"四书"之一。

**孟子**（前372—前289），名轲，字子舆，战国时儒家代表人物，世称"亚圣"。政治上主张"法先王、行仁政"，主要作品为《孟子》，现存7篇。孟子擅长于论辩，善用比喻，对后世议论性散文的发展影响较大。

**庄子**（前369—前286），名周，战国时宋国蒙人，世称南华真人。道家代表人物，主要作品为《庄子》，又名《南华经》，现存33篇。属诸子哲理散文，具有浓厚的浪漫色彩，对后世文学有很大影响。

**屈原**（前340—前278），名平，字原，战国时楚国人。我国第一个爱国主义、浪漫主义诗人，开创楚辞新诗体，被列为世界文化名人。主要作品为《离骚》《九歌》（包括《山鬼》《国殇》

等 11 篇）《天问》《九章》（包括《涉江》《哀郢》《橘颂》等 9 篇）。《离骚》和《诗经》中的"国风"并称"风骚"，成为"文学"的代名词。

**荀子**（前 313—前 238），名况，号卿。建立了以儒家思想为主体，又兼采法家和其他各家学说的思想体系。他否定天命，强调人为，具有较多的唯物主义思想。韩非、李斯都是他法治思想的继承者。主要作品为《荀子》，属诸子哲理散文，其中《劝学篇》《天论》等最有代表性。另作《赋篇》对汉赋的兴起有所影响。

**司马迁**（前 135—前 87），字子长，别称太史公，简称史迁，夏阳（今陕西韩城）人。与司马光并称"史界两司马"，与班固并称"班马"。主要作品为《史记》，又名《太史公书》，全书 130 篇，包括 12 本纪、8 书、10 表、30 世家、70 列传。被誉为"实录、信史"，"史家之绝唱，无

韵之离骚"，史学"双璧"之一，前"三史"、"四史"之首。我国第一部纪传体通史，开创本纪、世家、列传、表、书五种体例，《廉颇蔺相如列传》《鸿门宴》《毛遂自荐》《屈原列传》《信陵君窃符救赵》等出于此书，属历史散文。

**班固**（32—92），字孟坚，扶风（陕西）人。东汉史学家、文学家，开创断代的纪传体史书体例。主要作品为作者历尽二十余年修成的我国第一部纪传体断代史《汉书》。《苏武传》出于此。词赋方面以《两都赋》最著名。

**陶渊明**（365—427），名潜，字元亮，自号五柳先生，谥靖节，浔阳柴桑（今江西九江西南）人。我国第一位杰出的田园诗

人。著有《陶渊明集》，代表作有《桃花源记》《归去来兮辞》《归园田居》《饮酒》等。

**贺知章**（约659—约744），字季真，自号四明狂客，越州永兴（今浙江萧山）人。其诗今存20首，多为祭神乐章和应制诗；写景之作较清新通俗。主要作品为《咏柳》《回乡偶书》。

**王之涣**（688—742），字季陵，原籍晋阳。他是盛唐时代重要诗人之一。主要作品为《凉州词》《登鹳雀楼》。绝句《凉州词》被誉为"唐代绝句压卷之作"，属边塞诗派。

**孟浩然**（689—740），襄阳人。唐代第一个大量写山水诗的人，与王维齐名，世称"王孟"。主要作品为《过故人庄》《春晓》等，结为《孟襄阳集》。

**王昌龄**（698—757），字少伯，太原人。曾任龙标尉，世称王龙标。七绝圣手，善边塞诗、宫怨诗。主要作品为《出塞》《从军行》，后人辑有《王昌龄集》。

**李白**（701—762），字太白，号青莲居士，祖籍陕西成纪（今甘肃省秦安县），生于今吉尔吉斯斯坦境内。世称"诗仙"。与杜甫齐名，人称"李杜"。其诗属浪漫主义豪放派，是古典诗歌艺术的高峰。韩愈称赞说："李杜文章在，光芒万丈长。"主要作品为《梦游天姥吟留别》《蜀道难》《子夜吴歌》《望天门山》《秋浦歌》《秋登宣城谢朓北楼》等，结为《李太白集》。

**王维**（701—761），字摩诘，原籍太原祁州，官至尚书右丞，世称王右丞。诗人兼画家。与孟浩然同为盛唐田园山水派代表。主要作品为《送元二使安西》《相思》《观猎》等，结为《王右丞集》，苏轼赞其诗为"诗中有画，画中有诗"。

杜甫（712—770），字子美，原籍襄阳（今湖北襄樊市）。自称少陵野老，曾任左拾遗、检校工部员外郎，世称杜拾遗、杜工部。与李白齐名，人称"诗圣"。其诗被称为"诗史"，达到了我国现实主义诗歌艺术的高峰。首创记事名篇的乐府诗，直接推动了后来白居易为首的新乐府运动。主要作品为《兵车行》《春望》《茅屋为秋风所破歌》《闻官军收河南河北》"三吏"（《新安吏》《石壕吏》《潼关吏》）"三别"（《新婚别》《垂老别》《无家别》）等，结为《杜工部集》。

韩愈（768—824），字退之，河南河阳（今河南孟县西）人。官至吏部侍郎，谥文，世称韩吏部，韩文公，自谓郡望昌黎，又称韩昌黎。唐代古文运动倡导者，"唐宋八大家"之首，与柳宗元并称"韩柳"。他主张恢复先秦两汉散文传统，摒弃南北朝以来的骈体文；主

张文章内容的充实，并"惟陈言之务去"。在诗歌创作上主张"以文为诗"，力求新奇。主要作品为《师说》《马说》《原毁》《进学解》《祭十二郎文》等，结为《昌黎先生集》。

白居易（772—846），字乐天，晚年号香山居士。原籍太原，后迁居下邽（今陕西渭南东北）。中唐新乐府运动的主要倡导者，与元稹合称"元白"。他是现实主义传统的继承者，主张"文章合为时而著，歌诗合为事而作"，通俗派的代表，相传其诗老妪可懂。主要作品为《秦中吟》《新乐府》（包括《卖炭翁》等）《长恨歌》《琵琶行》等，自编为《白氏长庆集》，后人又编为《白香山诗集》。

柳宗元（773—819），字子厚，因系河东解（今山西运城县解州镇）人，人称柳河东，曾任柳州刺史，又称柳柳州。唐代古

文运动的领导者之一，与韩愈并称"韩柳"，"唐宋八大家"之一。他是中国第一个把寓言正式写成独立的文学作品的作家，开拓了我国古代寓言文学发展的新阶段。主要作品为《捕蛇者说》《三戒》（包括《黔之驴》）《永州八记》（包括《小石潭记》等散文）《渔翁》《江雪》等诗，结为《柳河东集》。

**杜牧**（803—852），字牧之，京兆万年（今陕西西安）人。别称小杜（甫），与李商隐齐名，并称"小李杜"。晚年居樊川别墅，因号杜樊川。他尤擅七律七绝。赋作的散文化倾向对后世影响较大。主要作品为《阿房宫赋》《江南春绝句》《清明》《泊秦淮》《秋夕》等，结为《樊川文集》。

**李商隐**（约813—约858），字义山，怀州河内（今河南沁阳）人，号玉谿生，又号樊南生。擅长律、绝，富于文采。主要作品为《行次西郊作一百韵》《乐游原》《锦瑟》《无题》等，结为《李义山诗集》，另有《樊南文集》。《行次》是一首长篇政治诗。《无题》诗多以爱情为题材，缠绵绮丽，对后代有很大的影响。

**范仲淹**（989—1052），字希文，吴县（今江苏省苏州市）人，谥文正。北宋政治家、军事家、文学家，兼攻诗词散文，属豪放派。主要作品为《岳阳楼记》《渔家傲》等，结为《范文正公集》。

**欧阳修**（1007—1072），字永叔，号醉翁，晚号六一居士，谥文忠。吉州永丰（今属江西）人，北宋政治家、古文家，文坛领袖，"唐宋八大家"之一。主要作品为与宋祁合修《新唐书》，独撰《新五代史》（《伶官传序》出于此）。有《醉翁亭记》《秋声赋》《六一词》等，结为《欧阳文忠集》。《六一诗话》是我国第一部诗话。

**苏轼**（1037—1101），字子瞻，号东坡居士。宋代文学家。谥文忠。"唐宋八大家"之一，在书法上与蔡襄、黄庭坚、米芾并称"宋四家"。宋代最伟大的文人，开创了豪放词派。与韩愈并誉为"韩潮苏海"。主要作品为《赤壁赋》《石钟山记》《题西林壁》《水调歌头》《念奴娇》等，结为《东坡七集》。

**李清照**（1081—1155），济南人，号易安居士。宋代最重要的女诗人，婉约词派中成就最高者。主要作品有《武陵春》《如梦令》《声声慢》等，结为《漱玉词》。

**陆游**（1125—1210），字务观，号放翁，越州山阴（今浙江绍兴）人。南宋著名诗人，中国古代最高产的诗人（有诗9000多首）。主要作品为《书愤》《示儿》《钗头凤》等，结为《剑南诗稿》《渭南文集》《老学庵笔记》。

**辛弃疾**（1140—1207），字幼安，号稼轩，南宋词人，与苏轼并称"苏辛"。人称"词中之龙"。宋词中成就卓异者，继承并发展了苏轼的豪放词风，开拓了词的表现范围。主要作品为《稼轩长短句》，名篇有《摸鱼儿》《永遇乐》《清平乐》等。

**关汉卿**（1220—1300），关汉卿（字），名一斋，号己斋叟。大都（今北京）人。与郑光祖、白朴、马致远并称"元曲四大家"。我国古代第一位伟大的戏剧家，世界文化名人。主要作品为《窦娥冤》《救风尘》《望江亭》《单刀会》等。

**施耐庵**（1296—1370），兴化白驹场（今大丰市白驹镇）人，祖籍苏州。主要作品为《忠义水浒传》，简称《水浒》，有百回本，百二十回本和七十回本。是我国第一部反映农民起义的长篇章回体小说，对后世农民起义产生了巨大的影响。

**吴承恩**（约1510—约1582），字汝忠，号射阳山人，淮安府

山阳县（今江苏省淮安县）人。主要作品为《西游记》，是著名长篇章回体神魔小说，是古典文学中最辉煌的神话作品，标志着浪漫主义文学的新高峰。

**曹雪芹**（1715—1763），名霑，字梦阮，号雪芹、芹圃、芹溪。祖籍辽阳，先世原为汉族，后来成为满洲正白旗"包衣"人。主要作品《红楼梦》（高鹗续后40回），为最伟大的现实主义长篇古典小说，是中国古典小说发展的高峰。

**鲁迅**（1881—1936），原名周树人，字豫才。伟大的文学家、思想家、革命家，中国文化革命的主将。"寄意寒星荃不察，我以我血荐轩辕""横眉冷对千夫指，俯首甘为孺子牛"，这是他一生的真实写照。主要作品有小说集《呐喊》（包括《狂人日记》《阿Q正传》《孔乙己》等）、《彷徨》（包括《祝福》《伤逝》等），散文集《朝花夕拾》（包括《藤野先生》《范爱农》等）。

**郭沫若**（1892—1978），原名开贞，号尚武。杰出的作家、诗人和戏剧家，也是历史学家和古文字学家。是继鲁迅之后中国文化战线上的又一面旗帜。主要作品为1921年出版的诗集《女神》（包括《凤凰涅槃》《女神之再生》《炉中煤》等）；历史剧作有《棠棣之花》《屈原》《虎符》《高渐离》《孔雀胆》《蔡文姬》《武则天》等。《女神》是一部杰出的浪漫主义诗集，是我国新文学史上第一部不朽的诗歌作品，开创了新一代诗风，奠定了新诗运动的基础。

**叶圣陶**（1894—1988），现代作家、儿童文学作家、教育家。原名绍钧，字圣陶，主要笔名有叶棉、圣陶、桂山等。江苏苏州人。代表作有《夜》《倪焕之》《多收了三五斗》等。主要散文集有《脚步集》《未厌居习作》《西川集》《小记十篇》等。他的散文感情朴实，意趣隽永，语言洁净，大多具有厚实的社会内容。叶圣陶还是中国现代童话创作的拓荒者。童话集《稻草人》《古代英雄的石像》构思新颖独特，描写细腻逼真，富于现实内容。

鲁迅说，叶圣陶的《稻草人》给中国的童话开了一条自己创作的路。

**徐志摩**（1896—1931），现代诗人。主要作品为诗集《志摩的诗》、《猛虎集》等，著名篇目有《再别康桥》《沙扬娜拉》《偶然》等。是新月派主要诗人。

**茅盾**（1896—1981），原名沈德鸿，字雁冰，茅盾是笔名。现代杰出作家，"五四"新文学运动的先驱之一。主要作品为《蚀》三部曲（《幻灭》《动摇》《追求》），《农村三部曲》（《春蚕》《秋收》《残冬》），《子夜》《林家铺子》，散文《风景谈》《白杨礼赞》。《子夜》是我国现代文学史上第一部现实主义长篇杰作，显示了"左翼"文学阵营的战斗业绩。

**朱自清**（1898—1948），字佩弦，江苏扬州人，祖籍浙江绍兴。现代散文家、诗人，文学研究会成员。主要作品为诗和散文合集《踪迹》，散文集《背影》《欧游杂记》《你我》，学术著作《经典常谈》。著名篇目有《背影》《绿》《荷塘月色》《桨声灯影里的秦淮河》《生命的价格——七毛钱》等。

**老舍**（1899—1966），原名舒庆春，字舍予，满族人。1950年获"人民艺术家"称号。主要作品为长篇小说《骆驼祥子》《四世同堂》，剧本《茶馆》《龙须沟》《西望长安》等。浓郁的地方色彩，生动活泼的北京口语的运用，通俗而不乏幽默，形成了老舍的风格，也是"京味小说"的开创者。

**冰心**（1900—1996），原名谢婉莹，著名女作家、儿童文学家。主要作品为诗集《繁星》《春水》，散文集《寄小读者》《樱花赞》等。用格言式诗句咏唱母爱、童贞、大海。散文也表现"爱的哲学"，被誉为"美文"的代表。

**沈从文**（1902—1988），中国著名作家。原名沈岳焕，主要笔名还有休芸芸、甲辰、上官碧、璇若等。湖南凤凰人。作品富有极强的个性和湘西乡土气息，充满诗情画意，代表作有《边城》

《八骏图》等，还有重要的选本《从文小说习作选》。1949年后，沈从文放弃了文学创作，在中国历史博物馆研究出土文物、工艺美术及物质文化史等。著有《唐宋铜镜》《龙凤艺术》《中国古代服饰研究》等。进入80年代后，他重返文坛，在中国文学界及海外文学界都产生了极大的影响。

巴金（1904—2002），原名李尧棠。现代著名作家、翻译家。主要作品为长篇小说"激流三部曲"《家》《春》《秋》，"爱情三部曲"《雾》《雨》《电》，中篇小说《寒夜》《憩园》等，散文集《保卫和平的人们》《随想录》等。《家》为我国现代文学史上描写封建家庭历史的最成功的作品。1982年获意大利"但丁国际奖"。

曹禺（1910—1996），原名万家宝，字小石，祖籍湖北潜江县，出生于天津一个封建官僚家庭。受家庭影响，从小就接触古典文学和民族戏曲。主要作品为剧本《雷雨》《日出》《原野》《北京人》《明朗的天》《胆剑篇》《王昭君》等。

钱钟书（1910—1998），字默存，号槐聚，曾用笔名中书君等。钱先生曾任中国社会科学院顾问，是我国当代著名的学者和作家。钱先生所出版的著作有自订诗集《中书君诗》与《中书君近诗》、散文集《写在人生边上》、短篇小说集《人兽鬼》、长篇小说《围城》和诗话《谈艺录》等。这些著作引起了广大读者的深情关注，也使许多文人叹为观止。

## 二、外国作家

安徒生（1805—1875），丹麦19世纪童话作家，世界文学童话创始人。他的父亲是个鞋匠，很早就去世了，全家靠母亲给人洗衣服维持生活。安徒生虽然过着十分贫穷的生活，但他却有自己远大的理想。经过十几年的奋斗，终于踏进了文坛。从30岁开始，专心从事儿童文学创作，一生中共写了 168 篇童话故事。许多童话故事家喻户晓，如《丑小鸭》《海的女儿》《皇帝的新装》《夜莺》和《豌豆上的公主》等。

**威廉·格林**（1786—1859），《格林童话》是 18 世纪初两位德国历史学家兼语言学家搜集整理的民间传说、童话故事集，他们是一对彼此极友爱的兄弟——雅各·格林和威廉·格林，后人习惯称呼他们格林兄弟。雅各·格林是德国的著名语言学家，威廉·格林是德国民间文学研究者、语言学家、民俗学家，致力于民间童话和传说的搜集、整理和研究工作。需要特别强调的是，格林童话不是创作的童话。格林兄弟是做学问的人，他们致力于收集整理民间的童话、神话、传记，很忠实地把收集到的东西整理成为文字，然后严谨地考证这些童话的出处。

**伊索**（公元前 620 年—公元前 560 年），公元前 6 世纪希腊寓言家。据历史学家记载，他原是萨摩斯岛雅德蒙家的奴隶，曾被转卖多次，但因为富有智慧，聪颖过人，最后获得自由。成为自由人后，伊索四处漫游，为人们讲述寓言故事，深受古希腊人民的喜爱。公元前 5 世纪末，"伊索"这个名字已为古希腊人所熟知，古希腊寓言开始都归在他的名下。现在常见的《伊索寓言》是后人根据拜占庭僧侣普拉努得斯搜集的寓言以及后来陆续发现的古希腊寓言传抄本编订的。

**克雷洛夫**（1769 — 1844），不仅是最杰出的俄国寓言作家，而且是世界三大寓言家之一（其他两位是古希腊的伊索和法国的拉封丹）。他出身贫苦，没有正式上过学，能够取得这样的成就除了自幼便已显露的语言艺术的天赋外，完全是靠惊人的勤奋和锲而不舍的执著追求。

**莎士比亚**（1564—1616），英国诗人、剧作家。1564 年 4 月23 日出生于沃里克郡埃文河上的斯特拉特福镇。1616 年 4 月 23日去世。莎士比亚一生共写了 37 部戏剧，154 首十四行诗，两首

长诗和其他诗歌。代表作有历史剧《亨利六世》上、中、下篇和《理查三世》《理查二世》《亨利四世》上、下篇和《亨利五世》，喜剧《罗密欧与朱丽叶》《威尼斯商人》《仲夏夜之梦》《皆大欢喜》《第十二夜》，悲剧《哈姆雷特》《奥赛罗》《李尔王》《雅典的泰门》《麦克白》等。莎士比亚在戏剧史上有重要的地位。

巴尔扎克（1799—1850），世界文学界的伟人，法国现实主义大师。主要作品为《人间喜剧》，包括《高老头》《欧也妮·葛朗台》《贝姨》《邦斯舅舅》等。是世界文学中规模最宏伟的创作之一，也是人类思维劳动最辉煌的成果之一。马克思称它"提供了一部法国社会特别是巴黎上流社会的卓越的现实主义历史"。

普希金（1799—1837），俄国伟大诗人。主要作品为抒情诗《自由颂》，叙事诗《青铜骑士》，长篇诗体小说《叶甫盖尼·奥涅金》，童话诗《渔夫和金鱼的故事》等。对19世纪俄国文学的发展起了重要作用。

列夫·托尔斯泰（1828—1910），19世纪俄国最伟大的作家。他的长篇历史小说《战争与和平》，是一部具有史诗和编年史特色的鸿篇巨制。1873—1877年他经12次修改，完成其第二部里程碑式巨著《安娜·卡列尼娜》。70年代末，托尔斯泰的世界观发生巨变，写成《忏悔录》。特别是1889—1899年创作的长篇小说《复活》是他长期思想、艺术探索的总结，也是对俄国社会批判最全面深刻、最有力的一部著作，成为世界文学不朽名著之一。

雨果（1802—1885），法国浪漫主义文学最杰出的代表作家。他的一生经历了欧洲19世纪法国所有重大的政治变革，目睹了拿破仑帝国的兴衰。主要作品为长篇小说《巴黎圣母院》《悲惨世界》《笑面人》《九三年》等。《悲惨世界》写失业短工冉阿让因偷吃一片面包被抓进监狱，后改名换姓，当上企业主和市长，但终不能摆脱迫害。

**大仲马**（1802—1870），法国 19 世纪积极浪漫主义作家。大仲马自学成才，一生写的各种类型作品达 300 卷之多。主要以小说和剧作著称于世。大仲马的剧本《亨利第三及其宫廷》（1829）完全破除了古典主义"三一律"。他的小说多达百部，大都以真实的历史作背景，以主人公的奇遇为内容，情节曲折生动，处处出人意料，堪称历史惊险小说。异乎寻常的理想英雄，急剧发展的故事情节，紧张的打斗动作，清晰明朗的完整结构，生动有力的语言，灵活机智的对话等构成了大仲马小说的特色。最著名的是《三个火枪手》（旧译《三剑客》）、《基督山伯爵》。大仲马被别林斯基称为"一名天才的小说家"，他也是马克思"最喜欢"的作家之一。

**狄更斯**（1812—1870），英国作家，主要作品为长篇小说《大卫·科波菲尔》《艰难时世》《双城记》，揭露资产阶级的贪婪、伪善和英国司法、行政机构的腐败。是英国批判现实主义文学的重要代表。

**屠格涅夫**（1818—1883），俄国 19 世纪批判现实主义作家，他陆续发表了长篇小说《罗亭》（1856）、《贵族之家》（1859）、《前夜》（1860）、《父与子》（1862）、《烟》（1867）、《处女地》（1869）。其中《罗亭》是他的第一部长篇小说，《父与子》是屠格涅夫的代表作。

**泰戈尔**（1861—1941），印度诗人、作家。诺贝尔文学奖获得者。他共写了50多部诗集，被称为"诗圣"。诗集有《飞鸟集》《新月集》，长篇小说《沉船》等。他的《人民的意志》一诗被定为印度国歌。

　　**罗曼·罗兰**（1866—1944），法国作家。早期主要写剧本，如《丹东》《爱与死的搏斗》；20 世纪初，陆续发表《贝多芬传》《托尔斯泰传》等传记歌颂优秀人物。1931 年发表《向过去告别》。他的代表作《约翰克里斯多夫》是 20 世纪初期世界文学创作中最伟大的作品之一。1915 年获得诺贝尔文学奖。

　　**高尔基**（1868—1936），苏联无产阶级伟大作家。主要作品为自传体三部曲《童年》《在人间》《我的大学》，长篇小说《母亲》，散文诗《海燕》等。列宁称之为无产阶级艺术的最杰出代表，称《母亲》是一部"非常及时的书"。

　　**川端康成**（1899—1972），日本现、当代小说家。成名作小说《伊豆的舞女》。名作《雪国》描写了雪国底层女性形体和精神上的纯洁和美，以及作家深沉的虚无感。其他作品还有《浅草红团》《水晶幻想》《千羽鹤》《山之音》和《古都》等。1968 年获诺贝尔文学奖。1972 年在工作室自杀去世。

　　**海明威**（1899—1961），海明威，美国作家，诺贝尔文学奖获得者。代表作是中篇小说《老人与海》，描写一个老渔夫与鲨鱼搏斗的故事，表现"人的能耐可以达到什么程度"，描写人的灵魂和尊严。

　　**马克·吐温**（1835—1910），美国作家。马克·吐温是其笔名。从小外出务工经商，后来开始从文。主要作品有《竞选州长》《汤姆·索亚历险记》《哈克贝利·费恩历险记》。

# 中外名著简介

## ◎《安徒生童话》

在丹麦首都哥本哈根朗厄里尼海滨公园的海边岩石上，有一座铜像矗立水面。这个下身为鱼的少女与人体大小十分相似，她披着一头美丽的长发，含着深情的双眸，终日凝视大海，沉思遐想，仿佛在等待她的王子远航归来。她告诉人们这就是丹麦，因为她是丹麦国家的标志。对，她就是海的女儿，丹麦作家安徒生所写的一篇童话中的主人公。

安徒生的童话作品立足于社会现实，既以真挚的笔触热烈歌颂劳动人民，同情不幸的穷人，又愤怒抨击残暴、贪婪、愚蠢的统治者和剥削者，批评社会的黑暗。《卖火柴的小女孩》写圣诞节之夜，一个卖火柴的穷苦女孩在万家团聚的大年夜里，饥寒交迫地流落在风雪弥漫的街头。她只能用火柴取暖，如豆的微光给她带来种种快乐的幻象，但幻象一幕一幕又很快消失在黑夜里，最后她终于在对祖母的回忆中冻死在街头……作品以细腻的笔调，凄凉的画面，控诉着社会的不平，又以美丽的幻想表达出人们种种善良而美好的愿望。

安徒生的作品富于同情心。安徒生以伤感的眼光去看待世界，充满了怜悯的情绪。童话《海的女儿》比较集中地反映了作者思想倾向上的许多特征。海的女儿为了实现自己的理想追求，尽了自己最大的努力。可悲的是，她所做的这一切，王子竟一无所知。

她默默奉献着她对王子执著的爱，直到目睹王子娶了另一位公主。她心碎了，可是她仍然不愿意伤害她心爱的王子。她为王子的幸福付出了自己的生命，化为了泡沫。

安徒生的童话想象丰富，情节生动感人，意义朴实而深远，并以简洁明快的艺术形式著称于世。几百年来，这些童话形象都已经走进人们的社会生活，成为人类文化遗产的重要财富。

## ◎《格林童话》

《格林童话》原名《儿童和家庭童话》，是格林兄弟在19世纪初搜集、整理的德国古老传说和民间故事，共收入童话200多篇，具有很高的艺术价值，被译成多种文字在世界各国广泛流传。其中不少童话形象，如小红帽、白雪公主、灰姑娘等，在全世界范围内家喻户晓，这些经典的童话如同心灵的阳光雨露陪伴着我们一天天长大，一代代成长。

走进童话世界里，花草、动物、石头与河水……我们身边的万物随时可能开口和我们对话，不管彼此多么陌生，也能用快乐的心情来交流彼此的心声。我们会惦记着小红帽是否安全脱险，王子能不能找到能穿上水晶鞋的灰姑娘，狠毒的继母是不是把白雪公主杀死了……于是我们记住了格林兄弟的名字，记住了他们给我们带来的快乐和幸福，还有我们一生都受益无穷的心灵收获。

## ◎《伊索寓言》

《伊索寓言》搜集了古希腊民间流传的讽喻故事，并加有印度、阿拉伯及基督教故事，共350余篇。作者以狐狸、兔子等各种动物充当主要角色，少数篇目以人为主人公。作者把动物的活动和行为秉性人格化，巧妙地描写了人世间的人情世态，阐释了市民生活中的重要道德伦理观念。《伊索寓言》是寓言文学的先驱。《伊索寓言》主要反映下层平民和奴隶的思想感情，反映阶级对立关系。例如《狼和小羊》通过狼的形象揭露贵族奴隶主的专横残忍，告诉我们恶人想要做坏事，想找借口是很容易的。那些本性极坏的人，即使找不到漂亮的借口，也会明目张胆地去作恶。"暴君是不缺少借口的"，故事的内容是对奴隶社会的深刻写照。《伊索寓言》把压迫者比做狮子、豺狼、毒蛇、鳄鱼、狐狸等，谴责他们为非作歹、残害人民的暴行。寓言中的许多故事总结了古代人民的斗争经验和生活教训，例如《农夫和蛇》教导人们不能对敌人仁慈；《龟兔赛跑》故事里，擅长跑步的兔子失败了，乌龟虽然慢，却坚持不懈，最终赢得了胜利，劝诫人们做事要认真、执著，不能骄傲。

《伊索寓言》形式短小精悍，比喻精当，语言精练，寓意深刻。它奠定了欧洲文学寓言体裁的基础，对后来的欧洲及世界文学产生了广泛而深刻的影响。

## ◎《克雷洛夫寓言》

"寓言是一个魔袋，袋子很小，却能从里面取出很多东西来，甚至能取出比袋子大得多的东西来。寓言是一座独特的桥梁，通过它，可以从复杂走向简单，又可以从单纯走向丰富，在这座桥梁上来回走几遍，我们既看见了五光十色的生活现象，又发现了生活的内在意义。"用这段评语来形容俄国寓言大师克雷洛夫的寓言诗是最恰当不过的了。

18世纪末期至19世纪中期的俄国是一个愚昧落后、独裁专制的农奴制社会。作为一个追求文明、理性和民主的作家，克雷洛夫把揭露统治者及其帮凶的罪行作为他写作的首要目标，塑造了众多的反面形象，如《隐士和熊》中的熊就是伪善欺骗、贪污腐

败、愚蠢无知等恶劣品质的象征。另一方面，克雷洛夫也热情歌颂了劳动者的勤劳、公正、无私等优秀品质。在其作品中，诚实的劳动者都被塑造成淳朴谦逊、一身正气、富有同情心的形象。

克雷洛夫从小就喜欢到集市、商场等场所去听各种人说话。当他创作寓言的时候，他就把听来的各色人等的话加工成所描摹的人物的语言。如著名的《乌鸦和狐狸》中，狐狸哄骗乌鸦开口唱歌的说辞令人绝倒："你好！漂亮的乌鸦，几天不见，你变得更加美丽了。你的羽毛像缎子一样光滑，你的爪子像雄鹰一样锋利，还有你的脖子，你的眼睛，都是那么的可爱与美丽。我猜想你的歌声也一定很美，一定可以赛过林子里所有的鸟类的，像天使一般好听，我能请你唱支歌给我听听吗？"没有充分的体验、观察和细腻的表现力的话，是不可能描写得这样形象生动的。

今天，克雷洛夫寓言中的许多词汇和故事，由于语言简练、自然而优美，故事生动、新鲜而幽默，已经成为俄罗斯人民常用的谚语和典故。克雷洛夫寓言题材广泛，寓意深刻，具有独特的艺术魅力，是小读者的良师益友。

## ◎《中外现当代童话》

童话总是美丽的，美的童话有一种魂牵梦绕的诱惑，一种如梦如幻的感觉，令人心驰神往。自古以来，各国家、各地区、各民族都流传着一个个美丽的童话故事。它们凝聚着人民的智慧，闪烁着理想的光华。它们歌颂真诚与善良，赞扬勇敢与正义，诅咒怯懦与虚伪。童话故事有不朽的生命力，是世界文学宝库中璀璨的明珠。孩子们着迷于这些动人的故事，如饥似渴地从中吸取营养，故事的灵魂在心中悄然苏醒，给人勇气、给人热情，使人懂得珍惜生命的欢乐，使人不惧坎坷磨难。这些童话为孩子们架起一条彩虹般的天梯，使他们迈进成功与幸福之门，使青少年读者获趣获益，使成年人读来也其乐融融。

《中外现当代童话》故事情节曲折生动，内容上融知识性和趣味性于一体，引人入胜，妙趣横生。孩子们通过对中外童话的阅读，不仅可以了解各国家、各地区、各民族的语言、风俗、文化特色，而且可以感受各民族的精神风貌。

《中外现当代童话》尤其适合小学生阅读，书中的故事能给他们的课外生活增添轻松活泼的情趣，还能拓宽他们的知识视野，启发他们的想象力，使小学生在思想上和品德上都能受到良好的熏陶。

## ◎《中国古今寓言》

寓言是指用假托的故事或自然物的拟人手法来说明某个道理的文学作品，常带有讽刺或劝诫的性质。寓言是古代人们认识自然、认识社会、认识事物的一种反映，凝聚着古代人们的经验和智慧，是古代文学艺术创造的结晶。寓言多采用比喻、夸张、拟人等修辞方法，贴近现实，对古代社会中统治阶级的暴行加以讽刺和揭露，对社会上的一些丑陋、愚蠢的现象加以嘲讽和批判，并对劳动人民的生活智慧和经验加以赞扬和流传。

中国寓言源远流长，历史悠久，内容丰富，包括国家的治理、世态百象、为人处世、修身养性、思维方式、学习方法等许多方面，这些内容涵盖了社会发展的经验和教训，凝聚着中华民族的智慧。

寓言中的智慧，能给人的一生带来无穷启迪。人们在儿时读过的寓言，到老都不会忘记，就是因为寓言的智慧不会随岁月的逝去而消失，而且将随着人生阅历的丰富而更加深刻地铭记在人们的心里，让人们终生受益。

一则《井底之蛙》，让我们知道井外有广阔的世界，不能在

狭小的环境里自我满足，自鸣得意；一则《五十步笑百步》，让我们明白犯相同性质错误的人，错误程度小的不应嘲笑错误程度大的而宽恕自己，对待大小错误都应及时制止和改正；一则《狐假虎威》，让人们警惕那些心理卑下、能力弱小而凭借别人权势招摇撞骗、作威作福的人……中国历代寓言启迪着一代又一代的人们。

寓言充满智慧，篇幅短小，所讲的故事简单而内涵丰富，语言深入浅出，幽默风趣，读起来让人轻松愉快。读者在笑声中记住了寓言蕴藏的哲理，得到某种劝谕或告诫。因此，许多父母用寓言作为孩子的启蒙读物，从小学到中学不少优秀寓言也是学生的必读作品。

《中国古今寓言》从大量的寓言故事中，精选出了一部分。故事简洁流畅、深入浅出、通俗易懂，力求将故事性和启发性结合起来。另外，每篇寓言故事，后面有故事启迪，阐明内涵，以指导小学生更好地理解寓言故事的精髓。

## ◎《中外民间故事》

民间故事所反映的生活面是异常广阔的，无论是幻想性较强的神话传说，还是现实色彩浓厚的狩猎耕种故事，以及生动有趣的童话、寓言，都从各个不同的侧面和角度，反映了广大劳动人民的心声，凝聚着人民群众丰富的生活知识、智慧和经验。

民间故事是人类智慧的结晶，是人类成长的足迹。人类的祖先对浩瀚的宇宙，对居住的大自然以及对人类自身，都充满了好奇，充满了思考。当你走进这些民间故事时，你会发现这是一个知识的海洋。她会告诉你巧媳妇是如何解决生活难题的，机智人物是如何运用智慧战胜作威作福的官员的；她会告诉你什么是幸福，幸福是如何得来的；她会告诉你什么是勤劳，勤劳会让你收获什么；她会告诉你做人的道理，什么该做，什么不该做。

民间故事的主人公虽然绝大多数都是弱小者，生活贫困，处境艰难，但他们勤劳善良，对自己的力量和智慧充满信心。在帮助他人的过程中同时获得自己的幸福。最终的结果总是善良战胜邪恶、诚实战胜虚伪、勤劳战胜懒惰。

一个个优美曲折的民间故事带你领略各国、各地区、各民族的风情，传达着劳动人民的思想感情。书中有美丽的仙女、狠心的大哥、善良的小弟、凶恶的魔鬼……这些优美的故事可以给小读者带来奇妙的享受，能够启迪智慧，陶冶情操，塑造心灵，构建人生。

## ◎《中外神话故事》

神话不同于传说、寓言和宗教故事，它主要通过超自然的形象和幻想的形式，表达远古先民对自然及人与自然关系的理解。神话通常以神为主人公，他们包括各种自然神和神化了的英雄人物，而情节则一般表现为使用神力法术，降妖除魔等。

神话是文学艺术宝库中的一颗璀璨明珠，我国的神话更是丰富多彩、源远流长。这些故事热情地讴歌了世界人民勤劳善良、机智勇敢的美德，无情地鞭挞了那些卑鄙无耻、阴险狡诈的行径。阅读这些神话故事，可以感受那多彩、瑰丽、奇特的神话世界，从中汲取各民族的奋斗精神，从而陶冶情操、丰富认知，激发孩子们追求自由和幸福生活的热情。同时也能提高小学生的阅读、写作和语言表达能力。

阅读中外神话故事，可以使孩子们在感受神话王国美丽的同时，加深对传统文化的理解，激起他们内心潜藏的想象力和创造力。中国神话包括盘古开天辟地、女娲补天、精卫填海、大禹治水等；外国神话囊括了古代希伯来神话和古希腊神话的著名篇章，

包括诺亚方舟、普罗米修斯、俄狄浦斯等家喻户晓的故事。

一个好的神话可以引导儿童展开无穷的幻想，一本好书可以改变许多的命运。推开那扇古老的门，探寻一个美丽、未知的世界吧！你看，后羿拉开了弓弩，搭上了利箭；潘多拉的盒子里飞出了疾病和灾难；田螺姑娘躲在门后偷偷地张望；宇宙中心的智慧泉汩汩流淌……让神话故事这颗晶莹瑰丽的露珠，伴你成长，永远鲜活在你的记忆里。

## ◎《中外历史故事》

日往月来，斗转星移，几千年来，人类走过了一条不寻常的道路：兴盛与衰微，辉煌与悲怆，和风丽日与腥风血雨，多少往事如烟……在尊重史实的前提下，《中外历史故事》以生动有趣的语言讲述一个个历史故事，通过一个个妙趣横生的历史故事展现了五千年的世界风貌。

历史是由一个个曲折蜿蜒的故事编织成的，而故事又围绕着一位位流芳百世的伟人。他们用与众不同的行为在历史这本书上留下了醒目的一笔，他们在短暂的人生中印下了许多辉煌的足迹。

历史故事是一种以历史人物为基础进行创作的文学体裁，记载的大多是历史人物的奇闻轶事，反映了各个时期的思想、政治、经济、文化、军事和社会生活等方面的情况，充满着智慧、哲理、伦理和道德，蕴涵着民族传统文化的精髓。

在古今中外的历史故事中，有不少讲述了历史名人如何获得成功的宝贵经历，其中关于历史名人们怎样勤学苦练的事迹具有很大的教育意义。伟大诗人李白少年时受"铁杵磨针"的触动，从此发愤读书；祖逖为报效国家，闻鸡起舞；赵云临危不惧，一身是胆……从这些故事中我们了解到，历史名人能够在某一方面取得超过常人的收获，专心投入、刻苦训练是引领他们走向成功的关键。他们勤学苦练的故事能激发小学生学习的信心，坚定学习的决心，起到励志图强的作用。

相信《中外历史故事》中那些荡气回肠的文字、处变不惊的人物、波澜壮阔的场景，一定会让每一个小读者心驰神往，回味无穷。

## ◎《成语故事》

中华成语是中华民族的文化瑰宝，作为历史的缩影、智慧的结晶、汉语言的精华，闪烁着睿智的光芒。学习成语不仅有助于提高语言能力，而且还能丰富充实历史知识。

成语是从我国古代的寓言、历史事件、诗文及当时的口语中产生的，经过长期的锤炼和演变而形成的固定词组。它的来源主要有两个方面：一是来自古代典籍；二是来自民间口语。从古代典籍中来的，有的出自寓言故事或历史事件，如"守株待兔"、"四面楚歌"；有的是从古书中直接摘取原句而成，如"一鼓作气"、"外强中干"；也有一些是原句的压缩，如"一暴十寒"是从"一日暴之，十日寒之"简化而成的。从民间口语流传下来的成语，为数也不少，如"只许州官放火，不许百姓点灯"等。它们言简意赅，寥寥数字包含着丰富、深刻的思想内容。不仅如此，每条成语背后都蕴藏着一个丰富多彩的历史故事或神话传说。可以说，成语是我国传统文化百花园中一朵绚丽的奇葩。

成语是人们喜闻乐见的一种语言形式，无论是日常口语上的谈吐，还是写作时笔下的词句，人们都会自然而然地引用到成语，它所独具的鲜明生动的表现力是其他词汇不可替代的。因此，了解成语故事，学习成语的运用是一件非常有意义的事情。

通过认真学习成语，不仅可以丰富词汇，增长知识，而且可

以陶冶情操，打下正确运用成语的良好基础。在品味祖国文化瑰宝的同时，还能从中领会到许多为人处世的深刻道理。

## ◎《爱的教育》

《爱的教育》采用日记的形式，讲述了一个叫安利柯的小男孩成长的故事，记录了他一年之内在学校、家庭、社会的所见所闻，字里行间洋溢着对祖国、父母、师长及朋友真挚的爱，有着感人肺腑的力量。本书充满了儿童情趣的幽默语言和19世纪意大利引人入胜的习俗风尚，内容新颖别致，情节跌宕起伏，内容包括发生在安利柯身边各式各样感人的小故事，父母在他日记本上写下的劝诫启发性的文章，以及10则老师在课堂上宣读的精彩的"每月故事"。每章每节，都把"爱"表现得深入精髓、淋漓尽致，大至国家、社会、民族的大"我"之爱，小至父母、师长、朋友间的小"我"之爱，处处扣人心弦、令人感动。

本书中描绘教师和学生的篇幅并不多，但却处处都勾勒出一幅温馨迷人的"师生卷"。作者笔下的教师都有几点共性：衣着简朴，外表严厉而内心仁慈，因长期的劳累而身体虚弱。书中的学生总是会天真无邪说说老师的笑话，心底却异常敬重自己的恩师。那些孩子享有更加自由的活动空间，这不仅体现在场所上，更重要的是体现在老师对学生适当的精神"允许度"上。例如：他们可以在课堂上的顽皮、嬉闹；学生可以给老师取绰号；向代课老师扔纸团；跳到讲台上大声喧哗……这些看似严重的放肆行为，往往能得到老师的理解和宽恕。再比如第一篇中的老师就对犯了错的孩子说："快回去！好孩子！"这不得不说是一种宽容的沟通理念、教育理念，也昭示出了不同的国度文化。

## ◎《格列佛游记》

《格列佛游记》选用了当时最流行的游记体，全书共分四卷，每章独立成篇，但主人公格列佛始终贯穿。游记以第一人称进行叙述，通过格列佛周游"小人国""大人国""飞岛国"和"慧骃国"的奇遇，对 18 世纪前半期的英国进行了全面的讽刺和批判。作品想象丰富，手法夸张，讽刺尖刻，语言朴实简洁。全书的虚构和细节的真实结合完美，具有深刻的批判现实主义力量，是开创英国文学史上讽刺传统的代表作品之一。

小说第一卷写的是格列佛在小人国利立普特岛的遭遇，很具童话色彩，被认为是当时英国的缩小版。当时的读者读起来身临其境，后世的读者读起来似曾相识，这是该卷最成功之处。尤其是格列佛用尿扑灭利立普特后宫大火后反遭皇后嫉恨，只因破了一条多年的规矩就要因功究过严加惩处。这种冤枉事不管在哪个时代都发生过，也都会引起读者的共鸣，因此这个故事就成了流传至今耳熟能详的经典，并具有深刻的现实意义。

第二卷是大人国游记，这是作者在用放大镜观察国家和社会。侧重点虽仍在宫廷和国王身上，但视野已扩大到社会和一般平民，尤其是出现了格利佛的小保姆这样一个人物，不但渲染出了人情味，而且进一步增加了童话色彩。可儿童们却不一定能看懂作者浓墨重彩详加描述的格利佛与布罗卜丁奈格国王一连数日的交谈。主人公在这里似乎找到了一个虽然体格庞大，但却心地善良和思想高尚的贤主，并借他之嘴批评了英国的政治和法律弊端，表明他热爱和平，反对战争的良心。

第三卷是"勒皮他、巴尔尼巴比、拉格奈格、格勒大锥、日本游记"。这一卷游记涉及好几个地点，其中有真有假，出现的人物有的虽然很奇怪，但身高体型跟我们一样比其余三部更接近人

类生活，作者的讽刺鞭策也更直接具体，有些科幻小说的意味。和其他三卷一样，此卷也精彩异常，很多段落经常令人拍案叫绝。其中巫伯德利堡的亡魂再现和关于永生人司楚布鲁哥的描写是本卷的两个亮点。

第四卷是"慧骃国游记"，也被译为"咴儿咴儿国游记"或"智马国游记"。这一卷更像是一部寓言，充分地体现了作者的思想升华，是对于整个人类社会的评判。"慧骃"，即马，在文中象征着"理性"和"美德"；而"野胡"，即人，则象征着"野性"和"邪恶"。这是历来最有争议的部分。在那里，格列佛遭到智慧而理性的慧骃的放逐，满心怅惘地回到那片生他养他如今却叫他厌恶的故土，愤怒而又无可奈何地与一帮"野胡"在一起度过自己的余生。

《格列佛游记》是最早被介绍到中国的英国文学名著。1872年被译做《谈瀛小录》登载于《申报》，受到读者的广泛欢迎，甚至影响到后来《镜花缘》《老残游记》等作品的创作。

## ◎《鲁滨逊漂流记》

鲁滨逊出身于一个体面的中产阶级家庭，渴望冒险，一心想去海外见识一番。他瞒着父亲出海，第一次航行就遇到大风浪，船只沉没，他好不容易才保住性命。第二次出海到非洲经商，赚了一笔钱。第三次又遭不幸，被俘获后沦为摩尔人的奴隶。后来他偷走主人的小船逃跑，途中被一艘葡萄牙货船救起。船到巴西后，他在那里买下一个庄园，做了庄园主。经历了几番波折的他仍然不甘心于这样平静富有的生活，毅然决定到非洲贩卖奴隶。

船在途中遇到风暴触礁，鲁滨逊是唯一的幸存者，只身飘流到一个杳无人烟的孤岛上。最初，他用沉船的桅杆做了木筏，一次又一次地把船上的食物、衣服、枪支弹药、工具等运到岸上，并在小山边搭起帐篷定居下来。接着他用削尖的木桩在帐篷周围围上栅栏，在帐篷后挖洞居住。他用简单的工具制作桌、椅等家具，猎野味为食，饮溪里的水。

适应了岛上的生活后，他就开始了他的"创举"：在岛上种植大麦和稻子，自制木臼、木杵、筛子，加工面粉，烘烤出了粗糙的面包。他捕捉并驯养野山羊，让其繁殖。他还制作陶器等等，保证了自己的生活需要。虽然这样，鲁滨逊一直没有放弃寻找离开孤岛的办法。他砍倒一棵大树，花了五六个月的时间做成了一只独木舟，但船实在太重，无法拖下海去，只好前功尽弃，重新另造一只小的。

鲁滨逊在岛上独自生活了 17 年后，一天，他发现外岛的食人野人登陆过这个岛屿。鲁滨逊惊愕万分，此后他便一直保持警惕，更加留心周围的事物。直到第 24 年，岛上又来了一群野人，带着准备杀死、吃掉的俘虏。鲁滨逊救出了其中的一个俘虏。那天正好是星期五，鲁滨逊便把被救的野人取名为"星期五"。此后，"星期五"在鲁滨逊的教导下养成了文明人的生活习性，成了鲁滨逊忠实的仆人和朋友。后来，鲁滨逊带着"星期五"救出了一个西班牙人和"星期五"的父亲。不久有条英国船在岛附近停泊，船上发生了叛变，鲁滨逊与"星期五"帮助船长制服了那些水手，夺回了船只。他把那些水手留在岛上，自己带着"星期五"和船长等离开荒岛回到英国，结束了他长达 28 年之久的荒岛生活。

此时鲁滨逊已离家 35 年。他在英国结了婚，生了三个孩子。妻子死后，鲁滨逊又一次出海经商，路经他住过的荒岛，这时留在岛上的水手和西班牙人都已安家繁衍生息。鲁滨逊又送去新的移民，将岛上的土地分给他们，并留给他们各种日用必需品，满意地离开了小岛。

## ◎《童年》

《童年》讲述的是阿廖沙三岁至十岁期间的童年生活。小说从"我"随母亲去投奔外祖父写起，到外祖父叫"我"去"人间"混饭吃结束，生动地再现了十九世纪七八十年代俄国底层人民的生活状况。小说鲜明而生动地描绘出童年的阿廖沙性格的形成过程，同时也以沉重的笔调写出了当时生活的黑暗、扭曲和可怕。

阿廖沙三岁时就失去了父亲，母亲和外祖母把他带到外祖父家。从这时起，外祖母就成了他一生中最知心、最珍贵的人。外祖母无私的爱丰富了他的心灵，使他"充满了坚强的力量以应付困苦的生活"。

外祖父年轻时，曾在伏尔加河上拉纤，后来开染坊，上升为小业主。阿廖沙到来时，外祖父的家业已开始衰落，外祖父也变得愈加吝啬、贪婪、专横、残暴。阿廖沙在这个家庭里看到人与人之间弥漫着仇恨之雾，连小孩也被这种气氛所毒害。外祖父的两个儿子米哈伊尔和雅科夫为了分家和侵吞阿廖沙母亲的嫁妆而不断争吵、斗殴。外祖父怂恿养子茨冈到集市上偷东西。阿廖沙一进外祖父家就不喜欢外祖父，害怕他，感到他的眼里含着敌意。一天，阿廖沙出于好奇，把一块白桌布投进染缸。外祖父为这事打得他失去了知觉，使他害了一场大病。从此阿廖沙就开始怀着不安的心情观察周围的人，不论是对自己的，还是别人的屈辱和痛苦，都感到难以忍受。他的母亲由于不堪忍受这种生活，便丢下他离开了这个家庭。

但在这个污浊的环境里，也还有另外一种人，另外一种生活。这里有乐观、淳朴的"小茨冈"，正直的老工人格里戈里。每逢节日的晚上，雅科夫弹着吉他，奏出动人心弦的曲调。外祖母跳起民间舞来，好像奇迹一般恢复了青春。这一切都使阿廖沙感到兴奋，欢乐和忧愁令人难解地交织在一起。在这些人里面，给阿廖沙影响最深的是外祖母。她为人善良公正，热爱生活，相信善总会战胜恶。她知道很多优美的民间故事。她讲的都是怜悯穷人和弱者、歌颂正义和光明的故事。她信仰的上帝也是可亲可爱、与人为善的。外祖父的上帝则相反，它不爱人，总是寻找人的罪恶，惩罚人。

阿廖沙的童年生活并没有局限在外祖父的家庭里，他还接受了外界的一些影响。外祖父迁居到卡那特街后，招了两个房客。一个是进步的知识分子，绰号叫"好事情"，他是阿廖沙所遇到的第一个优秀人物，在阿廖沙的心灵上留下了难以磨灭的印象；另一个是抢劫教堂后伪装成车夫的彼得，他的残忍和奴隶习气引起了阿廖沙的强烈反感。

母亲的变化使阿廖沙感到心情十分沉痛。母亲是在一天早晨突然回来的。开始，她热心教阿廖沙认字读诗，但由于生活的折磨，渐渐变得漫不经心，爱发脾气，愁眉不展。母亲再婚时，阿廖沙觉得心中"就像有样东西严严地合上，紧紧地关闭了"。他对周围的一切都失去了兴趣，竭力避开大人，想一个人单独生活。他这样度过了一个夏天之后，增强了对自己的信心。

母亲再婚后的生活是不幸的。贫困和疾病使她丧失了原来的美丽，而且对阿廖沙也常常冷酷而不公平。阿廖沙在家中感受不到温暖，在学校也受歧视和刁难。于是，在阿廖沙的心灵中，"爱"的情感渐渐被对一切的恨所代替。为了糊口，他放学后同邻居的孩子们合伙捡破烂卖。生活虽苦，他却感受到友谊和同情，但这也招致了学校的责难。他以优异的成绩读完了三年级，就永远地离开了学校课堂。

后来，继父不知去向，母亲抱着吃奶的婴儿回到了外祖父的家。不久，她就病倒了，很快就离开了人世。阿廖沙埋葬了母亲

以后，外祖父就说："喂，阿廖沙，你不是一枚奖章，我脖子上不是你的地方，你到人间混饭吃去吧！"于是，阿廖沙便到人间去了。

## ◎《钢铁是怎样炼成的》

小说《钢铁是怎样炼成的》中讲述了主人公保尔·柯察金的一生，为我们塑造了一个生命不息、奋斗不止的优秀布尔什维克形象。

保尔·柯察金是乌克兰一个贫苦工人家的小儿子，父亲早亡，母亲则替人洗衣以养家糊口，哥哥是个铁路工人。小学时的保尔就嫉恶如仇，敢想敢做。

十月革命爆发后，红色政权遭到了外国势力的干涉和本国反动派的联合围攻，乌克兰的政治形势也空前地激烈动荡，借住在保尔家的朱赫来是个老布尔什维克。朱赫来教保尔拳击，培养了保尔朴素的革命热情。一次，因为解救朱赫来，保尔自己被关进了监狱。而后愚蠢的敌人却又把他很快错放了。出狱后的保尔偶遇林务官的女儿冬妮亚。冬妮亚很喜欢热情、倔强、个性刚强的保尔，保尔也被清纯、漂亮、整洁、文雅的冬妮亚所深深吸引。

后来，保尔参加了红军，当了骑兵，作战异常勇猛。战斗之余，他还喜欢读《牛虻》《斯巴达克思》等小说，一有空就讲给战友们听。一次激战中，他头部受重伤，被送进了医院。出院后，保尔住进了冬妮亚的亲戚家。他的一只眼睛有问题，不能再回前线了，但他立即投入到地方上的各种艰巨的工作中。一次参加工友同志的聚会，保尔因带着穿着漂亮整洁的冬妮亚同去，遭到了工友们的讥讽和嘲笑。保尔意识到冬妮亚和自己不是一个阶级，遂下决心断绝了他们的感情。

为了供应城市木材，保尔参加了铁路筑建。工作条件非常恶劣，但铁路还是如期修通了，已升为省委委员的朱赫来被他们的革命热情深深感动，说"钢铁就是这样炼成的"。

由于成绩突出，保尔被任命为某铁路工厂的团委书记，女政委丽达经常帮助保尔，帮助他提高认识，搞好工作。保尔渐渐爱上了丽达，但又以革命为由牺牲了自己第二次萌动的爱情。保尔因肺炎再次住进了医院，肺炎好了，但医生又在他脊柱上发现了弹片的伤痕。在家乡养病期间，保尔到烈士墓前凭吊战友，感慨万千，发出了感人至深、振聋发聩的豪言壮语："人最可宝贵的是生命……人的一生应该这样度过……"病愈后，保尔又忘我地投入到了革命工作中……

保尔的体质越来越坏。党组织不得不卸掉他身上的全部重担，让他长期疗养。在海滨疗养时，保尔认识了达雅。在达雅家中，保尔鼓动达雅对老顽固父亲造反，并引导她加入了苏维埃，达雅和保尔结婚了。

1927年，保尔完全瘫痪，继而双目失明。他也曾一度灰心丧气，想自杀，但坚强的革命信念又使他走出了低谷。在极端困难的条件下，保尔开始了文学创作。他的自传体长篇小说《钢铁是怎样炼成的》终于出版了！保尔高兴极了，他又有了新的革命武器——写作。

## ◎《汤姆·索亚历险记》

《汤姆·索亚历险记》是马克·吐温的四大名著之一。小说描写的是以汤姆·索亚为首的一群孩子天真浪漫的生活。他们为了摆脱枯燥无味的功课、虚伪的教义和呆板的生活环境，作出了种种冒险经历。

汤姆·索亚是一个聪明但调皮的男孩。他父母双亡，住在严厉但也十分疼他的波莉姨妈家里。他活泼好动，还有着许多精灵

鬼点子，而且不爱学习，总喜欢逃学去钓鱼，和流浪儿哈克·费恩去闲逛，玩"海盗"、搜集各种奇怪的物品……他甚至喜欢上了名叫贝基·撒切尔的女孩，并想尽办法来"追求"她。

一日半夜，汤姆和哈克去坟地"试验"，用死猫治疣子的方法时，意外地遇上了一场谋杀案——去盗尸的罗宾逊大夫、印第安人乔和酒鬼波特三个人发生争执，一怒之下，乔把大夫杀了，并把杀人罪赖到了被打晕的波特身上。当时吓得够呛的汤姆和哈克发誓，要对此事严守秘密。但汤姆在很长时间内一直陷于不安之中。后来，汤姆由于贝基和他怄气而与好友乔·哈帕一起离家出走，和哈克一起坐筏子到一个小岛上去当"海盗"。镇上的人不知道他们的去向，以为他们在河里淹死了。在为他们举行葬礼的那天，他们三人却"奇迹般地"出现了。汤姆成了学校里的英雄。贝基也在不久之后与他重归于好……

不久后，法院终于要审理那场凶杀案——大家都以为凶手是波特时，汤姆克服恐惧，告发了印第安人乔，但乔却当场逃走了。汤姆陷入了极度不安之中。后来，汤姆和哈克去一个鬼屋"寻找海盗埋藏的财宝"的时候，发现乔装的印第安人乔和一个同伙在鬼屋中找到了一部分财宝，并且偷听到有一个"二号"——另一个藏宝藏的地方。他们决定找到"二号"。

几天后，贝基、汤姆和一些其他朋友去"野餐会"，他们来到了一个迷宫般的岩洞里玩。汤姆和贝基光顾着玩耍，脱离了大伙儿迷路了。他们在洞里历尽波折，饥饿、干渴、黑暗和恐惧不断袭击着无助的他们。过了好几天，他们也没找到出路。更可怕的是，他们在洞中看见了印第安人乔……

镇上的人们都以为他们死在洞中了，波莉姨妈和撒切尔一家悲痛极了。直到一天半夜——镇上突然喧闹起来——汤姆和贝基被找到了！原来，汤姆牵着绑在石头上的风筝线探路，最后找到了一个出口。由于这件事，洞口被封了。汤姆知道后，便把印第安人乔在洞里的事告诉了贝基的爸爸撒切尔法官。法官便带人去查看，洞门被打开了，但印第安人乔早就饿死了。后来，汤姆经过分析，判定宝藏已经被印第安人乔藏到岩洞中了。于是他和哈克偷偷地潜入到岩洞中，并根据他们偷听到的关于"二号"的描述，找到了一个宝箱——里面有一万两千余元！发现宝藏的他们成了大富翁。

从此以后，汤姆和哈克变成了小镇上的"风云人物"，不仅走到哪儿都会受到欢迎，而且他们俩的小传还登在了镇报上……

《汤姆·索亚历险记》是一部真切地反映了儿童充满童趣的生活的小说。马克·吐温写作时取材于自己儿时的故乡——汉尼拔小镇上的所见所闻、亲身经历的人和事。所以令人感觉十分真实有趣，孩子们或许能在书中的人物身上找到与自己相似的地方，而大人们也能在书中拾到些自己童年时的味道。

## ◎《骆驼祥子》

《骆驼祥子》这部作品讲述的是旧中国北平城里一个人力车夫祥子的悲剧故事。祥子本来是一个农民，18 岁跑到北京城里当了人力车夫。"带着乡间小伙子的健壮和诚实，凡是卖力气能吃饭的事儿几乎全做过了"，他忠厚善良，勤劳朴实，沉默寡言，有责任心和同情心，且非常要强。他唯一的理想就是买一辆属于自己的车，希望凭借自己的勤劳和强壮，做一个自食其力的人。

为此，他省吃俭用，起早贪黑，拼命赚钱。经过几年的努力，他终于买上了一辆新车。祥子感到生活充满了希望，拉车也越来越起劲儿。但好景不长，在一次送客的时候，他连人带车都被军阀的大兵拉了去。后来大兵吃了败仗，祥子乘黑从兵营逃出来，还偷走了三匹骆驼，从此他就有了"骆驼祥子"的外号。

黑暗的社会现实虽然使他感到愤怒和悲哀，但他并不灰心。

他开始了第二次奋斗。他不顾性命苦干，甚至不顾脸皮与老弱车夫抢买卖，终于又攒够了几十块钱。就在理想慢慢变成现实的时候，血汗钱又被孙侦探抢劫一空。

与此同时，人和车厂老板刘四的女儿虎妞向祥子示爱，虎妞设下种种圈套，最终逼迫祥子与她结婚。无望的家庭生活让祥子身心疲惫，对人生和理想产生了怀疑，他开始感到老实、要强都没有用。他的思想逐渐发生了变化，用烟酒来逃避现实的苦难。

不久，虎妞难产而死。祥子不得不再次卖掉车子，用来安葬虎妞。在共同的境遇中，祥子爱上了为生活所迫沦为娼妓的小福子，渐渐鼓起生活的勇气。就在祥子求助于曹先生，为小福子安排好生计的时候，小福子却因为不堪忍受屈辱，上吊自杀。小福子死后，祥子彻底丧失了对生活的任何希望，他的精神支柱彻底崩溃了。他吃喝嫖赌，油滑使坏，他占便宜，打架，甚至为了50块大洋告密出卖他人性命。他曾经赖以安身立命的人力车也使他感到厌倦，黑暗的旧社会就这样把一个勤劳质朴、健壮要强的祥子变成了堕落的、自私的、不幸的"游魂"和"走兽"。

## ◎《水浒传》

《水浒传》描写了北宋末年以宋江为首的一百零八人在山东梁山起义的故事。

史进结识了少华山头领神机军师朱武等三人，被官府鹰犬告发，当地官府派兵捕捉。出于无奈，史进焚毁了自己的庄园，投奔外乡，得遇一个下级军官鲁达。两人共在酒楼饮酒，听得有卖唱女子啼哭之声，问知父女系受当地恶霸镇关西郑屠的欺凌。鲁达仗义赠银，发送父女回乡，并主动找上门去，三拳打死了镇关西。事后弃职逃亡，巧遇已有安身之所的卖唱女之父，将他接回家中藏匿；以后辗转去五台山出家，起法名为"智深"。鲁智深耐不得佛门清规，屡次酗酒，又打坏山门、金刚，寺中长老无可奈何，只得介绍他去东京大相国寺当名职事僧，职司看管菜园。在此期间，他收服了一群泼皮。

鲁智深偶然结识东京八十万禁军教头林冲，两人甚为投机。当朝权臣高太尉之子高衙内，觊觎林妻貌美，设计陷害林冲，诬其"带刀"进入白虎堂，将他发配沧州，并企图在途中杀掉林冲。幸得鲁智深一路暗中护送，得以化险为夷。林冲发配沧州后，在忍无可忍的情况下手刃仇人，上了梁山。

梁山附近有个当保正的晁盖，得悉权臣蔡京女婿、大名府知府梁中书派杨志押送生辰纲上京，便由吴用设计，约集了三阮兄弟等共计七人，在黄泥岗劫了生辰纲，投奔梁山。杨志丢了生辰纲，不能回去交差，就与鲁智深会合，占了二龙山。

山东郓城有个呼保义宋江。他有一外室，名叫阎婆惜。此人探知宋江与"强人"有来往，百般要挟。宋江一怒之下，杀了阎婆惜，逃奔小旋风柴进庄上，得以结识武松。

后武松于景阳冈上打死猛虎，一时名声大噪，被聘为阳谷县都头，碰巧遇见失散多年的胞兄武大。其嫂潘金莲羡武松英伟，欲求苟合，被武松拒绝。后乘武松外出公干，金莲私通西门庆，毒死武大。武松归后察知其情，杀了西门庆和潘金莲，给兄长报仇。事后他主动去县衙自首，被发配孟州，结识施恩，醉打蒋门神，怒杀张都监全家，亦辗转投二龙山安身。宋江至清风寨寨主花荣处盘桓，因故被人陷害，发配江州，一日酒醉偶题"反诗"，又被判处死刑，得梁山弟兄劫法场救出，宋执意要回家探父，又迭遭危险，终于上了梁山。

随后，经过三打祝家庄，出兵救柴进，梁山声势甚大。接着又连续打退高太尉三路进剿，桃花山、二龙山和梁山三山会合，同归水泊。而后，晁盖不幸中箭身亡，卢俊义经历诸多曲折也上了梁山，义军大破曾头市，又打退了朝廷几次进攻，其中好些统

兵将领亦参加梁山聚义。最后共拥有一百零八个头领，排定了"三十六天罡，七十二地煞"的座次。

面对梁山义军越战越勇的形势，朝廷改变策略，派人安抚。于是，在宋江等人妥协思想的指导下，梁山全体接受招安，改编为赵宋王朝的军队。统治者还采用"借刀杀人"的策略，命令梁山好汉前去征辽，几经征战，始得凯旋；接着又奉命至江南征讨方腊。结果，方腊被打败了，义军也伤亡惨重，弄得一百零八条好汉死的死、残的残、溜的溜、隐的隐，稀稀落落，只剩下了二十七个人。然而，就是这些幸存者也未能逃脱接踵而至的厄运。统治者眼见梁山义军势孤力单，便在封官赏爵后不久，对宋江等人下了毒手：宋江，卢俊义被分别用药酒、水银毒死，李逵又被宋江临死时拉去陪葬，吴用、花荣也自缢身亡……一场轰轰烈烈的农民起义，就这样被扼杀了。

# 作品文学形象

## ◎ 鲁滨逊

　　《鲁滨逊漂流记》里的主人公。鲁滨逊生活在一个富足的家庭，生活安逸，但他喜欢冒险，具有男子汉的坚毅性格和英雄本色，即使流落荒岛，也决不气馁。在荒无人烟、缺乏最基本的生存条件的小岛上，他孤身一人，克服了许许多多常人无法想象的困难，以惊人的毅力顽强地生活了28年。在西方，"鲁滨逊"已经成为冒险家的代名词和千千万万读者心目中的英雄。

## ◎ 格列佛

　　《格列佛游记》里的主人公和线索人物。一个天生喜欢冒险，不甘寂寞与无聊的人。聪明机智，有胆识，坚决果断，能够见机行事，抓住一切机会追求自由，有着极强的自信心，相信自己能够成功。为人坦率，爱国，也十分在乎自己的面子，对敌视他的人充满了仇恨、厌恶与鄙视，但敬重高尚的人、知识丰富的学者。

## ◎ 阿廖沙

　　《童年》里的主人公。三岁丧父后，由母亲和外祖母带到外祖父家。其间，他得到外祖母的疼爱、呵护，受到外祖母所讲述的优美童话故事的熏陶。十一岁，阿廖沙母亲去世，外祖父也破

了产，他无法继续寄人篱下的生活，便走上社会，独立谋生。他富于正义感和同情心，嫉恶如仇，对压迫者充满憎恶，对被压迫者充满同情。同时，他好学、求知欲强，有着敏锐的感知力和观察力，他是在磨难中成长起来的。

## ◎ 保尔·柯察金

《钢铁是怎样炼成的》里的主人公。他是一个自觉的、无私的革命战士，他总是把党和祖国的利益放在第一位。他更是一个刚毅坚强的革命战士，他在人生各个方面都经受住了严峻的考验。他又是一个于平凡中见伟大的人物，是在革命的烈火中逐渐历练成熟起来的钢铁战士，是一个有血有肉的、让人感到亲切的榜样式人物。

## ◎ 汤姆·索亚

《汤姆·索亚历险记》里的小主人公。他天真活泼，富于幻想和冒险，不堪忍受束缚个性，枯燥乏味的生活，幻想干一番英雄事业，是一个有理想有抱负同时也有烦恼的人物形象，给读者留下了深刻的印象。在姨妈眼里，他是个顽童，调皮捣蛋，可是她却一次又一次地被他的"足智多谋"给软化了。

## ◎ 孙悟空

《西游记》里的主要人物。法号行者，是唐僧的大徒弟。一双火眼金睛，能看穿妖魔鬼怪伪装的伎俩；一个筋斗能翻十万八千里；使用的兵器如意金箍棒，能大能小，随心变化。他占花果山为王，自称"齐天大圣"，搅乱王母娘娘的蟠桃盛会，偷吃太

上老君的长生不老金丹，打败天宫十万天兵天将，又自不量力地与如来佛祖斗法，被压在五行山下五百多年。后来经观世音菩萨点化，保护唐僧西天取经，三打白骨精，收服红孩儿，熄灭火焰山……一路上降妖伏魔，历经九九八十一难，取回真经终成正果。

## ◎ 猪八戒

《西游记》里的重要人物。法号悟能，是唐僧的二徒弟，原来是天庭的天蓬元帅，因调戏嫦娥被逐出天界，到人间投胎，却又错投猪胎，嘴脸与猪相似。他会变身术，能腾云驾雾，使用的兵器是九齿钉耙。唐僧西去取经路过福陵山云栈洞，猪八戒被孙悟空收服，从此成为孙悟空的好帮手，一同保护唐僧西天取经。八戒性格温和，憨厚单纯，力气大，但又好吃懒做，爱占小便宜，贪图女色，经常被女妖的美色所迷，难分敌我。他对师兄的话言听计从，对师父忠心耿耿，为唐僧西天取经立下汗马功劳，是个被人们喜爱的喜剧人物。

## ◎ 宋江

《水浒传》里的主要人物。人唤"及时雨"。早先为山东郓城县押司，整日舞文弄墨，书写文书，是一刀笔小吏。晁盖等七个好汉智取生辰纲事发，被官府缉拿，幸得宋江事先告知。晁盖派刘唐送金子和书信给宋江，宋江的外室阎婆惜发现宋江私通梁山，趁机要挟，宋江怒杀阎婆惜，逃往沧州，被迫上梁山，后宋江做了梁山泊首领。受招安后，被宋徽宗封为武德大夫、楚州安抚使兼兵马都总管，最后被高俅用毒酒害死。

## ◎ 吴用

《水浒传》里的重要人物。平生机巧聪明，曾读万卷经书，使两条铜链。吴用为晁盖献计，智取生辰纲，用药酒麻倒了青面兽杨志，夺了北京大名府梁中书送给蔡太师庆贺生辰的十万贯金银珠宝。宋江在浔阳楼念反诗被捉，和戴宗一起被押赴刑场，快行斩时，吴用施计劫了法场，救了宋江、戴宗……吴用一生屡出奇谋，屡建战功。受招安被封为武胜军承宣使。宋江、李逵被害后，吴用与花荣一同在宋江坟前上吊自杀，与宋江葬在一起。

## ◎ 祥子

《骆驼祥子》里的主要人物。出身于旧社会中国的下层劳动人民家庭，自幼家境困苦，是京城里的一个普通车夫。他像树那样强壮、沉默而又有生气。他要强，希望能凭本事拥有自己的车子。但是生于那个黑暗的世道，在经历了好不容易买来的新车被抢、委曲求全地娶了自己并不爱的虎妞、卖车安葬难产而死的虎妞、自己喜欢的小福子被卖到白房子后又自杀等一系列事情后，他对生活的期望和信心以及要强的性格都在生活中一点点地丧失。他变得懒惰、狡猾、极端自私，还耍无赖，成了彻头彻尾的"刺儿头"，逐步滑向堕落的深渊，最后禁不住夏太太的诱惑，得了一身脏病。祥子的遭遇和命运不仅是个人的悲剧，更是时代和社会的悲剧。

模 块 五

# 启迪感恩教育

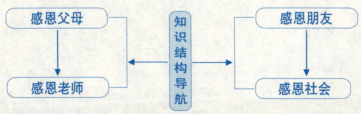

感恩父母 → 感恩老师

知识结构导航

感恩朋友 → 感恩社会

## 感恩父母

## 感恩父母心

从婴儿的"哇哇"坠地到哺育他长大成人，父母们日夜操劳，花去了多少心血与汗水，守护了多少个日日夜夜。

感恩是发自内心的。俗话说："滴水之恩，当涌泉相报。"更何况父母为你付出的不仅仅是"一滴水"，而是一片汪洋大海。你是否曾在父母劳累后递上一杯暖茶，在他们生日时递上一张卡片，在他们失落时奉上一番问候与安慰。他们为我们倾注了心血、精力，而我们又何曾记得他们的生日，体会他们的劳累，又是否察觉到那缕缕银丝，那一丝丝皱纹。感恩需要你用心去体会，去报答。

感恩是有意义的。爱让这个世界不停旋转。父母的付出远远比山高、比海深，而作为我们，只知饭来张口，衣来伸手。而似乎又有一条隔离带，让我们变得自私自利，忘记了曾经父母的付出，忘记了那一声声欢笑，学会去感激别人是自己的一份良心，一份孝心，因为如此才会有和睦，有快乐，有彼此间的敬重。

怀着一颗感恩的心，去看待社会，看待父母，看待亲朋，你将会发现自己是多么快乐，放开你的胸怀，让霏霏细雨洗刷你心灵的污垢。学会感恩，因为这会使世界更美好，使生活更加充实。

亲爱的同学们，我们的人生之路总是阳光明媚，晴空万里，到底哪一缕阳光最耀眼？有人说是优异的学习成绩，有人说是给

予别人帮助……而我认为在我们的人生路上最灿烂的阳光应该属于知恩图报，感谢帮助我们成长的每一个人。是的，学会感恩，是一种情怀，学会感恩，更是一种情操。

两年前，我得了一场大病，父母背着我东奔西跑，到处求医，从他们焦急的神态中，从他们悉心的呵护中，我深深地体会到父母对我发自内心的爱。一天，爸爸用自行车驮我去医院，我坐车后发现爸爸骑得很慢。几个月了，爸爸是太累了，我的病让他身心疲惫。我无意中发现了爸爸头上的一些白发。啊，爸爸变了，变老了。我在他身上看到了岁月的沧桑，看到了生活的艰辛，更看到了爸爸为我操劳的痕迹。啊，爸爸没变，大山般的父爱没变。我依然感受着他的温暖，他的爱。

那是我住院期间的一天傍晚，天很冷，外面的雪下得很大。爸爸下班后赶来给我送饭，可是我想吃饺子。他二话不说，放下手里提来的家里做好的饭菜，迎着凛冽的大风，冒着漫天飞舞的鹅毛大雪又出去为我买饺子。天黑了，风更猛了，雪更大了。这时，雪人似的爸爸一边走进一边说："饿坏了吧！"看着爸爸慈祥的面容，摸着爸爸冻得通红的双手，我感动得流泪了。"爸爸，爸爸……"我在心里一遍遍地念叨，"你真是我的好爸爸！"冬天是寒冷的，而爸爸所做的一切，却仿佛阳光，温暖我病痛的躯体；又似暖流，融进我愁苦的心坎里；爸爸的关爱，撑起了我战胜病魔的信念，经过一个多月的治疗，我康复出院了。

我永远不会忘记父母对我的爱，对我的呵护和关怀。我能为他们做些什么？我常常这样问自己。哪怕是为他们捶捶肩，洗洗碗，给他们唱段曲儿，陪他们逛逛街，散散步，我也会感到心里安慰。学会感恩，学会报答，我仿佛一下子长大了：我用心学习，不让他们为我操心；我抢着洗碗拣菜，让他们能多休息一会儿；我经常哼哼小曲，让家庭充满欢声笑语……我尽我所能给父母留下最难忘的美好时光，让他们开心，让他们骄傲。

我爱我的父母，普天下的孩子们都爱自己的父母。让我们一起对父母说一声："我们爱您！"让我们一起行动，知恩图报，学会感恩。冬天就不再寒冷，黑夜就不再漫长，幸福快乐就时刻陪伴在你我身边。

同学们，我们从哪里来？听到这个问题，大家肯定都会说，是父母把我们带到世界上来的。是啊，十多年前的某一天，我们的父母用泪水和幸福的笑容迎接了我们的到来。但当我们来到世上的那一刻起，父母们却多了一项繁重的工作——照顾我们。尽管这是一种沉重的负担，但父母们却毫无怨言地抚养我们长大。为了给我们一个舒适的生活环境，他们总是那么辛苦，那么努力。小的时候，我总把这当做天经地义，因为我不了解，也不知道父母的辛苦。现在，我长大了，我知道该怀着一颗感恩之心去体谅父母，应该担当起照顾、孝敬父母的责任。

刚刚过去的星期天是我十六岁的生日，那天，我首先想到的就是要感恩父母，因为有了父母才有了我，才使我有机会在这五彩缤纷的世界里体味人生的冷暖，享受生活的快乐与幸福，是他们给了我生命，给了我无微不至的关怀。儿女有了快乐，最为之开心的是父母，儿女有了苦闷，最为之牵挂的也是父母。舐犊情深，父母之爱，深如大海。因此，不管父母的社会地位、知识水平以及其他素养如何，他们都是我们今生最大的恩人，是值得我们永远去爱的人。

然而，同学们，你们是否扪心自问过：我对父母的挂念又有多少呢？你是否留意过父母的生日？民间有谚语：儿生日，娘苦日。当你在为自己生日庆贺时，你是否想到过用死亡般的痛苦，让你降生的母亲呢？是否曾真诚地给孕育你生命的母亲一声祝福呢？我们中国是一个文明古国，自古讲求孝道，孔子言："父母之年，不可不知也。一则以喜，一则以惧。"也就是讲，父母的身体健康，儿女应时刻挂念在心。但据报道，今年北京某中学的抽样

调查却显示：有近50％的学生竟不知道自己父母的生日，更谈不上对父母的生日祝福。同学们，或许一声祝福对自己算不了什么，但对父母来说，这声祝福却比什么都美好，都难忘，都足以使他们热泪盈眶！

孝，其为人之本也，一个只有懂得感恩父母的人，才能算是一个完整的人。同学们，让我们学会感恩父母吧！用一颗感恩的心去对待父母，用一颗真诚的心去与父母交流，不要再认为父母是理所当然帮我们做任何事情的，他们把我们带到这美丽的世界，已经是足够的伟大，且将我们养育成人，不求回报，默默地为我们付出，我们就不应再一味地索求他们的付出，感恩吧，感谢父母们给予的一点一滴。

在此，祝愿天下所有的父母安康！快乐！

感恩启迪
GAN EN QI DI >>>

落叶在空中盘旋，谱写着一曲感恩的乐章，那是大树对滋养它大地的感恩；白云在蔚蓝的天空中飘荡，绘画着那一幅幅感人的画面，那是白云对哺育它的蓝天的感恩。因为感恩才会有这个多彩的社会，因为感恩才会有真挚的友情。因为感恩才让我们懂得生命的真谛。

## 母亲的激励

第一次参加家长会，幼儿园的老师说："你的儿子有多动症，在板凳上连三分钟都坐不了，你最好带他去医院看一看。"

回家的路上，儿子问她老师都说了些什么，她鼻子一酸，差点流下泪来。因为全班 30 位小朋友，唯有他表现最差；唯有对他，老师表现出不屑。然而她还是告诉她的儿子："老师表扬你了，说宝宝原来在板凳上坐不了一分钟，现在能坐三分钟了。其他的妈妈都非常羡慕妈妈，因为全班只有宝宝进步了。"

那天晚上，儿子破天荒吃了两碗米饭，并且没让她喂。

儿子上小学了。家长会上，老师说："全班 50 名同学，这次数学考试，你儿子排第 40 名，我们怀疑他智力上有些障碍，您最好能带他去医院查一查。"

回去的路上，她流下了泪。然而，当她回到家里，却对坐在桌前的儿子说："老师对你充满信心。他说了，你并不是个笨孩子，只要能细心些，会超过你的同桌，这次你的同桌排在 21 名。"

说这话时，她发现，儿子黯淡的眼神一下子充满了光，沮丧的脸也一下子舒展开来。她甚至发现，儿子温顺得让她吃惊，好像长大了许多。第二天上学时，去得比平时都要早。

孩子上了初中，又一次家长会。她坐在儿子的座位上，等着老师点她儿子的名字，因为每次家长会，她儿子的名字在差生的行列中总是被点到。然而，这次却出乎她的预料，直到结束，都没听到。她有些不习惯。临别，去问老师，老师告诉她："按你儿子现在的成绩，考重点高中有点危险。"

她怀着惊喜的心情走出校门，此时她发现儿子在等她。路上她扶着儿子的肩，心里有一种说不出的甜蜜，她告诉儿子："班主任对你非常满意，他说了，只要你努力，很有希望考上重点高中。"

高中毕业了。第一批大学录取通知书下达时，学校打电话让她儿子到学校去一趟。她有一种预感，她儿子被清华录取了，因为在报考时，她跟儿子说过，她相信他能考取这所学校。

儿子从学校回来，把一封印有清华大学招生办公室的特快专递交到她的手里，突然转身跑到自己的房间里大哭起来。边哭边

说："妈妈，我知道我不是个聪明的孩子，可是，这个世界上只有你能欣赏我……"这时，她悲喜交加，再也按捺不住十几年来凝聚在心中的泪水，任它打在手中的信封上。

**感恩启迪**
GAN EN QI DI

奇迹是怎么创造的？就是在母亲持续不断的激励中，在儿子为了不让母亲失望而更加努力中，逐步创造出来的。母爱的无私及伟大，让我们无限感叹！

都说鼓励的力量是无穷的，可在生活中，我们又有多少人能够真诚地赞美、无私的激励他人？更何况是要忍住悲伤，在大家都失望的关键时刻，给予他飞翔的梦想。这篇文章中，我们看到了激励所创造出的奇迹，那我们是不是应该学习一下呢？只是一句简单的话，只是一个信任的表情，只是一个笑脸，就能让一个人从此有了质的飞跃。

激励是每一个人前进的力量！

### 感恩老师

## 程门立雪

我国古代，不光是朝廷有身份的达官显贵有尊师的传统，就连民间那些饱学之士甚至普通老百姓也都非常敬重老师。

北宋时期，福建将东县有个叫杨时的进士，他特别喜好钻研学问，到处寻师访友，曾就学于洛阳著名学者程颢门下。程颢死后，又将杨时推荐到其弟程颐门下，在洛阳伊川所建的伊川书院中求学。

那时，杨时已经四十多岁了，学问也相当高，但他仍谦虚谨慎，不骄不躁，尊师敬友，深得程颐的喜爱，被程颐视为得意门生，得其真传。

有一天，杨时同一起学习的游酢向程颐请求一个问题，却不巧赶上老师正在屋中打盹儿。杨时便劝告游酢不要惊醒老师，于是两人静静立在门口，等待老师醒来。

时值寒冬，天上忽然飘起了鹅毛大雪，越下越大，杨时和游酢二人还站在外面的雪地里。游酢实在冻得难受，几次想叫醒程颐都被杨时阻拦住了。

直到程颐一觉醒来才赫然发现门外的两个"雪人"，问清了原委，程颐深受感动，更加尽职尽力把他的学问传授给杨时。

杨时没有辜负教师的期望，终于成为当时著名的学问家。他回到南方传播程氏理学①，形成独家学派，世称"龟山先生"。后来，人们用"程门立雪"这个典故，来赞扬那些尊师求学的学子。

**感恩启迪** GAN EN QI DI ≫

在古代，为师者犹如父母，不仅给学生传授知识，解答疑惑，还教他们如何做人，因而受到人们的敬仰。同样，今天的老师教书育人，像辛勤的园丁，用汗水哺育着我们，我们应该尊重老师、认真学习，用自己的成就来回报老师，让老师辛勤的劳动有所收获而感到欣慰。

———————

① 程氏理学是宋代的一个哲学学派，其奠基人为程颢、程颐兄弟二人，合称"二程"。因为他们长期在洛阳讲学，所以后人也称他们的学说为"洛学"。

# 为老校长干杯

1903 年，居里夫人发现了一种新的物质——镭①，震惊了全世界，并因此获得了诺贝尔物理学奖。

1932 年 5 月，居里夫人的祖国在华沙建立了镭研究所，居里夫人受邀出席落成典礼。

举办典礼的那天，许多知名人物都簇拥在居里夫人周围。就在典礼快要开始的时候，居里夫人看见了一位白发苍苍的老妇人，居里夫人激动地站了起来，走过去，伸出双手，紧紧地拥抱了这位老妇人，并在老妇人的手和双颊上吻了又吻，接着说道："我以为这是不可能的，可却是真的！我一直想念着您，斯克罗斯校长！"

这位老年女士就是居里夫人童年时的老师。居里夫人向人们深情地说："没有我的老师，我也不可能取得今天的成绩，是老师给了我打开知识大门的钥匙。"

斯克罗斯校长热泪盈眶，她紧紧握住居里夫人的手，不住地说："好样的，玛丽亚！好样的，玛丽亚！"在场的人都被他们的举动深深地感动了，很多人眼中都噙满了泪花。

侍者送来了酒，居里夫人端起一杯酒，递给斯克罗斯校长，转身对众人说："尊敬的主人，尊敬的来宾，我提议，为斯克罗斯校长干杯！是她教育我要用自己的大脑去思考，要真诚、勇敢地面对生活！"

在场的人都被这一幕感动了，会场上响起了长久不息的掌声。

---

① 镭，是居里夫人发现的一种化学元素。1898 年，玛丽·居里和皮埃尔·居里从沥青铀矿提取铀后的矿渣中分离出溴化镭，1910 年又用电解氯化镭的方法制得了金属镭。

感恩启迪

GAN EN QI DI

尊敬师长，不忘恩情，是很多成功者的优良品质。花草树木只有经过园丁的栽培，才能茁壮成长。学生只有经过老师的辛勤培育，才能成为社会有用之才。每一个学生都应该终生铭记老师的教育之恩。懂得尊重老师，上课要认真听讲；处处尊敬老师，见到老师应该礼貌地打招呼。

# 老师的呵护

但丁5岁的时候，母亲不幸离开了人世。父亲忙于商业上的事情，很少有时间关心他的生活，就给他请了一位著名的学者拉丁尼当老师。

此后一段时间，但丁出现了一些反常的行为——他不喜欢和人在一起，只喜欢一个人孤零零地待着；他原来爱说爱笑，却逐渐变得少言寡语，不与别人玩耍。即使他父亲想从他身上得到些往昔的温情，也是难上加难。但丁面对父亲也从来不主动说话，父亲问一句他才简单答一句。

拉丁尼老师发现了这个问题，开始上课时，他还以为这个孩子不善于表达，当他提出问题时，但丁总是睁大眼睛看着老师，却一句话也不说。逐渐地，老师慢慢了解到他家里的情况，才明白但丁是由于母亲去世伤感而变成这样的。于是拉丁尼开始对他采取一种特殊的教学方式，他想让孩子感受到爱，让孩子说出自己的心里话。

有一天，拉丁尼轻轻地摸着但丁的头，并不多说话，只是慈祥地看着他。但丁等了一会儿，见老师不讲课也不说话，感觉有些奇怪，他抬起头望着老师，正好遇上老师和蔼可亲的目光，这目光和妈妈的目光一样慈祥，但丁的心里不由得一动，好像有股暖流涌入了身体。可他习惯了不开口说话，于是又默默地低下了头。

老师见他这样，温和地说道："今天不上课了，我们到草地里去捉蝴蝶好吗？"

但丁是多么希望到草地去捉蝴蝶啊，记得妈妈在世时就曾经为他捉到过一只大蝴蝶，当时自己高兴得跳了起来。想到这里，他看着拉丁尼，微微露出了笑容并点了点头。

这是拉丁尼第一次看到但丁的笑容，他好像看到了希望。他牵着但丁的小手，来到了草地上。看着五颜六色的蝴蝶，但丁很高兴！他一会儿追这只，一会儿又去追那一只，自由自在地在草地上与蝴蝶追逐着，好像一下子忘记了内心的忧愁，小脸颊上也露出了往日没有的红润。

但丁每捉到一只蝴蝶，总是要高兴地跑到老师身边，让老师看一看他的"收获"，然后又高兴地跑去再捉。老师在一旁欣慰地看着但丁，他深深感到"爱"对于一个孩子来说是多么重要！

但丁跑得太累了，也想和老师说说话了，他在老师身边静静地坐了下来。老师仍然微笑地看着他，问道："孩子，今天高兴吗？"

"高兴！高兴极了！"但丁毫不迟疑地回答。

"那么你平时怎么不爱说话呢？"

"妈妈不在了，没有人再爱我，爸爸根本就没有时间管我。"他说着又伤心地低下了头。

"可是你不说话，不是更难受吗？以后有什么不开心的事可以

跟老师说一说，好吗?"

但丁点了点头。从那以后，他再也不像原先那样低头不语了，心里有什么话就说给老师听，性格也开朗了起来，学习进步很快。拉丁尼越来越喜欢聪明懂事的但丁，但丁也把老师当成自己的父亲，见到老师心里就有一种非常温暖的感觉。

但丁从孤僻变得开朗活泼了，也变得自信了。他把更多的精力投入到了读书中，不到10岁，他就读遍了古罗马大作家维吉尔、奥维德和贺拉斯等名家的作品。18岁时，他已经成为一个知识非常渊博的人了。尽管在这一年，但丁的父亲又不幸离开了他，可是在但丁的心里，他早已种下一粒阳光明媚的种子，他不再感觉愁苦了。他知道在这个世上，除了父母的爱，还有更多人的爱。他不会被再一次失去亲人的悲伤击倒了，他选择了坚强地面对不幸，并用自己的爱点燃别人心中的火种。

**感恩启迪**
GAN EN QI DI

在人世间，爱是非常重要的情感。对一个孩子来说，父母的爱犹如孩子明媚的天空。除此，我们要明白，即使失去了父爱或母爱，世上还有其他的爱，它同样会给我们温暖，这种爱更需要我们去发现和珍惜。这个故事中，老师的关爱和呵护，像太阳一般温暖，像春风一般和煦，像清泉一般甘甜，让但丁感受到了春天般的温暖，这对但丁的成长非常有益。

感恩朋友

# 毕加索和理发师

　　西班牙著名画家毕加索①逝世后，有关他的传记和回忆录出了很多，不少书说他专横、爱财、自私，甚至把他描写成"魔鬼"、"虐待狂"。然而，巴黎毕加索博物馆最近展出了理发师厄热尼奥·阿里亚斯的一些私人资料，呈现给观众的却是另外一个毕加索。这位95岁的老人与毕加索的友谊持续了30年，他至今珍藏着对这位大师的美好回忆。

　　1945年的一天，一辆白色的小轿车突然在法国南部城市瓦洛里的一家理发店门口停下。有人摇下车窗探出脑袋叫了一声："阿里亚斯，我们来了!"这人正是毕加索，小城弗雷儒斯有斗牛比赛，毕加索邀请理发师一同去看。阿里亚斯打发走最后一名顾客，匆匆坐上汽车。

　　阿里亚斯1909年出生在距离西班牙马德里不远的布伊特拉戈村，在弗朗哥专制时期他逃到法国瓦洛里，靠理发为生。在那里，他与毕加索交上了朋友。毕加索比他大28岁，他视毕加索为"第二父亲"。毕加索难得有空去看斗牛，所以那天心情格外好。他的钱包里塞满了钞票，他说这些钱是给斗牛场的工作人员准备的。比

---

　　① 毕加索是西班牙最有名的画家、雕塑家。他和他的画在世界艺术史上占据了不朽的地位，是当代西方最有创造性和影响最深远的艺术家，立体画派创始人。代表作有：《亚维农的少女》《卡思维勒像》《瓶子、玻璃杯和小提琴》《格尔尼卡》《梦》等。在全世界前10名最高拍卖价的画作里面，毕加索的作品就占了4幅。

赛完了，他们会到饭馆里饱餐一顿，并给跑堂的留下丰厚的小费。

阿里亚斯是毕加索家里的常客。在毕加索的画室里，阿里亚斯给他剪头发、刮胡子，所有这些都是在极其融洽的气氛中进行的，两人总有说不完的话。一天，毕加索发现阿里亚斯徒步而来，就送给他一辆小轿车。

阿里亚斯是画家名誉的坚定捍卫者，谁说毕加索的坏话他就跟谁急。阿里亚斯回忆说，毕加索来店里理发，其他顾客都起身对他说："大师，您先理。"但毕加索从来不愿享受这种特殊待遇。他认为毕加索非常慷慨。有一次，当他听到有人说毕加索是"吝啬鬼"时，他怒不可遏，立即反驳说：

"对一个你并不熟悉的故人进行这种攻击是幼稚和卑鄙的，毕加索一生都在奉献和给予。"随后，阿里亚斯举了很多例子，"毕加索的大型油画《战争与和平》是为瓦洛里的小教堂创作的，他还捐献了一件雕塑作品，是他为我们的城市添了生机。"阿里亚斯说，毕加索一共送给他50多幅作品，其中包括一幅妻子雅克琳的肖像画。理发师将这些画都捐给了西班牙政府，并在家乡布伊特拉戈建了一个博物馆。博物馆中还陈列了一个放理发工具的盒子，上面有毕加索烙的一幅《斗牛图》和"赠给我的朋友阿里亚斯"的亲笔题词。一位日本收藏家曾想购买这个盒子，他给了阿里亚斯一张空白银行支票，说数目他随便填。可收藏家没想到，他竟遭到了理发师的拒绝。阿里亚斯说："不论你用多少钱，都无法买走我对毕加索的友情和尊敬。"

阿里亚斯常提到一件事。1946年的某天上午，理发店里来了一位面容憔悴的顾客，他叫雅克·普雷维，是不久前从纳粹集中营放出来的。正好毕加索也来理发，普雷维卷起袖子让他看胳膊上烙的号码：186524。毕加索的眼睛一亮。后来，普雷维也成了毕加索的好朋友，毕加索不仅给他钱，还让他去疗养院休养。当普雷维前来参观毕加索的画室的时候，毕加索指着那些画对他说：

"只要你喜欢，你可以随便挑。"

毕加索一生从没给自己作过画。1973 年 4 月 7 日，92 岁的毕加索在雅克琳的陪同下，走到大厅的镜子前，说："明天，我开始画我自己。"谁也没有想到，第二天他就与世长辞了。阿里亚斯听到毕加索去世的消息，禁不住失声痛哭。

**感恩启迪**
GAN EN QI DI

友情的可贵之处，就在于它不是锦上添花，而是雪中送炭。一个人，可以什么都没有，但不能没有朋友。我们的生命中，难免遭受风雨，难免经历起伏，在那些个灰暗的日子里，朋友的一句问候，一个电话，一封邮件都是慰藉我们心灵的良药！薄伽丘说：友情是一种神圣的东西，不仅值得推崇，而且值得珍惜。所以，请感恩我们身边的可爱的朋友吧，因为他们的知心，我们才能不断地战胜自己，超越自己，在自己面对生活中的不幸时也不会感到孤独和畏惧！

# 伟大的友谊

恩格斯和马克思不仅是工作上的好伙伴，更是生活中的好朋友。

1863 年 1 月 7 日，恩格斯的妻子患心脏病突然去世。恩格斯以十分悲痛的心情将这件事写信告诉马克思，信中说："我无法向你说出我现在的心情，这个可怜的姑娘是以她的整个心灵爱着我的。"第二天，1 月 8 日，马克思从伦敦给曼彻斯特的恩格斯写回信。

信中对玛丽的噩耗只说了一句平淡的慰问的话，却不合时宜

地诉说了一大堆自己的困境：肉商、面包商即将停止赊账给他，房租和孩子的学费又逼得他喘不过气来，孩子上街没有鞋子和衣服，"一句话，魔鬼找上门了……"生活的困境折磨着马克思，使他忘却了、忽略了对朋友不幸的关切。正在极度悲痛中的恩格斯，收到这封信，不禁有点生气了。

从前，两位挚友之间常常隔一两天就通信一次。这次一直隔了5天，即1月13日，恩格斯才给马克思复信，并在信中毫不掩饰地说："自然明白，这次我自己的不幸和你对此的冷冰冰的态度，使我完全不可能早些给你回信。我的一切朋友，包括相识的佣人在内，在这种使我极其悲痛的时刻对我表示的同情和关心，都超出了我的预料。而你却认为这个时刻正是表现你那冷静的思维方式的卓越性的时机。那就请便吧！"波折既已发生，友谊经历着考验。

这时，马克思并没有为自己辩护，而是作了认真的自我批评。十天以后，当双方都平静下来的时候，马克思写信给恩格斯说："从我这方面说，给你写那封信是个大错，信一发出我就后悔了。然而这绝不是出于冷酷无情。我的妻子和孩子们都可以作证：我收到你的那封信（清晨寄到的）时极其震惊，就像我最亲近的一个人去世一样。而到晚上给你写信的时候，则是处于完全绝望的状态之中。在我家里呆着房东打发来的评价员，收到了肉商的拒付期票，家里没有煤和食品，小燕妮卧病在床……"

出于对朋友的了解和依赖，收到这封信后，恩格斯立即谅解了马克思。1月26日，他给马克思的信中说："对你的坦率，我表示感谢。你自己也明白，前次的来信给我造成了怎样的印象……我接到你的信时，她还没有下葬。应该告诉你这封信在整整一个星期里始终在我的脑际盘旋，没法把它忘掉。不过不要紧，你最近的这封信已经把前一封信所留下的印象消除了，而且我感到高兴的是，我没有在失去玛丽的同时再失去自己最好的朋友。"随信还寄去一张100英镑的期票，以帮助马克思度过困境。

感恩启迪
GAN EN QI DI >>

　　马克思和恩格斯这两位伟人的深厚友谊，我们很早就已经深有体会，他们彼此坦诚，彼此交心，都视双方为最重要的朋友。马克思生活上经常有困难，恩格斯总是毫不犹豫地给予帮助。当他们的友谊遇到危机时，因为他们彼此的坦诚，彼此的信任，误会很快便被化解了，马克思依然穷困，恩格斯依然毫不犹豫地寄钱过去，伟大的友谊依然如故！

★ ★ ★ 感恩社会 ★ ★ ★

# 让阳光拐个弯儿

　　几年前我生过一场大病，在一个乡间医院里住了三个多月。病房里一共四张病床，我和一个小男孩各自占据了靠窗的一张。另外的两张，则有一张属于那个姑娘。

　　姑娘苍白着脸，长时间地闭着眼睛。只是闭着眼睛，她不可能睡着。姑娘的身体越来越差，刚来的时候，还能扶着墙壁走几步，到后来，就只能躺在病床上。有时候她会突然发出一声轻轻的叹息，让正在翻看旧杂志的我，深感不安。

　　她很少说话。我只知道她是外省人，父母离异后，随着母亲来到这个城市。想不到接下来的一个突然变故，让母亲永远地离开了她。这个城市里，她不再有一位亲人，也没有一位朋友。现在，她正用母亲留给她的不多的积蓄，在这个简陋的病房里延续着自己年轻且垂暮的生命。

是的，只是无奈地延续着生命。有一次我去医护办公室，偷听到护士们正在谈论她的病情。护士长说，治不好了。肯定。

靠窗那张病床上的小男孩，虽然也生着病，却是活泼好动。他常常缠着我给他讲故事，声音喊得很大。每当这时候，我总是偷偷瞅那位姑娘一眼。我发现她的眉头紧蹙。显然，她不喜欢病房里闹出的任何声音。

男孩的父母天天来看他，给他带好吃的，给他带图画书和变形金刚。男孩大方地把这些东西分给我们，并不识时务地给那位姑娘分上一份。有时姑娘不理他，闭着眼睛假装睡着，男孩就把那些东西堆在她的床头，然后转过头，冲我们做一个鬼脸。

一次我去医院外面的商店买报纸，看见小男孩的爸爸正抱着头，蹲在路边哭泣。问他怎么了，他不说。一连问了好几遍，他才告诉我，小男孩患了绝症。大夫说，他将活不过这个冬天了。

那时，已经是初秋了。

一个病房里摆着四张病床，躺着四个病人，却有两个人即将死去。并且，都是花一样的年龄。那时我心情的压抑，可想而知。

一切都是从那个下午开始改变的。

那天，男孩又一次抱了一堆东西，送到姑娘的床头。那天姑娘的心情好了一些，正收听着收音机里的一档音乐节目。她跟男孩说声谢谢，并对着他笑了笑。男孩于是得意忘形了，他赖在姑娘床前，不肯离开。

他说，姐姐，你笑起来很好看。

姑娘没说话，再次冲他笑笑。

男孩说，姐姐，等我长大了，你给我当媳妇吧！

病房里的人都笑了。包括那位姑娘。看得出来是那种很开心的笑。姑娘说好啊！伸出手，摸了摸男孩的头。

可是你的脸，为什么那么苍白？男孩问她。

因为没有阳光啊！姑娘说。那时，她正和男孩拉钩。

男孩想了想，然后很认真地对姑娘说，我们把病床调换一下吧，这样，你就能晒到太阳了。

姑娘说那可不行，你也得晒太阳啊。

男孩再一次仔细地想了想，然后拍拍脑袋。有了！他再一次认真地说，我让阳光拐个弯吧！

所有人都认为男孩正开着他那个年龄所特有的不负责任的玩笑。包括我。我想，也包括那位姑娘。可是男孩却并不认为他在开玩笑。那天，他真的让阳光拐了个弯。

他找来一面镜子，放到窗台上，不断调换着角度，试图让阳光反射上姑娘的病床。可是他没有成功。当我们认为他要放弃的时候，他却又找出一面镜子。午后的阳光经过两面镜子的折射，真的照上了姑娘的脸。

我看到，姑娘的脸庞，在那一刻，如一朵花般绽放。

那天，整整一个下午，姑娘一直静静地享受着那缕阳光。虽然她闭着眼睛，却不断有泪从她的眼角淌出。她试图擦去，却总也擦不干净。

那以后，男孩起床的第一件事，就是仔细擦拭那两面镜子，然后调整它们的角度，将清晨的第一缕阳光洒上姑娘的病床；而那时候，姑娘早就在等待那缕阳光了。她浅笑着，有时将阳光捧在手里，有时把阳光涂上额头。她给男孩讲玫瑰树和蜗牛的故事，给他折小青蛙和千纸鹤。姑娘的脸，竟然不再苍白，逐渐有了阳光的颜色。

有时，男孩会跟她调皮。他故意把阳光反射到墙上，照在姑娘所抓不到的高度。这时姑娘就会撑起身体，努力把手向上伸，靠近那缕阳光。总是在姑娘想放弃的时候，男孩及时地把那缕阳光移下来，移到姑娘手上，或者身体上。那段时间，病床里总是响着他们两个人的笑声。

我还记得护士们惊愕的表情。每一天，护士们为两个人检查完身体，都会惊喜地告诉他们：又好一些了！显然，男孩与姑娘的身体都在康复。我知道这是奇迹。

我出院的时候，姑娘已经可以下地行走了。她和男孩一起来送我。那时他们牵着手。两个人的脸沐浴在金色的阳光里，那是两张快乐并健康的脸。

几年后见过那位姑娘。当然她没有给那个男孩当媳妇，不过她说，她每天都在感谢那个善意的玩笑。说这些时，她刚刚出嫁，浑身散发着新娘所独有的幸福芳香的气息。她说，是那个男孩和那缕阳光救活了她。那段时间，每天睡觉前，她都要想，明天一定早早醒来，好迎接男孩送给她的清晨的第一缕阳光。她说，她不想让天真并善良的男孩，在某一天，突然见不到她。她说，那段日子，一直有一缕阳光照到她的心里，给她温暖和希望。

我也见过那个男孩。男孩长大了，嘴上长出些褐色的细小绒毛，有了男子汉的模样。那天我坐在他家的客厅的沙发上，问他，那时知道自己已经被判了死刑吗？他说知道，只是那时还小，对死的概念，有些模糊。却仍然怕，怕得很。好在有那位姐姐。那时，每天睡觉前，我都要想，明天一定早早起床，让清晨的阳光拐个弯，照到姐姐的脸上。因为，她要当我媳妇呢！说到这里男孩笑了，露出纯洁和羞涩的表情。

不过是一缕阳光，却让奇迹发生。我在想，其实，每个人心里，都有这样一缕温暖的阳光。你给予别人的越多，剩下的，就越多了。

**感恩启迪**
GAN EN QI DI ▶▶▶

这篇文章讲了一个可爱的小男孩，用他无邪善良的眼神和金

子般的心灵，救助了躺在病床上的小姐姐，为了让小姐姐每天都能照到阳光，他总是会早早地起来使用镜子让阳光拐个弯儿……不过是一缕阳光，却让奇迹发生了。活泼机灵的小男孩将快乐的情绪像阳光一样，照射到姑娘的身上，温暖了她的心灵，给她带来了希望。其实这就是爱的力量——爱创造了生命的奇迹！

可是在我们生活中，多少次让创造奇迹的机会溜走：马路边，对那些乞求的人视而不见，或露出鄙夷的神情；募捐时，尽量少捐，可剩下的钱却拿去买零食吃……比起小男孩，我们的心中有太多的冷漠，太多的自私，真是惭愧啊！

想到这里，我不禁想起了一首歌：只要人人都献出一点爱，世界将变得更加美好！让我们彼此多一份关爱，相信我们能创造更多的生命奇迹！我们的生活将更加美好灿烂！

# 一个祝福的价值

那年，我在美国的街头流浪，圣诞节那天，我在快餐店对面的树下站了一个下午，抽掉了整整两包香烟。街上人不多，快餐店里也没有往常热闹。我抽完了最后一支烟，看看满地的烟蒂叹了口气。天色渐渐暗了下来，路灯微微睁开了眼睛，暗淡的灯光让我心烦，就像自己黯淡的前程，令人忧伤。我的手插在裤子的口袋里，口袋里的东西让我亢奋。我用嘴角挤出一丝微笑，用左手在胸前划了一个十字架，然后目不转睛地盯着快要收工的快餐店。

就在我向街对面的快餐店跨出第一步的时候，从旁边的街区里走出一个小女孩儿，卷卷的头发，红红的脸颊，天真快乐的笑容在脸上荡漾。她手里抱着一个芭比娃娃，蹦蹦跳跳朝我走来，我有些意外，收住了脚步，小女孩儿仰起头朝我深深一笑，甜甜地说："叔叔，圣诞节快乐！"我猛地一愣，这些年来大家都把我给忘记了，从没有人记得送给我一个圣诞节的祝福。"你好，圣诞节快乐！"我笑着说。"你能给我的孩子一份礼物吗？"小女孩儿指了指手中的娃娃。"好的，可是…可是我什么也没有。"我感到难为情，我的身上除了裤子口袋里那不能给别人的东西外，真的一无所有。"你可以给她一个吻啊！"我吻了她的娃娃，也在小女孩儿的脸上留下深深的一吻。小女孩儿显得很快乐，对我说："谢谢你，叔叔，明天会更好，明天再见！"我看着美丽的小女孩儿唱着歌远去，对着她的背影说："是的，明天一定会好起来，明天一定会更好！"我离开了那个地方。

五年后的今天，我有了一个温暖的家，妻子温柔善良，孩子活泼健康。我在中国的一所大学里教英语，学校里的老师和同学都很尊重我，因为我能干且自信。

又到了圣诞节，圣诞树上挂满了"星星"，孩子在搭积木，妻子端来了火鸡，用餐前，我闭上了眼睛，默默祈祷。祈祷完了，妻子问我，你在向上帝感谢什么呢。我静静地对她说，其实五年前，我就不再相信上帝，因为他不能给我带来什么，每年圣诞节我也不是感谢他，我在感谢一个改变我一生的小女孩。我对妻子说："你知道我是进过监狱的。""可那是过去了。"妻子看着我，眼神里满是爱意。"是的，那是过去，但是当我从监狱里出来以后，我的生活就全完了，我找不到工作，谁都不愿意和一个犯过罪的人共事。"我充满忧伤地回忆着，"连我以前的朋友也不再信任我，他们躲着我，没有人给我任何安慰和帮助。我开始对生活绝望，我发疯地想要报复这冷漠的社会，那天是圣诞节，我准备好了一把枪藏在裤子口袋里，我在一家快餐店对面寻找下手的时机，我想冲进去抢走店里所有的钱。"妻子睁大眼睛，"杰，你疯了。""我是疯了，我想了一个下午，最多不过再被抓进去关在监狱里，在那里，我和其他人一样，大家都很平等。""后来怎么

样?"妻子紧张地问，接下来，我对妻子讲了那个故事，"小女孩儿的祝福让我感到温暖，我走出监狱以来，从没有人给过我像她那样温暖的祝福。"我激动了，"亲爱的，你知道是什么改变了我的命运吗？"妻子盯着我的眼睛。"小女孩对我说'明天会更好'，感谢她告诉我生活还在继续，明天还会更好。以后在困难和无助的时候，我都会告诉我自己'明天会更好'。我不再自卑，我充满自信，后来，我认识了你的父亲，他建议我回到中国来，接下来的事情你都知道了。就是那个小女孩的一个祝福改变了我的一生。"妻子深情地看着我，把手放在胸前，动情地说："让我们感谢她，祝她幸福吧。"我再一次把手按在了胸前。

一个祝福的价值是无法用金钱来衡量的，它可能会改变一个人的一生和很多人的命运。所以，我们不要吝啬祝福，哪怕只是对一个陌生人，或许你我无意间送出的祝福将会带给他一生的温暖和幸福。

**感恩启迪**
GAN EN QI DI

小女孩儿一个甜美的祝福，改变了作者一生的命运。对于生活在冷漠世界里的人来说，一句暖心的话，一句普普通通的祝福，就能融化他心中的寒冰，使他们看到春天美丽的景色。关爱可以让枯萎的心变得生机勃勃，恩情可以让绝望的心变得希望满怀。

无论是什么人，即使是曾经有过失败，我们都不要轻易放弃。那些曾经犯过错的人最需要我们的关怀，有时候仅仅是一句祝福，一个关心的眼神，就会点燃他们对生活的希望。但可能一个嘲讽的神态，就会扼杀他们的憧憬，使他们陷入更黑暗的深渊。所以，在日常生活中，我们要露出真诚的微笑，献上鼓舞的话语。或许，你我无意的一个微笑，就能滋润别人的心田，让生命之花灿烂开放！

模块六

# 励志青春梦想

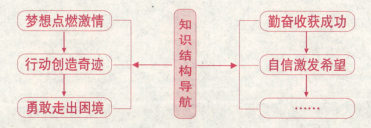

梦想点燃激情

行动创造奇迹

勇敢走出困境

知识结构导航

勤奋收获成功

自信激发希望

......

## 梦想点燃激情

# 成功源于梦想

走自己的路，不要怕别人议论；做自己的主人，可以创造别人无法比拟的人生。

一个普通的农民家庭里，生活着一个小男孩儿，男孩儿小时候家里很穷，不得不每天跟着父亲下地干活儿。

一天，男孩儿停下锄头，擦擦头上的汗水，然后就一言不发，呆呆地望着远处出神。父亲看见他这个样子，就问他在想什么。男孩儿回答："我在想，等我长大了，我一定不种地，也不去上班。""那你想做什么呢？"父亲担心地问。男孩儿坚定地说："我会每天坐在家里，等着人给我邮钱。"听到这话，父亲忍不住笑了起来，说："傻孩子，别做梦了！世界上哪有这么好的事儿呢！"

上小学的时候，男孩儿从课本上知道了埃及的金字塔，他又对父亲说："等我长大了，要去看埃及的金字塔。"父亲这回更气了，在他头上拍了一巴掌，训斥道："不要总有不切实际的想法，把书读好，找个好工作，爸爸就心满意足了。"

再后来，男孩儿上了大学，毕业后当了记者，又出了好多书。他真的每天坐在家里读书、写作，而出版社、报社和杂志社也会源源不断地往他家里寄钱。当年的男孩儿用邮来的钱去各地旅行。有一天，他站在金字塔下，仰望着高高的金字塔，想起了小时候

对父亲说过的话，情不自禁地笑了起来。这个小男孩儿就是台湾著名作家林清玄。

也许小时候的那些话只是孩子不经意时说的，但它却是孩子们内心发出的呼唤，是他们的理想。林清玄成功了，他的成功正源自于小时候的梦想。

罗曼·罗兰曾经说过："人生最可怕的敌人，就是没有明确的目标。"的确，目标是你追求的梦想，目标是成功的希望。失去了目标，你便失去了方向，失去了一切。

# 别放弃你的梦想

没有人比你更了解自己，只有你可以主宰自己的人生。

美国某个小学的作文课上，老师给小朋友的作文题目是"我的志愿"。

一个小朋友非常喜欢这个题目，在他的本子上，飞快地写下了他的梦想：

希望将来自己能拥有一座占地十余公顷的庄园，在辽阔的土地上植满如茵的绿草。庄园中有无数的小木屋、烤肉区，及一座休闲旅馆。除了自己住在那儿外，还可以和前来参观的游客分享自己的庄园，有住处供他们憩息。

　　写好的作文经老师过目，这位小朋友的簿子上被画了一个大大的红叉，发回到他的手上，老师要求他重写。小朋友仔细看了看自己所写的内容，并无错误，拿着作文去请教老师。老师告诉他："我要你们写下自己的志愿，而不是这些如梦呓般的空想，我要实际的志愿，而不是虚无的幻想，你知道吗？"

　　小朋友据理力争："可是，老师，这真的是我的志愿啊！"老师也坚持："不，那不可能实现，那只是一堆空想，我要你重写。"

　　小朋友不肯妥协："我很清楚，这才是我真正想要的，我不愿意改掉我的梦想内容。"

　　老师摇头："如果你不重写，我就不能让你及格了，你要想清楚。"

　　小朋友也跟着摇头，不愿重写，而那篇作文最终得到了"不及格"。

　　事隔30年之后，这位老师带着一群小学生到一处风景优美的度假胜地旅行，尽情享受无边的绿草、舒适的住宿及香味四溢的烤肉之余，他望见一名中年向他走来，并自称曾是他的学生。

　　这位中年人告诉他的老师，他正是当年那个作文不及格的小学生，如今拥有这片广阔的度假庄园，实现了儿时的梦想。

**梦想感悟**
MENG XIANG GAN WU　》》

　　我们每天起床后都会去照镜子，整理自己的头发和衣物。事实上，在为人处事上，我们也需要一面镜子，只有自己才能看清自己的内心世界和想要的未来，只有自己最明白每天在干什么，是进步了还是退步了。以自己为镜，总会照出一个光亮的人生。

**行动创造奇迹**

# 心动不如行动

行动比一切空想和愿望都有力得多。

三个旅行者徒步穿越喜马拉雅山，他们一边走一边谈论一堂励志课上讲到的凡事必须付诸实践的重要性。他们谈得津津有味，以至于没有意识到天太晚了，等到饥饿时，才发现仅有的一点儿食物就是一块面包。

这几位虔诚的教徒，决定不讨论谁该吃这块面包，他们要把这个问题交给老天来决定。这个晚上，他们在祈祷声中入睡，希望老天能发一个信号过来，指示谁能享用这份食物。

第二天早晨，三个人在太阳升起时醒来，又在一起谈开了——"我做了一个梦，"第一个旅行者说，"梦中我到了一个从未去过的地方，在那个乐园里面，一个长着长长胡须的智者对我说：'你是我选择的人，你从不追求快乐，总是否定一切，为了证明我对你的支持，我想让你去品尝这块面包。'"

"真奇怪，"第二个旅行者说，"在我的梦里，一个智者出现在我面前，说：'你比你的朋友更需要食物，因为你要领导许多人，需要力量和能量。'"

然后，第三个旅行者说："在我的梦里，我什么都没有看见，哪儿也没有去，也没有看见智者。但是，在夜晚的某个时候，我突然醒来，吃掉了这块面包。"

其他两位听后非常愤怒："为什么你在作出这项自私的决定时不叫醒我们呢？"

"我怎么能做到？你们俩都走得那么远，找到了大师，又发现了如此神圣的东西。昨天我们还在讨论励志课上学到的要采取行动的重要性呢。只是对我来说，老天的行动太快了，在我饿得要死时及时叫醒了我！"

**行动感悟**
XING DONG GAN WU

这个故事讲的是困苦条件下的无奈之举，但是也说明了行动的作用。另外两个人并不是不想吃面包，而只是想优雅地吃面包，给自己制造一些看似充分的理由。而那个吃了面包的人，并没有什么道理好讲，他只是被现实逼迫，提前采取了行动。这个时候，自私是无法描述他们所处的境遇的。

# 用行动战胜"不可能"

勇敢地做你本不敢做的事情。

1950年，20岁出头的郑小瑛来到当时最负盛名的莫斯科音乐学院学习作曲。

有一次，他在音乐厅看见指挥师正在指挥乐队演奏乐曲，她被指挥师那种意气风发的优雅姿态深深地吸引住了，一个理想由此萌发："我要成为一位优秀的指挥家！"

此后，郑小瑛在指挥上的学习和锻炼更加勤奋了，从表情到

手势，从眼睛到心灵……

机会总是留给有准备的人！有一次，学校里组织一场音乐盛会，郑小瑛所作的一首曲子被选进了演奏曲目中。而观众席上，坐首两位响当当的人物：苏联国家歌剧院的指挥家海金和莫斯科音乐剧院的指挥家依·波·拜因。谁都没有想到的是，在音乐指挥走上台子的时候，居然扭伤了脚，一个踉跄跌坐到地上，全场一片惊呼。工作人员很快跑过去扶住指挥师，同时还有人把椅子搬上指挥台，想让他坐在椅子上指挥。但那同样不行，因为他扭到脚的同时也碰伤了肘部。指挥师摇摇头，全场不知如何是好！

郑小瑛一下子从椅子上站起来，在一片惊愕的目光中走到那位指挥师面前深鞠一躬，说："我以艺术的名义向您申请接过您手中的指挥棒！"

面对这样一张年轻而坚毅的脸，指挥师找不出任何理由拒绝，他把手中的指挥棒递给了郑小瑛。她转过身，对乐手们点头示意，指挥开始了：只见指挥棒在她的手中时而急促有力，时而缓和悠扬，音乐就像是从她指挥棒上流淌出来似的，时而奔腾如雷，时而平静似水，她那热情奔放、气魄雄伟的指挥蕴藏着无比强烈的艺术感染力，简直无懈可击，完美无瑕，就连那位扭伤脚的指挥师和观众席上的海金、依·波·拜因也频频点头。一曲结束，掌声四下雷起，海金和拜因更是对郑小瑛做出了这样的评价："她，将来必定是一位卓越的指挥家！"

**行动感悟**
XING DONG GAN WU

世俗的言语会把各种成功说得难上加难，因为这些言辞的制造者，大多都把精力放在了制造舆论上，而不是放在行动上，因此他们没有真正体会过行动带来的成就感。而真正的成功者把大多数精力都放在了行动上。

## 勇敢走出困境

# 英勇是一种力量

勇气是人类最重要的一种特质，倘若有了勇气，人类其他的特质自然也就具备了。

故事发生在法国大革命时期，夺取政权的罗伯斯庇尔为肃清政敌，推行"恐怖政策"，许多人被不明不白地送上了断头台，那时的法国人人自危，唯罗伯斯庇尔马首是瞻。

一天，有人拿了一桶葡萄酒，来找当时著名的法国化学家拜特勒。

"拜特勒，罗伯斯庇尔请你化验一下这葡萄酒里有没有放上毒药。"

拜特勒心里非常清楚为什么要进行这个化验——因为罗伯斯庇尔怀疑他的政敌在发给士兵的葡萄酒里放了毒，如果真有此事，罗伯斯庇尔可就要狠狠地对付他的政敌了。

事情涉及到政治斗争，而罗伯斯庇尔又是当时法国革命的领袖，不好惹啊！拜特勒知道这次化验是件很棘手的事情，弄不好，他自己也会被卷进去。但是，拜特勒如实地报告了自己的化验结果，说酒里没有毒。

愤怒的罗伯斯庇尔将拜特勒叫去，要他修改报告。

"不，我不能那样做！"为了证明酒里没毒，拜特勒端起酒

杯，大口喝起来，喝完之后面不改色。

"拜特勒先生，你真是一个有勇气的男子汉。"罗伯斯庇尔由衷感叹道。

"不，当我在报告上签字时，才表现出真有勇气。"拜特勒自豪地说。

最终，罗伯斯庇尔也不得不"认定"酒里没有毒——在真理面前，拜特勒胜利了。

英勇是一种心灵和灵魂的力量。就像拜特勒一样在真理面前，始终保持着勇敢者的尊严，不畏"恐怖"的力量。从这一点上来说，勇敢对于保持美德是十分必要的一种气质。无疑，拜特勒拥有这样的气质。

# 困境即是机遇

一个障碍，就是一个新的已知条件。只要愿意，任何一个障碍都会成为一个超越自我的契机。

一天，狮子来到了天神面前："我很感谢你赐给我如此雄壮威武的体格、如此强大无比的力气，让我有足够的能力统治整座森林。"

天神听了，微笑地问："但是这不是你今天来找我的目的吧！看起来你似乎为了某事而困扰呢！"

狮子轻轻吼了一声，说："天神真是了解我啊！我今天来，的确是有事相求。因为尽管我的能力再好，但是每天天亮的时候，我总是会被鸡叫声给吵醒。神啊！祈求您，不要让鸡在天亮时叫了！"

天神笑道："你去找大象吧，它会给你一个满意的答复的。"

狮子跑到湖边找到大象，看到大象正在气呼呼地跺脚。

狮子问大象："你干嘛发这么大的脾气？"

大象拼命摇晃着大耳朵，吼着："有只讨厌的小蚊子，钻进我的耳朵里，我都快痒死了。"

狮子离开了大象，心里暗自想着："原来体型这么巨大的大象，还会怕那么瘦小的蚊子，那我还有什么好抱怨呢？"毕竟鸡鸣也不过一天一次，而蚊子却是无时无刻地骚扰着大象。这样想来，我可比他幸运多了。

狮子一边走，一边回头看着仍在跺脚的大象，心想："天神要我来看看大象的情况，应该就是想告诉我，谁都会遇上麻烦事，而神无法帮助所有人。既然如此，那我只好靠自己了！反正以后只要鸡叫时，就当作鸡是在提醒我该起床了，如此一想，对我还算是有些益处。"

**勇敢感悟** YONG GAN GAN WU ≫

生活中，无论我们走得多么顺利，但只要稍微遇上一些不顺心的事，就会习惯性地抱怨老天亏待我们，进而祈求老天赐给我们更多的力量，帮助我们渡过难关。但实际上，老天是最公平的，就像它对狮子和大象一样，每个困境都有其存在的正面价值。

## 勤奋收获成功

# 勤奋好学的司马迁

　　司马迁学习十分认真，遇到疑难问题，总要反复思考，直到弄明白为止。

　　司马迁幼年是在韩城龙门度过的，他常常帮家里耕种庄稼，放牧牛羊，从小就积累了一定的农牧知识，养成了勤劳艰苦的习惯。

　　在父亲的严格要求下，司马迁 10 岁就阅读古代的史书。由于他格外勤奋和绝顶聪颖，有影响的史书都读过了，中国三千年的古代历史在他头脑中有了大致轮廓。后来，他又拜大学者孔安国和董仲舒等人为师。他学习十分认真，遇到疑难问题，总要反复思考，直到弄明白为止。

　　一天，快吃晚饭了，父亲把司马迁叫到跟前，指着一本书说："孩子，近几个月你一直在外面放羊，没工夫学习。我也公务缠身，抽不出空来教你。现在趁饭还没有做好，我教你读书吧。"司马迁看了看那本书，对父亲说："父亲，这本书我读过了，请你检查一下，看我读得对不对。"说完，把书从头至尾背诵了一遍。

　　听完司马迁的背诵，父亲感到非常奇怪。他不相信世界上真有神童，不相信无师自通，也不相信传说中的神人点化。可是，司马迁是怎么会背诵的呢？他百思不得其解！

　　第二天，司马迁赶着羊群在前面走，父亲在后边偷偷地跟着。

羊群翻过村东的小山，过了山下的溪水，来到一片洼地。司马迁把羊群赶到草地中央，等羊开始吃草后，他就从怀中掏出一本书来读，那琅琅的读书声不时地在草地上萦绕回荡。看着这一切，父亲全明白了。他高兴地点点头，说："孺子可教！孺子可教！"

后来，司马迁创作了中国第一部纪传体通史《史记》。这部著作对后世史学与文学都有深远的影响。

**勤奋感悟**
QIN FEN GAN WU ▶▶

正是这种勤奋、吃苦和上进的精神，奠定了司马迁对巨著《史记》的创作。当我们站在平地上仰望那些巨人泰斗时，有没有想过，他们曾经也和我们一样有过童年，站在同一位置，不同的是他们找到了通往成功的阶梯——勤奋。

# 成功来自勤奋

无论怎样的苦难，都无法阻挡一个勤奋者前进的脚步；生命可以被摧毁，但是不可以被打倒！

没有哪一位科学家的著作能像《时间简史》那样成为发行量上千万，全世界平均每 500 个人就拥有一册的畅销书。在西方，没有读过《时间简史》甚至会被认为没有受过教育。它的作者，就是这位从 21 岁起就身患卢伽雷氏症，除了思想只能支配三根手指，必须依靠机器才能与人交流的科学巨人——史蒂芬·霍金。

霍金 8 岁的时候，他的父亲弗兰克把霍金送到教学质量相当出色的私立学校圣奥本斯读书。在圣奥本斯，霍金始终是一个勤

奋用功的学生。尽管霍金看上去瘦弱而笨拙，性格有些怪癖，说起话来结结巴巴、含含糊糊，但是他相当努力，最终以优异的成绩如愿地接到了牛津大学的录取通知书，并获得了奖学金。

1962年，20岁的史蒂芬·霍金来到剑桥大学攻读博士学位，然而这时他被诊断出患上了肌萎缩性侧索硬化症，不久就全身瘫痪了。1985年，霍金又因肺炎进行了穿气管手术，此后，他完全不能说话，依靠安装在轮椅上的一个小对话机和语言合成器与人进行交谈；看书必须依赖一种翻书页的机器，读文献时需要请人将每一页都摊在大桌子上，然后逐页阅读……

然而，霍金从未放弃过努力。正因为身体上有残疾，行动不便，所以他付出了比别人多十倍的勤奋，最终取得了巨大的成就。

勤奋感悟 QIN FEN GAN WU  》》

霍金一生贡献于理论物理学的研究，被誉为当今最杰出的科学家之一。他凭着坚毅不屈的意志和勤奋的求学精神，战胜了疾病，创造了一个奇迹，也证明了残疾并非成功的障碍。他对生命的热爱和对科学研究的热诚，是值得我们学习的。

# 天才源于刻苦

通过几十年的勤奋学习，诺贝尔在历经了坎坷磨难之后，终于逐步成长为一个科学家和发明家。

阿尔弗里德·伯恩纳德·诺贝尔是瑞典的化学家、产业家、甘油炸药的发明者，他用其巨额遗产创立了举世闻名的诺贝尔奖

金。现如今，提到诺贝尔这个名字，无人不知，无人不晓。

诺贝尔的父亲也是一位发明家，但他的成绩并未被他人认可，所以经济状况一直不好。后来，一场大火又烧毁了全部家当，生活完全陷入了穷困潦倒的境地，要靠借债度日。父亲为躲避债主离家出走，到俄国谋生。诺贝尔的两个哥哥在街头巷尾卖火柴，以便赚钱维持家庭生计。在俄国的时候，诺贝尔因为语言的问题，无法进入学校读书，只好在当地请了一个瑞典的家庭教师，指导他学习。

诺贝尔从小到大都勤奋好学，可是因为家境困难，所以 15 岁时就辍学了。为了学到更多的知识，诺贝尔决定出国考察学习。在此后的两年时间里，诺贝尔先后去过德国、法国、意大利和美国。由于他善于观察，认真学习，知识迅速积累，很快成为一名精通多种语言的学者和有着科学训练的科学家。回国后，在工厂的实践训练中，他考察了许多生产流程，不仅增添了许多实用技术，还熟悉了工厂的生产和管理。通过几十年的勤奋学习，诺贝尔在历经了坎坷磨难之后，终于逐步成长为一个科学家和发明家。

**勤奋感悟** QIN FEN GAN WU 》》

爱因斯坦曾经说过："人们把我的成功归因于我的天才，其实我的天才只是刻苦罢了。"诺贝尔的成功，决不是一天的骤变，而是多年的刻苦积累。在这个世界上，没有一飞冲天的天才，只有勤奋的耕耘者。

★ ★ ★ **自信激发希望** ★ ★ ★

# 自信的魅力

当目标已经确定，就一定要一往无前，千万不能因为小小的磕绊而停止了脚步。

李红毕业于清华大学，虽然她相貌并不出众，但是心气比较高，求职时专门找好公司、大公司去应聘。经过斟酌，她挑选了一家香港公司，月薪2万港币。作好各种准备后，她穿了一套很漂亮的衣服，准时如约前去应聘。

面试的地点安排在宾馆，来面试的人非常多，大家都等在房间外面。房间的门大开，里面的人应该就是考官，这样想着，李红向屋里望了望，但里面的情景却让人感到很意外，根本就不像在面试。因为里面的三个人，一个人坐在椅子上抽烟，一个人歪在沙发上看电视，另外的一位干脆躺在床上看报纸。

正在这时，抽烟的人说他们公司的面试是在明天，于是有一大半的人转身就走了，但是李红想了一下，发现没有记错应聘时间，就对那个抽烟的人说："没错，我没有记错。"而那个看报纸的人说："你们走错房间了。"一句话后剩下的一半人里又走了一大批。李红也想跟着他们一起出去，但转念一想，没错，于是又回来找他们理论。看报纸的那个人不耐烦地说："我们的招聘早就结束了。"话音一落，连李红身边仅剩的那两个人也走了。可李红不干了，她对那三个人说："三位先生，不论你们的公司需不需要我去工作，但是我来了，我一定要把自己介绍给你们以及你们的公司。你们不能用这种态度来对待我们应聘者。"李红的话音刚落，就看这三个人一下子从各自的位子上跳了起来，说："小姐，我们就要你了。"

原来，这三位糊弄人的招法叫做"应聘三板斧"，在不考虑应聘者能力的前提下，考验一下他们的自信心。来面试的人很多，其中一定不乏能力出色者，但绝大多数人却会在这种情况下相继离开，轻易放弃机会，表明他们没有足够的自信来挑战自我。招聘方很清楚，对于一个没有自信的人来说，无论他的能力多么强，也不可能在工作中开拓创新，取得成绩。而李红的做法显示了她有足够的能力，更是充满自信的，完全符合他们的要求。

**自信感悟** ZI XIN GAN WU >>>

没有自信的人，是无法经受住考验的。其实问题的关键往往不在于大的构架，而在于细枝末节。细节最能体现一个人的心理状态和心理承受能力。而李红无疑是这方面的佼佼者。

## 相信自己，做主未来

自己拿主意，当然并不是单纯的一意孤行，而是忠于自己的做事准则，相信自己的判断能力。

索尼亚·斯米茨是美国著名女演员，她的童年时光是在加拿大渥太华郊外的一个奶牛场里度过的。那时，她在农场附近的一

所小学里读书。

一天，不知道为什么，她回家后很委屈地哭了。父亲见状就问她怎么了。她抽泣着说："爸爸，班里一个女生说我长得很丑。"父亲听后，充满怜爱地微笑着说："亲爱的索尼亚，你信不信，我能摸得着咱家天花板。"正在哭泣的小索尼亚听后觉得很惊奇，她仰头看看天花板。那可是将近4米高的天花板啊！父亲怎么可能摸得到呢？她无论如何也不能相信父亲说的话。

父亲笑笑，有些得意地说："你不相信吧？那你为什么要相信那个女孩说的那些话呢？因为有些话并不真实可信，而且不是事实！"这时，索尼亚终于明白了这样一个道理，那就是——不能太在意别人说什么，凡事要有主见！

索尼亚在二十四五岁的时候，已是个颇有名气的演员了。有一次，她要去参加一个集会。可临出发之前，经纪人告诉她，由于天气状况不好，只有很少人会参加这次集会，所以没必要去。但是索尼亚不这么想，她坚持要参加这个集会，因为她在报刊上承诺过要去参加。"我说过的话一定要兑现，因为在我看来，那是承诺。"结果，那次在雨中举行的集会，由于有了索尼亚的参加，广场上的人越集越多，她的名气和人气也因此骤升。

后来，她又自己做主，离开加拿大去美国演戏，从而闻名全球。

## 自信感悟 ZI XIN GAN WU >>>

索尼亚从父亲的话中领悟了什么是凡事要自己拿主意的道理。这个道理虽然简单，却影响了索尼亚的一生，也让她成就了自己的事业与梦想！

人生路上多坎坷。所以，很多时候我们都要自己拿主意！自己选择人生之路！作自己的主人！

模块七

# 综合百科知识

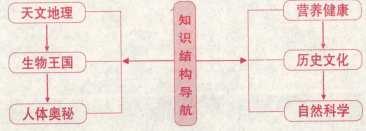

天文地理 → 生物王国 → 人体奥秘

知识结构导航

营养健康 → 历史文化 → 自然科学

## 天文地理

## 宇宙是怎样形成的?

关于宇宙的起源大多数天文学家认为,在80亿~160亿年之前,所有的物质和能,甚至太空本身,全都集中在同一地点。当时发生了一次大爆炸,几分钟内,宇宙的基本物质如氢和氦,开始出现,这些气体聚集成巨大的天体星系。现在宇宙似乎还在不断扩大。星系中巨大的星族,也就是超星系团,正以令人惊异的速度奔离所有其他的星系团。如果大爆炸已经给了超星系团足够的能量,超星系团就会继续互相奔离,直到最后一颗恒星消亡。但如果它们的引力强大到足以使它们的速度减缓,甚至发生我们所称的大坍缩,那么,宇宙中的一切就会回归到大爆炸前的原点,也许还会出现另一次宇宙再生的循环。宇宙大爆炸理论是由世界著名的英国理论物理学家史蒂芬霍金提出的,得到了众多宇宙学研究者的赞同,成为当今最有影响力的宇宙起源学说。

## 地球为什么会自转?

我们知道,太阳系的几乎所有天体包括小行星都自转,而且是按照右手定则的规律自转,所有或者说绝大多数天体的公转也都符合右手定则。

为什么呢?太阳系的前身是一团密云,受某种力量驱使,使

它彼此相吸，这个吸积过程，使密度稀的逐渐变大，这就加速了吸积过程。原始太阳星云中的质点最初处在混沌状，横冲直撞，逐渐把无序状态变成有序状态，一方面，向心吸积聚变为太阳，另外，就使得这团气体逐渐向扁平状发展，发展的过程中势能变成动能，最终整个转起来了。开

始转时，有这么转的，有那么转的，在某一个方向占上风之后，都变成了一个方向，这个方向就是现在发现的右手定则，也许有其他太阳系是左手定则，但在我们这个太阳系是右手定则。地球自转的能量来源就是由物质势能最后变成动能所致，最终是地球一方面公转，一方面自转。

## 为什么会出现日食和月食现象？

月球围绕着地球旋转，同时，地球又带着月球绕太阳旋转。日食和月食就是由于这两种运动产生的结果。2009 年 7 月 22 日的日全食再次引起了大批天文爱好者的兴趣。不知道那一天你有没有幸运地观测到日全食。我们来看看日食是怎么形成的：当月球转到地球和太阳的中间，而且这三个天体处在一条直线或近于一条直线的情况下，月球挡住了太阳光，就发生了日食；另外，当月球转到地球背着太阳的一面，而且这三个天体处在一条直线或近于一条直线的情况下，地球挡住了太阳光，就发生了月食。由于观测者在地球上的位置不同和月球到地球距离的不同，所看到日食和月食的情况也不同。日食有全食、环食、全环食、偏食；

月食有全食和偏食。每次发生月食时，半个地球上的人都能见到。而发生日食时，只是处在比较狭窄的地带内的人们才能见到。

## 为什么太阳给我们带来光和热？

太阳每时每刻都辐射出巨大的能量，它像一个炽热的大火球，给地球带来光和热。可就算如此，地球所接受到的太阳能，也仅是太阳全部辐射能的二十二亿分之一。1938 年，原子核反应的发现，终于解开了太阳能量的来源之谜。原子核内部的核反应使太阳产生惊人的能量。太阳含有极为丰富的氢元素，这些氢原子核在太阳中心的高温（1500 万摄氏度）、高压条件下，结合成氦原子核，同时释放出大量的能量，以光和热的形式散发出来。太阳巨大能量的源泉是太阳内部进行着氢转变为氦的热核反应。

## 天为什么是蓝色的？

天空的空气不是没有颜色吗，那为什么晴朗的天空却是蓝色的，是不是在高空中有蓝色的气体？

不是的。在晴朗的天气里空气中会有许多微小的尘埃、水滴、冰晶等物质，当太阳光通过空气时太阳光中波长较长的红光、橙光、黄光都能穿透大气层，直接射到地面，而波长较短的蓝、紫、靛等色光，很容易被悬浮在空气中的微粒阻挡，从而使光线散射向四方，使天空呈现出蔚蓝色。

实际上发生散射的蓝光只是一小部分，大部分没有遇到微粒的蓝光、紫光还是直接射到了地球上，所以射到地球上的白光中仍然是红、橙、黄、绿、蓝、靛、紫。

当大雨过后，你是否注意过天会更蓝，越是晴朗的天气，天越蓝，这是因为这样的天气里，空气中的尘粒、水滴、冰晶的数量会很多。

## 云是怎样形成的？

人们常常看到天空有时碧空无云，有时白云朵朵，有时又是乌云密布。为什么天上有时有云，有时又没有云呢？云究竟是怎样形成的呢？它又是由什么组成的？

漂浮在天空中的云彩是由许多细小的水滴或冰晶组成的，有的是由小水滴或小冰晶混合在一起组成的；有时也包含一些较大的雨滴及冰、雪粒，云的底部不接触地面，并有一定厚度。

云的形成主要是由水汽凝结造成的。

我们都知道，从地面向上十几公里里这层大气中，越靠近地面，温度越高，空气也越稠密；越往高空，温度越低，空气也越稀薄。

另一方面，江河湖海的水面，以及土壤和动、植物的水分，随时蒸发到空中变成水汽。水汽进入大气后，成云致雨，或凝聚为霜露，然后又返回地面，渗入土壤或流入江河湖海，以后又再蒸发（升华），再凝结（凝华）下降。周而复始，循环不已。

水汽从蒸发表面进入低层大气后，这里的温度高，所容纳的水汽较多，如果这些湿热的空气被抬升，温度就会逐渐降低，到了一定高度，空气中的水汽就会达到饱和。如果空气继续被抬升，就会有多余的水汽析出。如果那里的温度高于 $0°C$，则多余的水汽就凝结成小水滴；如果温度低于 $0°C$，则多余的水汽就凝化为小冰晶。在这些小水滴和小冰晶逐渐增多并达到人眼能辨认的程度时，就是云了。

# 雾是怎样形成的？

雾和云都是由浮游在空中的小水滴或冰晶组成的水汽凝结物，只是雾生成在大气的近地面层中，而云生成在大气的较高层而已。雾既然是水汽凝结物，因此应从造成水汽凝结的条件中寻找它的成因。大气中水汽达到饱和的原因不外两个：一是由于蒸发，增加了大气中的水汽；另一是由于空气自身的冷却。对于雾来说冷却更重要。当空气中有凝结核时，饱和空气如继续有水汽增加或继续冷却，便会发生凝结。凝结的水滴如使水平能见度降低到1千米以内时，雾就形成了。

另外，过大的风速和强烈的扰动不利于雾的生成。因此，凡是在有利于空气低层冷却的地区，如果水汽充分，风力微和，大气层结稳定，并有大量的凝结核存在，便最容易生成雾。一般在工业区和城市中心形成雾的机会更多，因为那里有丰富的凝结核存在。

# 露是怎样形成的？

在温暖季节的清晨，人们在路边的草、树叶及农作物上经常可以看到露珠，露也不是从天空中降下来的。露的形成原因和过程与霜一样，只不过它形成时的温度在0℃以上罢了。

在0℃以上，空气因冷却而达到水汽饱和时的温度叫做"露点温度"。在温暖季节里，夜间地面物体强烈冷却的时候，与物体表面相接触的空气温度下降，在它降到"露点"以后就有多余的水汽析出。因为这时温度在0℃以上，这些多余的水汽就凝结成水滴附着在地面物体上，这就是露。

　　露和霜一样，也大都出现于天气晴朗、无风或微风的夜晚。同时，容易有露形成的物体，也往往是表面积相对大的、表面粗糙的、导热性不良的物体。有时，在上半夜形成了露，下半夜温度继续降低，使物体上的露珠冻结起来，这叫做冻露。

　　露一般在夜间形成，日出以后，温度升高，露就蒸发消失了。

# 为什么火山会喷发？

　　火山喷发就是地壳内的岩浆冲出地面时的现象。地球内部的温度很高，岩石以液体的形式存在，称之为岩浆。平时，地下的压力很大，岩浆被地壳紧紧包住，冲出地面并不容易。但在地壳结合得比较脆弱的地方，地下的压力比周围小一些，该处岩浆中的气体和水就有可能分离出来，加强岩浆的活动力，推动岩浆冲出地面。岩浆冲出地面时，岩浆中的气体和水蒸气迅速分离出来，体积急剧膨胀，火山喷发就这样发生了。

# 沙漠是怎样形成的？

　　就自然界方面的原因来说，风是制造沙漠的动力，沙是形成沙漠的物质基础，而干旱则是出现沙漠的必要条件。风吹跑了地面的泥沙，使大地裸露出岩石的外壳，或者仅仅剩下些砾石，成为荒凉的戈壁。那些被吹跑的砂粒在风力减弱或遇到障碍时堆成许多沙丘，掩盖在地面上，就形成了沙漠。地球上南北纬15～35之间的信风带，气压较高，天气稳定，雨量较少，空气干燥，是容易形成沙漠的场所。就社会原因来说，有滥伐森林、破坏草原、战争或其他原因破坏了干旱地区的水利工程等等。

## 生物王国

### 为什么昆虫会蜕皮？

所有的昆虫在生长过程中都要蜕几次皮。昆虫身体外面的表皮，是一种细胞的分泌物，它不会随昆虫体形的增长而增长。当昆虫身体长大时，就会蜕去这层旧皮，取而代之的是另一层新表皮。昆虫的蜕皮是受到激素的作用的结果。这种激素通常被人们分为两大类：内激素和外激素。内激素是由昆虫体内的内分泌器官分泌的，它对昆虫的生长、发育等生命活动起着调节作用。内激素包含蜕皮激素、保幼激素和脑激素。昆虫的脑激素输入到前胸腺，促使其活动，就释放出蜕皮激素。蜕皮激素释放到体液后，就与体液中的蛋白质结合，随着体液的流动而到达某些作用部位，产生激素效应，即蜕皮。

### 为什么海鸥总追着轮船飞？

在海上航行的轮船，一般都有一群白色的海鸥相伴，从而给一望无际的海洋增添了无限生机。

那么，海鸥为什么总是喜欢追逐轮船呢？这是因为，轮船在海上航行时，由于受到空气和海水的阻力，在轮船上空产生一股上升的气流。海鸥尾随在轮船的后面或上空，可借助这股上升的气流毫不费力地托住身子飞翔。

另外，在浩瀚的大海中，小鱼、小虾之类被破浪前进的船激起的浪花打得晕头转向，漂浮在水面上，很快就会被视力极强的海鸥所发现，轻而易举地把它们吃掉。这种"守株待兔"的觅食方式，当然是海鸥的聪明之举。

## 为什么萤火虫会发光？

夜晚人们可以看到萤火虫一闪一闪地飞行，这是由于萤火虫体内一种称作虫荧光素酶的化学物质与氧气相互作用，从而产生的光。这种被称作虫荧光素酶的化学物质像开关一样启动这种反应，当萤火虫产生虫荧光素酶的时候，这种反应就开始了，萤火虫便会发出一闪一闪的光亮。

能够发光的生物还有海洋中的藻类和萤科的其他昆虫，它们都是利用虫荧光素酶与氧气产生反应，从而发出光亮的。

## 为什么说蝙蝠是活雷达？

蝙蝠之所以能在黑暗中飞行，是因为它不是靠眼睛来辨别方向，而是靠嘴巴和耳朵。

蝙蝠的喉咙能发出很强的超声波，遇到物体时，超声波便反射回来。蝙蝠的耳朵收到回声，就能辨明物体的距离和大小，这种根据回声探测物体的方式就叫"回声定位"。

　　蝙蝠天生的回声定位系统的分辨能力很强。超声波发出和接收往返一次为一组。蝙蝠在一秒钟之内能发出和接收 250 组回声，并能根据反射回来的声音信号辨别出前面的物体是食物还是障碍物，还能判断出运动物体的速度和方向，从而准确地避开障碍物和捕食猎物。

## 为什么蝙蝠能发出超声波？

　　因为蝙蝠是靠气流运动引起声带的振动而发声的。蝙蝠能发出频率高于 2 万赫兹的超声波，人耳对这种频率的声音只能望尘莫及。人类听到的声波频率约在 20 ~ 20000 赫兹的范围内。常看见倒挂在树枝上的蝙蝠，不停地转动着嘴和鼻子。其实，它每秒钟在向周围发出 10 ~ 20 个信号，每个信号约包含 50 个声波振荡，这样信号中不会出现两种完全相同的频率。飞行时，蝙蝠在喉内产生超声波，通过口或鼻孔发射出来。声波遇到猎物会反射回来，正在飞行的夜蛾会对反射波产生压力，飞行速度愈快，压力愈大，回声声波的频率就愈高。蝙蝠正是用这种回声，探测夜蛾和其他物体，据此知道食物夜蛾的位置，从而追捕它们。

## 为什么螃蟹要横着走？

　　螃蟹的头部和胸部在外表上无法区分，因而就叫头胸部。这种动物的十足脚就长在身体两侧。第一对螯足，既是掘洞的工具，又是防御和进攻的武器。其余四对是用来步行的，叫做步足。每只脚都由七节组成，关节只能上下活动。大多数蟹头胸部的宽度大于长度，因而爬行时只能一侧步足弯曲，用足尖抓住地面，另

一侧步足向外伸展，当足尖够到远处地面时便开始收缩，而原先弯曲的一侧步足马上伸直了，把身体推向相反的一侧。由于这几对步足的长度是不同的，螃蟹实际上是向侧前方运动的。然而，也不是所有的螃蟹都只能横行。比如，成群生活在沙滩上的长腕和尚蟹就可以向前奔走。生活在海藻丛中的许多蜘蛛蟹，还能在海藻上垂直攀爬。

## 为什么蝴蝶飞舞没有声音？

苍蝇、蚊子、蜜蜂飞行时我们可以听到声音，而蝴蝶飞舞时我们却听不到声音，这是为什么呢？

让我们来做一个实验。当你把用竹片做成的竹蜻蜓在手中用力一搓，然后松开手，竹蜻蜓就呼的一声飞上天了。这时，我们听到的声音，是竹蜻蜓在飞行时与空气的摩擦声。但是，这种声音只有竹蜻蜓在每秒钟里转 20 ~ 20000 次左右时才能听到，低于或高于这个范围，人都不可能听到。因此，苍蝇、蚊子、蜜蜂飞行时发出声音来，也是这个道理。昆虫学家研究发现，苍蝇飞行时，每秒钟振翅 150 ~ 250 次左右；蚊子飞行时，每秒钟振翅 600 次左右；蜜蜂飞行时，每秒钟振翅近 300 次。可是，蝴蝶飞舞时，每秒钟只能振翅 5 ~ 8 次。因此，苍蝇、蚊子、蜜蜂等昆虫飞行时总觉得有嗡嗡的声音，而蝴蝶飞舞时却没有声音。

## 花儿为什么会五颜六色？

春天的时候，我们在公园和野外会看到许许多多五颜六色的花，美丽极啦！我在想花儿为什么会有五颜六色呢？原来，在花瓣的细胞里有很多色素，这些色素主要分为三大类：一类是胡萝卜素，包括红色、橙色及黄色素在内的许多色素；一类是类黄酮素，使花瓣呈浅黄色至深黄色的色素；第三类叫花青，它可以使花呈现出橙色、粉色、红色、紫色和蓝色，所以花儿就成了五颜六色，非常漂亮。

## 为什么植物要长很长的根？

植物的根不但多，而且长。根比地面上的茎要多几倍，甚至几十倍。例如：山坡上的枣树一般高三四米，它的根垂直深度竟达 10 多米；一株小麦有 7 万多条须根，长约 500 米，如果将它的根、根毛加起来，总长度可达 20 多千米。植物的根又多又长，它起什么作用呢？主要有两个方面的作用：一方面是为了吸收土壤中的肥料和水分。这是因为植物在生长过程中，需要吸收大量的肥料和水分来供给枝叶生长，植物的根系越发达，枝叶就越繁茂；反之，则枝叶枯黄，生长发育不良。另一方面，植物的根能抵抗自然界的各种灾害，如大风、大雨、洪水的冲刷等。植物要顽强地生长下去，根系就必须很发达。此外，有些植物如高粱、玉米、榕树、甘蔗等还长有气根。气根的部分或全部露出地面，能吸收大气中的水分和养分，同时也起到固着植株的作用。

## 为什么树木年轮线的间距大小不等？

树木的横断面中显示出的同心圆就叫年轮。年轮，不仅能告诉人们树木的年龄，还记录和揭示了天气同大自然的某些有趣现象。在树木茎干的韧皮部里面，有一圈形成层。在一年中，形成

层细胞分裂活动的快慢是随着季节变化而不同的。春天和夏天，天气最适宜树木生长，形成层的细胞非常活跃，分裂很快，生长迅速，形成的木质部细胞大、壁薄、纤维少、输送水分的导管多，这样构成的木质部叫春材或早材；到了秋天，形成层细胞的活动逐渐减弱，于是形成的木质部细胞就狭窄、壁厚、纤维较多、导管较少，这叫秋材或晚材。早材的质地疏松，颜色较淡；晚材质地紧密，颜色较深。人们还发现，年轮的图案同气温、气压、降水量有一定的关系。也有人以为，年轮似乎表现出一种以11年为周期的变化规律，这与太阳黑子的活动周期是相对应的。

## 为什么说植物的种子是"大力士"？

种子在萌发过程中，充满着巨大的活力。播撒在田野里的种子，一经萌发，就万头攒动，破土而出。掉在悬崖峭壁上的种子，能排除各种障碍，啃裂石头，钻进石隙，长成一棵盘根错节的大树。可想而知，植物的种子确实是个大力士。曾经有人利用种子的力量来解决问题。几位生理学家和医生，他们为了研究骷髅头骨，想方设法要把头骨完整地分开来，但刀和锯子都没法将之切开，锤和斧则只会将它击碎。怎么办呢？结果，他们找到了一个好办法：将一些植物种子装满颅腔，然后灌进水，保持一定的温度。种子萌发了，头骨分裂成好多块，完全适合研究的需要。另

外，曾经发生过一艘远洋货轮在航行途中船身断裂的事故。后来发现，这艘大轮船的舱里装满了大豆，在航行时海水渗进了船舱，大豆受水膨胀，不断往外挤，把舱挤满，结果船壳胀裂。种子的神奇力量实在令人惊叹不已。

# 为什么说"树怕剥皮"？

树皮生于树茎的外部，它像盔甲一样保护着树茎。从外到内，树茎一般由表皮、周皮、初生韧皮部、次生韧皮部、形成层、次生木质部、初生木质部和髓组成。其中，根吸收的水和养分主要靠木质部向上运输，叶光合作用形成的供植物生长所需的光合产物（如糖类等营养物质），则主要靠韧皮部向下运输直到根部，以供根部生存、生长。而树皮既包括死的部分，手感粗糙、坚硬，也包括较软的活的部分。人们甚至把树茎中形成层外的全部组织统称"树皮"。当在木本植物树干上割一圈，深度到达形成层，剥去圈内的树皮后，经过一定时间，因为木质部完好无损，根系吸收的水分和矿物质沿植株木质部正常上运，环割上部枝叶可照常生长。然而由于韧皮部已被环剥去，光合产物运输受阻，所以环割的上端切口处聚集许多的光合产物，引起上端的树皮生长加强，形成粗大的愈伤组织，有时成为瘤状物。如果环割得过宽，上下树皮就不能连接，时间长了，根系原来贮藏的养料消耗完毕，根部就会慢慢饿死。地上部分的枝叶得不到充足的水、肥，光合作用、呼吸作用被破坏，最后整株植物便会死亡。因此说"树怕剥皮"。

## 人体奥秘

### 为什么人可以听见声音？

声音是一种由高低不同的空气压力形成的不可见声波，它能被人耳所感知。看似简单的耳朵，其实是一个大家庭。显露在外面，我们通常所说的耳朵叫耳廓，它是敞开的一扇大门。

声波从耳廓进入耳道，振动鼓膜。鼓膜是一片紧绷的小皮，声波会使它振动。鼓膜与一个被称做锤骨的小骨头连接，振动波由锤骨再传给另外的两块小骨——砧骨和镫骨，然后进入耳蜗。耳蜗是一种蜗牛壳状的管道，内部充满液体。耳蜗的液体由此产生了波动，并推动从液体里一行行毛发细胞中伸出来的纤毛，这种纤毛通常只有在显微镜下才能看得见。纤毛运动产生神经信号，通过类似于电话线的结构——人体内的神经传递给大脑。这样，我们就听到了声音。

### 为什么耳朵进水后听不清声音？

当外界的声波进入耳朵与鼓膜相遇时，鼓膜就会产生振动。声波强，鼓膜振动大；声波弱，鼓膜振动小。声音高，鼓膜振动快；声音低，鼓膜振动慢。鼓膜将这种振动信号一直往里输送，通过内耳直到大脑，人才能听见声音。耳朵里进了水，正好挡住了声波的去路，声波进不去，不能使鼓膜振动，或者进去的声波

因为受到阻挡变弱了，鼓膜振动很小，自然就听不清声音了。用棉花塞住耳朵，或用手捂住耳朵，就听不清声音，也是这个道理。耳朵里进了水可以侧过脑袋，使进水的耳朵朝下，同时提起对侧的脚，跳几跳，水就会流出来。还可以用棉签小心地伸进外耳道把水吸出来。

## 为什么耳朵最怕冷？

在人体的各个部位中，就数耳朵最怕冷了，这是因为耳朵里分布着末梢毛细血管。人体中，血液从心脏泵出后，沿着大动脉向中动脉、小动脉直至毛细血管流动，越是到毛细血管末梢里，血液越少，自然能量和热量就越少。再者，耳朵虽然相对于身体其他部位体积小，但相对表面积却很大，所以热量很容易挥发。打个比方，同样两个玻璃杯装满热水，其中一个用布裹上，只留个杯口，经过一段时间时，你会发现没用布裹住的玻璃杯里的水比裹了布的玻璃杯里的水要凉得快。耳朵也正是由于这个原因，冬天里最怕冷。而且，当身体穿上厚厚的冬衣时，耳朵却无法罩得严实。当凛冽的寒风从耳边呼呼掠过，将耳朵的热量也带走了，自然耳朵会感到冷了。

## 为什么眼睛能看到东西？

在人类眼球的最外面，是一层无色透明的角膜，如同照相机的镜头。由于它经常受到泪水的冲洗，因此总显得水汪汪的，一尘不染。眼球的中央有个小圆孔叫瞳孔，外界的光线通过它进入到眼球底部的视网膜上。照相机在拍摄时，根据光线的明暗，需

要随时调整光圈。瞳孔也一样：当光线太强时，瞳孔会慢慢缩小，挡住过多的亮光；当光线太弱时，瞳孔就会自动放大，以便让尽可能多的光线进入。照相机中的胶卷，是最后感光成像的部位，人眼的视网膜也具有类似的功能。视网膜上有无数感光细胞，当它们接收到光的刺激信号后，会将信号转变为神经冲动，通过视神经的传递，传到大脑皮层的视觉中心。这样，人就能真实地感受到外界万千事物的形象和色彩了。

## 为什么舌头能辨别味道？

舌头是靠表面的味蕾辨别味道的。味蕾分布在舌头上的乳头状突起内，舌的底面和口腔内咽部，软腭等处，是一种椭圆形的结构，外面有一层盖细胞，里面是细长的味觉细胞，味觉细胞的末端有味毛。支配味蕾的感觉神经末梢细支包围在味觉细胞上，把味觉细胞的兴奋冲动传递到大脑的味觉中枢。味蕾所感受的味觉可分为甜、酸、苦、咸四种。其他味觉，如涩、辣等都是由这四种融合而成的。感受甜味的味蕾在舌尖比较多；感受酸味的味蕾在舌的两侧后半部分比较多；感受苦味的味蕾集中在舌头根部；感受咸味的味蕾在舌尖和舌头两侧的前半部分。除了味蕾以外，舌和口腔还有大量的触觉和温度感觉细胞，在中枢神经内，把感觉综合起来，特别是有嗅觉参与，就能产生多种多样的复合感觉。

# 为什么鼻子能闻出各种气味？

　　人类的鼻子有两大功能：一是用来呼吸，二是作为嗅觉器官。鼻子能闻出各种气味，是因为在鼻腔的内壁，有一块大约 5 平方厘米的黏膜，上面分布着约 1000 万个嗅觉细胞，它们与大脑有联系。我们知道，气味是由物质的挥发性分子作用形成的。当人吸气时，飘散在空气中的气味分子便钻进鼻腔，与里面的嗅觉细胞相遇。这时，嗅觉细胞马上兴奋起来，将感受到的刺激转化成特定的信息，通过嗅觉神经传入大脑，于是人就闻到了各种气味。对常人来说，嗅觉的作用不可缺少。而有些经过特殊训练的人，鼻子的辨别能力非常惊人。如香水、香精工业中的技师，用鼻子就可以辨别出许多差别细微的香味；品评茶、酒、咖啡等质量的技师，除味觉以外，还要有敏锐的嗅觉，才能给饮品评定优劣，分出等级。

# 为什么牙齿有不同的形状？

　　牙齿所担负的工作不一样，各自分工不同，所以它们的形态也就出现了差别。长在前方正中的是门牙，又叫"门齿"，形状扁扁的宽宽的，好像菜刀一样，专门用以切断食物。靠近嘴角两边各有一对尖尖的牙齿叫"尖牙"，或者叫"犬齿"，专管撕碎食物。位于口腔后面的两排牙叫磨牙，它们好像一副副小磨子的上下两片，善于将食物磨碎和嚼烂。如果用牙咬过硬的东西，像咬核桃、开汽水瓶盖等，容易使牙齿崩掉一块甚至折裂；如果只吃过于软的食物，又会使牙齿和颌骨发育得不好。因此，既不要用牙咬过硬的东西，又要经常吃一些比较粗硬耐嚼的食物，如菜梗、

锅巴、杂粮等。吃的时候要细细嚼慢慢咽，使牙齿、牙槽骨和颌骨等得到适当的刺激和必要的锻炼。

## 为什么人的皮肤会有不同的颜色？

人类皮肤颜色的不同是非常明显的，社会学家或人类学家常根据人的肤色不同来界定不同的人种。例如，黄种人、白种人、黑种人等。但是，近年来一些新的科学发现，使人类对自身的皮肤颜色的进化有了新的认识，从而对根据人的肤色来界定不同的人种的观点提出了挑战。现在的观点是全球人类肤色的不同是自然选择的结果，其作用是调节紫外线辐射对人体重要营养物质的影响，以保证人类繁衍的成功。

皮肤的颜色，主要是由皮肤内黑色素的多少决定的。人的皮肤所含有的黑色素多少不一，也就形成了不同肤色的人种。黑色素是一种黑色或棕色的颗粒，能阻挡阳光中对人体有害的紫外线。人类皮肤的颜色，是进化过程中适应自然环境的结果。阳光中的紫外线能帮助人体合成维生素 D，增强人体对疾病的抵抗力。紫外线过多或过少对人体都是不利的，而黑色素如同遮光的"伞"，能起到阻挡紫外线的作用。

## 为什么说大脑是人体的指挥中心？

人类的每个组成器官都复杂而精密，它们工作得十分协调、和谐、有条不紊，这是因为它们都受着神经系统"司令部"——"脑"的统一指挥。大脑位于脑的最上端，形状有点像核桃仁，体积很大，占据了脑的大部分。通常分为左右两部分，每一部分

都称为大脑半球。每一大脑半球表面（大脑皮质）又分额叶、顶叶、枕叶和颞叶。如：额叶后部为运动区，顶叶前部为躯体感觉区（分触、压、冷、热等感觉），颞叶上部为听觉区。每一大脑半球管理身体的对侧部分，即左侧大脑半球管理身体的右侧部分，右侧大脑半球管理左侧身体的运动和感觉。有人得了"半身不遂"病，若右侧身体瘫痪则是左侧大脑半球神经通道受到了损伤，若左侧身体瘫痪，则是右侧大脑半球通道发生了障碍。

# 为什么人会做梦？

当人睡着之后，大脑的大部分皮层的细胞休息了，可仍有一部分神经细胞处于兴奋状态，正是这个原因，人的脑海中便产生了梦。梦离不开日常生活。有些梦，往往与自身经历中有深刻印象的事情密切相关，或者受到小说、电视、电影中某些情节的影响。还有一些梦，是因为身体某部分受到刺激后产生的。例如受到尿憋的刺激时，常常会梦到厕所。形成梦的另一原因是强烈的愿望。恋爱时，梦中经常会出现恋人的身影。当特别想到某个地方去玩，或特别想吃某样东西时，在梦中就经常会如愿以偿。所以，奥地利著名心理学家西格蒙特·弗洛伊德提出，梦是愿望的达成。

# 为什么血能在人体中流动？

血液是像水一样的液体，必须在固定的管道（血管）中流动，血管从心脏开始，由粗到细，由长到短，渐渐变成肉眼看不清的毛细血管。血管分为动脉血管和静脉血管两大类，它们之间的不同之处是，动脉中流动的是"干净"血液，而静脉却只输送"含废物"

的血液。当我们的心脏用力压缩时就像一个泵，把心脏内的血液挤压出来，这时候的血液是含有丰富氧气和营养物质的"干净"血，它通过动脉流向密布于体内的毛细血管中，把血液中的氧气和营养物质送给人体中的细胞，提供它们呼吸和"吃喝"。

与此同时，细胞把排出的废物和二氧化碳送入到血管中，于是，"干净"血就变成了"含废物"血，流入到静脉血管中，通过肺、肾和皮肤把废物废气排出体外，使血液重新变得干净而返回心脏。

# 为什么血是红色的？

如果把一滴血液放在显微镜下观察，就会发现血液中有红细胞、白细胞和血小板，除了这些"有形成分"外，还有一部分是"无形成分"组成的血浆。红细胞专门负责运输氧气和二氧化碳。白细胞可分为两类：一类有很强的变形运动和吞噬异物的能力，能直接杀死细菌，在人体内起重要的保护抵御作用，可减轻过敏反应，并有杀伤寄生虫的本领；另一类有较强的变形运动和吞噬功能，进入结缔组织内能分化为巨噬细胞。血小板的形状很不规则，具有凝血功能。血浆包括各种矿物质、糖类、脂类、蛋白质、激素、酶和维生素等。血液里含有大量的红细胞，它和其他的细胞一样，由体内的骨髓产生，主要由血红蛋白组成，这是一种含铁的蛋白质。因为含铁，所以血液的颜色是红色的。

## 营养健康

## 为什么吃东西要细嚼慢咽?

人吃东西是为了要从食物里摄取养料,维持生命。当食物入口之后,先被牙齿咀嚼磨碎,然后进入到胃部,变为半流质的糊状物,最后到小肠中被吸收。当整个消化系统都处于正常工作状态时,人就能够从食物中吸收到足够的营养,显得精神饱满,气血旺盛。如果吃东西狼吞虎咽,没有经过仔细咀嚼的食物一到胃里,就加重了胃的负担。胃既然不能很好地消化食物,势必影响肠的消化和吸收。细嚼的同时还需慢咽,慢咽的最大好处是使胃的容纳量逐渐增加,而不是一下子就把它撑大了,这样胃部就会有一种舒适的感觉,不致因为食物的剧烈冲击而感到不适。

## 为什么早餐很重要?

话说:早餐要吃饱,午餐要吃好,晚餐要吃少。为什么要这么安排呢? 每当我们吃过饭后,大约经过 4 个小时,食物通过在体内的消化吸收,将全部排空。因此,为了不断给人体补充能量,必须 4~6 小时安排一次用餐。早晨,当我们经过 8 个小时的睡眠后,会感到特别精神,自然上午的工作、学习效率要比下午的高。但是,许多人为了赶时间,就把早餐省略了。其实,这是一个很

不明智的选择。不吃早餐，工作、学习的效率会下降，我们的胃就好像一个食物加工的袋子，我们所吃进的食物都要经过胃，把食物一点一点地磨碎，达到消化吸收。当胃里没有了食物，但胃还是要不断地摩擦，时间久了，就会感到胃痛，再加上没有食物供给能量，常常会出现头昏、无力、心慌、出冷汗等现象。另外，如果早晨不吃早餐，一天就只有两餐了。这样，空腹的时间就会变长，每餐的饭量也就增多了，从而使胃的消化吸收功能增强，吃进去的食物就会被完全吸收。

## 为什么要适当地吃粗粮？

粮食中含有多种人体必需的营养成分，这些营养物质的一部分在粮食加工时就被破坏掉了。所以，长期摄食细粮，人体就会出现一系列不良的反应。粗粮中含有丰富的食物纤维，食物纤维在口腔内咀嚼时，可以减少附在牙齿上的食物残渣，有利于防止牙周病和龋齿的发生。当你为便秘而苦恼时，食物纤维可以让你免去忧愁，这时它便成了人体内的清洁工。食物纤维有一定的体积，可以促进肠道对于粪便的挤压运动。同时，食物纤维可以吸收水分，对粪便起到了稀释的作用，减小粪便的硬度，形成粪便的废物通过大肠的时间大大缩短，对便秘起到了预防作用。正是

由于食物纤维能加快排便和稀释粪便，缩短了有害物质在肠道内停留的时间，因而减轻了有害物质对肠道的刺激，对预防结肠癌起到了一定作用。

## 为什么要提倡平衡膳食？

所谓平衡膳食，就是所吃食物种类要齐全、数量要充足，以互相取长补短。具体地说，平衡膳食要求每天保证应有粗细粮搭配的主食，鱼、肉、蛋、奶、豆类，绿色或黄红色蔬菜和新鲜水果类，烹调用油及其他调味品几大类食物。因为人的生命活动、新陈代谢，需要种类繁多的营养素，如组织修复需蛋白质，制造红细胞需蛋白质、铁、铜等物质。而不同的食物含有不同的营养素，单单依靠任何一种食物，所含有的营养成分都是无法满足人体需要的。例如，鸡蛋虽然含有丰富的蛋白质，但不含维生素 C；蔬菜含维生素和矿物质较多，但提供的热量太少；牛奶含蛋白质、铝较多，但含铁不足。所以各类食物都要吃，而且比例要适当，真正做到平衡膳食，增进健康。

## 为什么不要空腹喝牛奶？

牛奶营养丰富，但是如果空腹饮用，由于牛奶中大部分是水分，将会使胃液稀释，影响其消化和吸收；另外，牛奶为液体，在胃肠道滞留时间较短，营养成分难以充分吸收，所以最好将面包、饼干等食物与牛奶同时食用。牛奶中有一种会使人有疲劳感的物质——色氨酸，对人体有镇静作用。如果在早晨空腹喝一杯牛奶，可能使人在上午出现疲劳感，从而影响白天的工作和学习

效果。而睡前喝一杯牛奶，能够补充营养，促进睡眠，保证充分的休息，特别对神经衰弱、睡眠不佳的人有明显作用。

# 为什么多吃新鲜蔬菜好？

　　新鲜蔬菜里含有大量的维生素。维生素又称维他命，是维持人体生命的一种必需的物质。维生素种类很多，人一旦缺少了维生素，就会出现这样或那样的疾病，即使缺几毫克也会生病。人体所需要的维生素 C，大部分都得从蔬菜里得到。除此以外，像橙子、鲜枣等水果以及青辣椒里含有的维生素 C 也很多。人缺少了维生素 C 以后，会发生一种疾病，叫做"坏血病"。患了这种病的人会出现牙龈红肿，脸、腿浮肿等症状，所以长期在海上生活的人，就经常用橙汁来补充维生素 C，因为橙汁里也含有大量的维生素 C。新鲜蔬菜里还含有大量的维生素 A。维生素 A 对人体也很重要，缺少了它，人会患上夜盲症，夜里看不清东西。另外，新鲜蔬菜里含有大量矿物质，尤其以铁和钙含量最多。铁对人体供血有很大意义，钙又是骨和牙齿的建筑材料，能够维护骨和牙齿的坚硬。而且多吃蔬菜可增加人体内的矿物质，有利于身体的生长发育。

# 为什么不要边看书边吃饭？

食物的色香味，肠胃消化道的饥饿收缩，定时吃饭的习惯，这些都是引起食欲的因素，都可形成条件反射，促进肠胃道内消化液的分泌，唤起想要进食的感觉。但大脑主宰着一切，它也控制着消化腺的分泌，决定食欲。当大脑完全被过激的情绪控制时，消化腺的分泌马上遭到抑制，食欲会立刻消失。一边吃饭，一边看书读报，会使大脑的工作分心而影响消化，长期这样会食欲不振，并逐渐发展为慢性消化不良。另外，吃饭时也不宜吵嘴生气，更不宜热烈争辩，因为一切扰乱大脑的过激情绪，都会使交感神经系统兴奋，抑制肠胃蠕动，减少消化液的分泌。

# 为什么饭前饭后要休息一会儿？

消化液并不是说来就来的，需要有一定的时间过程。所以，吃饭前最好稍微歇一会儿，为分泌出足够的消化液做好准备，这样，吃东西就觉得有味儿，吃下去也容易消化。吃过饭以后，肚子装得满满的，胃肠要加紧消化。胃肠干这些工作，需要血液来帮忙，给它加油，否则也干不好。如果吃完饭马上去从事剧烈的体力活动或紧张的脑力劳动，体内的血液将会大量涌到全身肌肉处或大脑中，留下帮助胃肠工作的就少了。这样一来，胃肠的工作不起劲，食物不能很好消化，日子久了，就会闹消化不良、胃胀、胃痛等毛病。如果休息一会儿，特别是刚吃过饭不要干重活儿，也不要看书写字。最好是散散步，做一些轻微的活动，更好地帮助胃肠消化食物。

# 为什么睡觉时不要蒙着头？

脑袋蒙在被子里睡觉，是一种很不好的睡眠习惯。它不仅使人得不到充足的休息，而且还会对身体健康带来不良影响。人每时每刻都在呼吸，吸入新鲜氧气，呼出二氧化碳，这样才能使身体的各部分器官保持良好状态。可是，当把脑袋钻到被子里睡觉时，厚厚的被子犹如一堵围墙，把睡眠者与外界隔绝开，无法进行气体交换。结果被窝里的氧气越来越少，而二氧化碳则越来越多。由于得不到足够的氧气，体内各器官无法正常工作，最终将对身体产生不利影响。蒙头睡的人因为缺氧，会突然感到胸闷、气急，或者睡到半夜时突然被噩梦惊醒，全身大汗淋淋，仿佛刚刚经历了一场激烈的搏斗。

# 为什么没煮熟的豆浆不能喝？

豆浆含有丰富的营养，但是食用没有煮熟的豆浆，会出现恶心、呕吐、腹痛、腹胀和腹泻等症状。生的大豆中含有胰蛋白酶抑制物、细胞凝集素、皂素等物质，这些有毒物质比较耐热。通常，锅内豆浆出现泡沫沸腾时，温度只有80℃~90℃，这种温度尚不能将豆浆内的毒素完全破坏。此时应减小火力，以免豆浆溢出，再继续煮沸5~10分钟后，才能将有毒物质彻底破坏。此外，营养学家研究发现，豆浆经煮沸、煮透后，还可提高其中大豆蛋白的营养价值。

# 历史文化

## 为什么称孔夫子是"圣人"?

在 2500 多年前的春秋时代,我国出现了一位被称为"圣人"的大思想家和大教育家,他就是孔子。孔子的本名叫孔丘,别名叫仲尼,"子"是当时人们对于有学识、有名望的人的尊称。孔子从小就勤奋好学,立志要做一个博学多识的人。到了 30 岁左右,孔子成了鲁国最有学问的人,名气也越来越大,许多人都愿意把孩子送到他那里去读书。孔子一生中收了 3000 多弟子,出名的有 72 人。孔子对弟子要求既严格,又宽厚,对弟子的行走、坐立、礼貌等生活习惯都有严格的规定。平时他和弟子一起生活,一起学习,一起讨论问题,师生之间很友好,是名副其实的教育家。孔子作为中国文化的象征,称之为"圣人"是大家所能接受的,他的思想在现代仍有很深的影响。

## 为什么《孙子兵法》被誉为"兵学鼻祖"?

我国最古老的军事理论著作《孙子兵法》的作者是中国古代大军事家孙武。孙武生活的时代正是新旧交替的时期,列国纷争的形势让他去思索和总结战争规律。经过多年努力,他终于完成了《孙子兵法》一书。在书中,孙武全面地论述了战争观、战争

中的战略、战术和治军原则等方面的问题。孙武把政治、外交、心理等因素都综合到战争中，具有现代总体战的某些特点。对于各种战术以及选将、练军，甚至如何运用间谍等，他都有精妙的论述。《孙子兵法》是世界公认的现存最古老的军事理论著作，被誉为兵学鼻祖，对现代战争仍有很大的借鉴意义。

# 为什么《楚辞》能够传唱千古？

用楚国方言撰写的诗歌总集《楚辞》，为楚人屈原及其门徒宋玉、景差等人所撰。其中尤以屈原的作品艺术成就最高，影响也最大。屈原（前340～前278年），名平，楚国贵族，曾任三闾大夫，楚怀王佐徒。他忠君爱国，主张联齐抗秦，被宗室贵族子兰等谗诋，先后被两度放逐江南，后投汨罗江身亡。他的主要作品有《离骚》、《九歌》、《天问》、《九章》、《招魂》等，其中尤以《离骚》价值最高，是中国古典文学中最长的抒情诗。诗中表现了他对国家和人民的一片深情，具有很强的浪漫主义色彩。《离骚》文情并茂，代表了战国后期文学创作的最高水平。《楚辞》也因此而被后人所喜爱，成为传唱千古的名篇。

# 为什么端午节那天要吃粽子、赛龙舟？

又到端午节了。祝大家端午节快乐，粽子多多。不过话说回来，在端午节这天，家家户户都要门上插艾，吃粽子，到江边湖畔参加或参观龙舟竞赛。这是为什么呢？相传，这些民俗活动是

为纪念伟大的爱国诗人屈原的。屈原是楚国三闾大夫、诗人，由于奸臣诽谤，昏庸的楚王不但不采纳他联齐抗秦的主张，反而放逐了他。公元前278年，秦军攻破楚国的国都。屈原听到这一消息，非常悲痛，农历五月初五他怀石投入汨罗江，以身殉国。人们从四面八方划着船赶来抢救，并把粽子投入江中给鱼虾吃，免得伤害屈原的尸体。这就是关于端午节划龙舟吃粽子来历的传说。其实，早在屈原之前，就有类似的风俗了。因为爱国诗人屈原品德高尚，诗篇感人，人们敬重他，便把这些活动和救屈原联系起来。从此，这传说很快传遍华夏大地。到了宋代，朝廷正式把农历五月初五定为端午节。

## 为什么秦始皇被称为"千古第一帝"？

公元前230年到公元前221年，秦国先后消灭了韩、魏、楚、燕、赵、齐等六个国家，从而建立了中国历史上第一个统一的中央集权国家。秦王嬴政觉得自己的功绩已高过古代传说中的三皇五帝。于是，他决定用一个比王更尊贵的称号。后来，他决定把皇和帝的称号合并起来，采用皇帝的称号。因为是中国第一个皇帝，就自称是始皇帝，因此被后人称为千古第一帝。全国统一后，秦始皇决定废除分封的办法，改用郡县制，把全国分为三十六个郡，郡下面再设县。还下令实行车同轨、书同文等制度。这些措施都极大地巩固了秦朝的政治统治。

# 为什么称李白为"诗仙"?

唐代诗歌的发展，进入了高度成熟的黄金时期。唐代不到300年的时间里，遗留下来的诗歌就将近5万首，其中以家喻户晓的李白最有代表性。李白，字太白，祖籍陇西成纪（今甘肃秦安西北）人。他所写诗歌内容广泛，代表作有《梦游天姥吟留别》《蜀道难》《行路难》《将进酒》等。李白的诗歌气势磅礴、想象丰富、手法夸张、语言清新，是积极浪漫主义的诗歌泰斗。他的诗极大地提高了唐诗的艺术水平，被后人奉为"诗仙"。同时代较为有名的诗人还有有"诗圣"之称的杜甫。

# 为什么鲁迅要塑造阿Q这个人物形象?

鲁迅（1881～1936），现代文学家、思想家。他原名周树人。1881年9月25日出生于浙江绍兴一个没落的封建家庭里。阿Q是鲁迅小说《阿Q正传》里的主人公。

他是清朝末年江南农村的一个穷短工，没有土地，没有家，甚至连姓什么的权利也没有。他经常盲目自大，可一碰到实际问题，他又自轻自贱和自欺欺人，不敢正视现实。挨了打，他说："我被儿子打了。现在的世界真不像样!"但转身他又去欺侮比他更弱小的小尼姑、女佣人等。鲁迅塑造阿Q这个形象，是要告诉人们：人如果不敢正确对待自己的缺点，也就不能从根本上改正缺点。弱者靠精神胜利法，是不能改变失败的现状的。

### 自然科学

## 为什么电灯泡会发光？

电灯泡的灯丝是用细钨丝绕成的，呈螺旋状。一般钨丝加热到100℃时就开始发光。而钨丝能耐受 2300℃～2500℃高热。在玻璃制成的电灯泡里，抽走空气，装入氮、氩等不燃烧气体，然后密封起来，这就成了电灯泡。当电流从电线里流进灯丝（钨丝）里时，由于灯丝的电阻相当大，就产生了高热，热到一定程度就发起光来。电灯泡就是因热而发光的，因此发光的电灯泡非常烫，所以千万不要用手触摸。

## 为什么指南针能指南？

我们知道，同名磁极互相排斥，异名磁极互相吸引这个道理，那么，地球本身就是一个巨大的磁体，它的南极和北极位于地球的两端。根据磁极之间互相作用的规律，指南针的北极与地磁的南极互相吸引，指南针的南极与地磁的北极互相吸引。所以，指南针静止时，它的北极总是指向地球的北端，南极指向地球的南端。

公元 11 世纪，我国科学家通过长期的观察发现，指南针的指向并不是地球的正南和正北，而是略微偏离一点。也就是说，地球的两极和地磁的两极并不重合。地磁的 S 极在地理南极附近，

地磁的 N 极在地球北极附近。意大利航海家哥伦布横渡大西洋时，才观察到这一现象，比我国科学家发现要晚 400 多年。

## 为什么轮子是圆形的？

如果把车轮做成圆形，车轴安在圆心上，那么，当车轮在地面滚动的时候，车轴与地面的距离，总是等于车轮半径。因此，坐在车上的人，都将平衡地被车子拉着走。车轮做成圆的，也还有别的原因。例如，当一样东西在地上滚动的时候，要比在地面上拖着走省力得多，这是因为滚动摩擦力比滑动摩擦阻力小的缘故。任何事物都不是绝对的，如果我们希望转动不均匀，我们就要用非圆形轮了。在自动化生产中，常常用到一种叫做"凸轮"的零件，它轮轴上各点到轴心的距离并不是相同的。如果在它的边上紧靠着一个机件，那么在凸轮转动时，先是将机件外推，然后又把它收拢。这样不断地重复着，就可以自动控制某个动作了。

## 为什么铁特别容易生锈？

菜刀长时间搁置不用，它们的表面往往会锈迹斑斑。铁容易生锈，主要是由它的性质决定的。铁是一种较为活泼的金属，也就是说，它很容易与其他物质发生化学反应。在潮湿的环境中，铁很容易生锈；相反，在干燥的条件下，铁就不易生锈。空气中有氧气，铁遇到氧就会发生化学反应，铁锈的主要成分就是铁与氧反应后生成的氧化铁。除此之外，空气中的二氧化碳、含盐类的水、铁器本身含有的杂质以及表面粗糙不干净等原因，都会使铁慢慢生锈。

模块八

# 学生安全知识

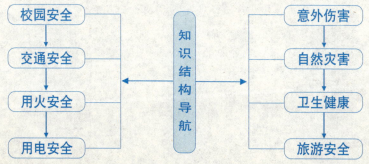

校园安全

交通安全

用火安全

用电安全

知识结构导航

意外伤害

自然灾害

卫生健康

旅游安全

# 小学生安全教育歌

少年儿童　祖国明天　家国期望　贤孝儿男
日常言行　理应检点　放学排队　不可散漫
横过马路　礼让当先　绿灯可行　红灯当停
宁停三分　万勿抢先　遵守纪律　才成方圆
上下楼梯　应靠右边　谦让有序　甬挤甬赶
阳台栏杆　切莫摇攀　生人诱惑　切莫轻信
勤换衣服　勤洗手脸　远离疾病　身体健康
歹徒害人　花样多端　电力设施　切莫乱攀
报警电话　要记牢固　报警110　消防119
遇有故障　电工去办　万勿乱摸　免发祸端
嬉戏玩耍　应有节制　适当游戏　益智体健
夏日暴雨　雷电频繁　高物树下　千万莫站
冬日天寒　柴草燥干　点荒烤火　酿成火患
私自游泳　坚决不允　滑冰攀爬　坚决杜绝
烧毁财产　犯法坐监　喜庆节日　安全当先
燃放鞭炮　易发伤残　燃煤取暖　窗莫封严
空气流通　才没危险　险房废窑　记着莫钻
生活恶习　赌博吸烟　既害身心　又讨人嫌
摊上食品　不要乱吃　常吃零食　容易生病
关爱你我　亲密无间　尊老爱幼　世人称赞
立报国志　做新英贤　邻里称颂　美名永传

567

## 常识与预防

## 一、上下楼梯

1. 上下楼梯精力要集中，一律靠楼梯的右边行走。

2. 上下楼梯时前后要保持一定的距离，不要跑跳，不要追逐打闹，不要前推后拥。

3. 发现拥挤现象不要慌乱，要靠墙或扶手停步。

4. 不要将身体探过楼梯扶手，更不要从栏杆上往下滑。

## 二、教室走廊

1. 防磕碰。不要在教室、走廊中追逐、打闹，做剧烈的运动和游戏，防止磕碰受伤。

2. 防滑、防摔。教室、走廊地板一般都比较光滑，要防止滑倒受伤。如需要登高打扫卫生、取放物品，要请他人加以保护，注意防止摔伤。

3. 防坠落。不要将身体探出教室、走廊外，谨防不慎发生坠楼的危险。

4. 防挤压。教室的门、窗户在开关时容易夹到手，同学们应当处处小心。

5. 防火灾。不要在教室、走廊里玩火，更不能在教室、走廊里燃放爆竹。

6. 防触电。注意教室内用电安全，不要随便触摸电源插座。

## 三、课间活动

1. 室外空气新鲜，课间活动应当尽量在室外，但不要远离教室，以免耽误下面的课程。

2. 不要在教室内或教室门口追逐、打闹和做有危险的游戏。

3. 课间活动的强度要适当，不能做剧烈的活动，以保证继续上课时不疲劳、精神集中、精神饱满。

4. 第一遍上课铃响后立即停止活动，以正常行走速度走进教室，坐到各自的座位上，准备好下节课要用的书本和文具。

## 四、上学与放学

1. 按规定时间到校，到校后立即到教室做好课前准备。

2. 放学时要以班为单位排队下楼。

3. 放学时要随队离校，不得私自提前出校门或在校园停留。

4. 出校门后直接回家，不得在路上停留、打闹、做游戏或做其他事情。

5. 需要家长接送的学生，如果放学时家长未到，不要独自回家，用电话与家长联系后在校园内静静等候。

## 五、体育训练

体育课上同学们也要特别注意安全，不同的训练内容、不同的器械，要注意的事项也不同。

1．在进行单、双杠和跳高训练时，器械下面必须准备好符合要求的海绵垫子。

2．在进行跳箱、鞍马等跨越训练时，如果老师不在或器械前后缺乏保护措施，同学们千万不可跳跃。

3．跳远时，要严格按老师的指导去做助跑、起跳，起跳时要踏中起跳板，跳起后要落入沙坑中。

4．进行投掷训练时，绝对要按老师的口令行动，不可以有丝毫大意。

5．在短跑训练中也要按规则进行，因为人在向终点冲刺时，身体的冲力很大，如果不按规则进行，就有可能被撞伤。

# 六、参加运动会

运动会的竞赛项目多、持续时间长、运动强度大、参加人数多，安全问题同学们一定要十分重视。

1．要遵守赛场纪律，服从调度指挥，这是确保安全的基本要求。

2．没有比赛项目的同学不要在赛场中穿行、玩耍，要在指定的地点观看比赛，以免被投掷的铅球、标枪等击伤，也要避免与参加比赛的同学相撞。

3．参加比赛前做好准备活动，以便身体适应比赛。

4．临赛前不可吃得过饱或者饮水过多。临赛前半小时内，可以吃些巧克力，以增加热量。

5．比赛结束后，不要立即停下来休息，要坚持做好放松活动，例如慢跑等，使心脏逐渐恢复平静。

6．剧烈运动后，不要马上大量饮水、吃冷饮，也不要立即洗冷水澡。

交 通
安 全
!
常识与预防

## 一、认识交通信号灯

　　交通信号灯分为两种：一种是用于指挥车辆的红、黄、绿三色信号灯，设置在交叉路口显眼的地方，叫做车辆交通指挥灯；另一种是用于指挥行人横过马路的红、绿两色信号灯，设置在人行横道的两端，叫做人行横道灯。我国交通法规对交通指挥信号灯做出了如下规定：

　　1. 绿灯亮时，准许车辆、行人通行，但转弯的车辆不准妨碍直行的车辆和被放行的行人通行。

　　2. 黄灯亮时，不准车辆、行人通行，但已越过停止线的车辆和已进入人行横道的行人，可以继续通行。

　　3. 红灯亮时，不准车辆、行人通行。

　　4. 绿色箭头灯亮时，准许车辆按箭头所示方向通行。

　　5. 黄灯闪烁时，车辆、行人在确保安全的原则下可以通行。

## 二、步行

　　同学们在上学路上、放学回家、节假日外出时，走在人来车往的交通繁忙的道路上，一定要遵守交通规则，增强自我保护意识。那么，怎样行走才最安全呢?

1. 在道路上行走，要走人行道；没有人行道的道路，要靠路边行走。

2. 在没有交通民警指挥的路段，要学会避让机动车辆，不与机动车辆争道抢行。

3. 走路时，思想要集中，不要东张西望。不能一边走一边玩耍；不能一边走路一边看书；不能三五成群并排行走；更不能在马路上踢球、溜冰、放风筝等。

4. 不要在道路上扒车、追车、强行拦车和抛物击车。

5. 小学生在放学路上排队时要头戴小黄帽，在雾、雨、雪天，最好穿着色彩鲜艳的衣服，以便于机动车司机尽早发现，提前采取安全措施。

# 三、横穿马路

同学们在横穿马路时，可能遇到的危险因素会大大增加，应特别注意安全。

1. 听从交通民警的指挥，做到"绿灯行，红灯停"。

2. 要走人行横道，在有交通信号控制的人行横道，须按信号灯的指示通过；在没有交通信号控制的人行横道，须注意车辆，不要追逐猛跑。

3. 在没有人行横道的路段，应先看左边，再看右边，在确认没有机动车通过时才可以穿越马路。

4. 过马路时要耐心等待绿灯，不要急着乱闯，不要翻越道路中央的安全护栏和隔离墩，更不能在马路上滑滑板。

5. 不要突然横穿马路，特别是马路对面有熟人、朋友呼唤，或者自己要乘坐的公共汽车已经进站时，以免发生意外。

6. 在有过街天桥和过街地道的路段，应自觉走过街天桥和地下通道。

## 四、乘车

同学们在上下学乘车过程中，怎样乘车才是最安全的呢？

1. 候车时应依次排队，站在道路边或站台上等候，不要拥挤在车行道上，更不准站在道路中间拦车。

2. 上车前先看清楚是哪一路车，不要慌忙上车，以免乘错车。

3. 待车停稳后，再上、下车，上车时要将书包置于胸前，以免书包被挤掉，或被车门夹住。

4. 上车后不要挤在车门边，要往里边走，见空处站稳，并抓住扶手，头、手、身体不能伸向窗外，否则容易发生伤害事故。

5. 上车后应主动买票，主动让座给老人、病人、残疾人、孕妇或怀抱婴儿的乘客。

6. 下车时，要依次而行，不要硬推硬挤。

7. 下车后，应随即走上人行道。需要横过车行道的，应从人行横道内通过。

8. 乘车时不要看书，否则会损害眼睛。

## 五、骑自行车

同学们在骑自行车上下学时，一定要做到以下几点：

1. 未满十二岁的儿童不准在道路上骑自行车。

2. 出发之前，应该先检查一下自行车的刹车、车轮、踏脚、链条等是否完好有效。

3. 学骑自行车时，应选择人车稀少的道路或广场、操场。禁止在交通繁忙地段学骑自行车。

4. 在非机动车车道内顺序行驶，严禁驶入机动车道。在没有

划分非机动车道和机动车道的道路上行驶，应尽量靠右边行驶，不要逆向行驶。

5. 骑车至路口，应主动让机动车先行。遇红灯停止信号时，应停在停止线或人行横道线以内。

6. 骑车转弯时，要伸手示意。左转弯时伸出左手示意，同时要选择在前后暂无来往车辆时转弯。

7. 自行车在道路上停放，应按交通标志指定的地点和范围有秩序地停放。

8. 骑自行车载物，长度不能超过车身，宽度不能超出车把宽度。骑自行车在市区道路上不准带人。

9. 骑自行车不准在道路上互相追逐、曲折竞驶、扶身并行。

10. 不准一手扶把，一手撑伞骑车。撑伞时，要下车推行。

用火安全

常识与预防

预防火灾的措施很多，青少年首先要从日常生活中的小事做起：一是不玩火；二是不吸烟；三是爱护消防设施。

# 一、在家中如何注意防火？

家庭中的火灾常由用火不慎和使用电器不当引起，同学们要注意：

1. 使用火炉取暖，火炉的安置应与易燃的木质家具等保持安全距离，火炉旁不要存放易燃物品。

2. 电器使用完毕或人离开时，要及时关闭电源，以防电器过热而发生危险。

3. 电器起火，不可用水扑救，也不可用潮湿的物品捂盖。因为水是导体，这样做会发生触电。正确的方法是首先切断电源，然后再灭火。

4. 使用煤气器具要防止煤气泄露，使用完毕应关闭气源；煤气起火，可用湿毛巾盖住火点，迅速切断气源。

5. 煤气罐应远离火源使用；要定期检查，确保煤气设施及用具完好。

6. 油锅着火，应切断火源、盖上锅盖，稍后再揭开，或将青菜覆盖在油锅上，油火就可熄灭。

## 二、在学校如何注意防火？

在学校里也有防火安全问题，主要应当注意以下几点：

1. 不带火柴、打火机等火种进入校园，也不带汽油、爆竹等易燃易爆的物品进入校园。

2. 实验课需要使用酒精灯和一些易燃的化学药品时，要在老师的指导下进行，并且严格按照操作要求去做，时刻小心谨慎，严防发生用火危险。

3. 不随意焚烧废纸等。打扫卫生时，要将枯枝落叶等垃圾作深埋处理或送往垃圾堆，不要采取点火烧掉的办法。

### 三、外出活动如何防火？

同学们在外出活动时，所处的环境比较复杂，在防火方面要做到：

1. 要自觉遵守公共场所的防火安全规定。

2. 一般不要组织野炊活动，确实需要组织的，要选择安全的地点和时间，并在老师的指导下用火，用火完毕，应确保熄灭火种。

3. 不携带火柴、打火机等火种和易燃易爆品进入林区、草原、自然保护区、风景名胜区。

4. 自觉爱护公共场所的消防设施、设备。

5. 发现异常情况，要及时向老师或有关管理人员报告。

### 四、发生火灾，如何报警？

1. 火警电话的号码是119。在全国任何地区，向公安消防部门报告火警的电话号码都是一样的，所以应当牢记。

2. 发现火灾，可以打电话直接报警。家中没有电话的，要尽快使用邻居、电话亭或者附近单位的电话报警。报火警时，要向消防部门讲清着火的单位或地点，讲清所处的区（县）、街道、胡同、门牌号码或乡村地址，还要讲清是什么物品着火，火势怎样。

3. 在没有电话的情况下，应大声呼喊或采取其他方法引起邻居、行人注意，协助灭火或报警。

# 五、遭遇火灾怎么紧急应对？

遭遇火灾，同学们应采取正确有效的方法自救逃生：

1. 一旦身受火灾威胁，千万不要惊慌失措，要冷静地确定自己所处的位置，根据周围的烟、火光、温度等分析判断火势，不要盲目采取行动。

2. 身处平房的，如果门的周围火势不大，应迅速离开火场。反之，则必须另行选择出口脱身（如从窗口跳出），或者采取保护措施（如用水淋湿衣服、用浸湿的棉被包住头部和上身等）以后再离开火场。

3. 身处楼房的，发现火情不要盲目打开门窗，否则有可能引火入室。身处楼房的，不要盲目乱跑、更不要跳楼逃生，这样会造成不应有的伤亡。可以躲到居室里或者阳台上。

4. 紧闭门窗，隔断火路，等待救援。有条件的，可以不断向门窗上浇水降温，以延缓火势蔓延。

5. 因火势太猛，必须从楼房内逃生的，可以从二层处跳下，但要选择不坚硬的地面，同时应从楼上先扔下被褥等增加地面的缓冲，然后再顺窗滑下，要尽量缩小下落高度，做到双脚先落地。

6. 逃生时。尽量采取保护措施，如用湿毛巾捂住口鼻、用湿衣物包裹身体。

7. 如身上衣物着火，可以迅速脱掉衣物，或者就地滚动，以身体压灭火焰，还可以跳进附近的水池、小河中，将身上的火熄灭，总之要尽量减少身体烧伤面积，减轻烧伤程度。

8. 火灾发生时，常会产生对人体有毒有害的气体，所以要预防烟毒，应尽量选择上风处停留或以湿的毛巾或口罩保护口、鼻及眼睛，避免有毒有害烟气侵入。

用电
安全

常识与预防

## 一、如何安全用电？

随着家用电器的不断普及，同学们有必要掌握以下一些最基本的安全用电常识：

1. 认识了解电源总开关，学会在紧急情况下关断总电源。

2. 不用手或导电物去接触、探试电源插座内部。

3. 不用湿手触摸电器，不用湿布擦拭电器。

4. 电器使用完毕后应拔掉电源插头；插拔电源插头时不要用力拉拽电线，以防止电线的绝缘层受损造成触电；电线的绝缘皮剥落，要及时更换新线或者用绝缘胶布包好。

5. 发现有人触电要设法及时关断电源；或者用干燥的木棍等物将触电者与带电的电器分开，不要用手去直接救人；年龄小的同学遇到这种情况，应呼喊成年人相助，不要自己处理，以防触电。

6. 不随意拆卸、安装电源线路、插座、插头等。

## 二、如何安全使用电器？

使用家用电器，除了应该注意安全用电问题以外，同学们还要注意以下几点：

1. 各种家用电器用途不同，使用方法也不同。一般的家用电器应当在家长的指导下学习使用，对危险性较大的电器不要自己单独使用。

2. 使用中发现电器有冒烟、冒火花、发出焦糊的异味等情况时，应立即关掉电源开关，停止使用。

3. 电吹风机、电熨斗、电暖器等电器在使用中会发出高热，应注意将它们远离纸张、棉布等易燃物品，防止发生火灾；同时，使用时要注意避免烫伤。

4. 避免在潮湿的环境下使用电器，更不能使电器淋湿、受潮，这样不仅会损坏电器，还会发生触电危险。

5. 不能用手或者其他物品去触摸电风扇的扇叶、洗衣机的脱水筒等，以防止受伤。

6. 遇到雷雨天气，要停止使用电视机，并拔下室外天线插头，防止遭受雷击。

7. 电器长期搁置不用，容易受潮、受腐蚀而损坏，重新使用前需要认真检查。

意外
伤害

常识与预防

# 一、烫伤了怎么办？

生活中发生烫伤，同学们可以采取以下几种措施：

1. 对只有轻微红肿的轻度烫伤，可以用冷水反复冲洗，再涂

些清凉油就行了。

2. 烫伤部位已经起小水泡的，不要弄破它，可以在水泡周围涂擦酒精，用干净的纱布包扎。

3. 烫伤比较严重的，应当及时送医院进行诊治。

4. 烫伤面积较大的，应尽快脱去衣裤、鞋袜，但不能强行撕脱，必要时应将衣物剪开；烫伤后，要特别注意烫伤部位的清洁，不能随意涂擦外用药品或代用品，防止受到感染，给医院的治疗增加困难。正确的方法是脱去患者的衣物后，用洁净的毛巾或床单进行包裹。

## 二、受了外伤怎么办？

受了外伤，比较严重的，需要送医院诊治。比较轻微的，可以按照下述方法来处理：

1. 出现伤口并且出血的，需要清洗伤口并擦涂消毒、消炎的外用药，如消炎粉、红药水、创可贴等。

2. 要保持伤口局部的温暖干燥，合理换药，保持清洁。

3. 可多吃鸡蛋、瘦肉等蛋白质含量多的食品和适当服用维生素 C 或多吃些新鲜蔬菜和水果，促进伤口的进一步愈合。

4. 肌肉、关节、韧带等扭伤的，不能立即按摩或热敷，以免加重皮下出血，加剧肿胀。应当立即停止活动，使受伤部位充分休息，并且冷敷或用冷水浸泡。待 24 小时至 48 小时以后，皮下出血停止再改用热敷，以消散淤血，消除肿胀。

## 三、异物进入气管怎么办？

气管是人呼吸的通道，如果误将异物吸入气管，就有可能引发咳嗽、呼吸困难、窒息，甚至危及生命。如何防止异物进入气管呢？遇到异物进入气管后，同学们应该怎么办呢？

1. 气管异物一般是从口腔误食进入的，所以不要将钮扣、玻璃珠、图钉等物含在嘴里。这样既不卫生，又容易发生危险。

2. 吃东西时不要同时做别的事情，更不要相互追逐、打闹，以免将口中的食物误吸入气管内。

3. 一旦有异物进入气管，应立即送往医院诊治。

## 四、沙尘等异物进入眼睛怎么办？

如果有煤屑、沙子等进入眼睛里，同学们千万不要用手去揉，而应当采取下列方法：

1. 异物进入眼睛便会引起流泪，这时可以用手指捏住眼皮，轻轻拉动，使泪水进入有异物的地方，将异物冲出来。

2. 可以请人用食指和拇指捏住眼皮的外缘，轻轻向外推翻，找到异物，用干净的手帕或湿棉棒轻轻擦掉异物。翻眼皮时要注意将手洗干净。

3. 如果眼中的异物已经嵌入角膜，或者发现别的异常情况，千万不要随意自行处理，必须请医生处置。

## 五、夏天遭遇中暑怎么办？

你知道吗？中暑一般发生在炎热的夏天，当人们在 35℃ ~ 40℃ 的条件下长时间在户外活动，又没有采取防暑措施时，就可能会中暑。如何预防中暑呢？一旦中暑，同学们又该怎么办呢？

1. 夏天的时候，尽量减少中午在户外活动的时间。

2. 多饮水，最好喝一些淡盐水，补充体内盐分。

3. 一旦中暑，立刻离开高温环境，迅速到阴凉通风的地方，解开衣服扣子，平躺，保持呼吸通畅。用毛巾蘸冷水，盖在额头

上降温。如果有十滴水、人丹，迅速按说明服用。

## 六、被困电梯时怎么办？

同学们如在乘坐电梯时，遇到电梯突然停止，则可采取以下方法：

1. 用电梯内的电话或者对讲机求救。

2. 按下标盘上的警铃，拍门叫喊，或脱下鞋子，用鞋拍门，发信号求救。

3. 如无人回应，需镇静等待，观察动静，保持体力，等待营救。

4. 不要强行扒门或扒撬电梯轿厢上的安全窗，这样会给你带来新的险情。

## 七、怎样避免陌生人闯入家中？

当同学们独自在家时，要注意避免陌生人进入而发生意想不到的危险。

1. 独自在家，要锁好院门、防盗门、防护栏等。

2. 如果有人敲门，千万不可盲目开门，应首先从门镜观察或隔门问清楚来人的身份，如果是陌生人，不应开门。

3. 如果有人以推销员、修理工等身份要求开门，可以说明家中不需要这些服务，请其离开；如果有人以家长同事、朋友或者远方亲戚的身份要求开门，也不能轻信，可以请其待家长回家后再来。

4. 遇到陌生人不肯离去，坚持要进入室内的情况，可以声称要打电话报警，或者到阳台、窗口高声呼喊，向邻居、行人求援，以震慑迫使其离去。

5. 不邀请不熟悉的人到家中做客，以防给坏人可乘之机。

## 八、外出遇到陌生人时怎么办？

1. 不要主动和陌生人说话。

2. 对陌生人既要有礼貌又要提高警惕，不能轻信对方。

3. 不要答应陌生人的邀请，不要吃陌生人给的东西。

4. 不搭乘陌生人的便车。陌生人自称来接你走时，先问清楚对方的姓名、身份、单位、住址等，然后给家长打电话进行核实。

5. 遇到陌生人问路时，我们可以告诉他（她）路线，但不要亲自带路。

## 九、路上被人抢劫、敲诈和勒索怎么办？

1. 要保持冷静，不要害怕，尽量说好话，说明自己没带钱，避免跟他们争吵。

2. 如果他们继续坚持要钱，就跟他们说回家取钱，趁机跑掉，并向你认识的人求助。

3. 如果还不行，就拖住别的大人大声喊"救命"。

4. 如果一个人遭挟持，不要反抗，不要"硬碰硬"，可以给钱，但要记住对方的相貌特征，事后向公安机关报案。千万不要拉住欲跑的持刀歹徒不放，这样容易造成歹徒狗急跳墙，持刀伤人。

自然
灾害

常识与预防

## 一、洪涝水灾如何应对？

发生了洪水，同学们该如何自救呢？

1. 受到洪水威胁，如果时间充裕，应按照预定路线，有组织地向山坡、高地等处转移；在已经受到洪水包围的情况下，要尽可能利用船只、木排、门板等做水上转移。

2. 洪水来得太快，已经来不及转移时，要立即爬上屋顶、楼房高屋、大树、高墙，做暂时避险，等待援救。不要单身游水转移。

3. 在山区，如果连降大雨，又容易暴发山洪。遇到这种情况，应该注意避免渡河，以防止被山洪冲走，还要注意防止山体滑坡、滚石、泥石流的伤害。

4. 发现高压线铁塔倾倒、电线低垂或断折，要远离避险，不可触摸或接近，防止触电。

5. 洪水过后，要服用预防流行病的药物，做好卫生防疫工作，避免发生传染病。

## 二、地震发生时怎样保护自己？

强烈的地震，常会造成房屋倒塌、大堤决口、大地陷裂等情况。为了在地震发生时保护自己，同学们应当掌握以下一些应急的求生方法。

1. 如果在平房里，突然发生地震，要迅速钻到床下、桌下，同时用被褥、枕头、脸盆等物护住头部，等地震间隙再尽快离开住房，转移到安全的地方。地震时如果房屋倒塌，应待在床下或桌下，千万不要移动，要等到地震停止再逃到室外或等待救援。

2. 如果住在楼房中，发生了地震，不要试图跑出楼外。要及时躲到两个承重墙之间最小的房间，如厕所、厨房等。也可以躲在桌、柜等家具下面以及房间内侧的墙角，并且注意保护好头部。千万不要去阳台和窗下躲避。

3. 如果正在上课时发生了地震，不要惊慌失措，更不能在教室内乱跑或争抢外出。靠近门的同学可以迅速跑到门外，中间及后排的同学可以尽快躲到课桌下，用书包护住头部；靠墙的同学要紧靠墙根，双手护住头部。

4. 如果已经离开房间，千万不要地震一停就立即回屋取东西。因为第一次地震后，接着会发生余震。

5. 如果在公共场所发生地震，不能惊慌乱跑。可以随机应变躲到就近比较安全的地方，如桌柜下、舞台下、乐池里。

6. 如果正在街上，绝对不能跑进建筑物中避险。也不要在高楼下、广告牌下、狭窄的胡同、桥头等危险地方停留。

7. 如果地震后被埋在建筑物中，应先设法清除压在腹部以上的物体；用毛巾、衣服捂住口鼻，防止烟尘窒息；要注意保存体力、设法找到食品和水，创造生存条件，等待救援。

## 三、发生泥石流灾害怎么办？

夏季是滑坡、泥石流多发易发时段。同学们，如果泥石流汹涌而来，我们应该怎么自救呢？

1. 沿山谷徒步行进时，一旦遭遇大雨，要迅速转移到附近安全的高地，离山谷越远越好，不要在谷底过久停留。

2. 要选择平整的高地作为营地，尽可能避开有滚石和大量堆积物的山坡，不要在山谷和河沟底部扎营。

3. 注意观察周围环境，要特别留意是否听到远处山谷传来打雷般的声响，如听到要高度警惕，这很可能是泥石流将至的征兆。

4. 发现泥石流后，要马上向与泥石流成垂直方向的两边的山坡上爬，爬得越高越好，跑得越快越好，绝对不能往泥石流的下游走。

## 四、怎样躲避龙卷风的侵袭？

龙卷风是一种威力非常强大的旋风，往往来得十分迅速、突然，多发生在春季。在龙卷风袭来时，同学们应该怎样有效地保护自己呢？

1. 龙卷风袭来时，应打开门窗，使室内外的气压得到平衡，以避免风力掀掉屋顶，吹倒墙壁。

2. 在室内，人应该保护好头部，面向墙壁蹲下。

3. 在野外遇到龙卷风，应迅速向龙卷风前进的相反方向或者侧向移动躲避。

4. 龙卷风已经到达眼前时，应寻找低洼地形趴下，闭上口、眼，用双手、双臂保护头部，防止被飞来物砸伤。

5. 乘坐汽车遇到龙卷风，应下车躲避，不要留在车内。

## 五、外出时如何避免遭受雷击？

雷雨天容易遭受雷击，容易致人受伤甚至死亡。避免雷击同学们应当做到：

1. 在外出时遇到雷雨天气，要及时躲避，不要在空旷的野外停留。

2. 雷电交加时，如果在空旷的野外无处躲避，应该尽量寻找低凹地（如土坑）藏身，或者立即下蹲、双脚并拢、双臂抱膝、头部下俯，尽量降低身体的高度。如果手中有导电的物体（如铁锹、金属杆雨伞），要迅速抛到远处，千万不能拿着这些物品在旷野中奔跑，否则会成为雷击的目标。

3. 特别要小心的是，遇到雷电时，一定不能到高耸的物体（如旗杆、大树、烟囱、电杆）下站立，这些地方最容易遭遇雷击。

## 六、沙尘暴来临时怎么办？

北方的小朋友，你一定遭遇过沙尘暴，对吗？当沙尘暴来临时，我们要注意哪些问题呢？

1. 如果身处室外或空旷之处时，不要惊慌失措，到处乱跑，一定要头脑冷静，以最快的速度躲到安全的避风处去。

2. 如果距离建筑物较远，应该先用衣服蒙住头，以免吸入空气中的沙尘或被大风卷起的东西砸伤，同时蹲下身子，尽可能抓住一个牢固的物体或者干脆趴在路边，等沙尘暴过去。

3. 千万不要躲在广告牌、土墙、大树的旁边，因为狂风有可能将其刮倒并砸伤人。

4. 如果正在家中，应该以最快速度关闭所有门窗，并把电视等家用电器关掉，只留下灯来照明就可以了。

5. 沙尘暴发生时，尽量减少外出。

**卫生**
**健康**

常识与预防

## 一、个人卫生应注意什么？

在日常生活中，同学们常有一些不卫生的饮食习惯和行为，一定要提高意识，重视饮食卫生。

1. 勤洗澡、勤洗衣服、勤剪指甲、勤理发，勤换床单和被褥。

2. 饭前饭后要洗手，避免细菌、病毒或寄生虫卵通过脏手侵入身体引致疾病。

3. 不吃没有卫生保障的食品；不吃没有清洗干净的食物；不喝生水。

4. 不暴饮暴食，不偏食，少吃零食，避免营养素摄入不足，影响身体发育。

5. 早晚洗脸刷牙，保持脸部、口腔、牙齿清洁，防止蛀牙。

6. 不与他人共用毛巾、水杯，防止传染皮肤病及胃肠道传染病。

## 二、公共场所卫生应注意什么？

1. 不随地吐痰。

2. 不乱丢果皮纸屑、废物。

3. 不损坏公物和乱画乱刻，影响公共场所环境美化。

4. 不随地大小便。

5. 不践踏和采摘花木。

## 三、如何保护视力？

小学生的主要任务是学习，所以养成良好的用眼卫生习惯，保护视力十分重要。为此，应当做到：

1. 读书、写字的姿势要端正，眼睛与书本的距离应保持大约30厘米。

2. 连续读书、写字1小时左右要休息片刻，或者向远处眺望一会儿。

3. 不要在昏暗的光线下或阳光直射的条件下看书、写字。

4. 不要躺在床上读书，也不要在走路或者乘坐汽车时看书。

5. 不要长时间看电视、操作电脑或者玩电子游戏机。

6. 每天坚持定时做眼保健操，预防近视眼。

## 四、怎样保护牙齿？

1. 养成饭后漱口和早晚刷牙的良好习惯，经常保持口腔清洁。

2. 少吃糖果、糕点等含糖量高的食物，不偏食。

3. 有条件每六个月看一次牙医，定期检查和专业清洁牙齿。

4. 平时多注意加强锻炼，改掉不良生活习惯，合理均衡饮食。

5. 低氟地区可用含氟牙膏刷牙。

## 五、如何预防日常流感？

1. 经常开窗通风，保持教室、家里新鲜空气的流通，防止病菌滋生积聚。

2. 流感流行期间尽量避免到人流密集的公共场所，尤其是通风不畅的公共场所。

3. 在平时学习之余，要多参加体育锻炼，减少疾病对身体的侵入。

4. 根据气候变化注意增减衣服，避免着凉。

5. 积极接种流感病毒疫苗，能有效减少接种者感染流感的机会或者减轻流感症状。

旅游安全

常识与预防

## 一、登山

登山对人的身心健康大有好处，但也潜伏着一定危险。为了保证安全，同学们应该做到以下几点。

1. 登山时应有老师或家长带领，要集体行动。

2. 登山的地点应该慎重选择。要选择一条安全的登山路线，并做好标记，防止迷路。

3. 备好运动鞋、绳索、干粮和水。在夏季，一定要带足水。

4. 最好随身携带急救药品，以便在发生摔伤、碰伤、扭伤时派上用场。

5. 登山时间最好在早晨或上午，午后应该下山返回驻地。

6. 背包不要手提，要背在双肩，以便于双手抓攀。

7. 千万不要在危险的崖边照相，以防发生意外。

# 二、游泳

游泳是一项十分有益的活动，同时也存在着危险。要保证安全，应该做到：

1. 游泳需要经过体格检查。患有心脏病、高血压、肺结核、中耳炎、皮肤病、严重沙眼等以及各种传染病的人不宜游泳。

2. 初学游泳者，在水中一定要戴上救生圈或穿上救生衣，以防意外。

3. 要慎重选择游泳场所，不要在地理环境不清楚的江河峡谷去游泳。水下情况不明时，也不要下水。

4. 下水前要做准备活动。可以跑跑步、做做操，活动开身体，还应用少量冷水冲洗一下躯干和四肢，这样可以使身体尽快适应水温，避免出现头晕、心慌、抽筋等现象。

5. 饱食或者饥饿时，剧烈运动和繁重劳动以后不要游泳。

6. 在游泳中，若小腿或脚部抽筋，千万不要惊慌，可用力蹬腿或做跳跃动作，或用力按摩，拉扯抽筋部位，同时呼叫同伴救助。

7. 发现有人溺水，不要贸然下水营救，应大声呼喊成年人前来相助。

## 三、滑冰

滑冰不仅能够增强人体的平衡能力、协调能力以及身体的柔韧性，增强人体的心肺功能，同时还能促进青少年下肢骨骼生长。但是，在学练滑冰的过程中，为保证安全，应该做到：

1. 要选择安全的场地，在自然结冰的湖泊、江河，应选择冰冻结实，没有冰窟窿和裂纹、裂缝的冰面，要尽量在距离岸边较近的地方。

2. 初学滑冰者，不可性急莽撞，学习应循序渐进，特别要注意保持身体重心平衡，避免向后摔倒。

3. 结冰的季节，天气十分寒冷，滑冰时要戴好帽子、手套，注意保暖，防止感冒和身体暴露的部位发生冻伤。

4. 滑冰的时间不宜过长，在寒冷的环境里活动，身体的热量损失较大。在休息时，应穿好防寒外衣，同时解开冰鞋鞋带，活动脚部，使血液流通，这样能够防止冻疮。

5. 如果不小心掉进冰窟窿，首先要保持镇静，可以一边踩水，一边大声呼救，并寻找一切能支持得住体重的冰面，一点一点轻轻往上爬。离开冰窟窿后切不可站立起来，要趴在冰面上向冰层较厚的地方滚动或爬行。

## [附录]

# 中国汉字听写大会字词汇选

在智能输入法越来越智能的今天，电脑代替了以往传统的书写形式，汉字书写的重要性也渐渐地被世人淡忘，一笔一画写个字几乎成了奢求。针对汉字手写危机，央视科教频道推出了《中国汉字听写大会》，节目本着"拯救汉字危机""领略汉字之美"的理念，引起了越来越多观众的注意，重新唤起了人们对汉字的感情。

对于当今中国的孩子们而言，培养孩子们对于汉字和汉语文化的理解，提升孩子们的汉字和汉语素养，不仅是多认识几个汉字，多了解和多掌握几个和汉字汉语有关的典故，增强汉字作为工具的语言和社交功能，提高作文和显示文化素养的能力，更重要的是，培养孩子们对附加在汉字和汉语上的中华民族灿烂辉煌的历史文化的认识和敬仰。

《中国汉字听写大会》由来自全国 31 个省、市、自治区、直辖市和在内地就读的港澳台学生组成的 32 支代表队参赛。每队有 5 名选手，几乎都是年龄在 14 岁上下的初二学生。所有选手将以代表队名义通过初赛、复赛、半决赛、附加赛等一系列比拼，最后闯入决赛，决赛将以个人名义决出 1 名年度汉字听写冠军。

《中国汉字听写大会》除了听写外，专家解说过程中，涉及到历史、化学、物理、生物等各学科知识，成为了"语文老师在娱乐时段的历史、化学、物理、地理之百科讲坛"。为了让孩子们能更好地学习语文知识，我们特选取了部分大赛的听写文字，供大家学习和参考。

| 序号 | 词语 | 读音 | 序号 | 词语 | 读音 |
|---|---|---|---|---|---|
| 1 | 光绪 | guāng xù | 28 | 炉箅子 | lú bì zi |
| 2 | 甲胄 | jiǎ zhòu | 29 | 分道扬镳 | fēn dào yáng biāo |
| 3 | 梧桐 | wú tóng | 30 | 黑曜石 | hēi yào shí |
| 4 | 秋毫无犯 | qiū háo wú fàn | 31 | 攥拳头 | zuàn quán tou |
| 5 | 间歇 | jiàn xiē | 32 | 黏稠 | nián chóu |
| 6 | 味同嚼蜡 | wèi tóng jiáo là | 33 | 三聚氰胺 | sān jù qíng àn |
| 7 | 陡峭 | dǒu qiào | 34 | 暴殄天物 | bào tiǎn tiān wù |
| 8 | 荷尔蒙 | hé ěr méng | 35 | 拾掇 | shí duo |
| 9 | 雾凇 | wù sōng | 36 | 束河 | shù hé |
| 10 | 颠茄 | diān qié | 37 | 瓮中捉鳖 | wèng zhōng zhuō biē |
| 11 | 熨贴 | yù tiē | 38 | 驽马 | nú mǎ |
| 12 | 猢狲 | hú sūn | 39 | 曾国藩 | zēng guó fān |
| 13 | 图们江 | tú mén jiāng | 40 | 枭首示众 | xiāo shǒu shì zhòng |
| 14 | 恃才傲物 | shì cái ào wù | 41 | 谥号 | shì hào |
| 15 | 腭裂 | è liè | 42 | 襁褓 | qiǎng bǎo |
| 16 | 秃鹫 | tū jiù | 43 | 核苷酸 | hé gān suān |
| 17 | 癞蛤蟆 | lài há ma | 44 | 溘然长逝 | kè rán cháng shì |
| 18 | 惴惴不安 | zhuì zhuì bù ān | 45 | 摩羯座 | mó jié zuò |
| 19 | 髋关节 | kuān guān jié | 46 | 陀螺 | tuó luó |
| 20 | 繁文缛节 | fán wén rù jié | 47 | 桀纣 | jié zhòu |
| 21 | 咋舌 | zé shé | 48 | 馥郁 | fù yù |
| 22 | 裘皮 | qiú pí | 49 | 斧钺 | fǔ yuè |
| 23 | 沟壑 | gōu hè | 50 | 貔貅 | pí xiū |
| 24 | 日臻完善 | rì zhēn wán shàn | 51 | 汗水涔涔 | hàn shuǐ cén cén |
| 25 | 恽代英 | yùn dài yīng | 52 | 炮蹶子 | liào juě zi |
| 26 | 矫揉造作 | jiǎo róu zào zuò | 53 | 万目睚眦 | wàn mù yá zì |
| 27 | 锱水 | qiāng shuǐ | 54 | 嬷嬷 | mó mo |

| 序号 | 词语 | 读音 | 序号 | 词语 | 读音 |
|---|---|---|---|---|---|
| 55 | 神龛 | shén kān | 82 | 揉搓 | róu cuo |
| 56 | 郫县豆瓣 | pí xiàn dòu bàn | 83 | 蜥蜴 | xī yì |
| 57 | 兄弟阋墙 | xiōng dì xì qiáng | 84 | 端倪 | duān ní |
| 58 | 荦荦大端 | luò luò dà duān | 85 | 尔虞我诈 | ěr yú wǒ zhà |
| 59 | 蜈蚣 | wú gōng | 86 | 禁锢 | jìn gù |
| 60 | 破绽 | pò zhàn | 87 | 炮仗 | pào zhang |
| 61 | 驿站 | yì zhàn | 88 | 殒命 | yǔn mìng |
| 62 | 矫健 | jiǎo jiàn | 89 | 择菜 | zhái cài |
| 63 | 焦炭 | jiāo tàn | 90 | 凋敝 | diāo bì |
| 64 | 涉密 | shè mì | 91 | 扑尔敏 | pū ěr mǐn |
| 65 | 耳熟能详 | ěr shú néng xiáng | 92 | 毕肖 | bì xiào |
| 66 | 隔膜 | gé mó | 93 | 造诣 | zào yì |
| 67 | 造次 | zào cì | 94 | 天赋异禀 | tiān fù yì bǐng |
| 68 | 青涩 | qīng sè | 95 | 跋扈 | bá hù |
| 69 | 方兴未艾 | fāng xīng wèi ài | 96 | 桔梗 | jié gěng |
| 70 | 诧异 | chà yì | 97 | 皲裂 | cūn liè |
| 71 | 反刍 | fǎn chú | 98 | 颐指气使 | yí zhǐ qì shǐ |
| 72 | 沉湎 | chén miǎn | 99 | 苔藓 | tái xiǎn |
| 73 | 烙饼 | lào bǐng | 100 | 蚩尤 | chī yóu |
| 74 | 华尔兹 | huá ěr zī | 101 | 火铳 | huǒ chòng |
| 75 | 捉襟见肘 | zhuō jīn jiàn zhǒu | 102 | 囿于成见 | yòu yú chéng jiàn |
| 76 | 萧瑟 | xiāo sè | 103 | 嵇康 | jī kāng |
| 77 | 怄气 | òu qì | 104 | 草菅人命 | cǎo jiān rén mìng |
| 78 | 椭圆 | tuǒ yuán | 105 | 槽子糕 | cáo zi gāo |
| 79 | 通牒 | tōng dié | 106 | 蘸水钢笔 | zhàn shuǐ gāng bǐ |
| 80 | 辍学 | chuò xué | 107 | 壅塞 | yōng sè |
| 81 | 墩布 | dūn bù | 108 | 日冕 | rì miǎn |

| 序号 | 词语 | 读音 | 序号 | 词语 | 读音 |
|------|------|------|------|------|------|
| 109 | 岱宗 | dài zōng | 136 | 鼹鼠 | yǎn shǔ |
| 110 | 攫取 | jué qǔ | 137 | 喇嘛 | lǎ ma |
| 111 | 瓜瓤 | guā ráng | 138 | 鳜鱼 | guì yú |
| 112 | 插科打诨 | chā kē dǎ hùn | 139 | 赭石 | zhě shí |
| 113 | 滂沱 | pāng tuó | 140 | 淄博 | zī bó |
| 114 | 妖孽 | yāo niè | 141 | 腌臜 | ā zā |
| 115 | 嘉陵江 | jiā líng jiāng | 142 | 奉为圭臬 | fèng wéi guī niè |
| 116 | 疮痂 | chuāng jiā | 143 | 矽肺病 | xī fèi bìng |
| 117 | 暮霭 | mù ǎi | 144 | 自惭形秽 | zì cán xíng huì |
| 118 | 杯盘狼藉 | bēi pán láng jí | 145 | 虫豸 | chóng zhì |
| 119 | 湿疹 | shī zhěn | 146 | 乌桕 | wū jiù |
| 120 | 饶恕 | ráo shù | 147 | 轮毂 | lún gǔ |
| 121 | 惆怅 | chóu chàng | 148 | 每况愈下 | měi kuàng yù xià |
| 122 | 盘桓 | pán huán | 149 | 瞿塘峡 | qú táng xiá |
| 123 | 层峦叠嶂 | céng luán dié zhàng | 150 | 犰狳 | qiú yú |
| 124 | 范畴 | fàn chóu | 151 | 踽踽独行 | jǔ jǔ dú xíng |
| 125 | 杂烩 | zá huì | 152 | 宁馨儿 | níng xīn ér |
| 126 | 蝉蜕 | chán tuì | 153 | 糨糊 | jiàng hu |
| 127 | 淤积 | yū jī | 154 | 趔趄 | liè qie |
| 128 | 扎筏子 | zā fá zi | 155 | 温庭筠 | wēn tíng yún |
| 129 | 装裱 | zhuāng biǎo | 156 | 穷兵黩武 | qióng bīng dú wǔ |
| 130 | 中流砥柱 | zhōng liú dǐ zhù | 157 | 伽马刀 | gā mǎ dāo |
| 131 | 翘楚 | qiáo chǔ | 158 | 喷嚏 | pēn tì |
| 132 | 余烬 | yú jìn | 159 | 藿香 | huò xiāng |
| 133 | 疑窦丛生 | yí dòu cóng shēng | 160 | 遒劲 | qiú jìng |
| 134 | 摒除 | bìng chú | 161 | 居心叵测 | jū xīn pǒ cè |
| 135 | 杀手锏 | shā shǒu jiǎn | 162 | 剐蹭 | guǎ cèng |

| 序号 | 词语 | 读音 | 序号 | 词语 | 读音 |
|---|---|---|---|---|---|
| 163 | 黑黢黢 | hēi qū qū | 190 | 推卸 | tuī xiè |
| 164 | 商榷 | shāng què | 191 | 眼花缭乱 | yǎn huā liáo luàn |
| 165 | 纵横捭阖 | zòng héng bǎi hé | 192 | 电饭煲 | diàn fàn bāo |
| 166 | 白垩纪 | bái è jì | 193 | 瓜葛 | guā gé |
| 167 | 缫丝 | sāo sī | 194 | 昙花一现 | tán huā yí xiàn |
| 168 | 滁州 | chú zhōu | 195 | 次生林 | cì shēng lín |
| 169 | 烤麸 | kǎo fū | 196 | 干涸 | gān hé |
| 170 | 梦魇 | mèng yǎn | 197 | 稚嫩 | zhì nèn |
| 171 | 苜蓿 | mù xu | 198 | 紫檀 | zǐ tán |
| 172 | 弄璋之喜 | nòng zhāng zhī xǐ | 199 | 怨天尤人 | yuàn tiān yóu rén |
| 173 | 顶礼膜拜 | dǐng lǐ mó bài | 200 | 搭档 | dā dàng |
| 174 | 阴霾 | yīn mái | 201 | 手榴弹 | shǒu liú dàn |
| 175 | 虢国夫人 | guó guó fū rén | 202 | 漕运 | cáo yùn |
| 176 | 厉兵秣马 | lì bīng mò mǎ | 203 | 颤颤巍巍 | chàn chàn wēi wēi |
| 177 | 岳麓书院 | yuè lù shū yuàn | 204 | 硌牙 | gè yá |
| 178 | 伽倻琴 | jiā yē qín | 205 | 日珥 | rì ěr |
| 179 | 隋炀帝 | suí yáng dì | 206 | 擀面杖 | gǎn miàn zhàng |
| 180 | 蹴鞠 | cù jū | 207 | 撂挑子 | liào tiāo zi |
| 181 | 熠熠生辉 | yì yì shēng huī | 208 | 鸢尾花 | yuān wěi huā |
| 182 | 犟嘴 | jiàng zuǐ | 209 | 硒鼓 | xī gǔ |
| 183 | 崴脚 | wǎi jiǎo | 210 | 灯芯绒 | dēng xīn róng |
| 184 | 户枢不蠹 | hù shū bú dù | 211 | 虹吸 | hóng xī |
| 185 | 扭捏 | niǔ nie | 212 | 磨刀霍霍 | mó dāo huò huò |
| 186 | 蒲扇 | pú shàn | 213 | 万马齐喑 | wàn mǎ qí yīn |
| 187 | 乾坤 | qián kūn | 214 | 荨麻疹 | xún má zhěn |
| 188 | 按图索骥 | àn tú suǒ jì | 215 | 猕猴 | mí hóu |
| 189 | 煽情 | shān qíng | 216 | 虱子 | shī zi |

| 序号 | 词语 | 读音 | 序号 | 词语 | 读音 |
|---|---|---|---|---|---|
| 217 | 矢量 | shǐ liàng | 244 | 赳赳武夫 | jiū jiū wǔ fū |
| 218 | 辎重 | zī zhòng | 245 | 丙烷 | bǐng wán |
| 219 | 美轮美奂 | měi lún měi huàn | 246 | 襄樊 | xiāng fán |
| 220 | 梭镖 | suō biāo | 247 | 糗事 | qiǔ shì |
| 221 | 气宇轩昂 | qì yǔ xuān áng | 248 | 妆奁 | zhuāng lián |
| 222 | 嘎嘣脆 | gā bēng cuì | 249 | 箭镞 | jiàn zú |
| 223 | 皂荚 | zào jiá | 250 | 眄视 | miàn shì |
| 224 | 掣肘 | chè zhǒu | 251 | 觊觎 | jì yú |
| 225 | 煊赫 | xuān hè | 252 | 僭越 | jiàn yuè |
| 226 | 捋虎须 | luō hǔ xū | 253 | 呦呦鹿鸣 | yōu yōu lù míng |
| 227 | 黄疸 | huáng dǎn | 254 | 醍醐灌顶 | tí hú guàn dǐng |
| 228 | 璞玉 | pú yù | 255 | 蛏子 | chēng zi |
| 229 | 豢养 | huàn yǎng | 256 | 束脩 | shù xiū |
| 230 | 炭疽杆菌 | tàn jū gǎn jūn | 257 | 郓城 | yùn chéng |
| 231 | 鬃毛 | zōng máo | 258 | 皴乌 | cūn wū |
| 232 | 紧箍咒 | jǐn gū zhòu | 259 | 凭证 | píng zhèng |
| 233 | 镍币 | niè bì | 260 | 吝啬 | lìn sè |
| 234 | 坩埚 | gān guō | 261 | 坍塌 | tān tā |
| 235 | 犁铧 | lí huá | 262 | 拨浪鼓 | bō làng gǔ |
| 236 | 龋齿 | qǔ chǐ | 263 | 闰年 | rùn nián |
| 237 | 整饬 | zhěng chì | 264 | 胖墩墩 | pàng dūn dūn |
| 238 | 绥靖 | suí jìng | 265 | 荆轲 | jīng kē |
| 239 | 朝觐 | cháo jìn | 266 | 荠菜 | jì cài |
| 240 | 诡谲 | guǐ jué | 267 | 诅咒 | zǔ zhòu |
| 241 | 茱萸 | zhū yú | 268 | 感激涕零 | gǎn jī tì líng |
| 242 | 尺蠖 | chǐ huò | 269 | 钝器 | dùn qì |
| 243 | 陶埙 | táo xūn | 270 | 缅甸 | miǎn diàn |

| 序号 | 词语 | 读音 | 序号 | 词语 | 读音 |
|---|---|---|---|---|---|
| 271 | 拼凑 | pīn còu | 298 | 黄芪 | huáng qí |
| 272 | 牙龈 | yá yín | 299 | 腱鞘炎 | jiàn qiào yán |
| 273 | 清冽 | qīng liè | 300 | 凌霄花 | líng xiāo huā |
| 274 | 晕厥 | yūn jué | 301 | 改锥 | gǎi zhuī |
| 275 | 抑郁 | yì yù | 302 | 品脱 | pǐn tuō |
| 276 | 亦步亦趋 | yì bù yì qū | 303 | 浑浑噩噩 | húu hún è è |
| 277 | 橄榄 | gǎn lǎn | 304 | 崔嵬 | cuī wéi |
| 278 | 水泵 | shuǐ bèng | 305 | 油渍 | yóu zì |
| 279 | 嗅觉 | xiù jué | 306 | 疖子 | jiē zi |
| 280 | 众口铄金 | zhòng kǒu shuò jīn | 307 | 揣度 | chuǎi duó |
| 281 | 日薄西山 | rì bó xī shān | 308 | 嗲声嗲气 | diǎ shēng diǎ qì |
| 282 | 冰激凌 | bīng jī líng | 309 | 荏苒 | rěn rǎn |
| 283 | 斑鸠 | bān jiū | 310 | 自刎 | zì wěn |
| 284 | 炙手可热 | zhì shǒu kě rè | 311 | 苋菜 | xiàn cài |
| 285 | 轻佻 | qīng tiāo | 312 | 吞噬 | tūn shì |
| 286 | 纽扣 | niǔ kòu | 313 | 虔诚 | qián chéng |
| 287 | 寅吃卯粮 | yín chī mǎo liáng | 314 | 瑕不掩瑜 | xiá bù yǎn yú |
| 288 | 愁肠百结 | chóu cháng bǎi jié | 315 | 阻尼 | zǔ ní |
| 289 | 挟持 | xié chí | 316 | 上颚 | shàng è |
| 290 | 钙化 | gài huà | 317 | 岑寂 | cén jì |
| 291 | 秤砣 | chèng tuó | 318 | 傈僳族 | lì sù zú |
| 292 | 扫帚 | sào zhǒu | 319 | 盥洗室 | guàn xǐ shì |
| 293 | 琵琶 | pí pa | 320 | 马褂 | mǎ guà |
| 294 | 窃据要津 | qiè jù yào jīn | 321 | 自怨自艾 | zì yuàn zì yì |
| 295 | 宁缺毋滥 | nìng quē wú làn | 322 | 蟠桃 | pán táo |
| 296 | 纨绔子弟 | wán kù zǐ dì | 323 | 镌刻 | juān kè |
| 297 | 涣散 | huàn sàn | 324 | 诳语 | kuáng yǔ |

| 序号 | 词语 | 读音 | 序号 | 词语 | 读音 |
|---|---|---|---|---|---|
| 325 | 搪瓷 | táng cí | 352 | 蓦然回首 | mò rán huí shǒu |
| 326 | 蕨类植物 | jué lèi zhí wù | 353 | 跷跷板 | qiāo qiāo bǎn |
| 327 | 烤馕 | kǎo náng | 354 | 羌笛 | qiāng dí |
| 328 | 社稷 | shè jì | 355 | 考妣 | kǎo bǐ |
| 329 | 滹沱河 | hū tuó hé | 356 | 蒸馏水 | zhēng liú shuǐ |
| 330 | 意蕴 | yì yùn | 357 | 煞有介事 | shà yǒu jiè shì |
| 331 | 扼腕 | è wàn | 358 | 怪癖 | guài pǐ |
| 332 | 瑰宝 | guī bǎo | 359 | 岐黄 | qí huáng |
| 333 | 浑天仪 | hún tiān yí | 360 | 耳蜗 | ěr wō |
| 334 | 蚯蚓 | qiū yǐn | 361 | 遴选 | lín xuǎn |
| 335 | 密密匝匝 | mì mì zā zā | 362 | 消弭 | xiāo mí |
| 336 | 金銮殿 | jīn luán diàn | 363 | 怂恿 | sǒng yǒng |
| 337 | 兆赫 | zhào hè | 364 | 犹豫不决 | yóu yù bù jué |
| 338 | 门槛/门坎 | mén kǎn | 365 | 腈纶 | jīng lún |
| 339 | 阡陌 | qiān mò | 366 | 卿卿我我 | qīng qīng wǒ wǒ |
| 340 | 楔形文字 | xiē xíng wén zì | 367 | 滑熘 | huá liū |
| 341 | 诙谐 | huī xié | 368 | 阑珊 | lán shān |
| 342 | 洗漱 | xǐ shù | 369 | 舍利子 | shè lì zǐ |
| 343 | 斑驳陆离 | bān bó lù lí | 370 | 蹙额 | cù é |
| 344 | 臼齿 | jiù chǐ | 371 | 螟蛉 | míng líng |
| 345 | 肱骨 | gōng gǔ | 372 | 铩羽而归 | shā yǔ ér guī |
| 346 | 番石榴 | fān shí liu | 373 | 癔症 | yì zhèng |
| 347 | 座头鲸 | zuò tóu jīng | 374 | 木铎 | mù duó |
| 348 | 阑尾炎 | lán wěi yán | 375 | 嘎达梅林 | gā dá méi lín |
| 349 | 糍粑 | cí bā | 376 | 瘐毙 | yǔ bì |
| 350 | 触类旁通 | chù lèi páng tōng | 377 | 胱氨酸 | guāng ān suān |
| 351 | 告罄 | gào qìng | 378 | 箪食瓢饮 | dān sì piáo yǐn |

| 序号 | 词语 | 读音 | 序号 | 词语 | 读音 |
|---|---|---|---|---|---|
| 379 | 沉疴 | chén kē | 406 | 苏洵 | sū xún |
| 380 | 裙裾 | qún jū | 407 | 髭须 | zī xū |
| 381 | 廉颇 | lián pō | 408 | 耄耋之年 | mào dié zhī nián |
| 382 | 蔺相如 | lìn xiàng rú | 409 | 鳄梨 | è lí |
| 383 | 邋遢 | lā tā | 410 | 戗面馒头 | qiàng miàn mán tou |
| 384 | 鞑靼 | dá dá | 411 | 戎马倥偬 | róng mǎ kǒng zǒng |
| 385 | 鳏寡孤独 | guān guǎ gū dú | 412 | 谄谀 | chǎn yú |
| 386 | 兖州 | yǎn zhōu | 413 | 痈疽 | yōng jū |
| 387 | 翁同龢 | wēng tóng hé | 414 | 扶乩 | fú jī |
| 388 | 齑粉 | jī fěn | 415 | 东施效颦 | dōng shī xiào pín |
| 389 | 集腋成裘 | jí yè chéng qiú | 416 | 缱绻 | qiǎn quǎn |
| 390 | 危如累卵 | wēi rú lěi luǎn | 417 | 膻腥 | shān xīng |
| 391 | 蹿红 | cuān hóng | 418 | 蓬荜生辉 | péng bì shēng huī |
| 392 | 拓扑学 | tuò pū xué | 419 | 旖旎 | yǐ nǐ |
| 393 | 菽粟 | shū sù | 420 | 忝列门墙 | tiǎn liè mén qiáng |
| 394 | 刮痧 | guā shā | 421 | 鸸鹋 | ér miáo |
| 395 | 鳕鱼 | xuě yú | 422 | 卖官鬻爵 | mài guān yù jué |
| 396 | 芦笙 | lú shēng | 423 | 芒砀山 | máng dàng shān |
| 397 | 羸弱 | léi ruò | 424 | 荫翳 | yīn yì |
| 398 | 豇豆 | jiāng dòu | 425 | 礌石 | léi shí |
| 399 | 荸荠 | bí qi | 426 | 皋陶 | gāo yáo |
| 400 | 锒铛入狱 | láng dāng rù yù | 427 | 袍笏登场 | páo hù dēng chǎng |
| 401 | 莞尔一笑 | wǎn ěr yī xiào | 428 | 干哕 | gān yuě |
| 402 | 金兀术 | jīn wù zhú | 429 | 祭酹 | jì lèi |
| 403 | 甘霖 | gān lín | 430 | 龙骧虎峙 | lóng xiāng hǔ zhì |
| 404 | 怙恶不悛 | hù è bù quān | 431 | 谢道韫 | xiè dào yùn |
| 405 | 蛲虫 | náo chóng | 432 | 浮槎 | fú chá |

| 序号 | 词语 | 读音 | 序号 | 词语 | 读音 |
|------|------|------|------|------|------|
| 433 | 耆寿耇老 | qí shòu gǒu lǎo | 460 | 泯灭 | mǐn miè |
| 434 | 瓮牖绳枢 | wèng yǒu shéng shū | 461 | 毽子 | jiàn zi |
| 435 | 耒耜 | lěi sì | 462 | 玉玺 | yù xǐ |
| 436 | 俟河之清 | sì hé zhī qīng | 463 | 柴扉 | chái fēi |
| 437 | 斫轮老手 | zhuó lún lǎo shǒu | 464 | 针灸 | zhēn jiǔ |
| 438 | 水螅 | shuǐ xī | 465 | 橛子 | jué zi |
| 439 | 越俎代庖 | yuè zǔ dài páo | 466 | 忖度 | cǔn duó |
| 440 | 栉风沐雨 | zhì fēng mù yǔ | 467 | 众目睽睽 | zhòng mù kuí kuí |
| 441 | 亵渎 | xiè dú | 468 | 犄角 | jī jiǎo |
| 442 | 饿殍 | è piǎo | 469 | 傀儡 | kuǐ lěi |
| 443 | 稗官野史 | bài guān yě shǐ | 470 | 振聋发聩 | zhèn lóng fā kuì |
| 444 | 卷帙浩繁 | juàn zhì hào fán | 471 | 卜筮 | bǔ shì |
| 445 | 九省通衢 | jiǔ shěng tōng qú | 472 | 乖戾 | guāi lì |
| 446 | 饾饤 | dòu dìng | 473 | 籼稻 | xiān dào |
| 447 | 裂罅 | liè wèn | 474 | 蓖麻 | bì má |
| 448 | 奚落 | xī luò | 475 | 涞源 | lái yuán |
| 449 | 结缔组织 | jié dì zǔ zhī | 476 | 达斡尔族 | dá wò ěr zú |
| 450 | 肄业 | yì yè | 477 | 巉岩 | chán yán |
| 451 | 始作俑者 | shǐ zuò yǒng zhě | 478 | 渊薮 | yuān sǒu |
| 452 | 岳阳楼 | yuè yáng lóu | 479 | 玳瑁 | dài mào |
| 453 | 豆蔻 | dòu kòu | 480 | 剜肉补疮 | wān ròu bǔ chuāng |
| 454 | 肇事 | zhào shì | 481 | 嵯峨 | cuó é |
| 455 | 信手拈来 | xìn shǒu niān lái | 482 | 锱铢必较 | zī zhū bì jiào |
| 456 | 普惠制 | pǔ huì zhì | 483 | 狷介 | juàn jiè |
| 457 | 痉挛 | jìng luán | 484 | 仡佬族 | gē lǎo zú |
| 458 | 秦桧 | qín huì | 485 | 醪糟 | láo zāo |
| 459 | 纷至沓来 | fēn zhì tà lái | 486 | 双髻鲨 | shuāng jì shā |

| 序号 | 词语 | 读音 | 序号 | 词语 | 读音 |
|---|---|---|---|---|---|
| 487 | 尘寰 | chén huán | 514 | 罅隙 | xià xì |
| 488 | 佞臣 | nìng chén | 515 | 碌碡 | liù zhou |
| 489 | 燧石 | suì shí | 516 | 芝罘山 | zhī fú shān |
| 490 | 婺源 | wù yuán | 517 | 旱魃 | hàn bá |
| 491 | 趸船 | dǔn chuán | 518 | 歃血为盟 | shà xuè wéi méng |
| 492 | 箅子 | bì zǐ | 519 | 保墒 | bǎo shāng |
| 493 | 骰子 | tóu zi | 520 | 嫘祖 | léi zǔ |
| 494 | 煮豆燃萁 | zhǔ dòu rán qí | 521 | 出粜 | chū tiào |
| 495 | 鼙鼓 | pí gǔ | 522 | 倥侗 | kōng tóng |
| 496 | 禳解 | ráng jiě | 523 | 铁蒺藜 | tiě jí lí |
| 497 | 傩戏 | nuó xì | 524 | 楞严经 | léng yán jīng |
| 498 | 拓跋氏 | tuò bá shì | 525 | 悭吝 | qiān lìn |
| 499 | 舴艋 | zé měng | 526 | 酬酢 | chóu zuò |
| 500 | 曳光弹 | yè guāng dàn | 527 | 誊录 | téng lù |
| 501 | 颉颃 | xié háng | 528 | 瘰疬 | luǒ lì |
| 502 | 探囊取物 | tàn náng qǔ wù | 529 | 鲥鱼 | shí yú |
| 503 | 戆直 | zhuàng zhí | 530 | 得鱼忘筌 | dé yú wàng quán |
| 504 | 戳脊梁骨 | chuō jǐ liáng gǔ | 531 | 蝾螈 | róng yuán |
| 505 | 饥肠辘辘 | jī cháng lù lù | 532 | 以儆效尤 | yǐ jǐng xiào yóu |
| 506 | 徽号 | huī hào | 533 | 五蕴皆空 | wǔ yùn jiē kōng |
| 507 | 虹鳟鱼 | hóng zūn yú | 534 | 乜斜 | miē xie |
| 508 | 鏖战 | áo zhàn | 535 | 窨井 | yìn jǐng |
| 509 | 料峭 | liào qiào | 536 | 寤寐求之 | wù mèi qiú zhī |
| 510 | 饸饹 | hé le | 537 | 飨宴 | xiǎng yàn |
| 511 | 合卺 | hé jǐn | 538 | 擤鼻涕 | xǐng bí tì |
| 512 | 蟊贼 | máo zéi | 539 | 柽柳 | chēng liǔ |
| 513 | 骶骨 | dǐ gǔ | 540 | 牛蒡 | niú bàng |

| 序号 | 词语 | 读音 | 序号 | 词语 | 读音 |
|---|---|---|---|---|---|
| 541 | 年高德劭 | nián gāo dé shào | 568 | 下巴颏儿 | xià bā kēr |
| 542 | 斑蝥 | bān máo | 569 | 打醮 | dǎ jiào |
| 543 | 桁架 | héng jià | 570 | 馏馒头 | liù mán tou |
| 544 | 薅草 | hāo cǎo | 571 | 稼穑 | jià sè |
| 545 | 袼褙 | gē bèi | 572 | 蟾宫折桂 | chán gōng zhé guì |
| 546 | 转捩点 | zhuǎn liè diǎn | 573 | 铣床 | xǐ chuáng |
| 547 | 糌粑 | zān bā | 574 | 酚酞 | fēn tài |
| 548 | 符箓 | fú lù | 575 | 罪愆 | zuì qiān |
| 549 | 凼肥 | dàng féi | 576 | 仓廪 | cāng lǐn |
| 550 | 玉墀 | yù chí | 577 | 胡子拉碴 | hú zi lā chā |
| 551 | 瞀儒 | mào rú | 578 | 龃龉 | jǔ yǔ |
| 552 | 欸乃 | ǎi nǎi | 579 | 一绺 | yī liǔ |
| 553 | 清癯 | qīng qú | 580 | 骈体文 | pián tǐ wén |
| 554 | 匏瓜 | páo guā | 581 | 鬼蜮伎俩 | guǐ yù jì liǎng |
| 555 | 纡尊降贵 | yū zūn jiàng guì | 582 | 嘧啶 | mì dìng |
| 556 | 鞣制 | róu zhì | 583 | 撅断 | juē duàn |
| 557 | 喟然长叹 | kuì rán cháng tàn | 584 | 朗姆酒 | láng mǔ jiǔ |
| 558 | 怨怼 | yuàn duì | 585 | 汜水关 | sì shuǐ guān |
| 559 | 芫荽 | yán suī | 586 | 溽暑 | rù shǔ |
| 560 | 砥砺 | dǐ lì | 587 | 刀俎 | dāo zǔ |
| 561 | 氤氲 | yīn yūn | 588 | 臧否 | zāng pǐ |
| 562 | 撷英 | xié yīng | 589 | 猞猁 | shē lì |
| 563 | 伏羲 | fú xī | 590 | 螺钿 | luó diàn |
| 564 | 胶柱鼓瑟 | jiāo zhù gǔ sè | 591 | 草履虫 | cǎo lǚ chóng |
| 565 | 绾发 | wǎn fà | 592 | 酯化反应 | zhǐ huà fǎn yìng |
| 566 | 延宕 | yán dàng | 593 | 鳗鲡 | mán lí |
| 567 | 刨花板 | bào huā bǎn | 594 | 铴锣 | tāng luó |

| 序号 | 词语 | 读音 | 序号 | 词语 | 读音 |
|---|---|---|---|---|---|
| 595 | 菟丝子 | tù sī zǐ | 622 | 流睇 | liú dì |
| 596 | 毛茛 | máo gèn | 623 | 缟素 | gǎo sù |
| 597 | 会稽山 | kuài jī shān | 624 | 咂啖 | zā dàn |
| 598 | 贻害无穷 | yí hài wú qióng | 625 | 籀文 | zhòu wén |
| 599 | 胼手胝足 | pián shǒu zhī zú | 626 | 悒悒不欢 | yì yì bù huān |
| 600 | 掮客 | qián kè | 627 | 酆都城 | fēng dū chéng |
| 601 | 鸣镝 | míng dí | 628 | 滟滪堆 | yàn yù duī |
| 602 | 鹭鸶 | lù sī | 629 | 鞋襻 | xié pàn |
| 603 | 趿拉 | tā lā | 630 | 薨殁 | hōng mò |
| 604 | 山魈 | shān xiāo | 631 | 颛顼 | zhuān xū |
| 605 | 筺箩 | pǒ luó | 632 | 嗜好 | shì hào |
| 606 | 一抔黄土 | yī póu huáng tǔ | 633 | 剽窃 | piāo qiè |
| 607 | 甾醇 | zāi chún | 634 | 蛊惑 | gǔ huò |
| 608 | 蕴藉 | yùn jiè | 635 | 摩挲 | mā sā |
| 609 | 玉簪 | yù zān | 636 | 闭门羹 | bì mén gēng |
| 610 | 玉箧 | yù qiè | 637 | 蹚水 | tāng shuǐ |
| 611 | 宽宥 | kuān yòu | 638 | 黏土 | nián tǔ |
| 612 | 髯口 | rán kǒu | 639 | 尺牍 | chǐ dú |
| 613 | 老媪 | lǎo ǎo | 640 | 鱼鳍 | yú qí |
| 614 | 蓬头跣足 | péng tóu xiǎn zú | 641 | 鳞次栉比 | lín cì zhì bǐ |
| 615 | 如椽之笔 | rú chuán zhī bǐ | 642 | 腮腺炎 | sāi xiàn yán |
| 616 | 云岫 | yún xiù | 643 | 蝼蛄 | lóu gū |
| 617 | 云谲波诡 | yún jué bō guǐ | 644 | 棉铃虫 | mián líng chóng |
| 618 | 关心民瘼 | guān xīn mín mò | 645 | 腹诽心谤 | fù fěi xīn bàng |
| 619 | 贲门 | bēn mén | 646 | 动辄得咎 | dòng zhé dé jiù |
| 620 | 玉樽 | yù zūn | 647 | 粮秣 | liáng mò |
| 621 | 暴戾恣睢 | bào lì zì suī | 648 | 迷迭香 | mí dié xiāng |

| 序号 | 词语 | 读音 | 序号 | 词语 | 读音 |
|------|------|------|------|------|------|
| 649 | 摽劲儿 | biào jìn ér | 676 | 马嵬坡 | mǎ wéi pō |
| 650 | 桑葚 | sāng shèn | 677 | 时乖命蹇 | shí guāi mìng jiǎn |
| 651 | 胃脘 | wèi wǎn | 678 | 潭柘寺 | tán zhè sì |
| 652 | 庸庸碌碌 | yōng yōng lù lù | 679 | 人中骐骥 | rén zhōng qí jì |
| 653 | 竹篾 | zhú miè | 680 | 笆子 | pá zī |
| 654 | 张骞 | zhāng qiān | 681 | 水俣病 | shuǐ yǔ bìng |
| 655 | 韬光养晦 | tāo guāng yǎng huì | 682 | 鞋楦 | xié xuàn |
| 656 | 隽永 | juàn yǒng | 683 | 王翦 | wáng jiǎn |
| 657 | 肘腋之患 | zhǒu yè zhī huàn | 684 | 钣金 | bǎn jīn |
| 658 | 痼疾 | gù jí | 685 | 瘴疬 | zhàng lì |
| 659 | 朱雀玄武 | zhū què xuán wǔ | 686 | 金匮要略 | jīn kuì yào lüè |
| 660 | 缪斯 | miù sī | 687 | 漾奶 | yàng nǎi |
| 661 | 严惩不贷 | yán chéng bú dài | 688 | 瓦楞纸 | wǎ léng zhǐ |
| 662 | 砒霜 | pī shuāng | 689 | 漫漶 | màn huàn |
| 663 | 放浪形骸 | fàng làng xíng hái | 690 | 深山野墺 | shēn shān yě ào |
| 664 | 檀越 | tán yuè | 691 | 讣告 | fù gào |
| 665 | 逼仄 | bī zè | 692 | 戽斗 | hù dǒu |
| 666 | 龅牙 | bāo yá | 693 | 怒艴 | nù fú |
| 667 | 潸然泪下 | shān rán lèi xià | 694 | 畛畦 | zhěn qí |
| 668 | 视如敝屣 | shì rú bì xǐ | 695 | 皴法 | cūn fǎ |
| 669 | 编纂 | biān zuǎn | 696 | 瘗玉埋香 | yì yù mái xiāng |
| 670 | 鸬鹚 | lú cí | 697 | 暑雨祁寒 | shǔ yǔ qí hán |
| 671 | 饕餮 | tāo tiè | 698 | 便妍 | pián yán |
| 672 | 日晷 | rì guǐ | 699 | 诚笃 | chéng dǔ |
| 673 | 鹞子 | yào zi | 700 | 裨补 | bì bǔ |
| 674 | 纰漏 | pī lòu | 701 | 颔颚 | hái è |
| 675 | 倒饬 | dáo chì | 702 | 黜陟幽明 | chù zhì yōu míng |

| 序号 | 词语 | 读音 | 序号 | 词语 | 读音 |
|---|---|---|---|---|---|
| 703 | 遄飞 | chuán fēi | 730 | 哂笑 | shěn xiào |
| 704 | 干戈载戢 | gān gē zài jí | 731 | 讪笑 | shàn xiào |
| 705 | 膏粱 | gāo liáng | 732 | 抽抽噎噎 | chōu chōu yē yē |
| 706 | 赓续 | gēng xù | 733 | 噤若寒蝉 | jìn ruò hán chán |
| 707 | 兢惧 | jīng jù | 734 | 韬略 | tāo lüè |
| 708 | 命薄缘悭 | mìng báo yuán qiān | 735 | 偏袒 | piān tǎn |
| 709 | 搦战 | nuò zhàn | 736 | 棒槌 | bàng chuí |
| 710 | 泞淖 | nìng nào | 737 | 缜密 | zhěn mì |
| 711 | 骈拇枝指 | pián mǔ zhī zhǐ | 738 | 殚精竭虑 | dān jīng jié lǜ |
| 712 | 穷蹙 | qióng cù | 739 | 打烊 | dǎ yàng |
| 713 | 日堙月塞 | rì yīn yuè sè | 740 | 豆豉 | dòu chǐ |
| 714 | 入苙 | rù lì | 741 | 丘壑 | qiū hè |
| 715 | 圩顶 | xū dǐng | 742 | 骅骝 | huá liú |
| 716 | 兀兀穷年 | wù wù qióng nián | 743 | 蝇营狗苟 | yíng yíng gǒu gǒu |
| 717 | 匣剑帷灯 | xiá jiàn wéi dēng | 744 | 箴言 | zhēn yán |
| 718 | 枵腹从公 | xiāo fù cóng gōng | 745 | 抓阄 | zhuā jiū |
| 719 | 小簟 | xiǎo diàn | 746 | 罗敷 | luó fū |
| 720 | 勖勉 | xù miǎn | 747 | 镂空 | lòu kōng |
| 721 | 阴鸷 | yīn zhì | 748 | 弹劾 | tán hé |
| 722 | 鸢动鸾飞 | yuān dòng luán fēi | 749 | 撺掇 | cuān duo |
| 723 | 轸怀 | zhěn huái | 750 | 懵懂 | měng dǒng |
| 724 | 踵见 | zhǒng jiàn | 751 | 蹒跚 | pán shān |
| 725 | 舳舻千里 | zhú lú qiān lǐ | 752 | 赵匡胤 | zhào kuāng yìn |
| 726 | 噘嘴 | juē zuǐ | 753 | 幢幢 | chuáng chuáng |
| 727 | 船坞 | chuán wù | 754 | 帆樯 | fān qiáng |
| 728 | 冷飕飕 | lěng sōu sōu | 755 | 周穷恤匮 | zhōu qióng xù kuì |
| 729 | 招赘 | zhāo zhuì | 756 | 跬步不离 | kuǐ bù bù lí |

| 序号 | 词语 | 读音 | 序号 | 词语 | 读音 |
|---|---|---|---|---|---|
| 757 | 罹罪 | lí zuì | 784 | 式微 | shì wēi |
| 758 | 蹊跷 | qī qiāo | 785 | 逸飞 | yì fēi |
| 759 | 轩轾 | xuān zhì | 786 | 马驮子 | mǎ duò zǐ |
| 760 | 啁啾 | zhōu jiū | 787 | 秫秸 | shú jiē |
| 761 | 仵作 | wǔ zuò | 788 | 斗箕 | dǒu jī |
| 762 | 充赡 | chōng shàn | 789 | 峨冠博带 | é guān bó dài |
| 763 | 捍蔽 | hàn bì | 790 | 瞋目切齿 | chēn mù qiè chǐ |
| 764 | 愣葱 | lèng cōng | 791 | 鸡枞菌 | jī cōng jūn |
| 765 | 络头 | luò tóu | 792 | 伊犁河 | yī lí hé |
| 766 | 一大趸儿 | yī dà dǔn ér | 793 | 秕糠 | bǐ kāng |
| 767 | 叱拨 | chì bō | 794 | 锋镝 | fēng dí |
| 768 | 铲刈 | chǎn yì | 795 | 珉玉 | mín yù |
| 769 | 裂罅 | liè xià | 796 | 及笄 | jí jī |
| 770 | 卮言 | zhī yán | 797 | 婉娈 | wǎn luán |
| 771 | 识荆 | shí jīng | 798 | 佯嗔 | yáng chēn |
| 772 | 倚徙 | yǐ xǐ | | | |
| 773 | 鸱吻 | chī wěn | | | |
| 774 | 公廨 | gōng xiè | | | |
| 775 | 溪刻 | xī kè | | | |
| 776 | 河汾门下 | hé fén mén xià | | | |
| 777 | 凫趋雀跃 | fú qū què yuè | | | |
| 778 | 服膺 | fú yīng | | | |
| 779 | 海晏河清 | hǎi yàn hé qīng | | | |
| 780 | 游弋 | yóu yì | | | |
| 781 | 提掖 | tí yè | | | |
| 782 | 辖制 | xiá zhì | | | |
| 783 | 曲水流觞 | qū shuǐ liú shāng | | | |